Rudolf Kischnick • Wil van Haren

Dreh dich nicht um ...

Rudolf Kischnick • Wil van Haren

Dreh dich nicht um ...

300 Bewegungsspiele für Kinder und Jugendliche

Verlag Freies Geistesleben

Frühere Ausgaben dieser Spiele und Spielanleitungen in diesem Buch erschienen unter dem Titel «Der Plumpsack geht rum!». Übersetzung des ersten Teils und Bearbeitung der deutschen Ausgabe von Johannes Hörner. Der zweite Teil ist eine bearbeitete Fassung des Buches «Was die Kinder spielen» von Rudolf Kischnick (Stuttgart 1960, 7. Auflage 1985). Eine holländische Ausgabe erschien 1987 unter dem Titel: «Het grote spelenboek» bei Uitgeverij Christofoor, Zeist.

Neuausgabe 2008 (4., überarbeitete und mit Fotos ausgestattete Auflage)

Verlag Freies Geistesleben
Landhausstraße 82, 70190 Stuttgart
Internet: www.geistesleben.com

ISBN 978-3-7725-2135-5

Einbandgestaltung & Layout: Maria A. Kafitz
Satz: Bianca B. Bonfert
Fotos: Charlotte Fischer
Zeichnungen: Roland Heuninck
Notensatz: Sebastian Hoch
Druck: Egedsa, Sabadell / Spanien

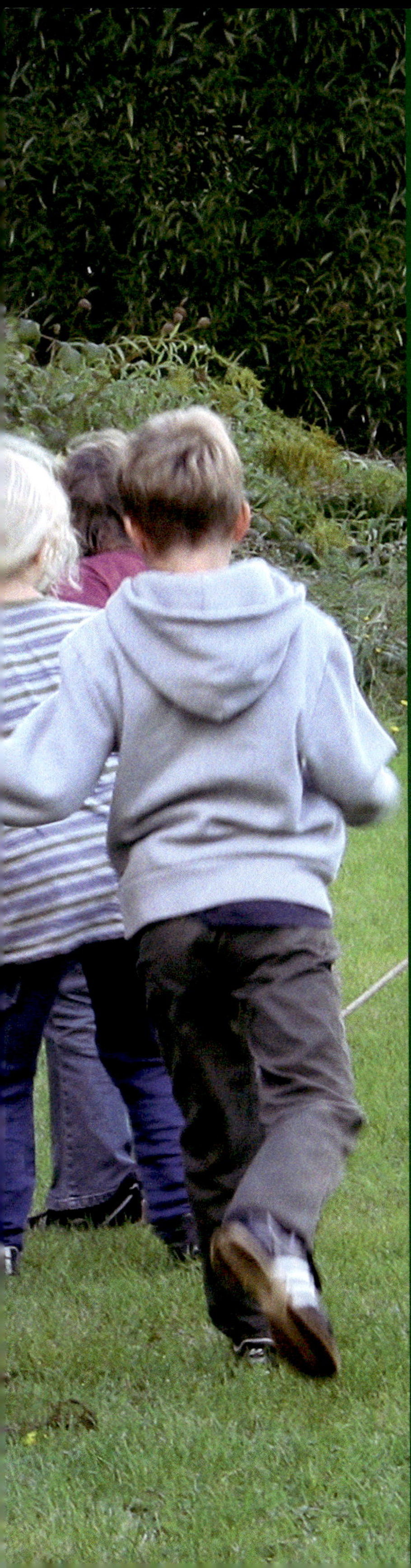

Inhalt

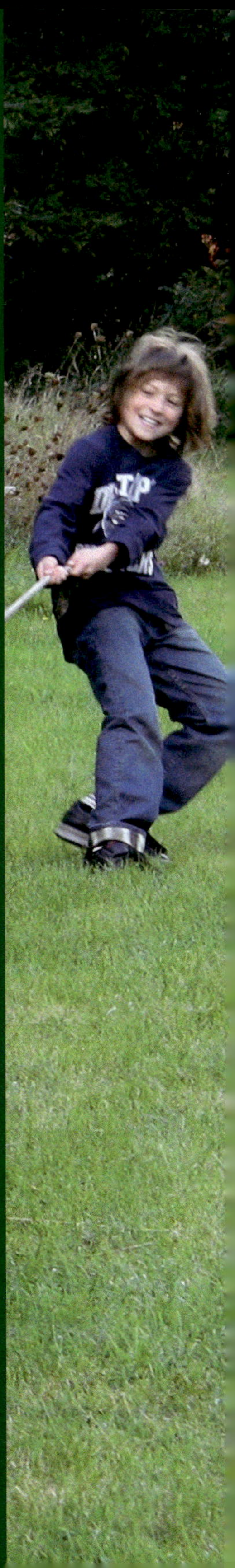

Teil 1: Kreis- und Singspiele

Teil 2: Spiele für Kinder ab sieben Jahre, gegliedert nach Altersstufen

Teil 3: Wettlauf-, Zweikampf- und Ringkampfspiele, Geschicklichkeits-, Beschäftigungs- und Blindspiele

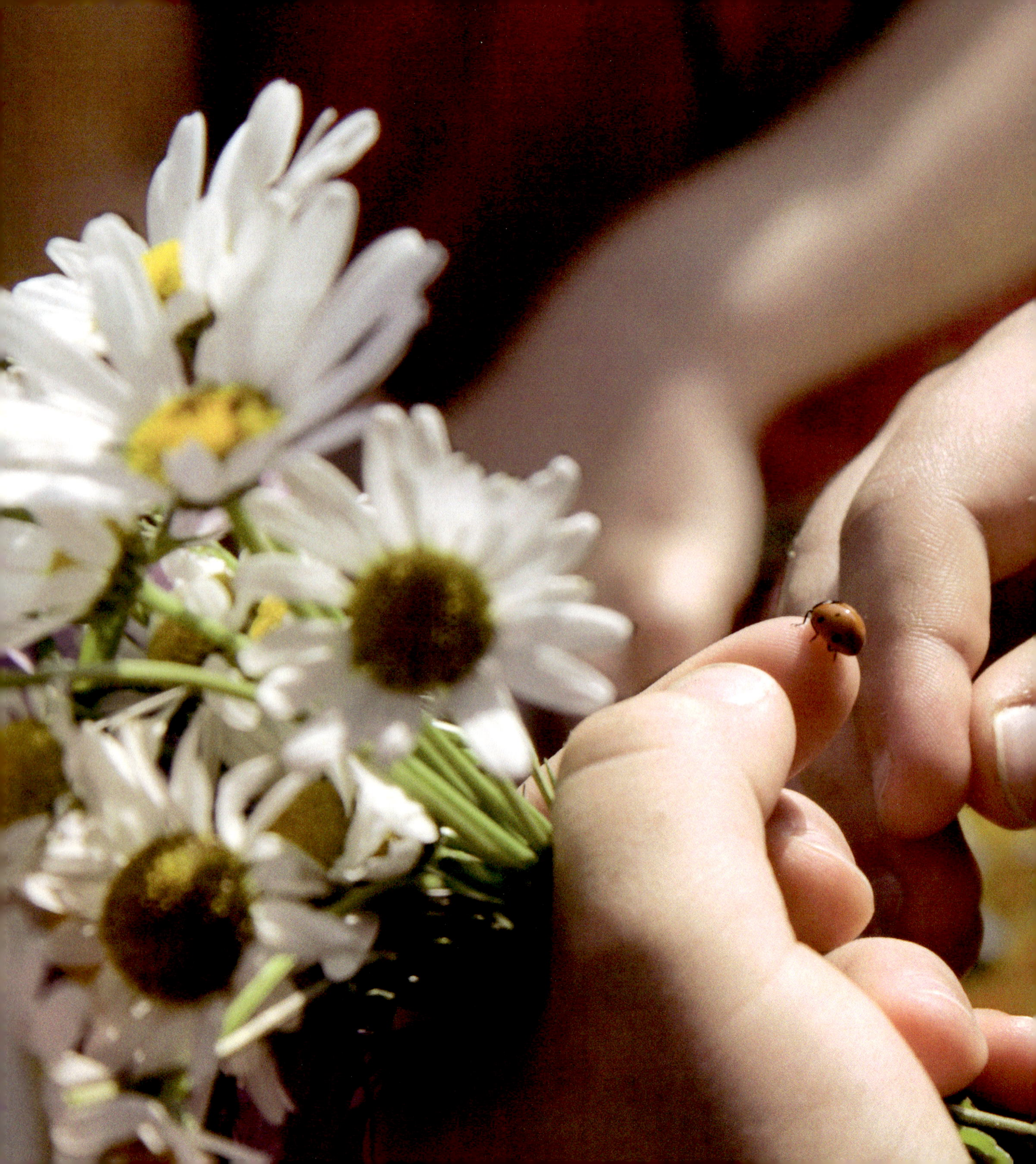

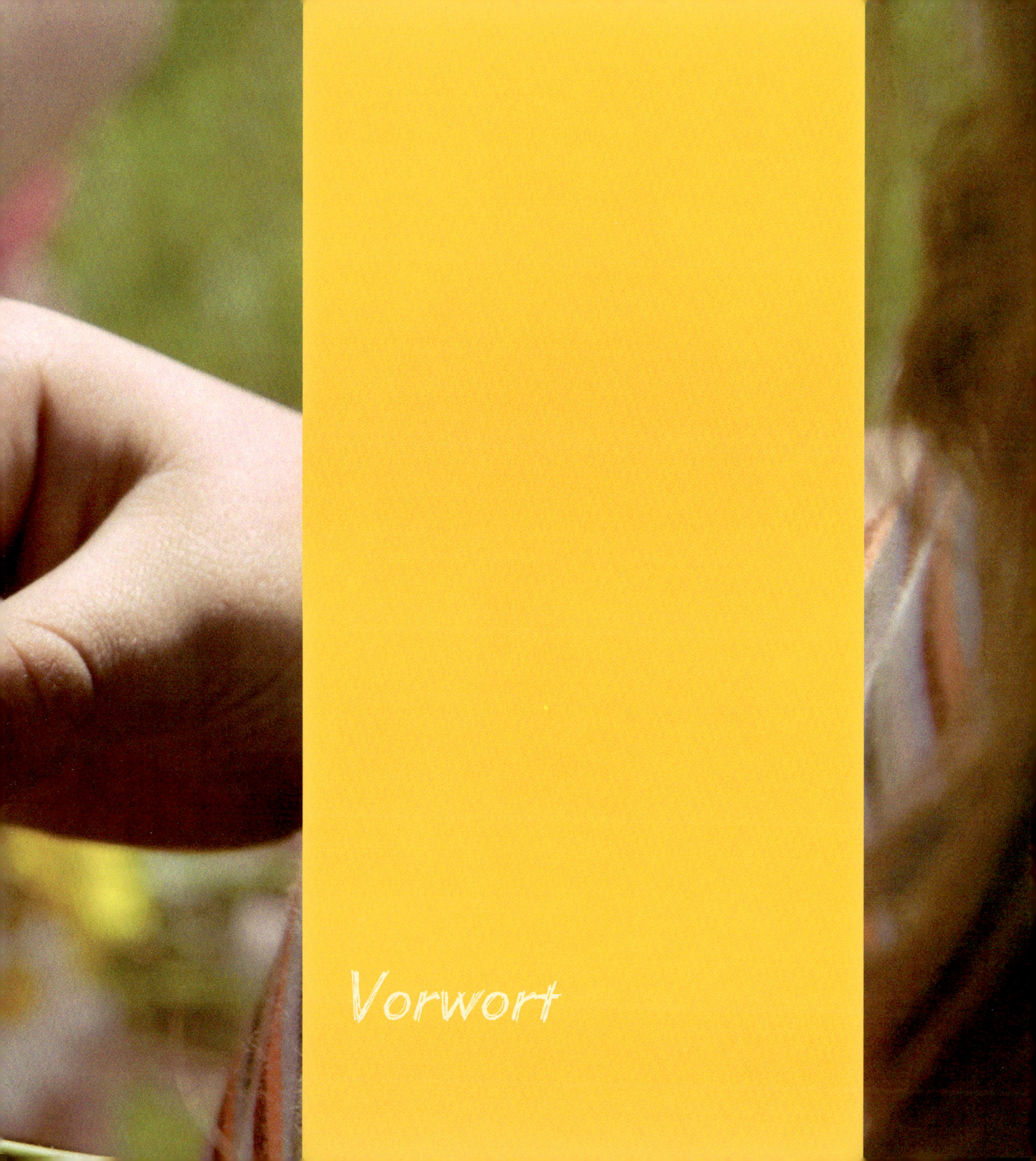

Vorwort

Hier liegt nun ein Buch mit Kinderspielen vor, das die ganze Entwicklungszeit vom Kleinkind bis zum Jugendlichen umfasst und das als Nachschlagewerk und pädagogischer Ratgeber für Eltern, Lehrer und Erzieher dienen kann. Wie oft kommt es vor, dass in der Schule oder zu Hause, in Jugendgruppen und Klubhäusern, im Zeltlager, bei Schulfahrten und anderen Gelegenheiten ein Spiel gespielt werden möchte, aber keiner weiß, was gerade für diese Gruppe und Situation passt. Es gibt ja viele Bücher über Spiele, aber die meisten umfassen ein beschränktes Gebiet, wobei gerade die Kreis- und Bewegungsspiele, die für die Kinder so wichtig sind, kaum dargestellt werden. So ist meine Überzeugung, dass dieses Buch in seiner umfassenden Reichhaltigkeit überall dort bereitliegen sollte, wo man mit Kindern zusammen ist.

Zuerst wollen wir die Beziehung des Kindes zum Spiel ins Auge fassen. Diese ist in den letzten Jahrzehnten ganz anders geworden. Neue Spielformen haben nicht nur die alten verdrängt oder ersetzt, es ist auch die Einstellung der Kinder zum Spiel anders geworden. Immer häufiger treffen wir Kinder, die gar nichts mit sich selbst anfangen können. Werden sie aufgefordert mitzuspielen, haben sie keine Lust dazu. Es geschieht sehr selten, dass diese Kinder von einem Spiel so gepackt werden, dass sie mit Leib und Seele dabei sind. Der Akteur in ihnen hat dem Zuschauer Platz gemacht. Kino, Fernsehen und Computerspiele fesseln das Kind mehr als schlichte Kinderspiele. Viele Kinder haben noch nie einen Reifen vorangetrieben oder einen Kreisel geschlagen. Andere kennen Stelzenlaufen nur vom Hörensagen; Blindekuh und Verstecken werden immer seltener gespielt, Schlagball ist für viele kein Begriff mehr.

Und doch ist es noch gar nicht lange her, dass viele dieser und ähnlicher Spiele an jeder Straßenecke gespielt wurden. Sie bilden ein kostbares Kulturgut, das nun droht verloren zu gehen. Es wird ersetzt durch all das mechanische Spielzeug, bei dem die kindliche Seele kaum oder gar nicht mehr an der Bewegung teilnehmen kann. Wir können die Frage, welche Spiele wir mit unseren Kindern spielen sollen, eigentlich nur dadurch beantworten, dass wir versuchen zu erkennen, was ein Kind in einem bestimmten Alter wirklich braucht. Wil van Haren und Rudolf Kischnick wollen mit diesem Buch die Aufmerksamkeit auf die Tatsache lenken, dass die Bedeutung der Kinderspiele nicht ausschließlich in der körperlichen Bewegung liegt, sondern dass es vor allem um das Mitschwingen der Seele beim Spiel geht.

Das Kind will körperlich und seelisch angesprochen sein. Dazu muss seine Fantasie angeregt werden. Hierzu sind je nach Altersstufe fröhliche Lieder, Frage-und-Antwort-Spiele, charakteristische Namen oder Spielgebärden unverzichtbar. Gerade diese Dinge wirken inspirierend, fehlen sie, wird das Spiel mechanisch. Für das Kind ist es von größter Wichtigkeit, innerlich so angesprochen zu werden, dass es mit seinem ganzen Wesen dabei sein kann. Als Erwachsene sollten wir versuchen, der Fantasiewelt, in der das Kind lebt und die uns oft nur schwer zugänglich ist, so viel Nahrung wie möglich zu geben.

Die hier zusammengestellte Sammlung alter und neuer Spiele ist nicht nur als ein Nachschlagewerk konzipiert, sondern auch als eine Art pädagogischer Leitfaden. An die Spielbeschreibungen schließen sich kurze Betrachtungen über die pädagogischen Hintergründe der Spiele an. Die Autoren konnten dabei auf ihre jahrelange Erfahrung mit Kindern zurückgreifen. Zugrunde liegt dabei die Menschenkunde Rudolf Steiners, wie sie in der Praxis der Waldorfschulen und Waldorfkindergärten gehandhabt wird.

Es wurde bewusst nicht eine «Enzyklopädie der Kinderspiele» angestrebt; die Spiele wurden so ausgewählt, dass beim Lesen und Ausprobieren ein Gefühl entstehen kann, was das eigentlich Wertvolle im Kinderspiel ist. Neben der Erfahrung, welche Spiele in einer bestimmten Situation mit einer bestimmten Gruppe von Kindern besonders geeignet sind, möchte diese Sammlung den Benutzer zu eigenen Variationen anregen.

Das Buch ist in drei Teile gegliedert. Die Spiele von Teil 1 stammen zum großen Teil von Wil van Haren aus der holländischen Ausgabe dieses Buches; durch die Gliederung nach Formelementen kommt ein neues Element in den uns geläufigen Kanon von Spielen. Neben den übertragenen holländischen wurden auch deutsche Spiele ausgewählt.

Die traditionellen diatonischen Melodien wurden durch pentatonische ersetzt (d'-e'-g'-a'-h'-d"-e"). Durch die fehlenden Halbtonschritte haben diese Melodien einen mehr schwebenden Charakter, es fehlen die feste Basis des Grundtones und die Prägung durch Dur oder Moll. Wer die traditionellen diatonischen Melodien bevorzugt, wird viele in den Spielsammlungen finden, die im Literaturverzeichnis stehen. Soweit nicht anders vermerkt, stammen die pentatonischen Melodien von mir. Ebenso wie die Spielformen sollen sie nicht als festgelegte Formen angesehen werden, sondern vielmehr als Anregung zu eigenen Variationen. Ist es doch gerade für Kinder vor dem zehnten Lebensjahr besonders bildend, wenn das Spiel durch den Erzieher persönlich gestaltet wird.

Teil 2 und 3 basieren im Wesentlichen auf der Spielsammlung «Was die Kinder spielen» von Rudolf Kischnick (Stuttgart 1960, 2. Auflage der Taschenbuchausgabe 1999), die für dieses Buch durch einige andere Spiele ergänzt wurde. Betrachtungen über die Zusammenhänge zwischen dem Spielgeschehen und der kindlichen Entwicklungsdynamik ergänzen die eigentlichen Spielbeschreibungen und regen zum Nachdenken über die Rolle des Spiels in den einzelnen Altersstufen an. Hierzu schreibt Kischnick: «Die Hintergründe des kindlichen Spiels müssen wieder eingesehen werden, sonst verflachen diese Spiele oder laufen Gefahr, mechanisiert zu werden. Zum Spiel gehört die kindliche Seele, man muss dieser Seele den Raum erhalten. Daher ist Einsicht vonnöten.»[1]

Wer mit Kindern spielen will, muss jedes Spiel selbst wieder neu entdecken. Er muss seine Fantasie- und Vorstellungskräfte so lebendig machen, dass er selbst das Spiel innerlich erleben kann. Dann können auch diejenigen Kinder wieder in das ganze Spielgeschehen (Bewegungsabläufe, Gesten, Fantasiebilder, Atmosphäre) eintauchen, die das von sich aus nicht mehr schaffen. Es liegt nämlich durchaus nicht am Spielgut und auch nicht an den heutigen Kindern, wenn es nicht mehr so geht wie früher, sondern einzig und allein an uns, die wir heute keine Zeit für solche Dinge zu haben glauben oder sie als «Kleinkinderkram» abtun.

Der 2. Teil des Buches ordnet die Spiele nach Altersstufen, der 3. Teil ist mehr thematisch gegliedert und umfasst Wettläufe, kleine Ringkampfspiele, Zweikämpfe, Geschicklichkeitsspiele und Blindspiele sowie fröhliche Spiele und Beschäftigungen für Jung und Alt.

Die meisten Spiele dieses Buches können ohne besondere Voraussetzungen bei

[1] Rudolf Kischnick, «Leibesübung und Bewusstseinsschulung», Basel 1955, Seite 93.

jeder Gelegenheit gespielt werden, wo Kinder zusammenkommen. Es genügen einfache Spielgeräte (Tennisringe, Bälle, ein Tau, ein paar Grenzstangen) und natürlich ausreichende Spielflächen.

Den meisten Spielbeschreibungen ist eine Situationsskizze beigefügt, die dem Spielleiter die Ausgangslage, die Spielfeldmaße und die Aufstellung der Spieler deutlich macht. Um das schnelle Orientieren und Auswählen zu erleichtern, ist – neben einer farblichen Führung in dieser Ausgabe – am Ende ein alphabetisches Register und ein ausführliches Inhaltsverzeichnis, das auch nach Altersstufen gegliedert ist, angefügt.

Möge dieses Buch seinen Weg in viele Schulen, Kindergärten, Jugendgruppen, Elternhäuser und Klubhäuser finden – dorthin, wo Kinder spielen. Möge es viele anregen, das Kinderspiel neu zu entdecken und so das Besondere jedes einzelnen Spieles in sich zu erleben.

Johannes Hörner

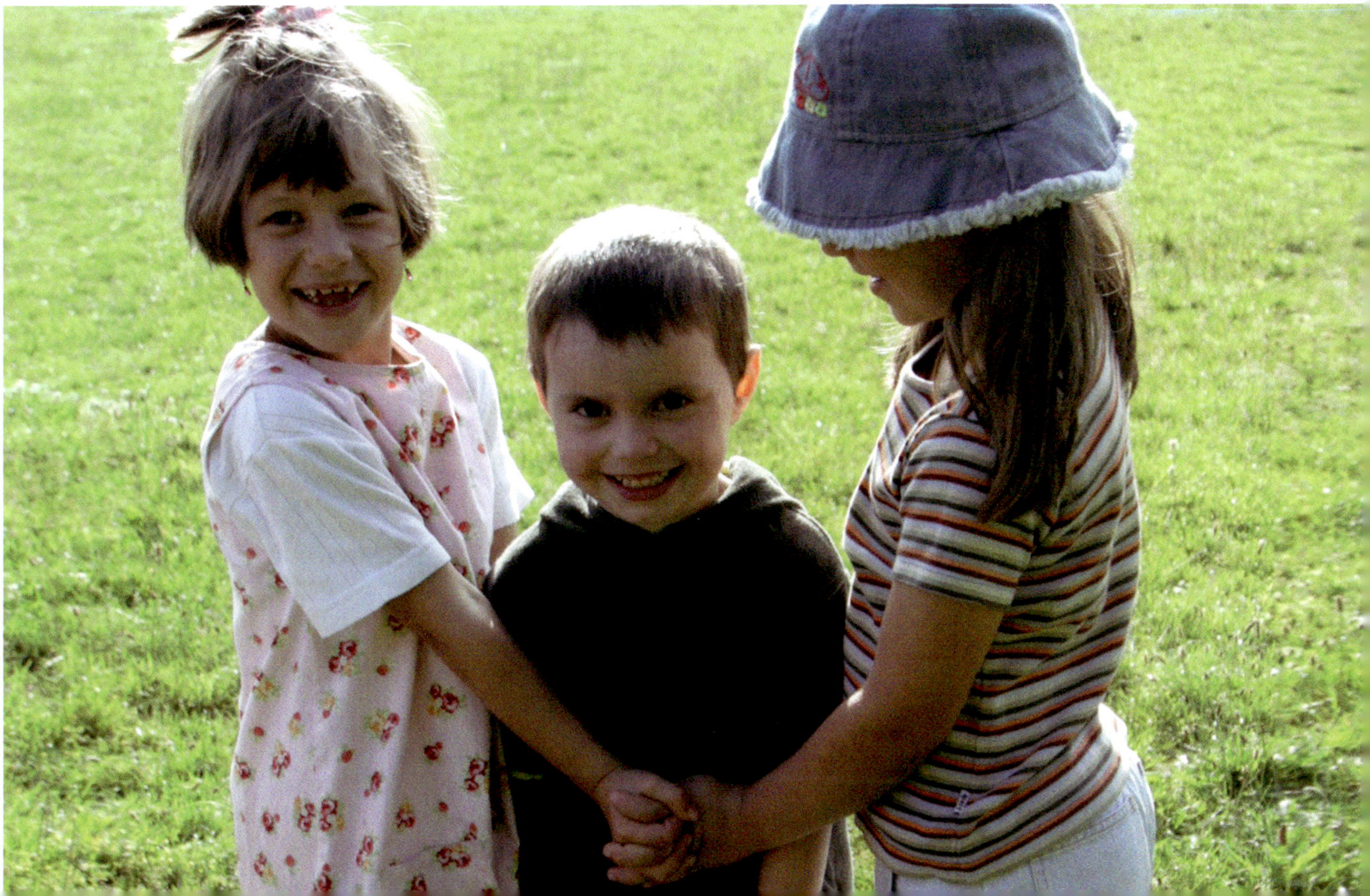

Teil 1

Kreis- und Singspiele

Einleitung

Das Kind vor dem siebten Lebensjahr ist mehr oder weniger hingegeben an die Dinge, die man sehen, hören und fühlen kann. Es nimmt die Welt mit seinen Sinnen wahr, sodass sein ganzes Wesen mit Staunen, Hingabe und Verehrung mitschwingt. Es leben große moralische Kräfte im Kind, die darauf warten, das aufzunehmen, was geeignet ist, den Hunger nach dem Guten und Wahren zu stillen. Was der Erwachsene tut, wird vom Kind nachgeahmt. Aber vieles berührt das Kind innerlich nicht, weil es intellektuell, emotional und ästhetisch noch nicht direkt ansprechbar ist. Das Kind ist noch ganz unmittelbar in seinem Wesen mit der Welt (Natur und Geist) verbunden und fühlt sich erst dann angesprochen, wenn seine Umgebung sich den Gesetzen der Wahrheit verpflichtet fühlt. So hilft es der Entwicklung des Kindes auch, wenn es echte Religiosität, Weisheit und Ehrfurcht vor der Schöpfung in seiner Umgebung erfährt.

Auf einem von Weisheit durchdrungenen Untergrund gedeihen die Märchen, aber auch die uralten Kreisspiele mit ihren einfachen Umgängen, ihren halb gesprochenen, halb gesungenen Versen und den urtümlichen Gestalten, die darin vorkommen. Es ist keine Spannung und Dramatik darin, alles spiegelt noch Weltenweisheit und Harmonie.

Es ist ein Jammer zu sehen, dass Kreis- und Singspiele kaum noch gespielt werden. Noch vor einigen Jahrzehnten gehörten sie zum festen Erfahrungsschatz der Kinder und wurden auf den Straßen gespielt. Zusammen mit anderen Spielen bildeten sie ein Kulturgut, indem dem Kind durch das Spielen unbewusst ein einheitliches Menschenbild vermittelt werden konnte. Viele dieser Spiele sind in einer Zeit entstanden, in der man sich noch intuitiv in die Erlebniswelt des Kindes einleben konnte. So wie die Märchenbilder eine tiefgehende Wirkung auf die kindliche Seele ausüben und ihr Sicherheit und Richtung für das Gefühlsleben geben, so gehen auch die Kreisspiele auf die Bedürfnisse und Erlebnisse des Kindes in seiner Entwicklung vom Kleinkind zum Jugendlichen ein. Während die Märchen durch ihre Bilder zur Seele sprechen, sind es hier vor allem die Formen und die Bewegungserfahrungen, die beim Spiel zusätzlich wirken.

Betrachten wir zunächst die Form, die der ganzen Gruppe der Kreisspiele den Namen gibt. Was drückt das Wort «Kreis» eigentlich aus, und was erleben wir dabei? Wir finden es in Begriffen wie Freundes- oder Familienkreis, häuslicher Kreis, Arbeitskreis usw. In all diesen Fällen bezeichnet es etwas Umhüllendes, wo der Einzelne durch die Gemeinschaft Schutz und Unterstützung erfahren kann. Als Erwachsene haben wir eine gewisse Anzahl solcher Kreise nötig, um uns selbst zu entfalten und in der Welt wirken zu können.

Dies gilt in viel stärkerem Maße für das kleine Kind, und zwar nicht allein für die nicht sichtbaren Kreise, die wir eben angesprochen haben, sondern auch für die Spiele im Kreis. Es fühlt sich geborgen und bewegt sich singend und spielend im Kreis als dem Abbild des Kosmos. Wichtig ist auch, dass das Kind dabei durch den Wiederholungseffekt der Kreisspiele in eine träumende Stimmung kommt, die viele «moderne» Kinder allzu früh verlieren; sie drängen dazu, aus der Fantasiewelt herauszufallen, um wach und intellektuell die Welt zu betrachten. Dies ist oft auch eine der Ursachen, warum selbst Kleinkinder die Kreisspiele allzu schnell langweilig finden und sich nicht mehr in dem träumenden Element wohlfühlen können. Ohne Zweifel hängt das mit den Lebensumständen und dem Einfluss verschiedener Medien zusammen. Das heutige Kind wird schon in sehr frühem Lebensalter mit der Erwachsenenwelt konfrontiert, in der vor allem die Technik und der Intellekt den Ton angeben. Früher konnte sich das Kind mit seinem ganzen Wesen mit dem verbinden, was in seiner Umgebung geschah; die Tätigkeit von Vater und Mutter, Handwerkerarbeiten und vieles andere führten es zur Nachahmung und zur Fantasie im Spiel. Durch die Kreisspiele können wir etwas von dieser Erlebniswelt neu vermitteln.

Wenn wir die ganze Gruppe der Kreisspiele übersehen, finden wir große Unterschiede in den Formen. Dan Udo de Haes zeigt in seinem Buch «Der singende spielende Kindergarten» (Mellinger Verlag, 3. Auflage 1987), dass all die verschiedenen Formen auf einige Grundformen zurückgeführt werden können, die jeweils für bestimmte Entwicklungsphasen bedeutungsvoll sind.

Bei der Auswahl der Kreisspiele für dieses Buch wurde nicht in erster Linie Vollständigkeit angestrebt, sondern probiert, verschiedene Formen so gut wie möglich zu ihrem Recht kommen zu lassen. Wer diese Formen erst einmal kennengelernt hat, wird ohne viel Mühe auch andere Spiele finden und beurteilen können.

Der Kreis

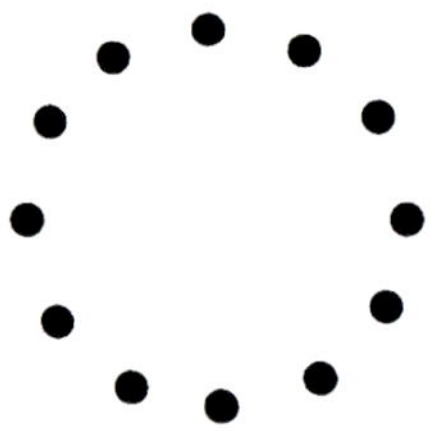

Die einfachste Form ist die reine Kreisform; die Kinder stehen oder gehen Hand in Hand im Kreis herum, singen das Lied und führen bestimmte Bewegungen aus. Diese Form ist vor allem für die ganz Kleinen wichtig. Sie fühlen sich geborgen im Kreis, der sie schützend verbindet, und es ist noch nicht an der Zeit, sich herauszulösen.

Kreis und Mittelpunkt

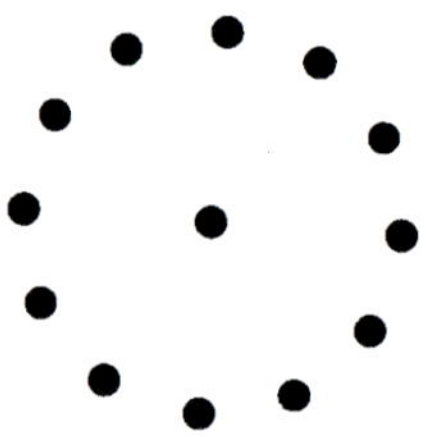

Bei der zweiten Gruppe steht oder geht ein Kind in der Mitte des Kreises. Es kann sich noch geborgen fühlen, weil der Kreis es noch ganz umschließt, aber ein Stückchen Selbstständigkeit ist sichtbar geworden. Das Kind kann nun den anderen im Kreis etwas schenken und bekommt etwas vom Kreis zurück. Viele Spiele dieser Art gehören zu den Handwerker- und Nachahmungsspielen und sind in einem Extrateil beschrieben.

Außerhalb des Kreises

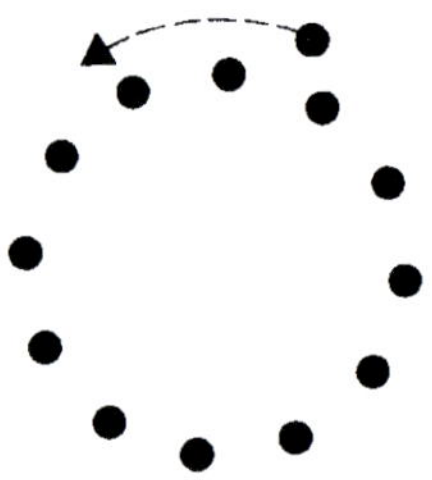

Zu einem bestimmten Zeitpunkt in seiner Entwicklung wird das Kind zeigen, dass es beginnt, für die Schule reif zu werden. Einen Hinweis darauf finden wir in den Kinderzeichnungen, wenn das Kind z.B. ein Haus malt, in das es selbst hineingeht oder aus dem es herausschaut. Dies zeigt, dass es fester in sich selbst ruhen und deshalb auch stärker allein in der Außenwelt stehen kann. Die aktivere Teilnahme an der Welt finden wir wieder in dieser Art der Kreisspiele. Das Kind kann nun frei, aktiv und selbstbewusst außen um den Kreis herumgehen.

Der Kreis löst sich auf

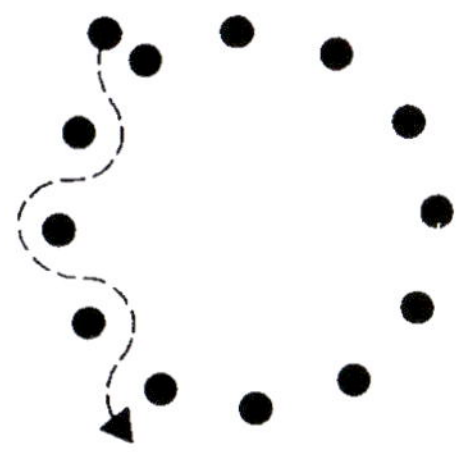

Der nächste Schritt ist dann nicht mehr so groß. Das Kind geht nun außerhalb des Kreises herum, tippt andere an, die sich ihm anschließen. So entsteht ein neuer Kreis. Der Unterschied zur vorigen Gruppe besteht darin, dass nun der ganze Kreis nach draußen schaut und zusammen den Weg in die Welt beschreitet, die vor ihm liegt.

Zwei-Reihen-Spiele

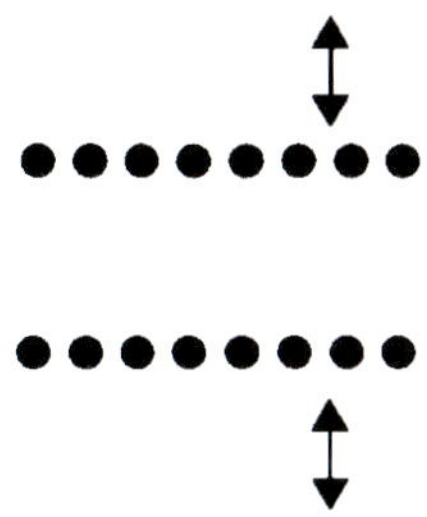

Es gibt viele Übergangsformen zu dieser Gruppe. Das Kind ist nun in einem Lebensalter, das sich mehr und mehr mit der Welt um es herum beschäftigt. Es nimmt immer stärker wahr, was in seiner Umgebung geschieht. In den zwei Reihen, die sich aufeinander zu oder voneinander weg bewegen, kommt es auch darauf an, dass sie mehr aufeinander hören und einander wahrnehmen, nicht allein beim gesungenen oder gesprochenen Wort des Frage-und-Antwort-Spiels, sondern auch bei den entsprechenden Bewegungen. Das gleichzeitige Bewegen aufeinander zu und voneinander weg fordert eine ganz andere Einstellung vom Kind als vorher. Die Einheit der Welt (Kreis) geht über in die Dualität.

Andere Formen

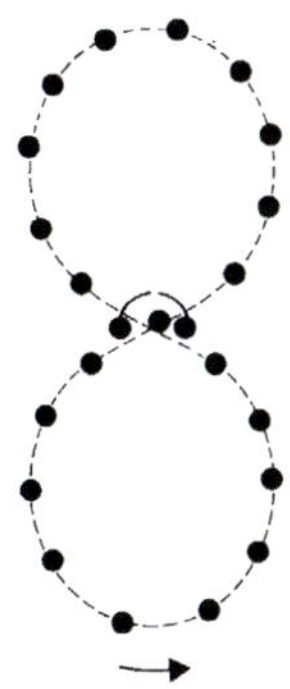

Zum Schluss kommen wir zu Spielen, bei denen verschiedene Formen eine Rolle spielen: die Lemniskate, die Spirale usw. Die Formen, die das Kind hier entstehen lässt, können wir als Bild für das logische Denken nehmen, das Aneinanderreihen von Gedanken, was dem Kind nach dem 7. Lebensjahr möglich ist. In gewisser Weise finden wir hier auch den Übergang zum Volkstanz, der mit seinen komplizierteren Formen mehr die älteren Kinder anspricht.

Wir können das Beschriebene zu folgendem Schema zusammenfassen:

jüngste Kinder (3–4 Jahre) 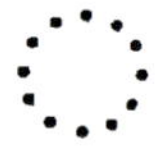

etwas ältere Kinder (5–6 Jahre) 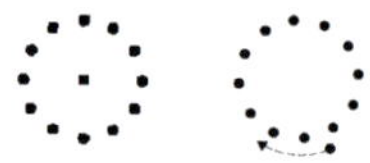

schulreife Kinder 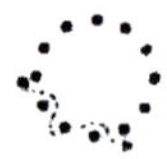

Kinder in den ersten Schuljahren 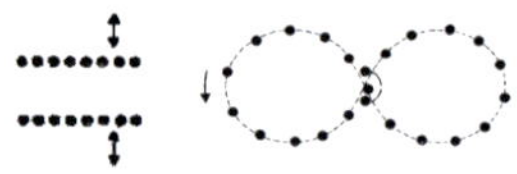

Natürlich sind solche Einteilungen nur ein Hilfsmittel, mit denen wir in freier Weise umgehen müssen.

Bei der Wahl eines Kreisspieles sollten wir uns immer an der Situation orientieren und an dem, was die Kinder zu diesem Zeitpunkt wollen. Auch muss bedacht werden, dass das Wiederholen eines Spieles eine längere Zeit hindurch viel mehr wert ist als das Auswählen stets neuer Spiele.

Drei Gruppen von Spielen sind in besonderen Kapiteln beschrieben: die sogenannten Handwerker- oder Nachahmungsspiele, die Lieder zum Händeklatschen und die Abzählreime. Den Formelementen nach gehören diese Spiele hauptsächlich zu der zweiten Gruppe (Kreis und Mittelpunkt).

Handwerker- und Nachahmungsspiele

Diese Spiele geben dem Kind die Gelegenheit, Gebärden und Haltungen nachzuahmen, die seit langem die Menschen begleiten, aber in den letzten Jahrzehnten zu verschwinden drohen. Wir haben gesehen, wie wichtig es ist, dass die Kinder gerade diese Gebärden nachahmen. Die Handwerkerspiele geben uns auch die Möglichkeit, dass das Kind den Gang durch die Jahreszeiten miterleben kann. Wir können z.B. im Herbst Lieder, Kreisspiele und Handwerkerspiele auswählen, die das Säen und Ernten des Getreides und das Backen des täglichen Brotes zu einer Art Darstellungsspiel («Reigen») aneinanderreihen, das die Kinder miteinander ausbilden. Mit ein bisschen Vorstellungskraft sind die Möglichkeiten groß. Bei anderen Spielen macht das Kind in der Mitte die Tätigkeiten vor, die die anderen nachahmen. Dabei ist es wichtig, dass die Kinder diese Tätigkeiten fließend und harmonisch ausführen. Natürlich müssen wir ihnen anfangs helfen, die Gebärden so gut wie möglich zu gestalten. Daraus können Kräfte in das Kind strömen, die es in seinem tiefsten Wesen ansprechen und ihm helfen, seinen Weg zu sich selbst und in die Welt zu finden.

Klatschspiele

Das Klatschen mit den Händen hat für Kinder ab dem 7. Lebensjahr besondere Bedeutung. Zunächst kann es ein Ausdruck von Freude sein, außerdem ist es vor allem eine rhythmische Tätigkeit, die bei guter Anleitung für Kinder harmonisierend wirkt. Dabei ist es wichtig, auf die Unterschiede zu achten, wie geklatscht wird. Es kann z.B. ganz rhythmisch sein, in weit ausladende Gebärden ausströmen oder in ganz kleinen, dicht am Körper bleibenden Bewegungen ausgeführt werden. Es kann stark und temperamentvoll oder sacht und innerlich geschehen. Viele Formen sind denkbar, jede kann eine andere Gefühlsstimmung ausdrücken. Durch das Stampfen mit den Füßen und das Klatschen mit den Händen bekommt das Kind ein sicheres Empfinden seiner Gliedmaßen und lernt, die vielfältigen Möglichkeiten seiner Glieder einzusetzen.

Abzähllieder

Das letzte Kapitel des ersten Teils enthält einige Abzählreime, die zum Teil auch als Kreisspiel gespielt werden können. Sie sind sehr geeignet zum Aufstellen von Parteien oder um zu bestimmen, wer «dran ist».

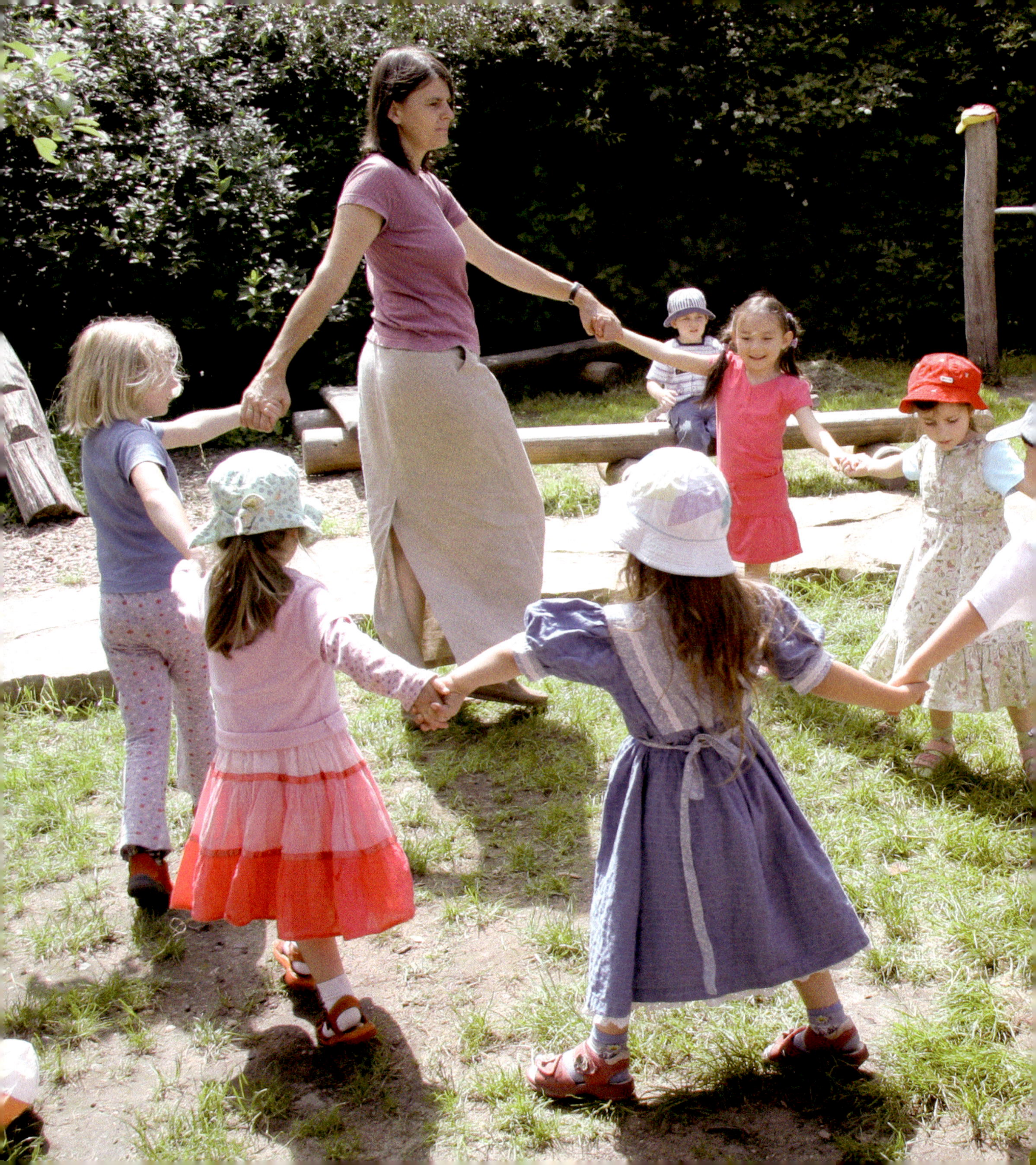

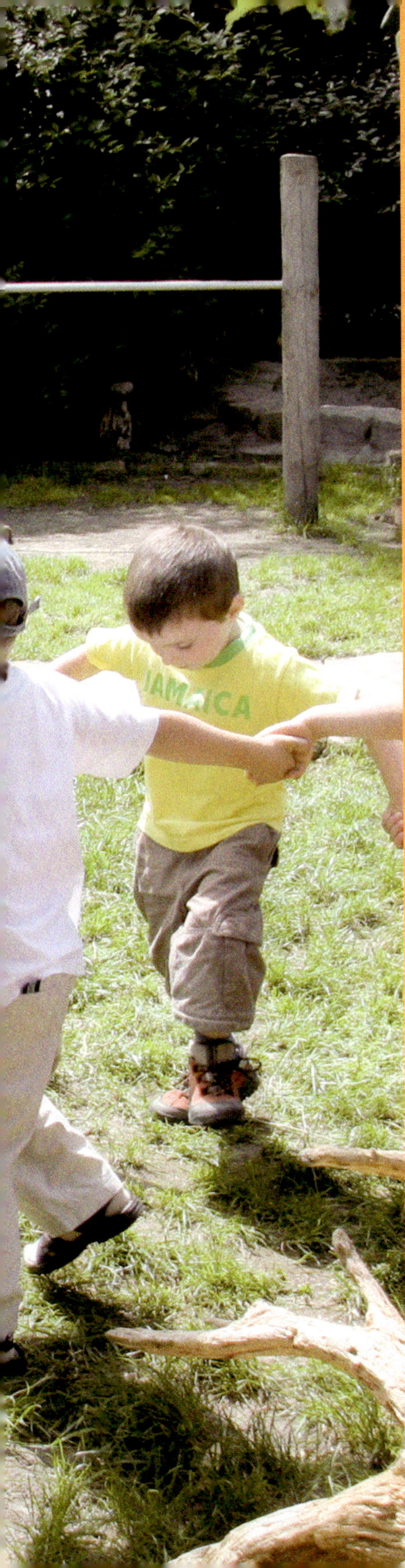

Rinke ranke Rose

Tanz, tanz, Wichtelmann

Ringel rangel Rosen

Ringel ringel Reihe

Wir machen ein Tänzchen

So geht die Mühle

Hein Mücke

Auf dem Markte Bäume steh'n

Riesenlied

Rose rosemeie

Siebensprung

Unter Mutters Paraplü

Der Kreis

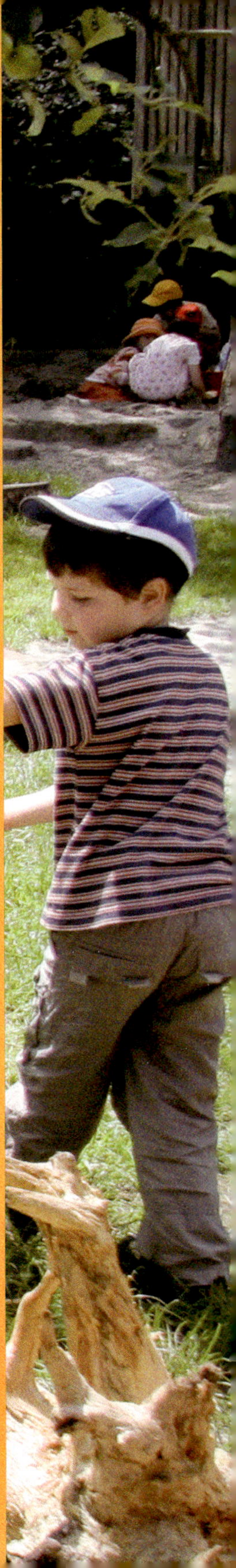

Rinke ranke Rosen

4–5 Jahre

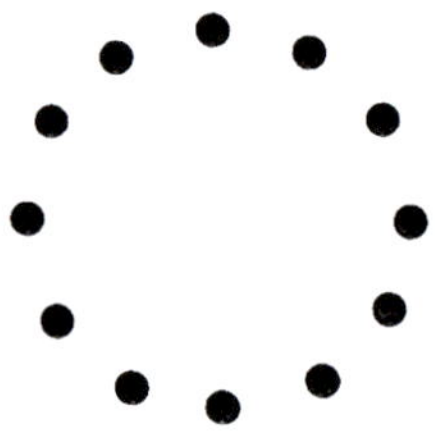

Die Kinder stehen im Kreis mit den Gesichtern zur Mitte. Sie tun, was im Lied gesungen wird: 1. verbeugen, 2. knien, 3. hinsetzen.

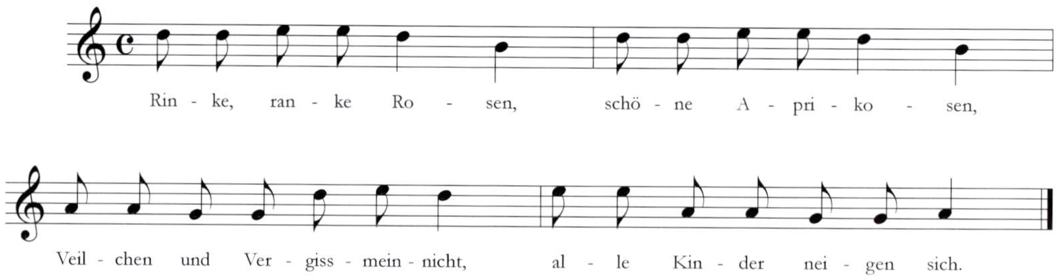

Tanz, tanz, Wichtelmann

4–8 Jahre

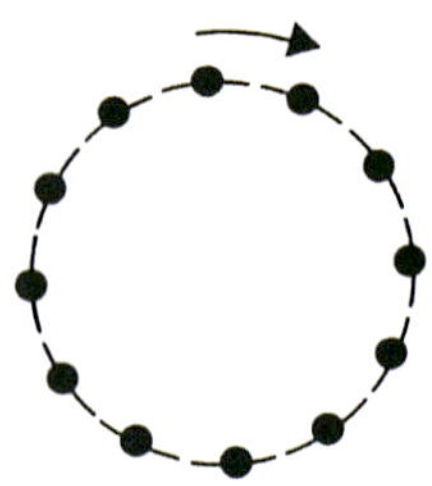

Die Kinder geben sich die Hand und gehen singend im Kreis herum. Bei «ho» müssen sie sich schnell hinhocken, ohne die Hände loszulassen. Wer fällt, scheidet aus. Schwieriger wird es im Laufschritt (für ältere Kinder).

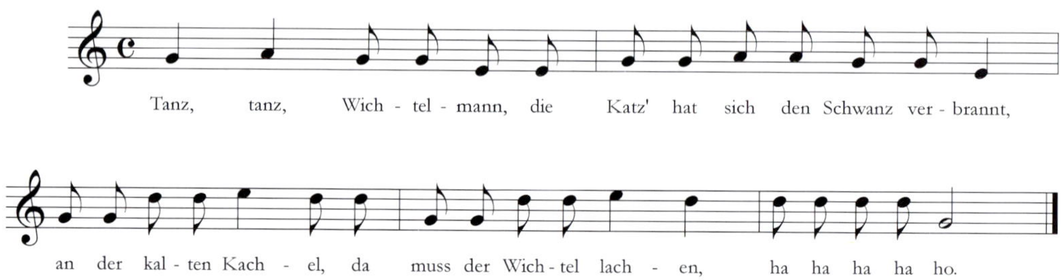

Ringel rangel Rosen

4–5 Jahre

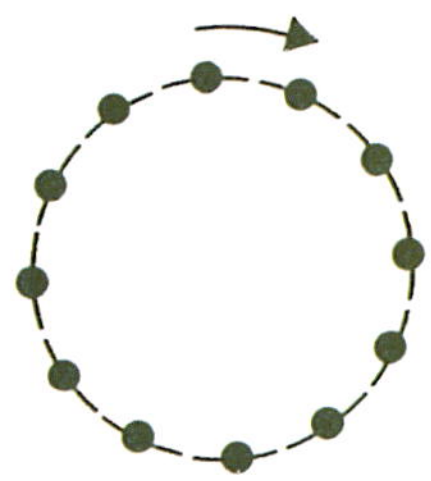

Der Kreis geht singend herum. Bei «bäh» lassen sich alle Kinder fallen oder setzen sich hin.

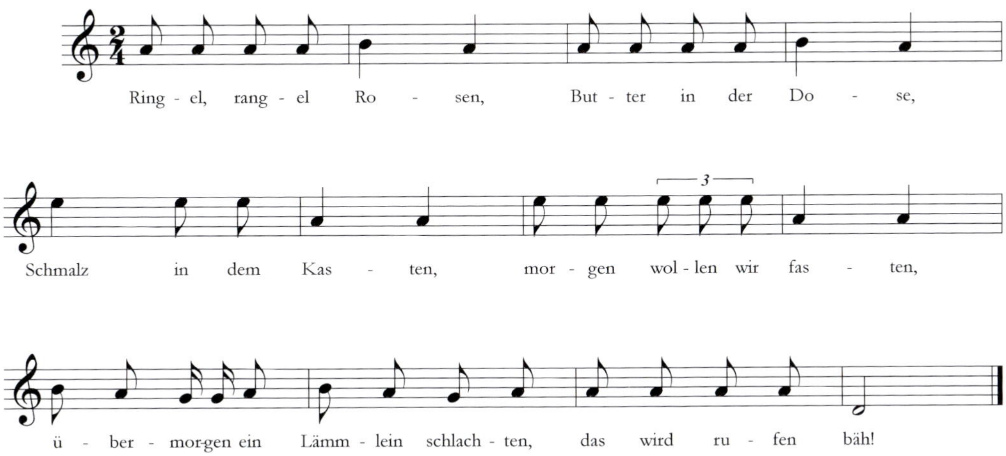

4–5 Jahre

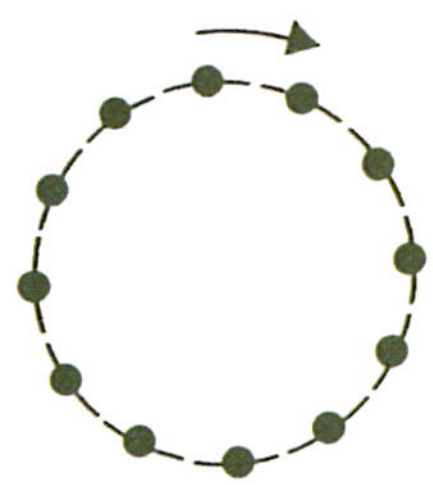

Ringel ringel Reihe

Wie bei dem vorhergehenden Spiel hocken sich die Kinder diesmal bei «husch, husch, husch» hin.

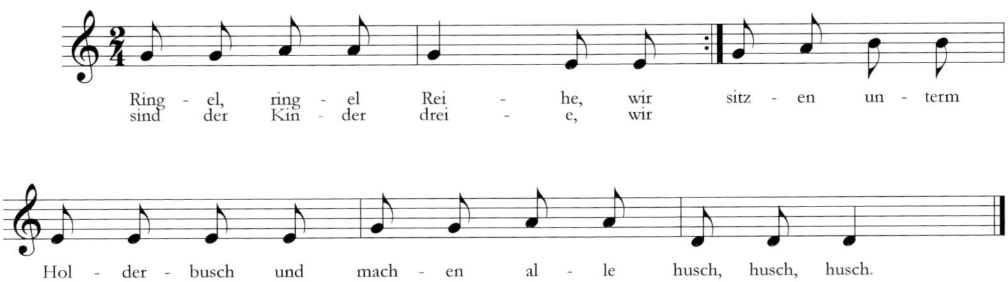

Wir machen ein Tänzchen

5 Jahre

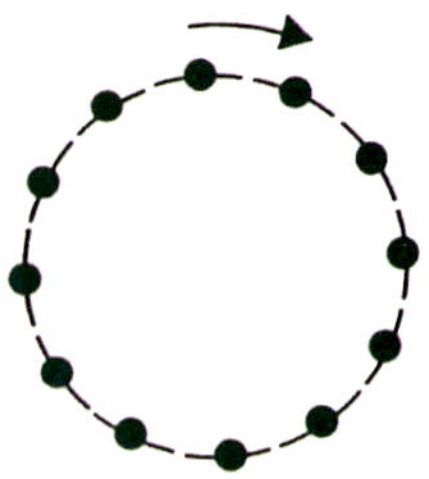

Dieses Spiel kann sowohl mit jüngeren als auch mit etwas älteren Kindern gespielt werden. Die Kleinen geben sich die Hand und gehen im Kreis herum. Bei «komm her, lieber Nachbar» bleibt der Kreis stehen, bei «ich freue mich sehr» verbeugen sich die zwei Nachbarspieler, geben sich beide Hände und tanzen zu zweit im Kreis herum. Dann beginnt das Spiel erneut, nun wird der Nachbar auf der anderen Seite gewählt.

6–9 Jahre

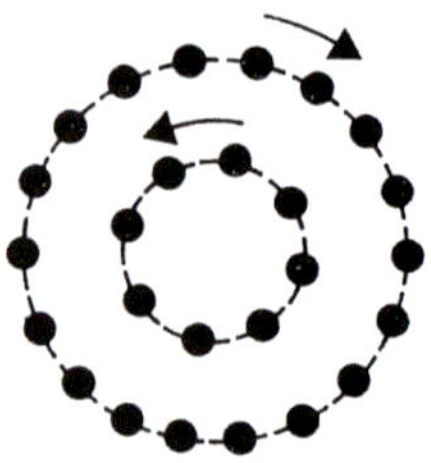

Die älteren Kinder bilden einen großen Kreis, der einen kleinen von sechs bis acht Kindern umschließt. Alle gehen mit Handfassung im Kreis gegensinnig herum, Gesicht zur Mitte. Bei «komm her …» wählt jedes Kind des Innenkreises ein Kind des Außenkreises und verbeugt sich vor ihm. Bei «ich freue mich» machen die gewählten Kinder einen Schritt nach innen und verbeugen sich ebenfalls. Nun fassen sich die so gebildeten Paare an und tanzen innerhalb des großen Kreises herum. Der große Kreis hüpft entweder im Seitgalopp mit Handfassung um die tanzenden Paare herum oder bleibt stehen und klatscht in die Hände. Am Ende des Liedes gehen die Kinder des kleinen Kreises in den großen, die gewählten Kinder bilden den neuen Kreis.

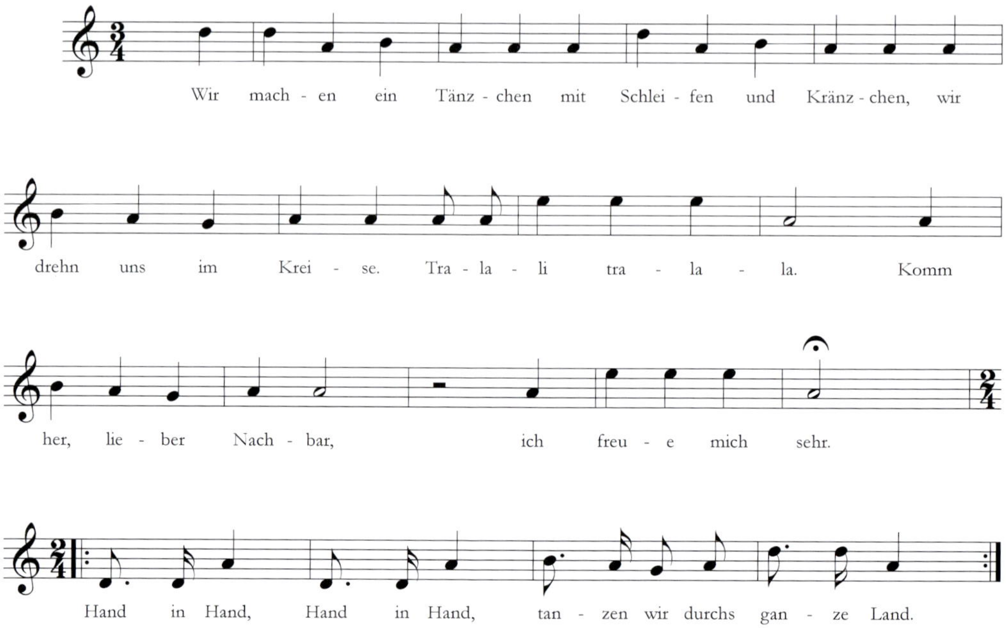

So geht die Mühle

4–5 Jahre

Bei der ersten Strophe geht der Kreis in ruhigem Tempo mit großen Schritten im Kreis herum (Uhrzeigersinn). Bei der zweiten wechselt der Kreis die Richtung und das Tempo verdoppelt sich. Die Hände bleiben fest.

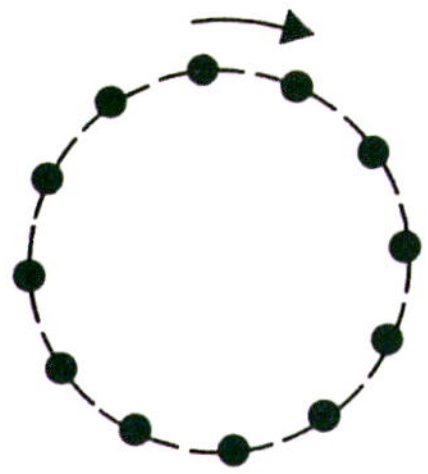

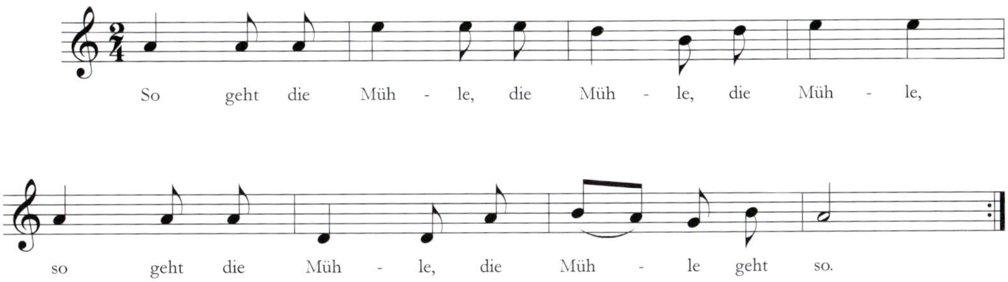

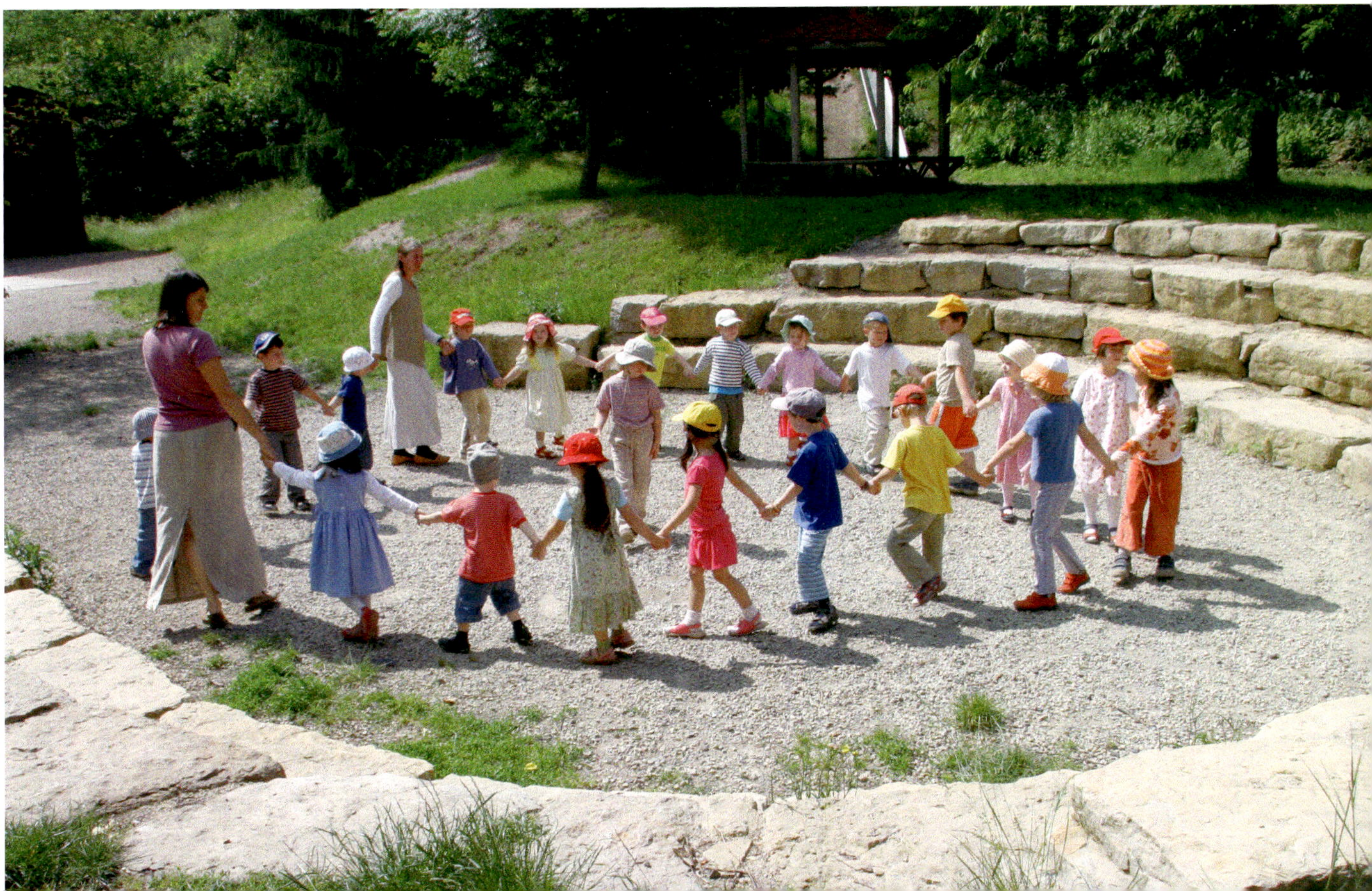

Hein Mücke

4–5 Jahre

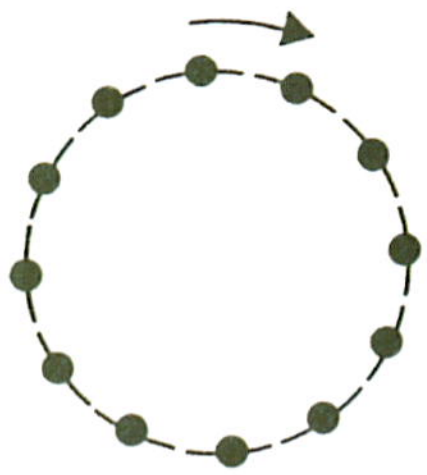

Hand in Hand gehen die Kinder im Uhrzeigersinn im Kreis herum. Bei «Stücke» machen alle eine tiefe Kniebeuge, richten sich wieder auf und gehen weiter. Wenn das Lied ein paar Mal wiederholt worden ist, lassen sich alle beim letzten Mal auf den Boden fallen. Die Kleinen freuen sich immer wieder, wenn die Tonne «in Stücke zerbricht». Wenn man das Tempo jeweils bei «und die Tonn' zerbrach …» steigert, kann man die Freude noch vergrößern.

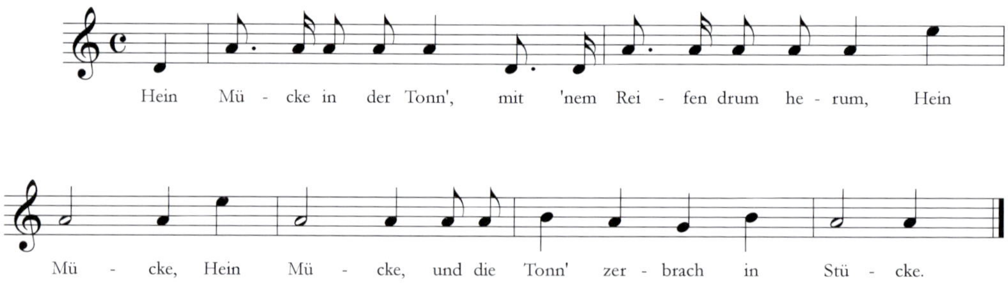

Auf dem Markte Bäume steh'n

4–6 Jahre

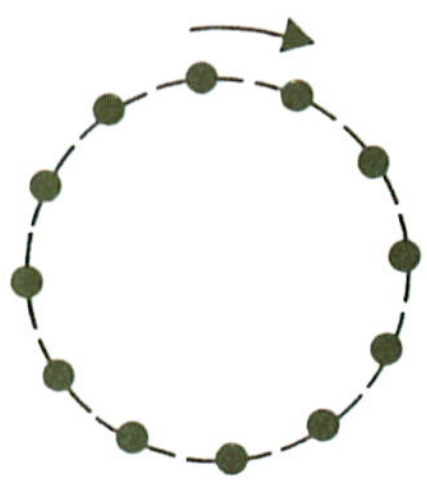

Während der Kreis Hand in Hand herumgeht, wird gesungen. Bei «Bäume», «Ast» usw. bleiben alle stehen und machen eine jeweils passende Gebärde dazu. Beim Refrain hüpfen alle mit Handfassung im Kreis herum.

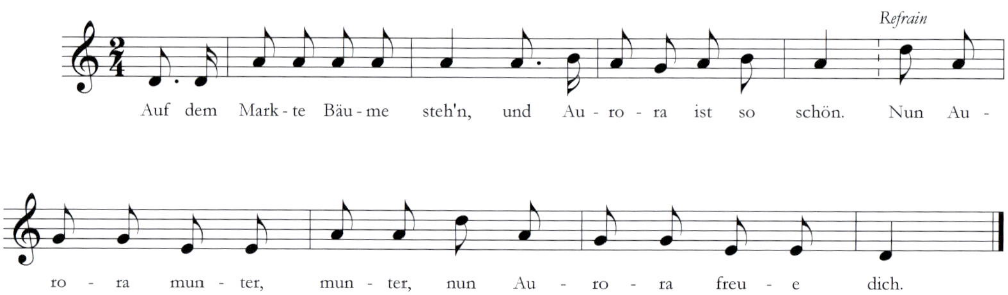

2. Auf dem Baume ist ein Ast,
den erreicht Aurora fasst. (Refr.)

3. Auf dem Ast da ist ein Nest,
das Aurora liegen lässt.

4. In dem Neste liegt ein Ei,
und Aurora fühlt sich frei.

5. Aus dem Ei ein Vogel schlüpft,
und Aurora tanzt und hüpft.

6. Und der Vogel Federn hat,
und Aurora weiß sich Rat.

7. Aus den Federn wird ein Kissen,
das Aurora nicht möcht' missen.

8. Und das Kissen kommt ins Haus,
und Aurora schüttelt's aus.

9. Unser Haus steht in der Stadt,
wo Aurora Schwestern hat.

10. In der Stadt, da ist ein Markt,
und Aurora fühlt sich stark.

11. Auf dem Markte Bäume steh'n,
und Aurora ist so schön.

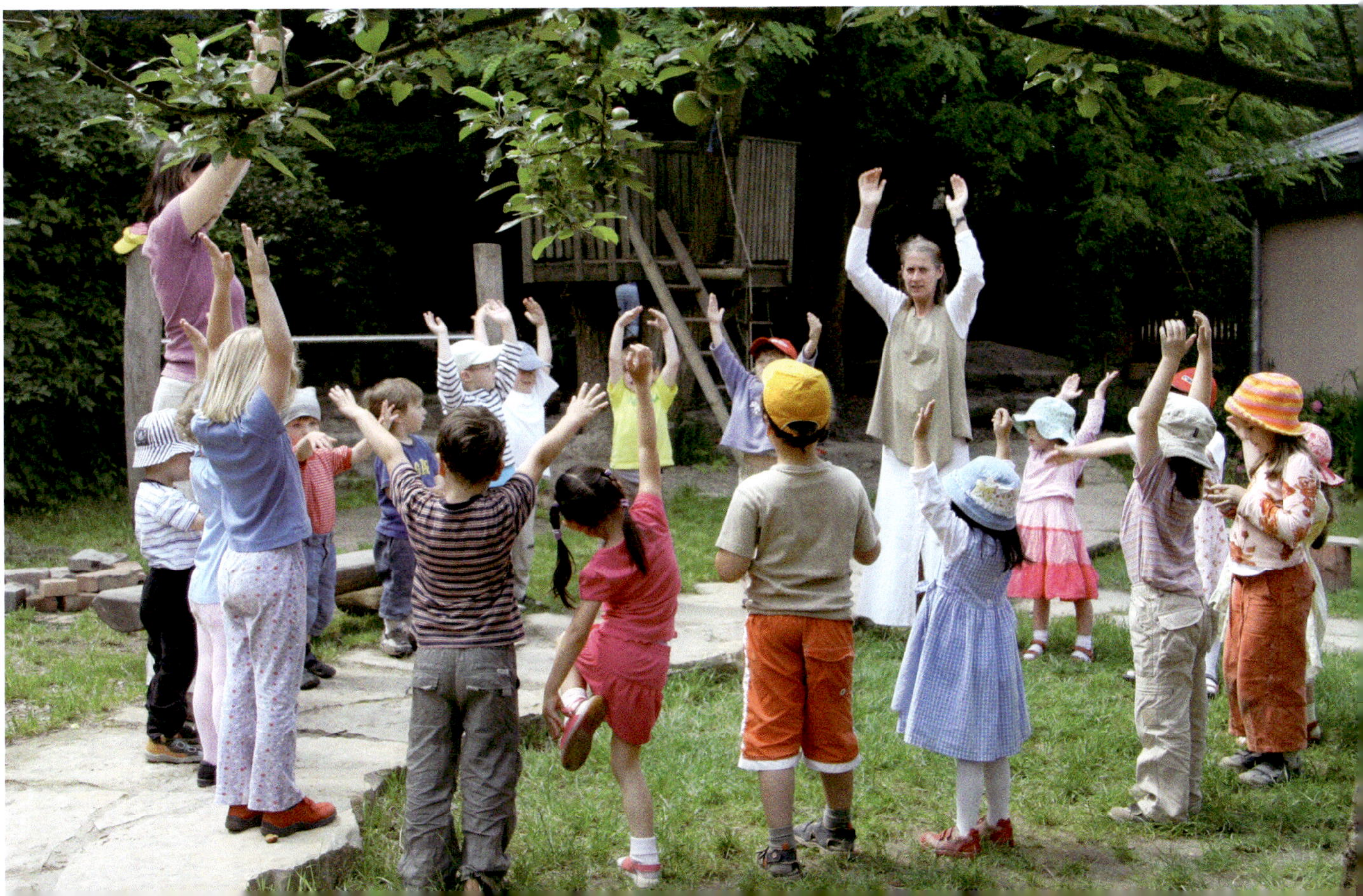

Riesenlied

6–9 Jahre

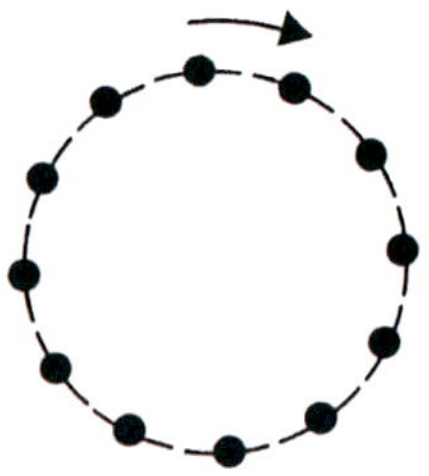

Kreis mit Handfassung. Bei dem ersten Teil machen die Kinder Hüpfschritte. Beim Refrain lassen die Kinder die Hände los, gehen hintereinander im Kreis und drehen sich bei «um» jeweils in die Gegenrichtung.

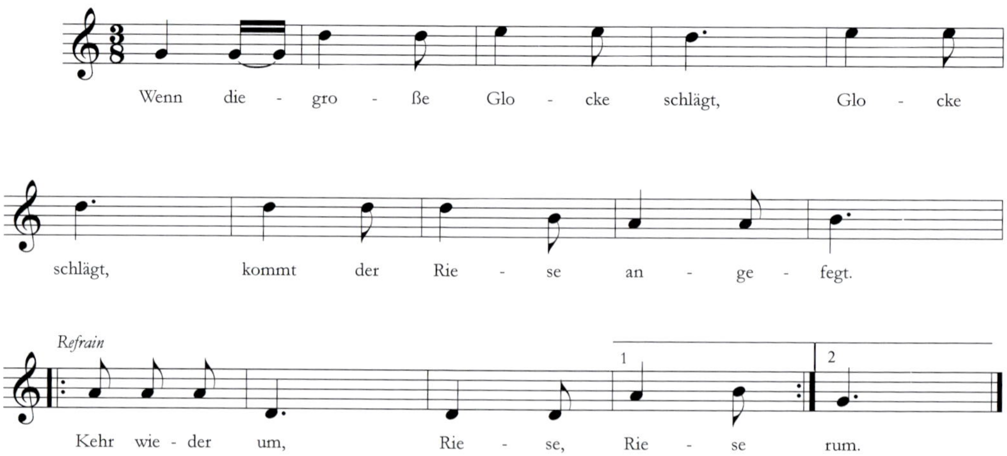

2. Mutter schnell den Topf herbei,
   unser Riese möchte Brei. (Refr.)
3. Mutter mach ein Butterbrot,
   sonst schlägt uns der Riese tot.
4. Mutter zapf das beste Bier,
   unser Riese trinkt mit Gier.
5. Mutter dreh den Bierhahn zu,
   unser Riese gibt nun Ruh.
6. Mutter verschließ Bier und Brot,
   unser Riese, der ist tot.
7. Wer da ruft: der Riese fliegt,
   ja, der lügt, der lügt, der lügt.
   Bleibe zu Haus Riese … raus.

Rose rosemeie

Hand in Hand gehen die Kinder im Kreis herum. Bei «Alle Kinder verneigen sich» bleibt der Kreis stehen und die Kinder verneigen sich (Arme ausgebreitet), bei «verbeugen sich» machen alle eine Verbeugung (Arme vor der Brust gekreuzt).

4–6 Jahre

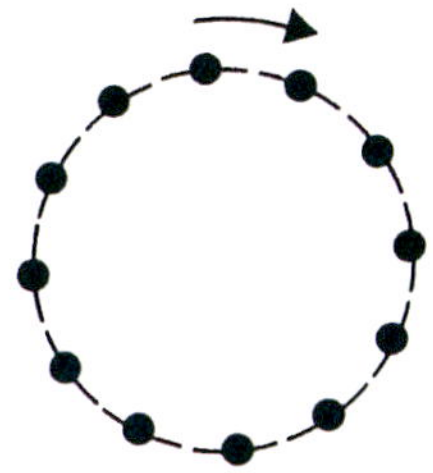

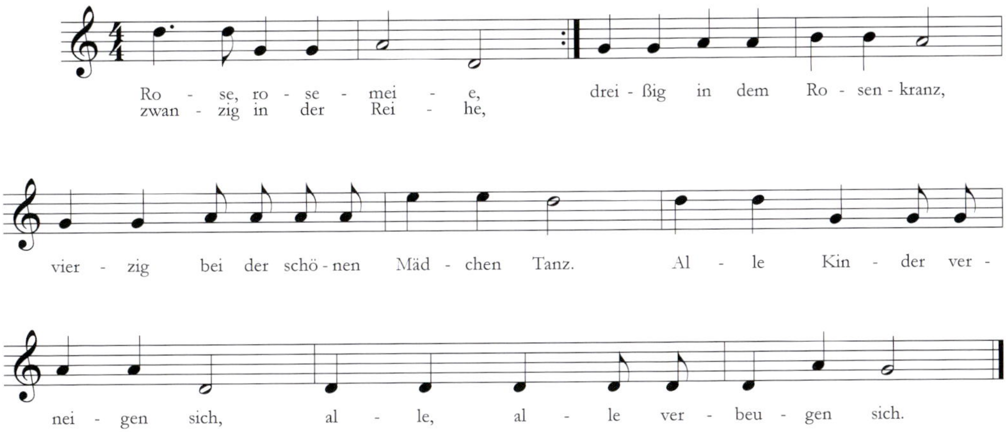

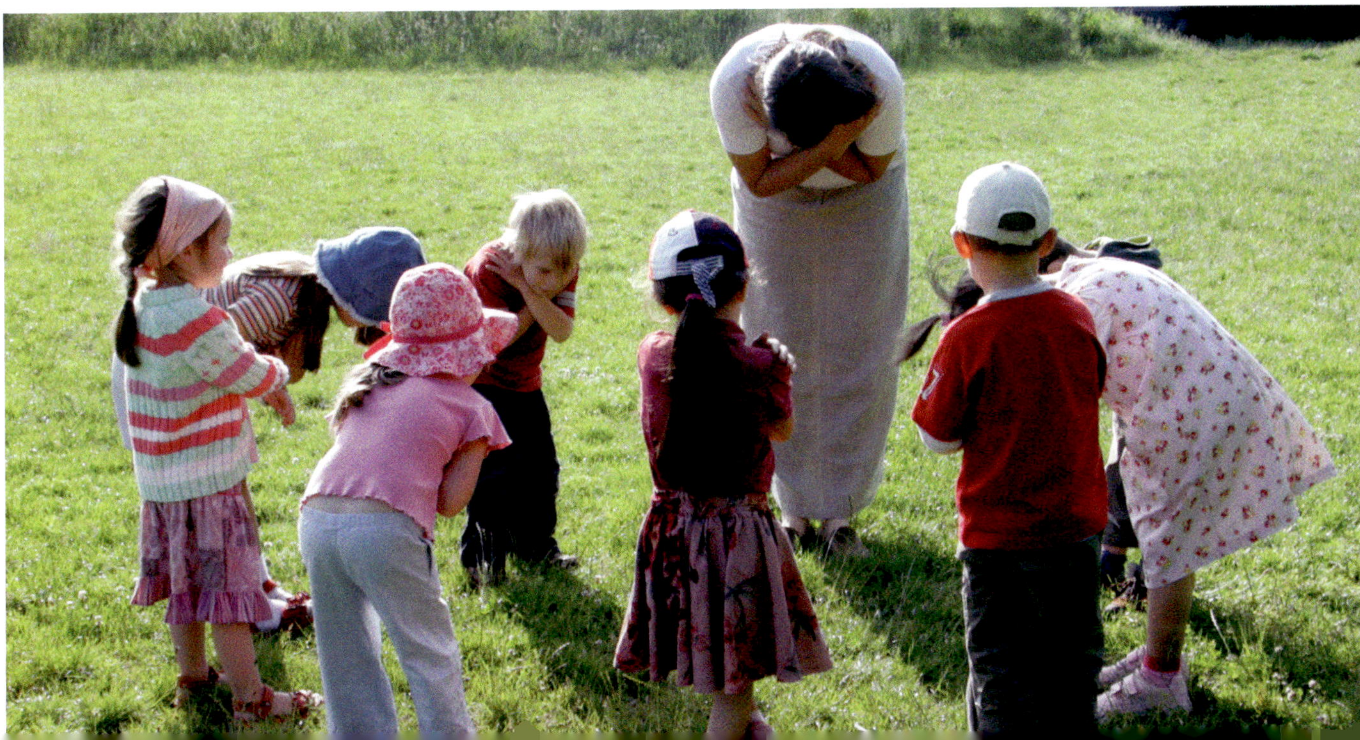

Siebensprung

6–10 Jahre

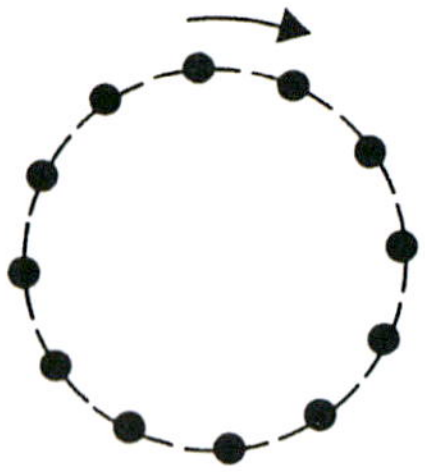

Bei Takt 1–4 gehen, bei Takt 5–8 hüpfen die Kinder im Kreis herum. Bei «das ist eins» bleiben sie stehen und jedes stellt seinen rechten Fuß nach vorn in den Kreis. Nun beginnt es wieder von vorn. Bei der 2. Strophe wird «das ist eins, das ist zwei» gesungen usw., jeweils mit den entsprechenden Bewegungen:

Bei «zwei» linken Fuß nach vorn in den Kreis, bei «drei» das rechte, bei «vier» das linke Knie, bei «fünf» der rechte, bei «sechs» der linke Ellbogen dazu auf den Boden. Bei «sieben» wird auch noch der Kopf auf die am Boden aufliegenden Hände gelegt. Dann wird das Lied noch einmal gesungen, dabei die Bewegungen in umgekehrter Reihenfolge durchgeführt: 1=7; 2=6; 3=5 usw.

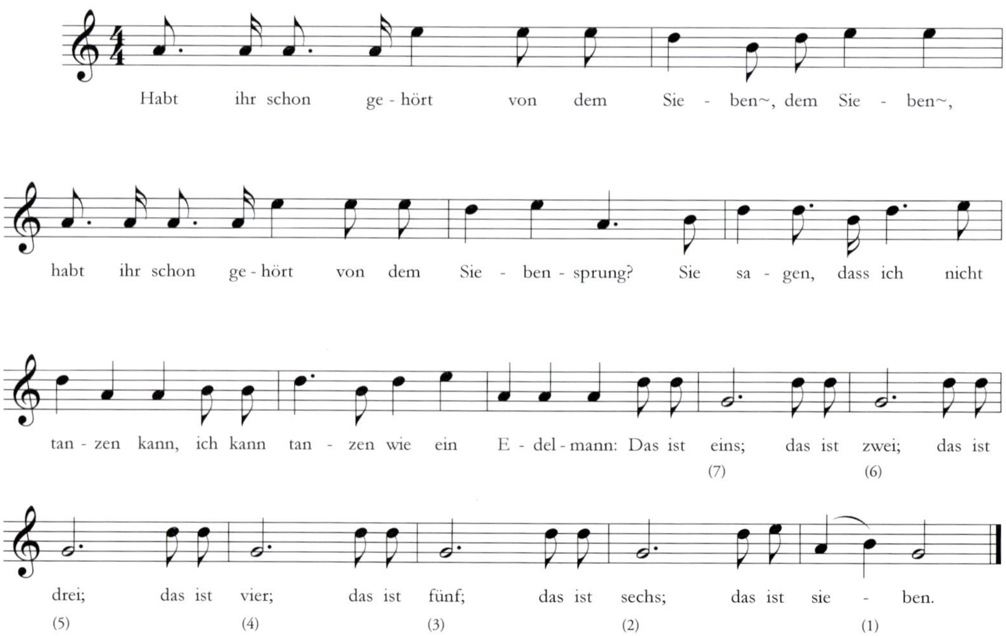

Unter Mutters Paraplü

Je zwei Kinder geben sich die Hand und gehen paarweise im Kreis herum. Dabei machen sie die Bewegungen, die im Lied vorkommen: «klick-klack-klick» mit den Füßen stampfen, «tick-tack-tick» im Wechsel mit einer Hand auf den Handrücken der anderen schlagen usw.

6–9 Jahre

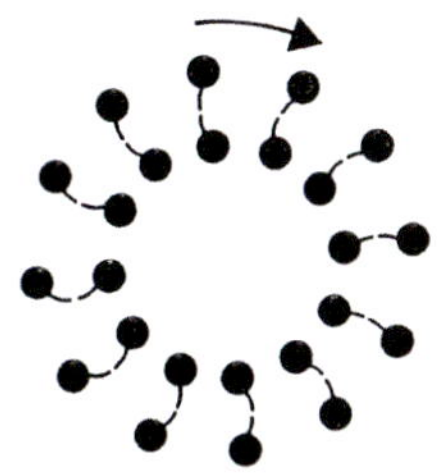

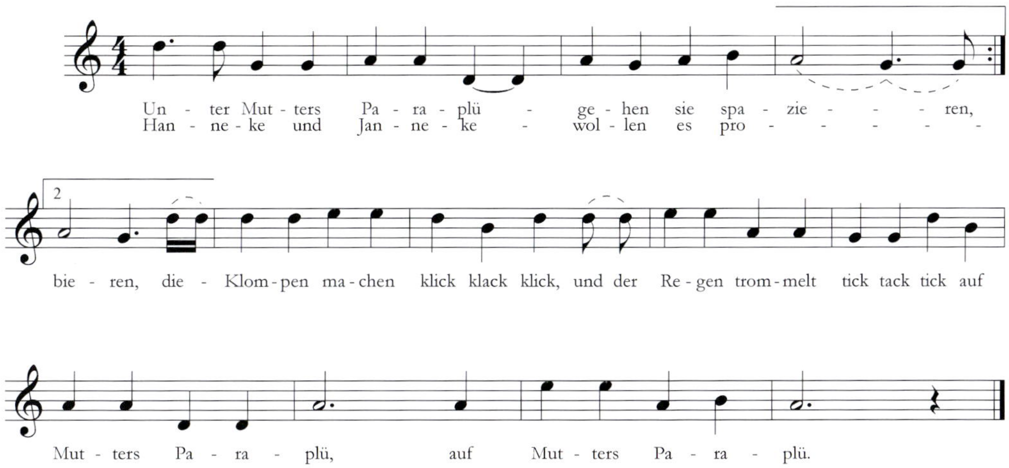

2. Aber dann kommt Jan, der Wind,
der säuselt erst ganz sacht,
doch bläst er stark und stärker bald,
dass es nur so kracht,
und Jan, der Wind, der zerrt und ruckt,
und auf und nieder geht der Stock
𝄆 von Mutters Paraplü 𝄇.

3. Hanneke und Janneke wehren sich
gar heftig,
sie halten fest den Paraplü
mit beiden Händen kräftig.
Und sie lachen fröhlich ha ha hi,
und sie rufen: «Jan, den kriegst du nie!»
𝄆 's ist Mutters Paraplü 𝄇.

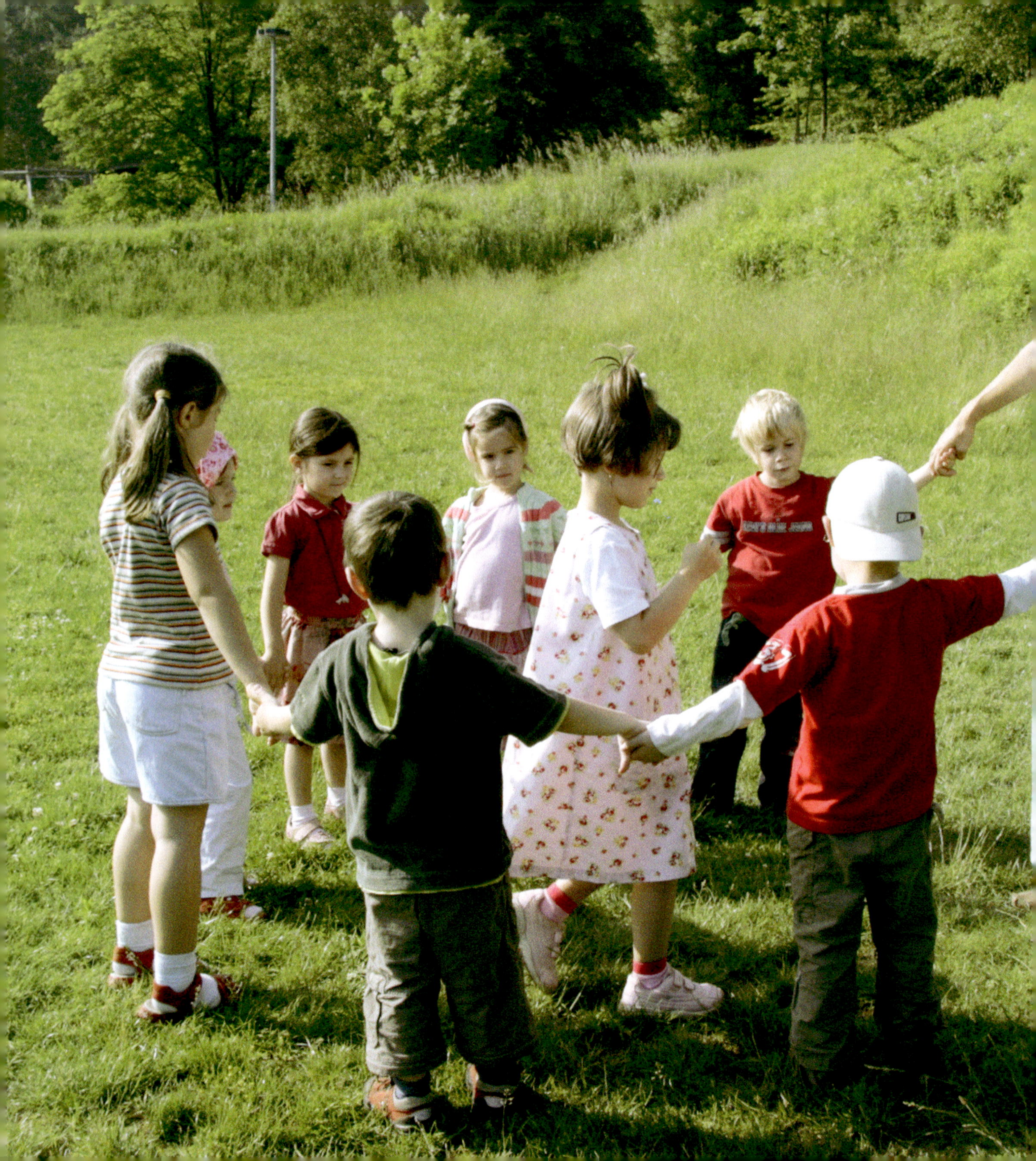

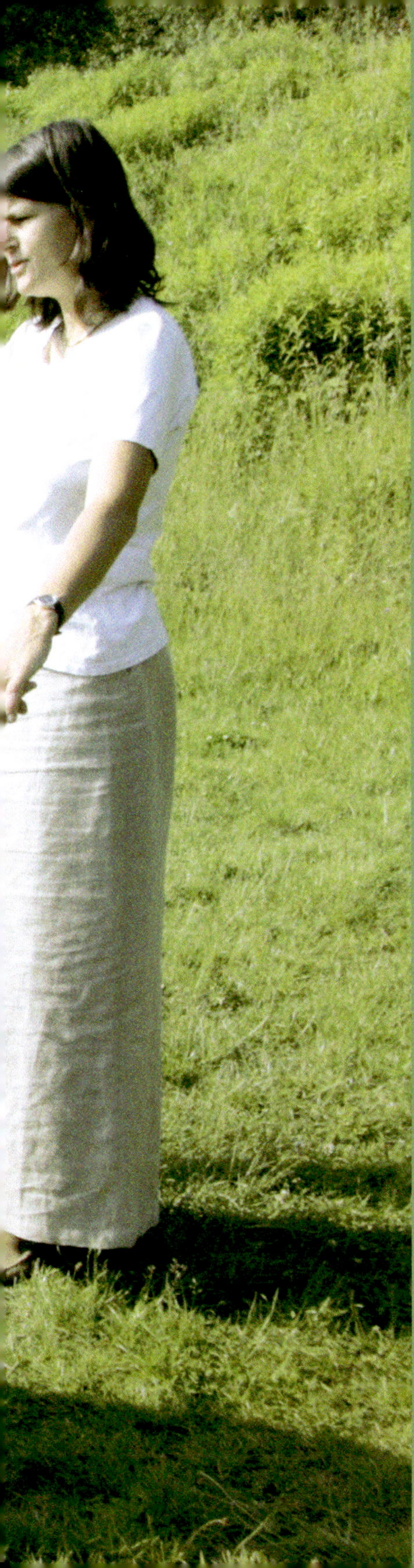

Der Kirschbaum

Häschen in der Grube

Blauer, blauer Fingerhut

Die Frau mit sieben Kindern

Sitzt ein Frosch

Ringlein, du musst wandern

Petersilie, Suppenkraut

Spreng sie auf, die Kette

Im Keller ist es dunkel

Wer will durch das Rosentor?

Ich hab' einen Maibaum in meiner Hand

Wen soll ich nach Rosen schicken?

Ich hab ein schönes Spieglein gefunden

Wir treten auf die Kette

Da ging ein Kind die Straß´ entlang

Es geht eine Zipfelmütz

Kreis & Mittelpunkt

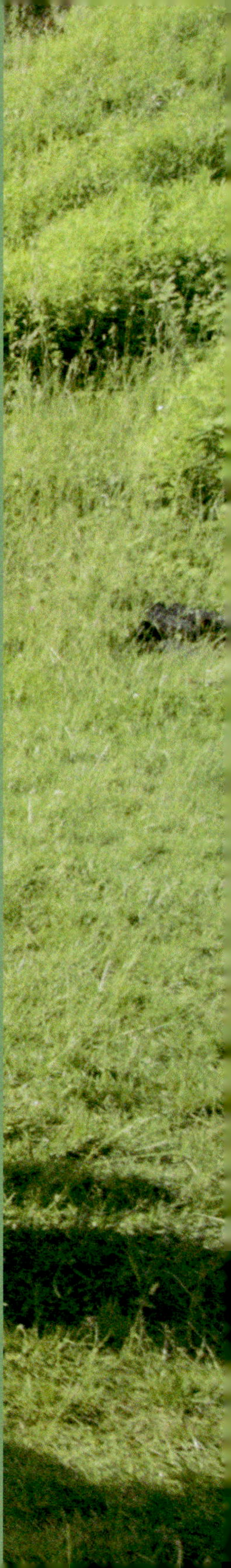

Der Kirschbaum

4–5 Jahre

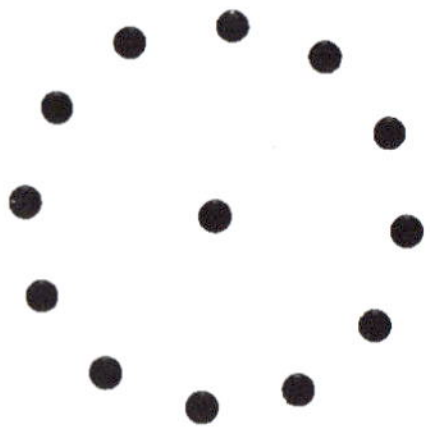

Ein ganz einfaches Spielchen, das sich gut als fröhlicher Auftakt zum Tagesbeginn eignet. Die Kinder stehen im Kreis mit einem Kind in der Mitte. Der Kreis singt das Lied bis zum ersten «Guten Morgen»; das Kind in der Mitte singt das zweite «Guten Morgen» als Gegengruß.

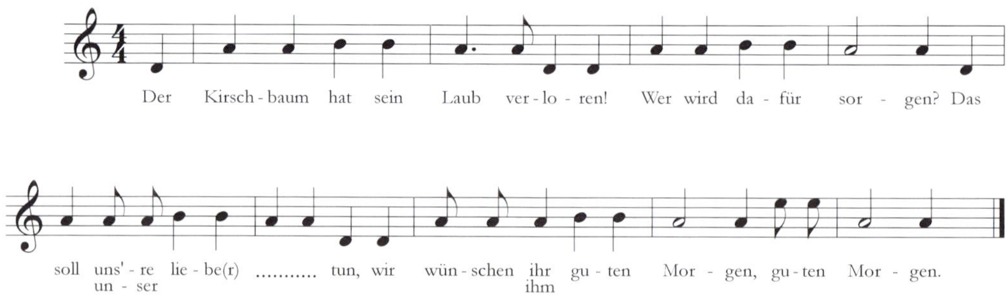

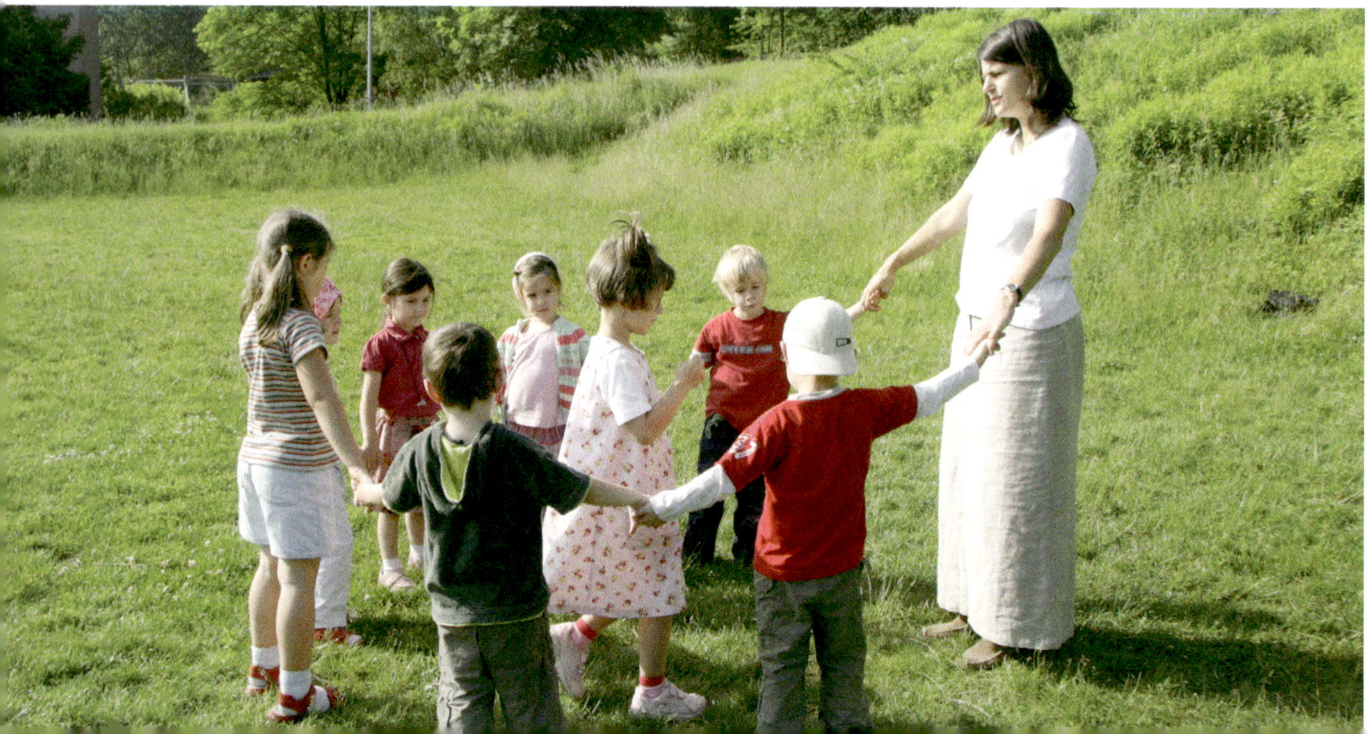

Häschen in der Grube

4–6 Jahre

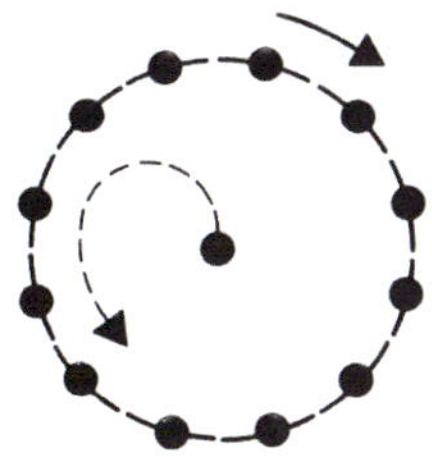

Die Kinder geben sich die Hand und gehen singend im Kreis herum. In der Mitte hockt ein Kind (das Häschen) und tut so, als ob es schläft. Bei «Häschen hüpf» bleibt der Kreis stehen, das Kind hüpft wie ein Häschen im Kreis herum und bleibt vor einem anderen Kind stehen, das nun das Häschen ist.

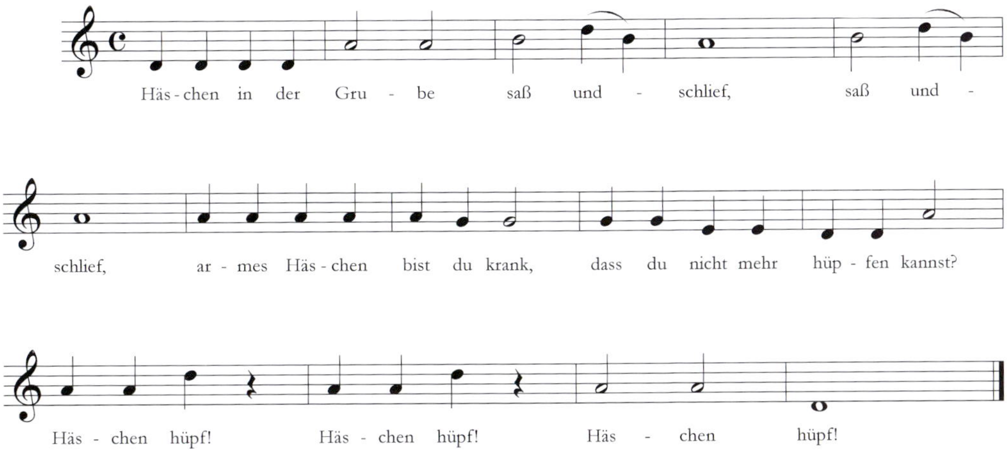

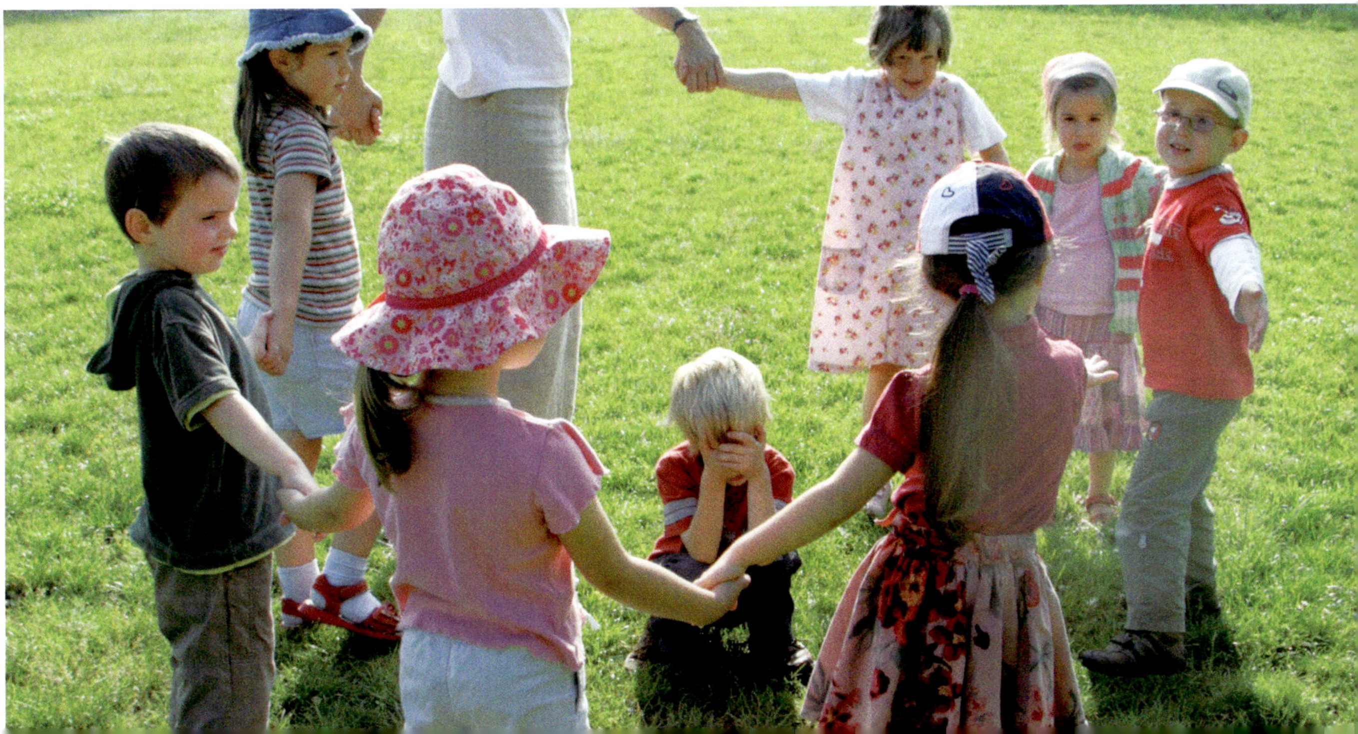

Blauer, blauer Fingerhut

5–7 Jahre

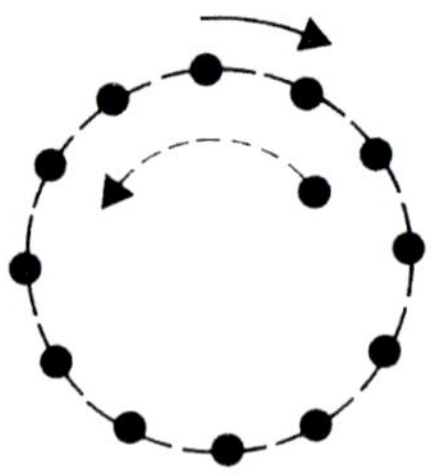

Bei der 1. Strophe geht der Kreis mit Handfassung singend herum und das Kind innerhalb des Kreises in die Gegenrichtung. Bei den Strophen 2–4 steht der Kreis und das Kind tut das, was im Lied von ihm verlangt wird: «tanzen»: im Kreis herumhüpfen, dabei klatschen die anderen Kinder; «stille steh'n»: während das Kind sich auf der Stelle dreimal herumdreht, machen die Kinder im Kreis kreisende Bewegungen mit der Hand; «knien»: es kniet vor einem anderen Kind, reicht ihm beide Hände, das gewählte Kind zieht es wieder in den Stand, und bei der 5. Strophe hüpfen die zwei im Kreis herum.

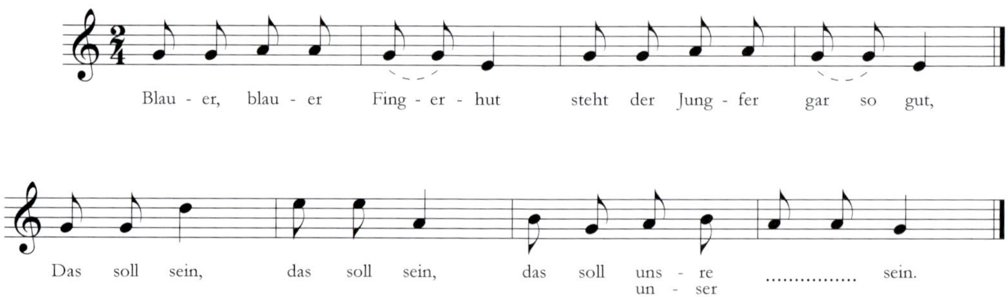

2. Blauer, blauer Fingerhut steht der Jungfer gar so gut,
3. Jungfer, du musst tanzen, in dem grünen Kranze.
4. Jungfer, du musst stille steh'n und dich dreimal rundum drehn,
5. Jungfer, du musst kni-en und dir einen zie-hen.
6. Das soll sein, dass soll sein, das soll unsre (unser) … sein.

Die Frau mit sieben Kindern

4–6 Jahre

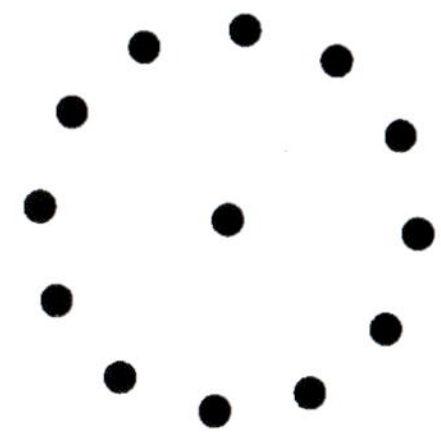

Die Kinder stehen im Kreis (ohne Handfassung). In der Mitte sitzt ein Kind, das ist «die Frau». Bei «was essen's» machen alle Kinder die Gebärde des Essens, bei «was trinken's» die des Trinkens. Bei «Sitz nieder» setzen sich die Kinder im Kreise hin und «die Frau» steht auf. Sie geht im Kreis herum und gibt den Kindern zu essen oder zu trinken. Bei «sollst es sein» wird «die Frau» für das nächste Spiel bestimmt.

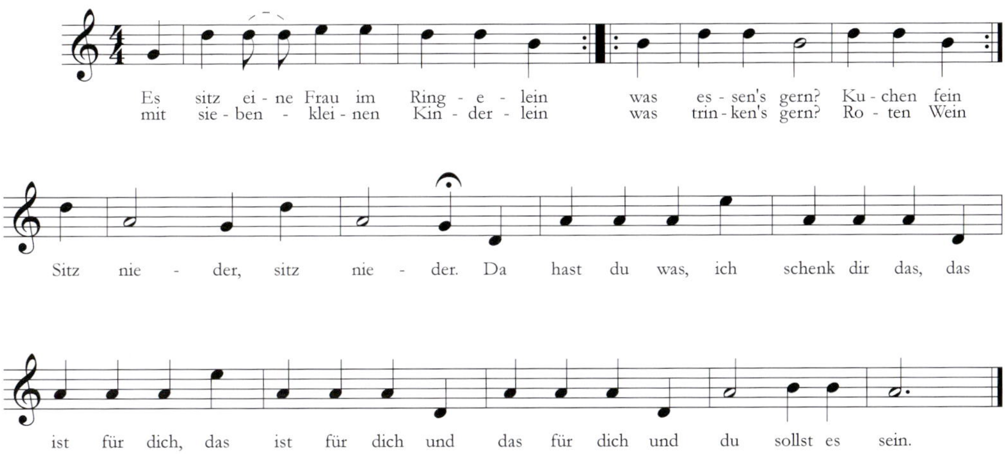

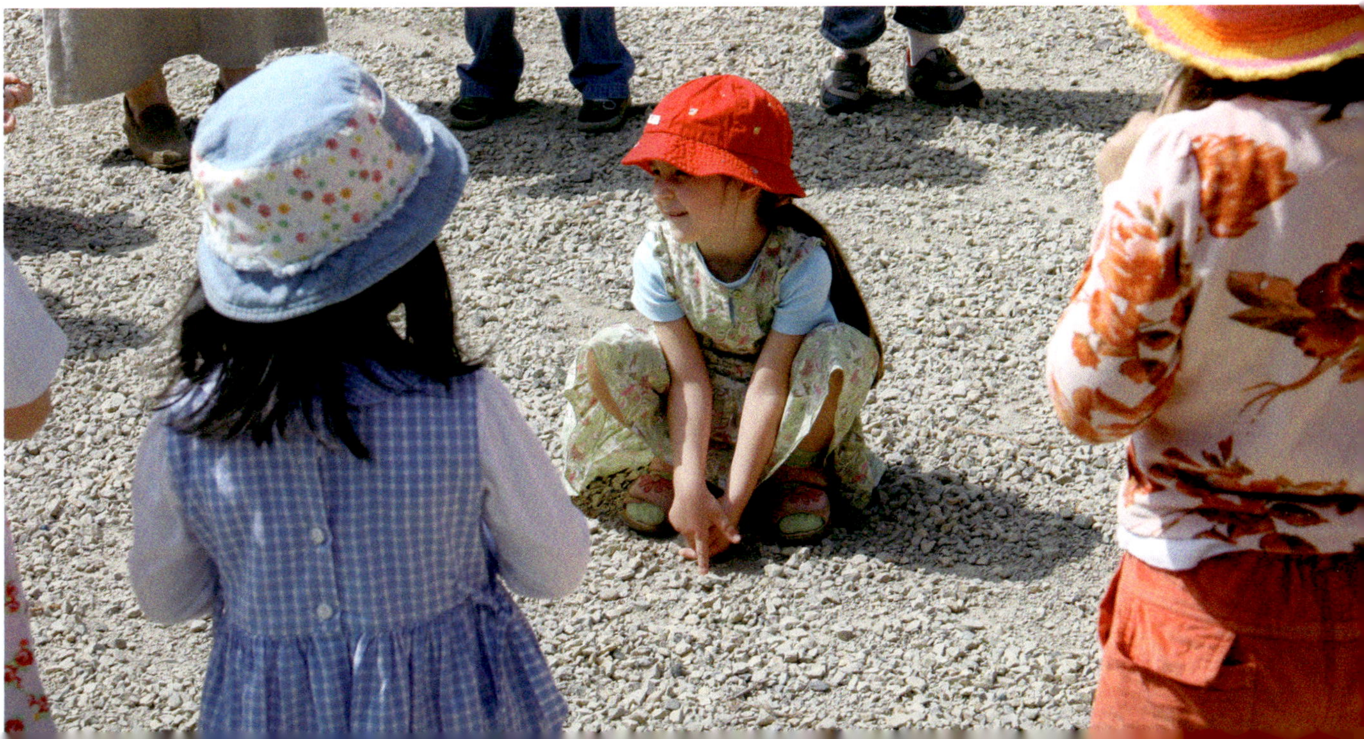

Sitzt ein Frosch

5–7 Jahre

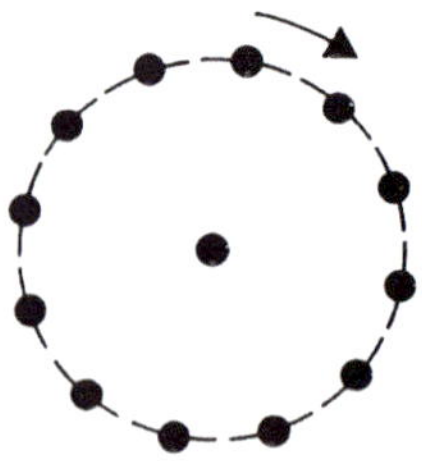

In der Mitte eines Kreises, der singend herumgeht, hockt ein einzelnes Kind als «Frosch». Während der ersten Zeile der 2. Strophe hüpft der «Frosch» zu einem Kind im Kreise, fasst es bei der Hand, und nun hüpfen sie im Kreise herum, der bei «such Gesellschaft dir» stehen geblieben ist und zum Hüpfen der beiden in die Hände klatscht. Das erwählte Kind wird der neue «Frosch».

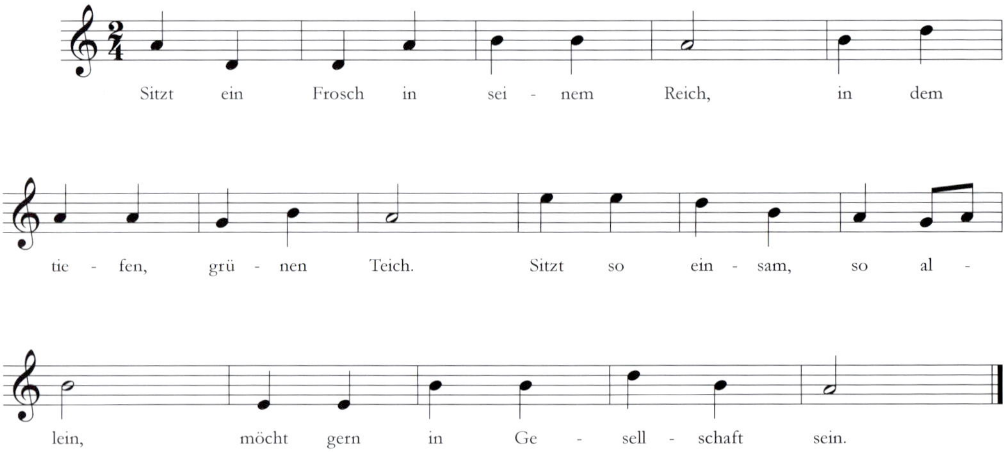

2. Fröschlein, wir sind alle hier, komm und such Gesellschaft dir, bist dann nicht mehr so allein, hüpfst und springst nochmal so fein.

Ringlein, du musst wandern

Die Kinder stehen oder sitzen im Kreis und halten eine zusammengebundene Schnur, auf der sie heimlich ein Ringlein weiterschieben. Ein Kind, das in der Kreismitte steht, muss den Ring suchen, d.h. es zeigt während des Singens auf ein bestimmtes Kind, das sofort beide Hände hochheben muss. Das muss es so oft tun, bis der Ring zum Vorschein kommt.

5–7 Jahre
entsprechend lange Schnur
1 Ring

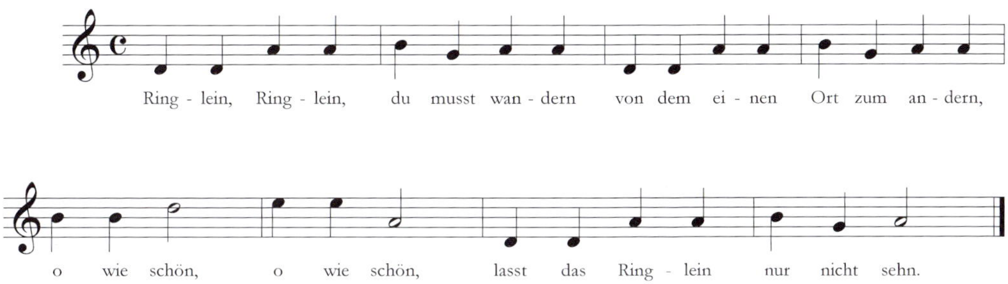

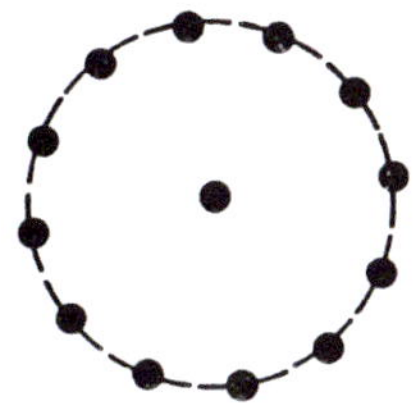

Petersilie, Suppenkraut

Die Kinder gehen Hand in Hand singend im Kreis herum. In der Mitte steht der Bräutigam. Das bei der Wiederholung des ersten Teils genannte Mädchen geht zu ihm und gibt ihm die Hände. Bei «o wie schön …» bleibt der Kreis stehen, und die beiden tanzen im Kreis herum, während die anderen dazu in die Hände klatschen.

5–8 Jahre

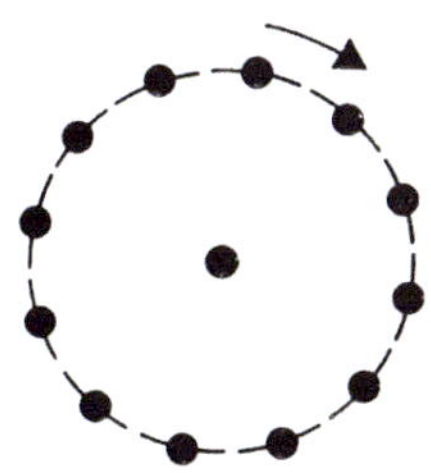

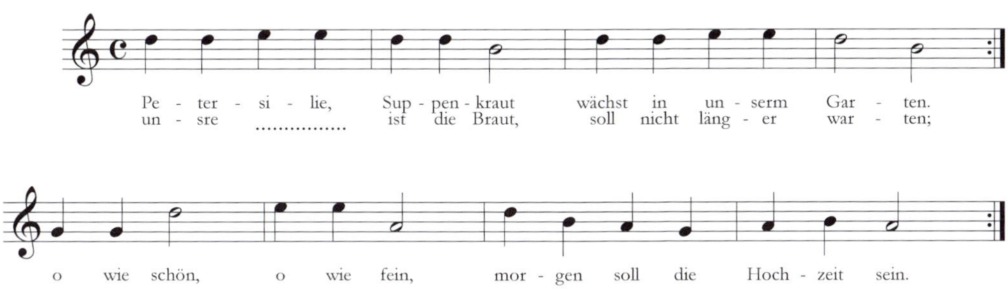

Spreng sie auf, die Kette

5–8 Jahre

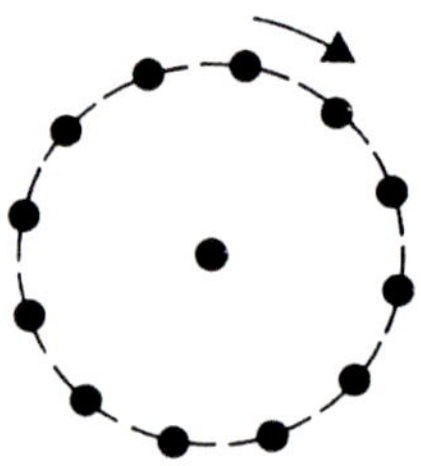

Ein Kind steht in der Mitte des Kreises, der singend herumgeht (Handfassung). Bei «schöner Prinz» (bzw. «Jungfrau fein») bleibt der Kreis stehen, und das Kind in der Mitte winkt einem Mädchen (Jungen), zu ihm zu kommen. Bei der Wiederholung tanzen die beiden im Kreis herum.

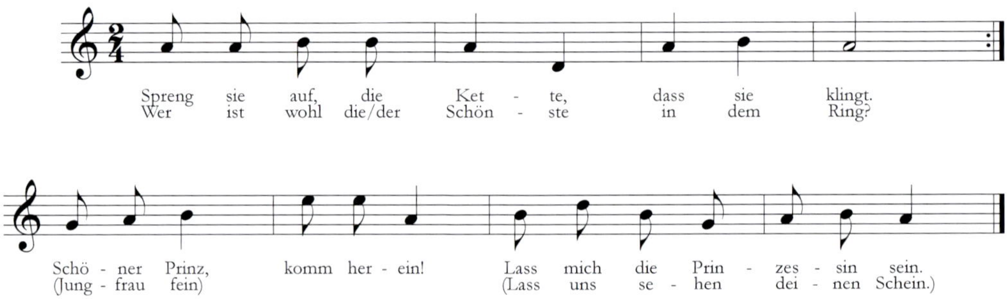

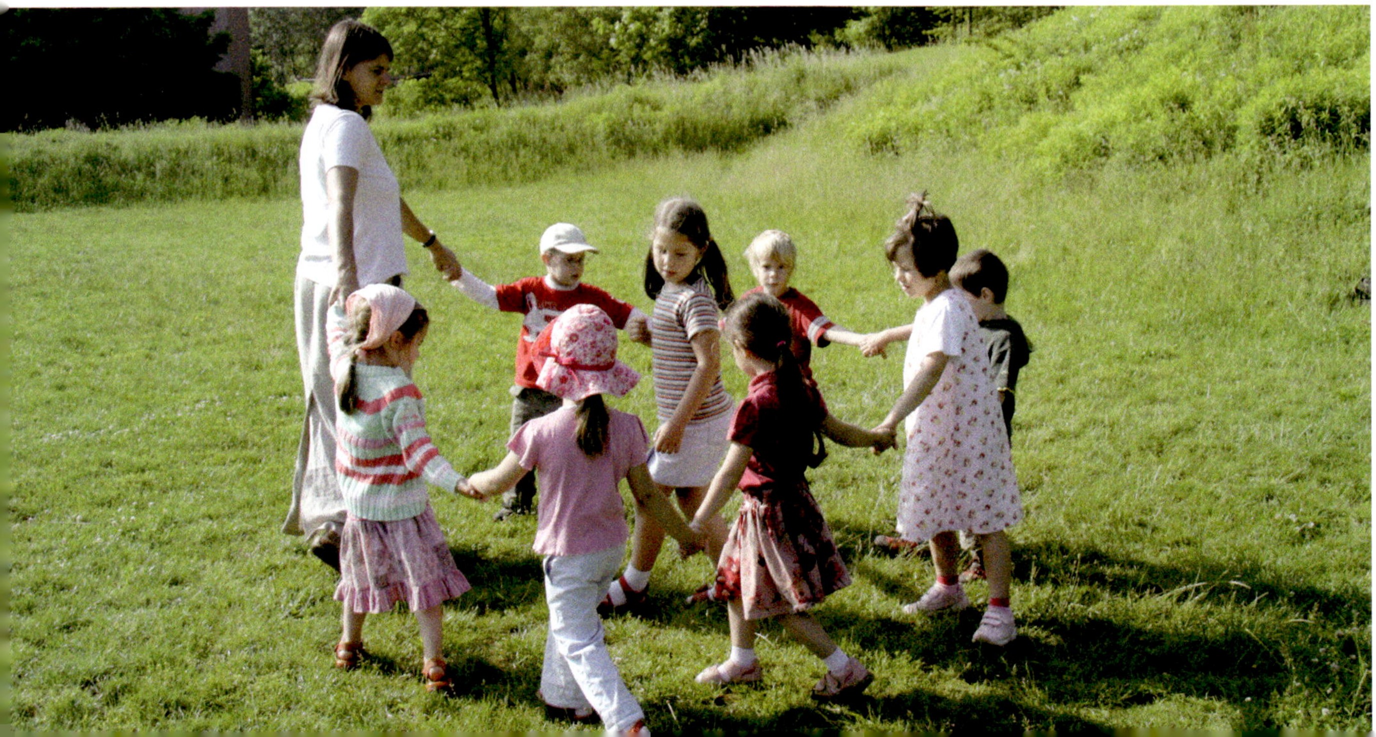

Im Keller ist es dunkel

5–8 Jahre

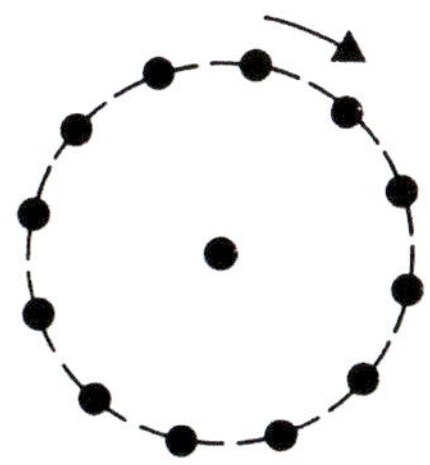

In der Mitte des singend herumgehenden Kreises (Handfassung) sitzt ein Kind, das seine Augen mit den Händen zuhält. Bei «Kuckuck» steht der Kreis still und alle Kinder setzen sich hin (auf die Fersen setzen). Gleichzeitig steht das Kind in der Mitte auf, geht ohne zu sehen rückwärts (Hände bleiben vor den Augen), bis es auf dem Schoße eines anderen Kindes landet, dessen Namen es nun raten muss. Errät er ihn, muss der Erratene in den Kreis, sonst muss der Ratende noch einmal in die Mitte. (Man kann es auch umgekehrt spielen.)

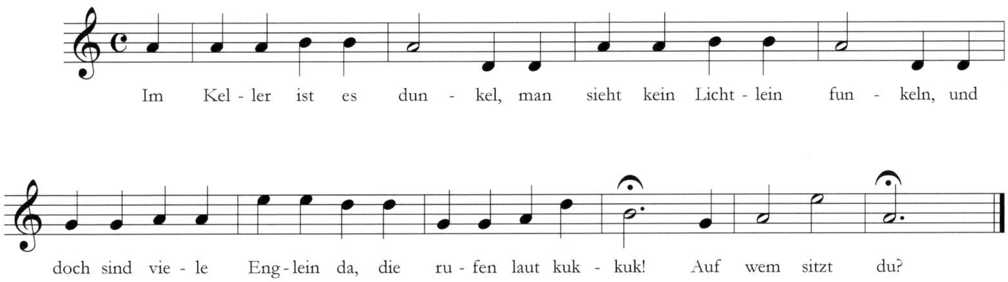

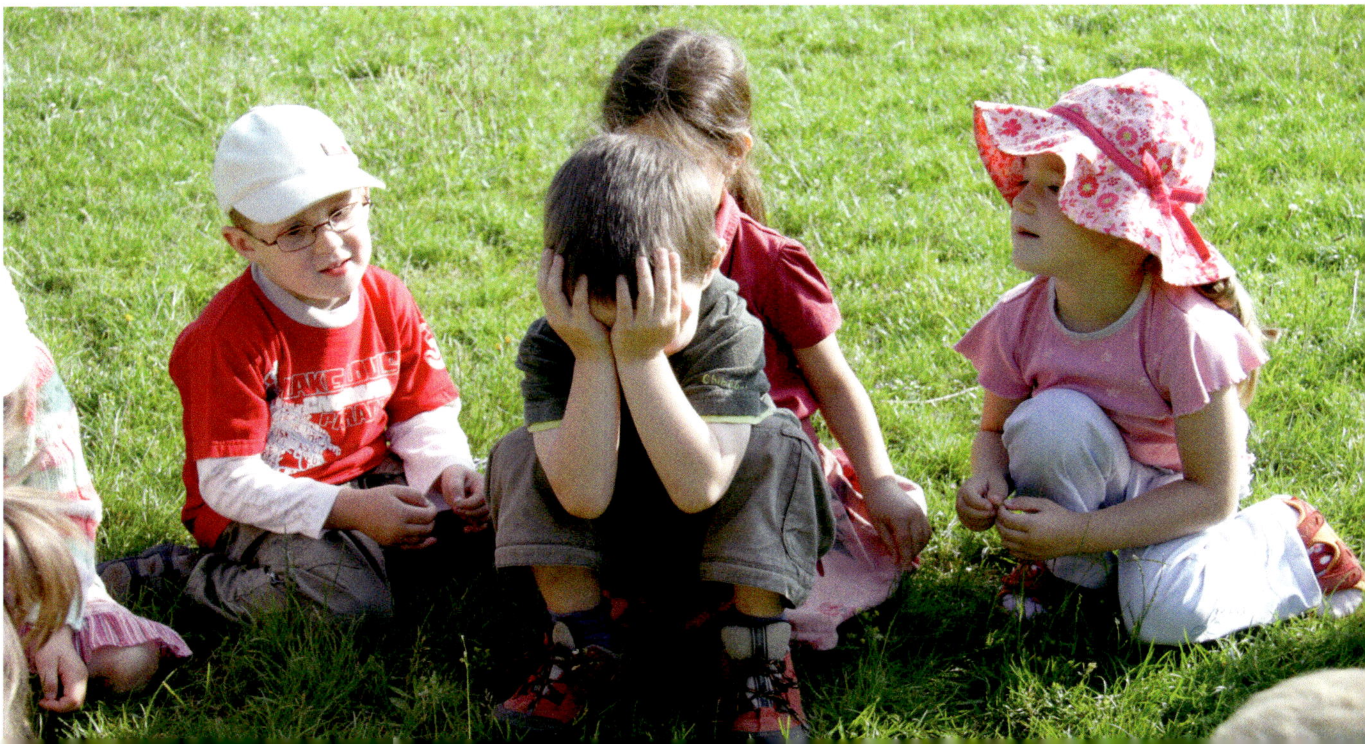

Wer will durch das Rosentor?

6–9 Jahre

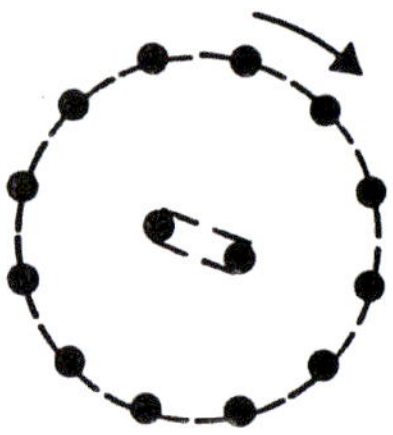

In der Mitte eines Kreises stehen zwei Kinder, die mit den Händen das Rosentor bilden. Ein Kind ist die Rose, das andere Kind gibt sich den Namen einer anderen Blume. Der Kreis geht Hand in Hand singend herum und bleibt bei «Tor hinein» stehen. Nun ruft die «Rose» ein Kind zu sich, das muss den Namen der anderen Blume erraten. Bei richtiger Antwort machen die beiden das Tor weit und hoch und lassen das Kind hindurchgehen, bei falscher schließen sie es (Hände nach unten, einen Schritt nach vorn) und das Kind geht in den Kreis zurück, dieser singt dabei dementsprechend «Ja, ja, ja» oder «Nein, nein, nein». Das Kind, das richtig geraten hat, löst die «Rose» ab, die in den Kreis zurückgeht. Das Kind, das bis jetzt die andere Blume war, wird jetzt die Rose.

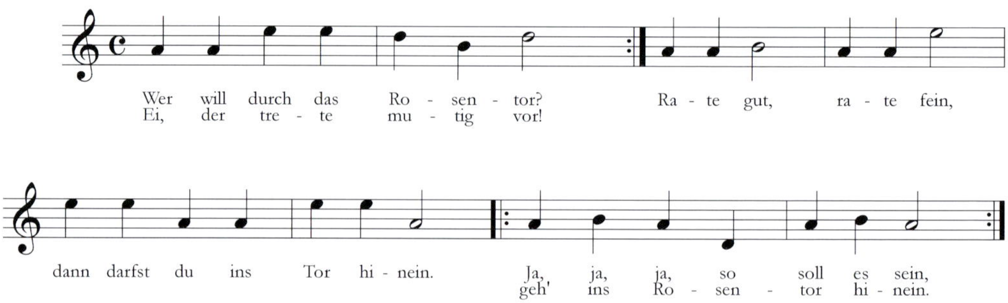

Ich hab' einen Maibaum in meiner Hand

Die Kinder tanzen im Kreis herum (Seitgalopp mit Handfassung). In der Kreismitte steht ein Kind mit einem blühenden Zweig in der Hand. Bei der Wiederholung des ersten Teils geht das Kind an den tanzenden Kreis heran, der bei «greife nicht daneben» stehen bleibt, dabei übergibt das Kind den Zweig dem am nächsten Stehenden. Der nimmt den Zweig in die rechte Hand und fasst mit der linken die rechte des Kindes aus der Kreismitte. Beim zweiten Teil hüpfen die beiden im Kreis herum, wobei der «Nachbar» mit der freien Hand den Maibaum tüchtig schwingt.

6–9 Jahre
ein blühender
Zweig

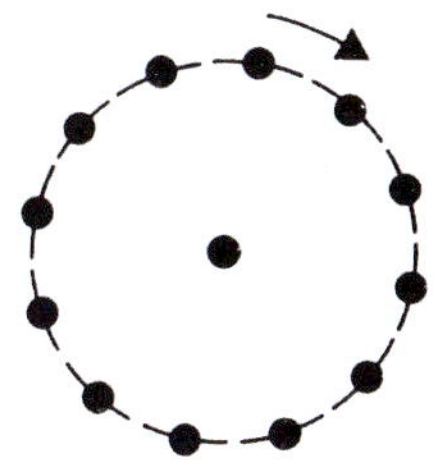

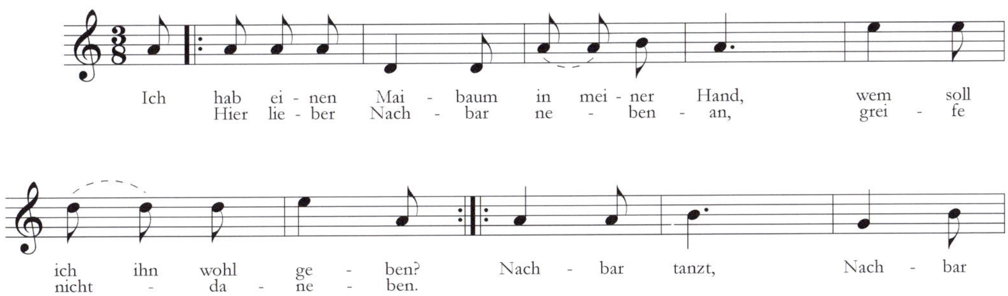

Wen soll ich nach Rosen schicken?

Ein Kind geht innerhalb eines stehenden Kreises herum. Jeweils beim Refrain geht der ganze Kreis gleichzeitig Hand in Hand in die Gegenrichtung. Beim 2. Vers stellt sich das innere Kind vor eines, das im Kreis steht, und macht einen Knicks, Diener usw., dieses erwidert die Bewegung und tauscht mit dem ersten Kind die Rolle. Haben sich zwei Kinder beim 5. Vers die Hand gegeben, gehen sie beim Refrain zusammen im Kreis herum. Beim gesamten 6. Vers tanzen die zwei innerhalb des Kreises herum, während die anderen stehen und in die Hände klatschen.

5–9 Jahre

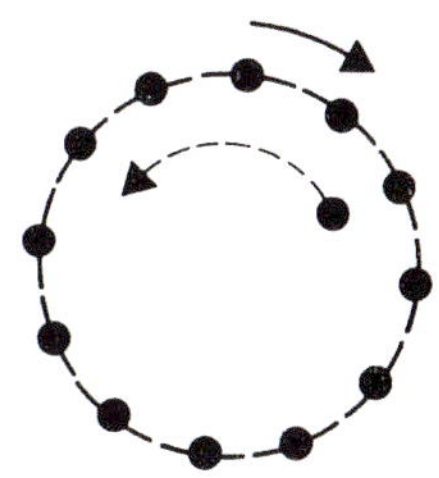

1. Variation:

Beim 3. Vers gehen beide, beim 4. Vers vier; beim 5. Vers acht Kinder im Kreis herum und tanzen.

2. Variation:

Es bewegen sich zwei Kreise konzentrisch in Gegenrichtung. Der Innenkreis beginnt mit Knicks, Diener usw., beim Refrain bewegen sich wieder beide Kreise gegensinnig. Das geschieht auch bei Vers 5.

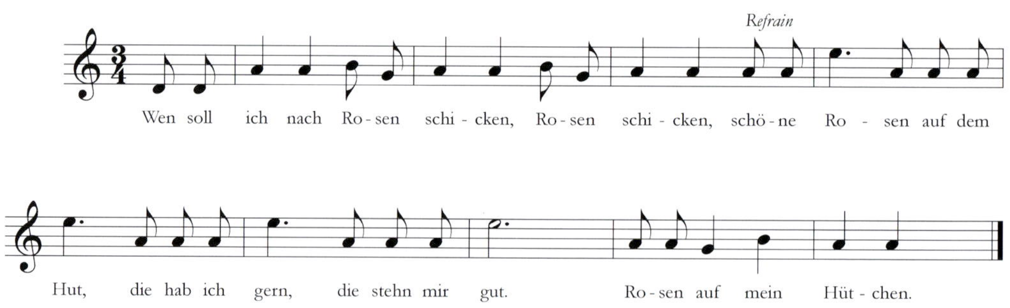

2. Wem soll ich ein Knickschen machen?
3. Wem soll ich ein'n Diener machen?
4. Wem soll ich mein Herze schenken?
5. Wem soll ich die Hände geben?
6. Wen soll ich zum Tanze führen?

Ich hab ein schönes Spieglein gefunden

5–7 Jahre
Kette mit
kleinem Spiegel

Die Kinder gehen Hand in Hand singend herum, Gesichter zur Kreismitte. Ein Kind geht innerhalb des Kreises in Gegenrichtung, es hat ein «Spieglein» umgehängt. Bei «liebes Kind kehr um» bleiben alle stehen, lassen die Hände los, und das Kind mit dem Spieglein dreht das nächststehende Kind herum. Jetzt fassen wieder alle die Hände (das umgedrehte Kind hat jetzt das Gesicht nach außen) und gehen weiter. Das Lied wird so lange wiederholt, bis alle sich umgedreht (vielleicht auch wieder zurückgedreht) haben. Sind es viele Kinder, dreht das Spiegelkind bei jedem «kehre um» ein Kind herum.

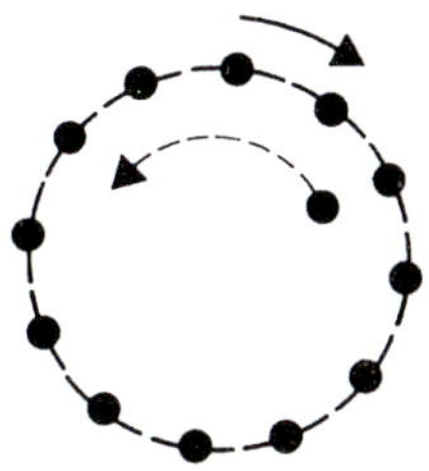

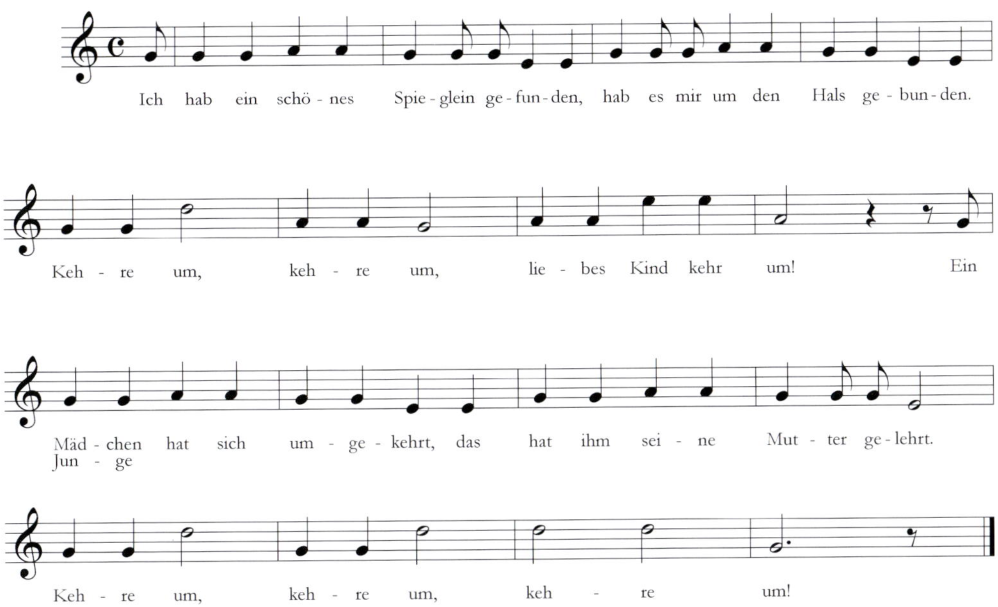

Wir treten auf die Kette

5–7 Jahre
Kette mit
Glöckchen

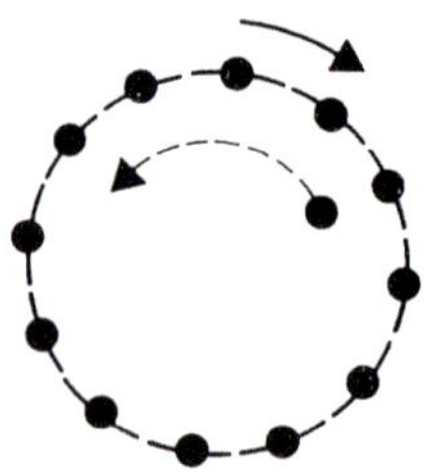

Dieses Spiel wird genauso wie das vorige gespielt. Das Kind in der Mitte hat ein Glöckchen an einer Kette um den Hals hängen.

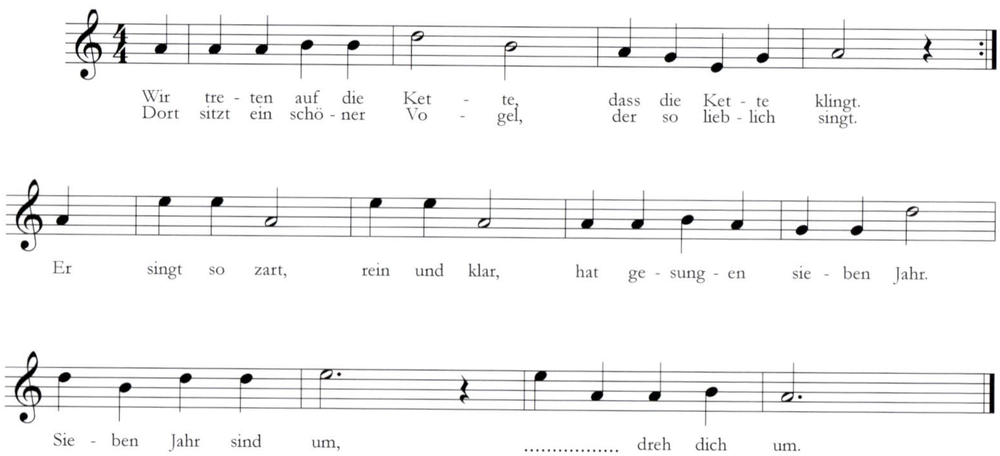

Da ging ein Kind die Straß' entlang

6–9 Jahre
rote Mützen

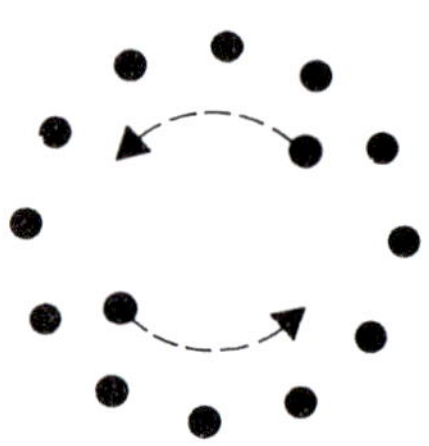

Innerhalb eines still stehenden Kreises gehen ein oder mehrere Kinder mit roten Mützen herum. Bei «juchhei …» bleiben sie vor je einem Kind des Kreises stehen und machen Schrittsprünge gemeinsam mit dem jeweiligen Kind aus dem Kreise, danach gehen sie wieder im Kreis herum bis zum nächsten «Juchhei …». Hier wiederholen sie die Schrittsprünge (mit anderen Kreiskindern). Bei «nun geh du …» stellen sie sich hinter die Kinder, mit denen sie die Schrittsprünge des Liedendes gemacht haben, setzen ihnen die Mütze auf, und das Spiel beginnt von vorn mit den neuen Mützenkindern.

Dieses Spiel bildet gewissermaßen einen Übergang zur folgenden Gruppe, dem Heraustreten aus dem Kreis.

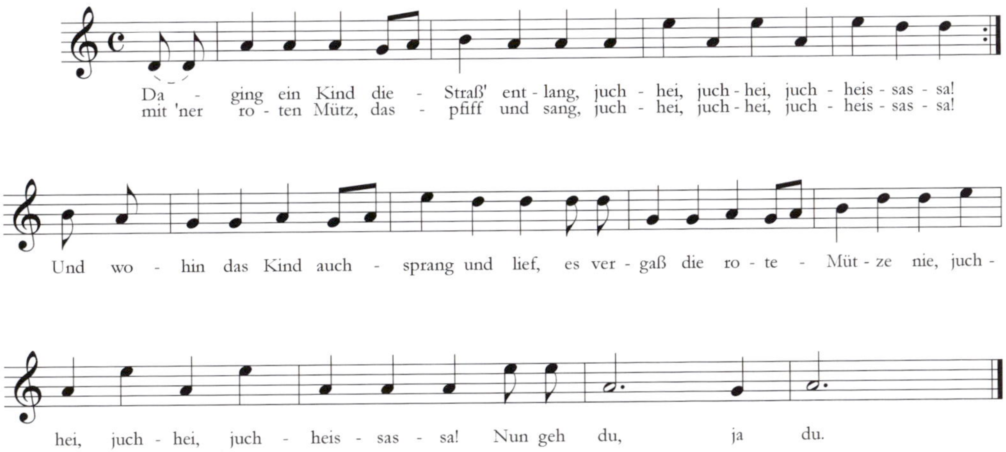

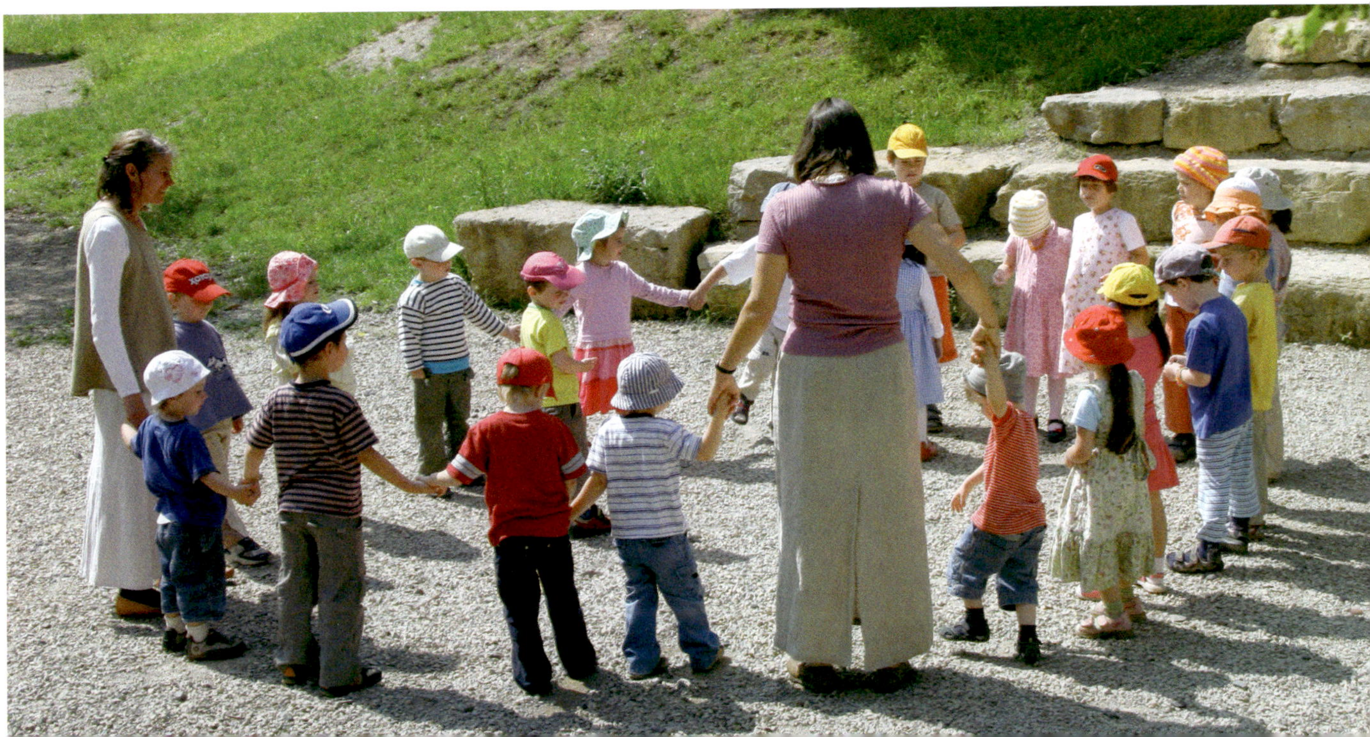

Es geht eine Zipfelmütz

6–9 Jahre

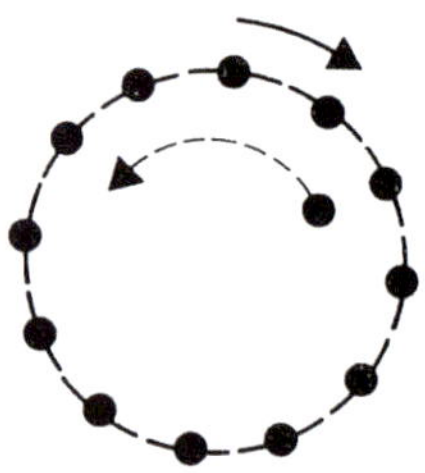

Innerhalb eines Kreises, der mit Handfassung singend herumgeht, geht ein Kind in Gegenrichtung herum, das eine «Zipfelmütze» auf dem Kopf trägt (beide Handflächen aneinander über dem Kopf). Bei «bleib stehn» bleiben alle stehen. Die «Zipfelmütz» stellt sich vor ein Kind des Kreises, beide rütteln und schütteln kräftig, werfen die Unterschenkel beim Springen nach hinten und geben sich die Hand. Nun beginnt das Lied von vorn, aber: «es gehn *zwei* Zipfelmützen …» usw.

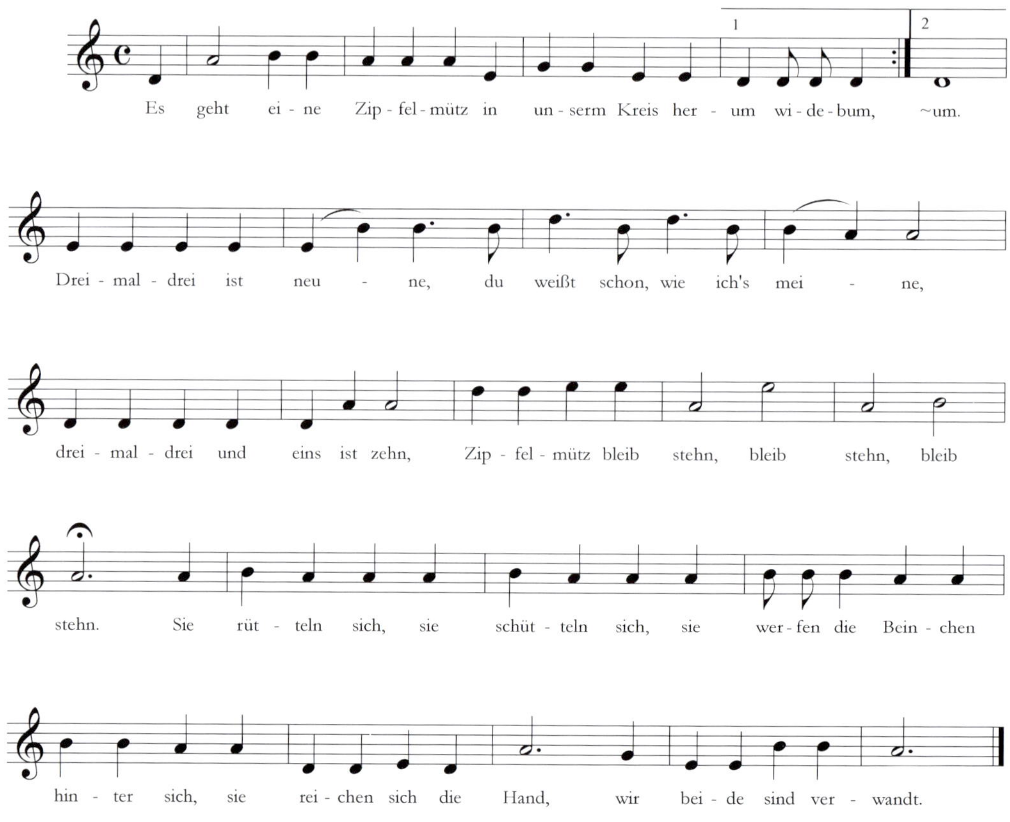

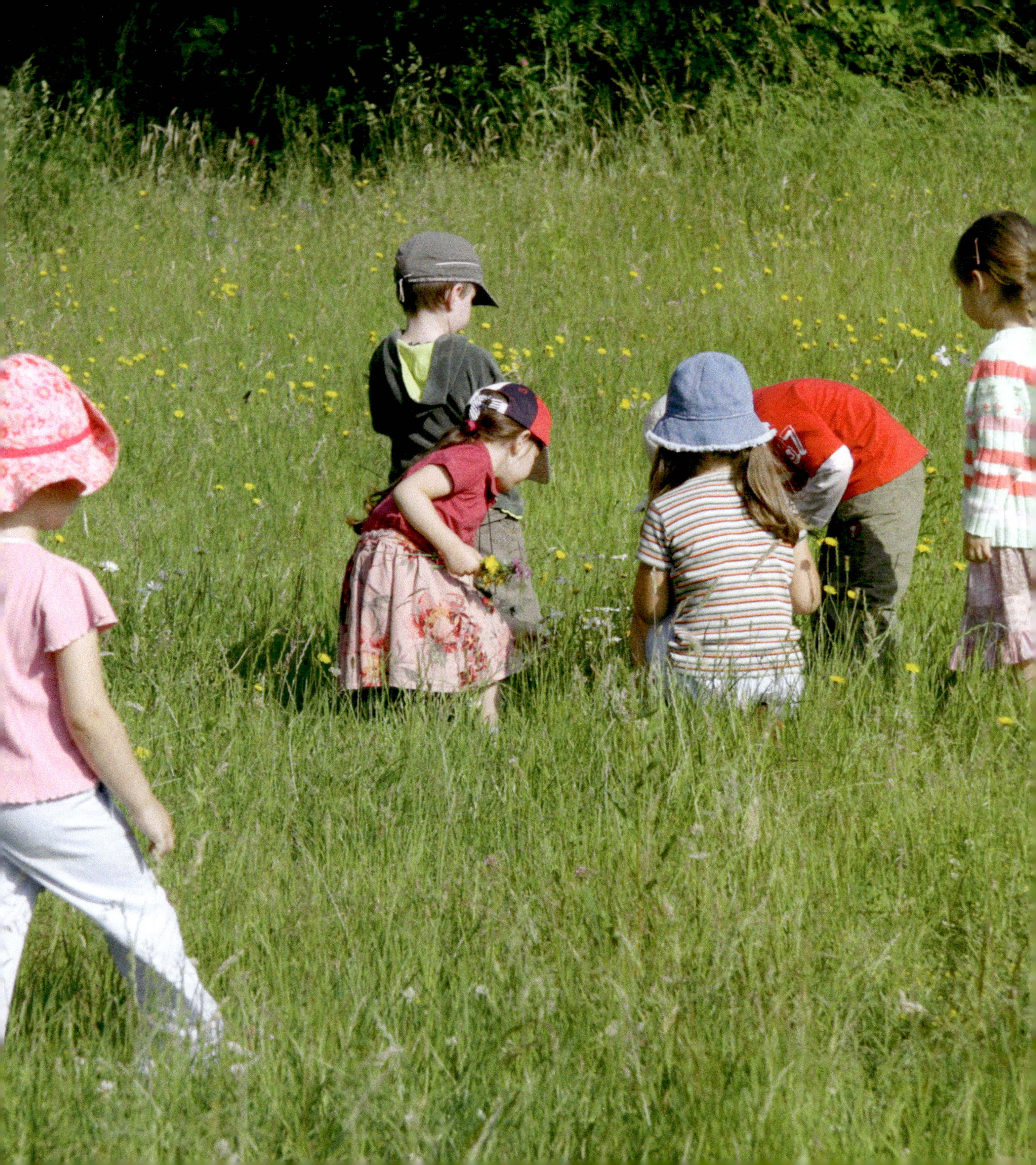

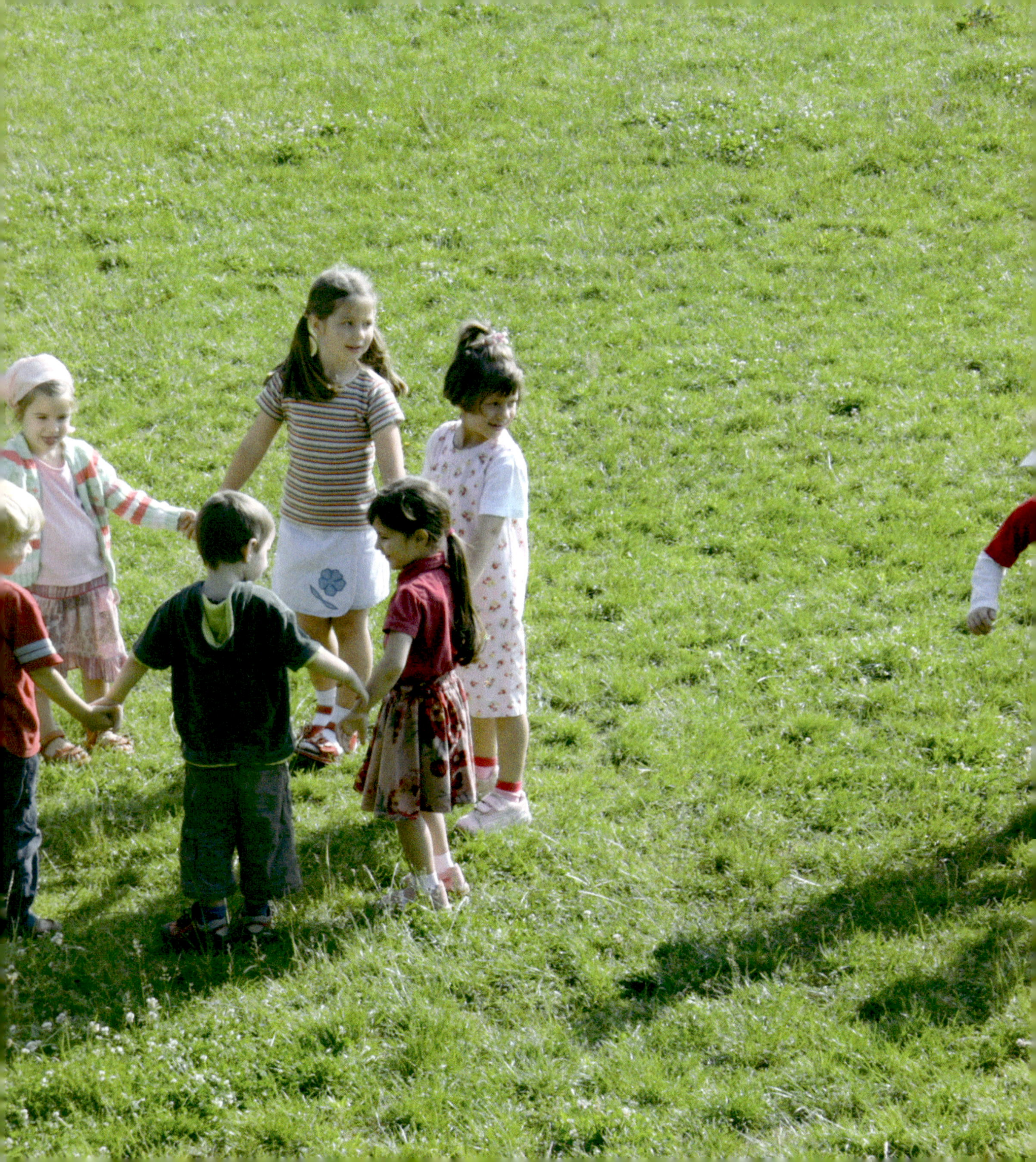

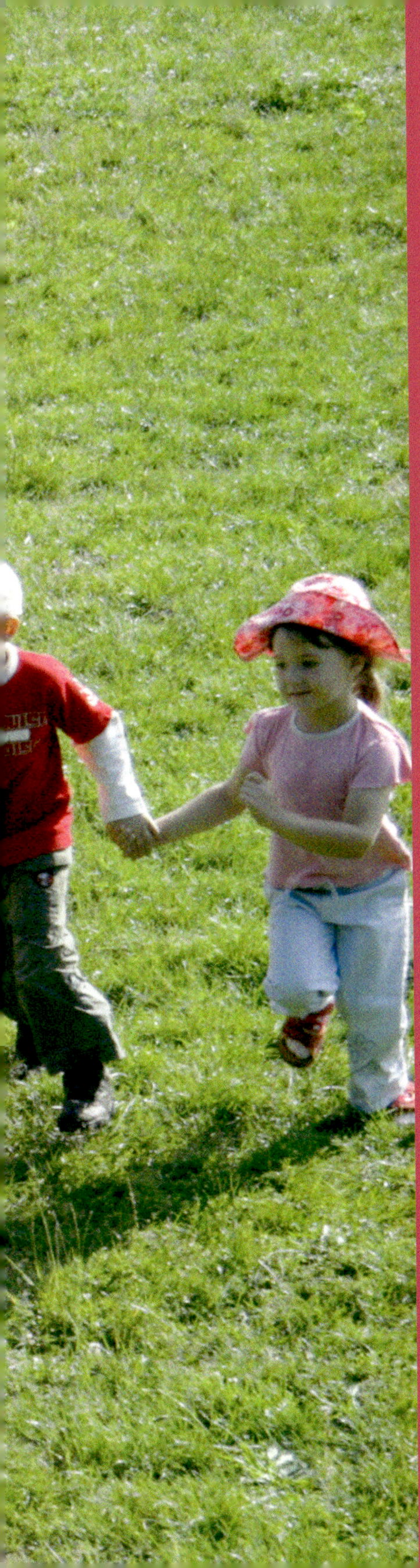

Muss wandern

In Holland steht ein Haus

Mariechen saß auf einem Stein

Hans von drüben

Lasst uns zusammen fröhlich sein

Kling, klang, Gloria

In meines Vaters Garten

Unser Schifflein auf- und niedergeht

Grünes Gras

Steigt ins Schiff

Außerhalb des Kreises

Der Kreis löst sich auf

Außerhalb des Kreises

Muss wandern

5–7 Jahre

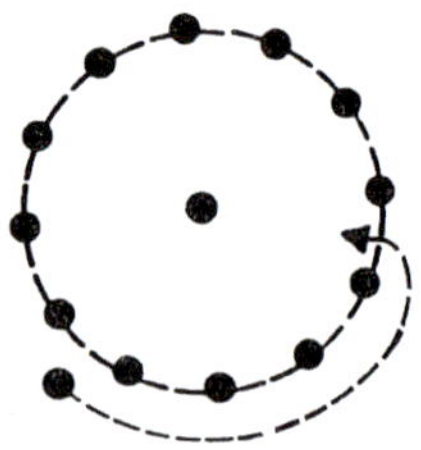

Die Kinder stehen in einem Kreis mit Handfassung. Ein Kind (oder mehrere) geht als Springer außen um den Kreis herum, nach «grünen Plan» öffnen zwei Kinder den Kreis und lassen den (die) Springer in die Kreismitte springen. Dort tut er (tun sie) nach dem Liedtext mit dem Kopf schütteln, mit dem Rock rütteln, mit dem Fuß stampfen, mit einer Hand einem bestimmten Kinde im Kreis einen Gruß zuwinken. Dieses geht nun in den Kreis, tanzt mit dem Springer herum und ist danach der neue Springer.

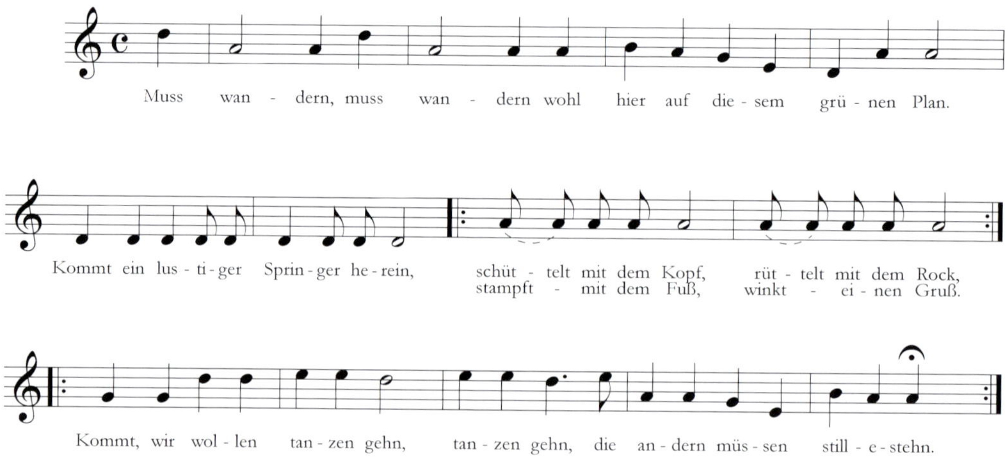

In Holland steht ein Haus

5–7 Jahre

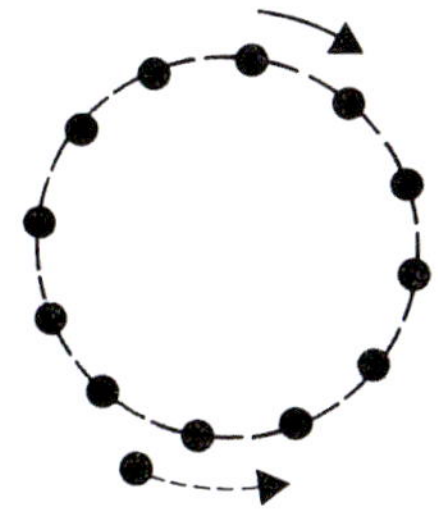

Die Kinder geben sich die Hand und gehen singend im Kreis herum, außen geht ein einzelnes Kind in der Gegenrichtung (der «Mann»). Bei der 2. Strophe geht er in den Kreis, nimmt bei der 3. eine «Frau», diese bei der 4. ein «Kind». Bei der 5., 6. und 7. Strophe werden sie in umgekehrter Reihenfolge aus dem Kreis «gejagt», bei Strophe 8 und 9 bleibt der Kreis stehen, bei 8 werden «Streichhölzer» angezündet, bei 9 vom Boden aus Faust auf Faust «aufgebaut».

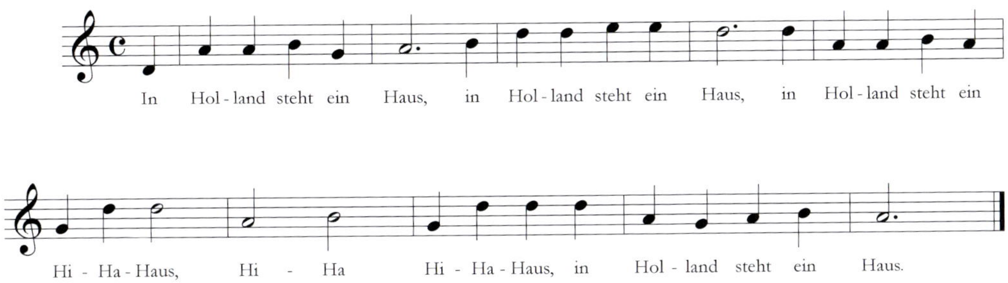

2. Darinnen wohnt ein Mann.
3. Der Mann nimmt sich 'ne Frau.
4. Die Frau nimmt sich ein Kind.
5. Nun jagt hinaus das Kind.
6. Nun jagt hinaus die Frau.
7. Nun jagt hinaus den Mann.
8. Das Haus zünden wir an.
9. Wir bau'n es wieder auf.
10. wie 1.

Man sieht in diesem Spiel, wie das Kind erst alle Sicherheiten um sich hat, die es in der ersten Lebensperiode benötigt. Aber später muss es sich aus den umhüllenden Sicherheiten lösen, damit es sein eigenes Wesen finden kann.

Mariechen saß auf einem Stein

6–8 Jahre

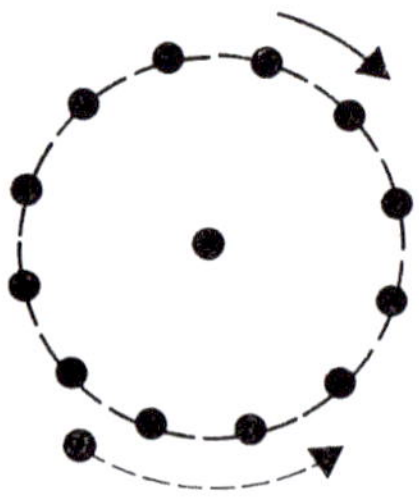

In der Mitte eines Kreises hockt «Mariechen», sie hat die Hände vor ihren Augen. Außerhalb des Kreises befindet sich «Friederich». Bei der 1. Strophe geht der Kreis singend herum, Friederich in der Gegenrichtung. Dann bleiben alle stehen. Die Strophen 2, 4 und 6–8 werden vom Kreis gesungen, 3 und 5 vom Mariechen. Bei 2 und 4 gehen die Kreiskinder einen Schritt nach innen, wenn Mariechen singt, gehen sie wieder zurück. Wenn der böse Friederich drankommt, schauen alle zu ihm. Er läuft in den Kreis, gibt Mariechen einen kleinen Schubs und verlässt schnell wieder den Kreis. Bei dieser, der 7. Strophe, geht der Kreis drei Schritte nach innen. Bei der 8. fassen sich die Kinder an und hüpfen um Mariechen herum, die aufgestanden ist und in die Hände klatscht.

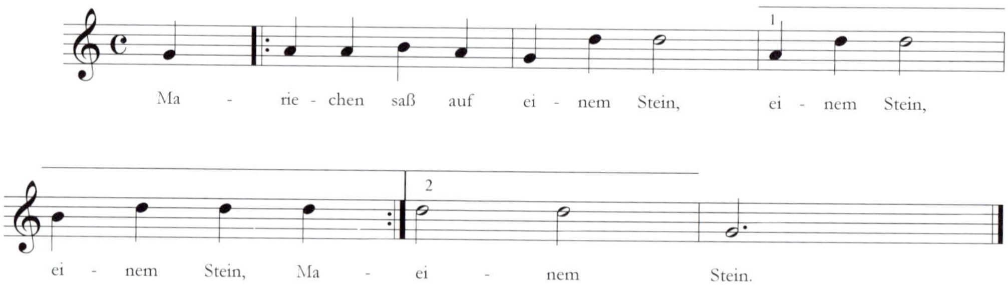

2. Mariechen, warum weinest du?
3. Dieweil ich morgen sterben muss.
4. Wer hat dir das denn weisgemacht?
5. Das tat der böse Friederich.
6. Da kam der böse Friederich.
7. Der hat ihr Böses angetan.
8. Und doch ist sie wieder aufgestanden.

Der Kreis löst sich auf

Hans von drüben

6–9 Jahre

Die Kinder gehen paarweise mit den Händen gefasst im Kreis herum. Innerhalb des Kreises geht «Hans» in die Gegenrichtung. Bei «wunderschön» nimmt er sich ein Kind aus dem Kreis und tanzt mit ihm im Kreis herum, alle anderen Paare geben sich beide Hände und tanzen auf der Stelle hüpfend herum. Das übrig gebliebene Kind schaut zu, es ist der neue «Hans».

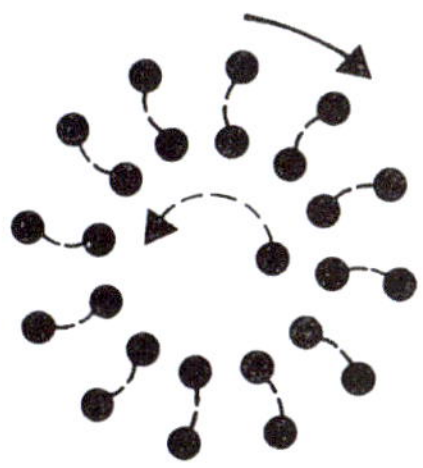

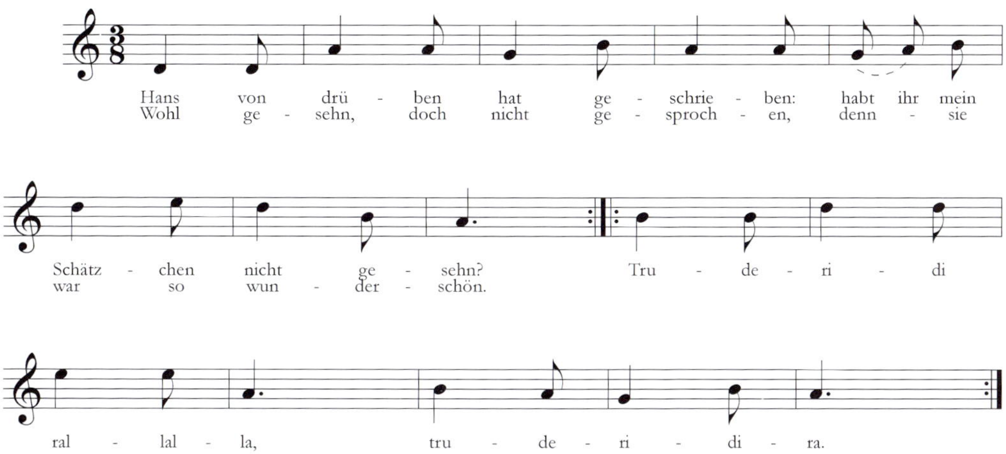

Der Kreis mit Mittelpunkt existiert zwar noch, doch wird er von Paaren geformt, so dass die Kreisform nicht mehr so prägend ist.

Lasst uns zusammen fröhlich sein

6–9 Jahre

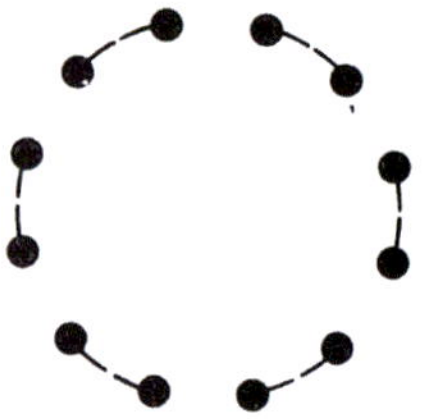

Die Kinder stehen paarweise im Kreis. Bei A gehen sie vier Schritte nach innen, bei B in die Hände klatschend nach außen. Bei C haken sich die Paare rechts ein und machen eine halbe Drehung nach rechts, bei D links eingehakt nach links. Bei E fassen sich alle an und tanzen fröhlich im Kreise herum. Beim letzten «ja heute ist er unser» bleibt der Kreis stehen und alle schwingen mit den Händen hoch-tief-hoch.

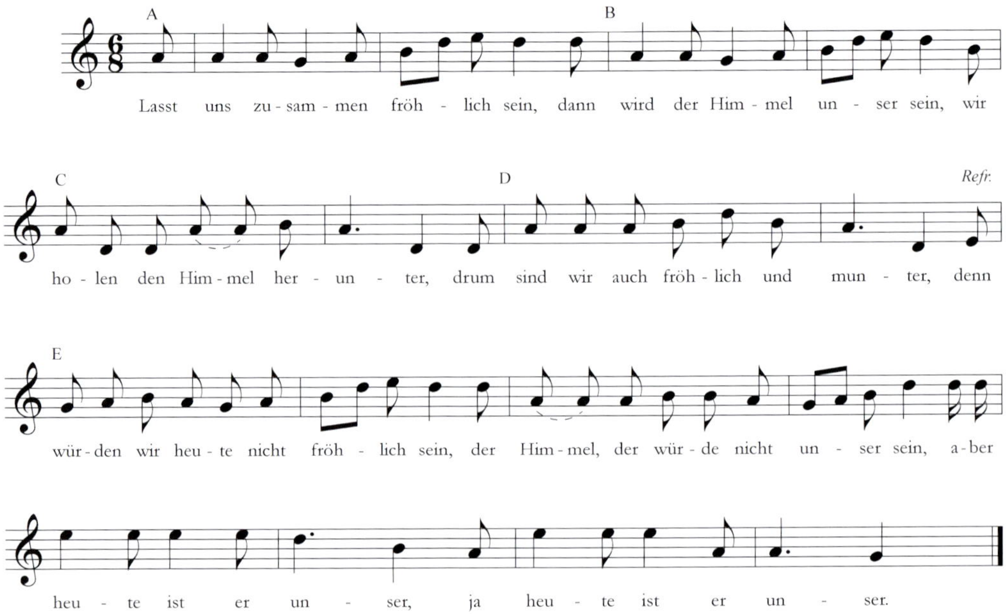

2. Nun lasst uns alle fröhlich sein,
der Himmel wird dann unser sein.
Der Teufel, der ist gestorben:
Wir haben den Himmel erworben!
(Refr.)

3. Nun lasst uns alle fröhlich sein,
der Himmel wird dann unser sein.
Der Himmel, der ist der unsre,
der Himmel, der ist der unsre!
Und wäre der Himmel unser nicht,
wir wären alle so fröhlich nicht,
aber heute ist er unser, ja …

Kling, klang, Gloria

5–9 Jahre

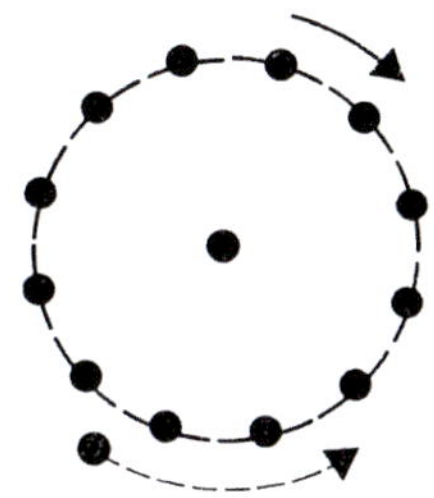

In der Mitte des Kreises sitzt ein Kind, die Königstochter. Die Kinder gehen Hand in Hand singend um sie, ein Kind geht außerhalb des Kreises in die Gegenrichtung. Bei «erster Stein» usw. berührt das einzeln gehende Kind je ein Kind des Kreises. Diese verlassen den Kreis und schließen sich dem einzelnen Kind an. Das geht so lange, bis alle Kinder im neuen Kreis sind und so die Königstochter befreit ist. Dann wird der Schlussvers gesungen und dabei getanzt.

Melodie: Alois Künstler

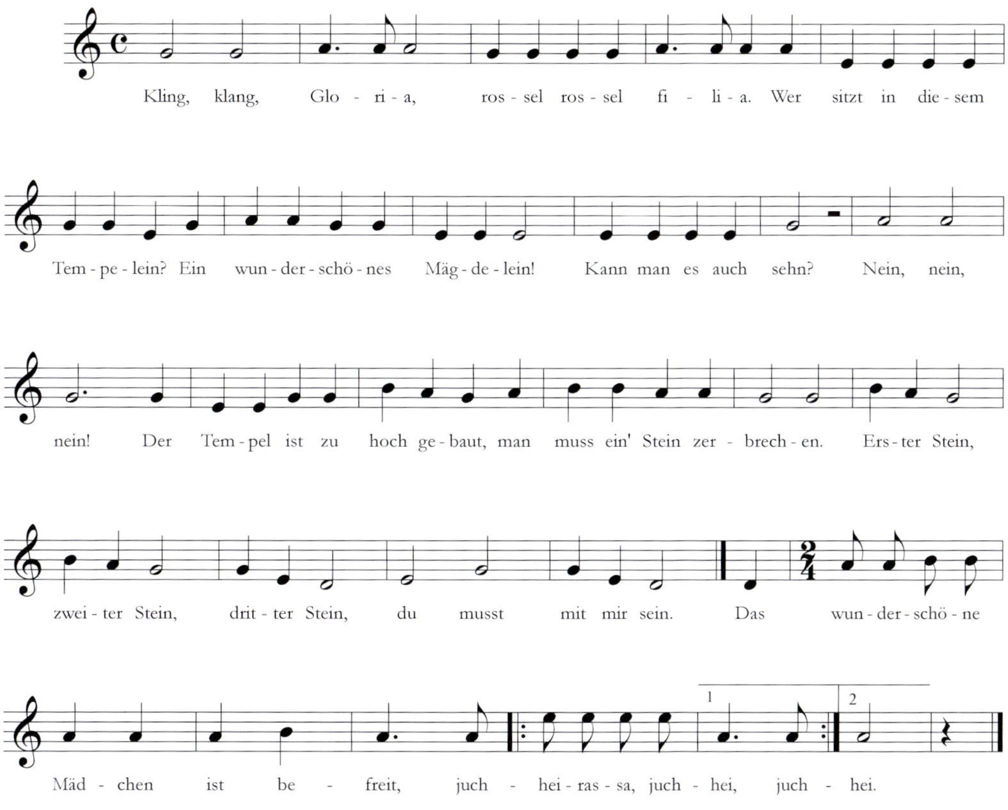

Variation:

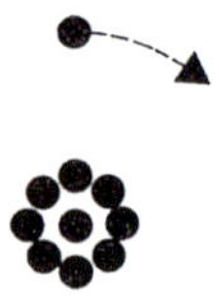

Ein kleiner Kreis (höchstens acht Kinder) steht ganz eng um die eingemauerte Königstochter (Kind, das in Kreismitte sitzt). Jeder hält seine Hände über ihren Kopf, sodass sie unsichtbar ist. Ein anderes Kind geht außerhalb des Kreises herum. Bei «erster, zweiter, dritter» klopft es drei Kindern auf den Rücken. Diese lösen sich aus dem Kreis und folgen dem Kind. Wenn der Kreis aufgelöst ist, springt die Königstochter auf und fängt ein Kind, das nun die neue Königstochter ist. Gleichzeitig fängt das draußen gewesene Kind seinen Nachfolger für das nächste Spiel.

In meines Vaters Garten

6–9 Jahre

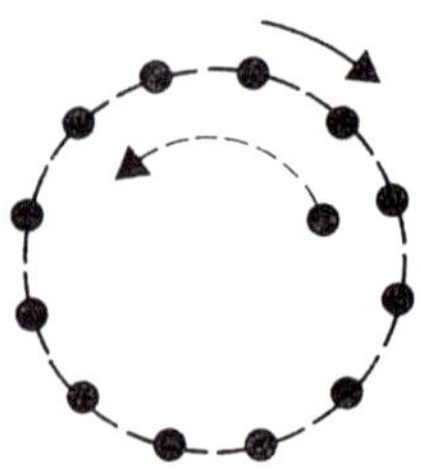

Die Kinder gehen Hand in Hand im Kreis herum. Innerhalb des Kreises geht ein einzelnes Kind in Gegenrichtung. Bei «herum» bleiben alle stehen, das Kind innerhalb des Kreises fasst ein Kreiskind an beiden Schultern, das lässt die Hände los, wird umgedreht und verlässt den Kreis. Es geht nun außerhalb des Kreises herum. Wenn der Vierte ausgewiesen worden ist, bilden drei einen neuen Kreis um den zuerst Herausgeworfenen. Wenn der erste Kreis nur noch etwa die Hälfte der Kinder zählt, beginnt das Kind in der Mitte des zweiten Kreises, ebenfalls Kinder aus dem Kreis zu werfen usw. So bilden sich immer neue Kreise und lösen sich wieder auf.

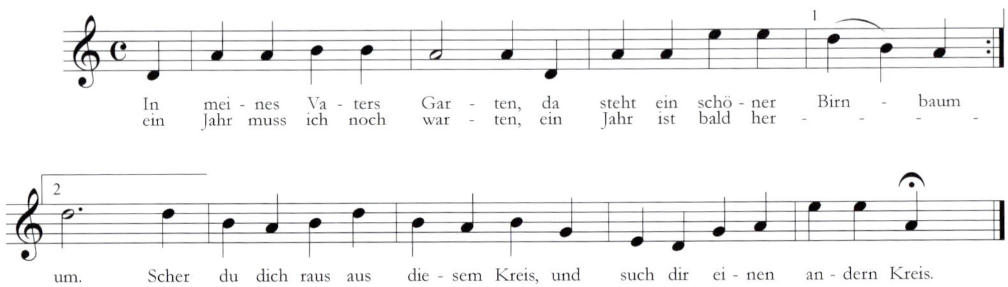

Unser Schifflein auf- und niedergeht

6–9 Jahre

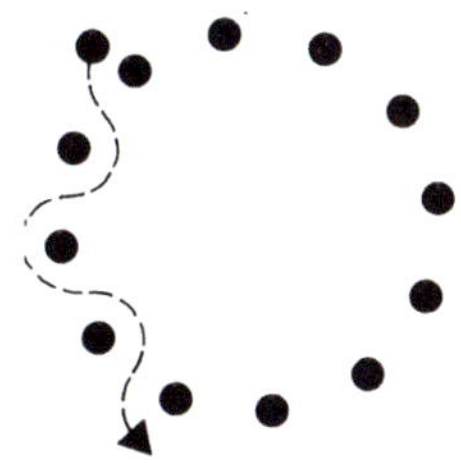

Die Kinder stehen ohne Handfassung in einem Kreis und bewegen sich im 6/8-Takt hin und her. Eines der Kinder geht in Wellenbewegungen um die anderen herum. Wo es am Ende des Liedes angekommen ist, klopft es dem nächsten Kind auf den Rücken, das nun bei der Wiederholung die Wellenbewegung fortsetzt.

Bei älteren Kindern kann man auf folgende Weise spielen: Die Kinder stehen paarweise hintereinander in einem Doppelkreis (ohne Handfassung). Der innere Kreis wiegt sich stehend im Takt, der äußere geht in Wellenbewegungen um den Innenkreis herum. Beim nächsten Mal wechseln die Rollen (Innenkreis geht in Gegenrichtung).

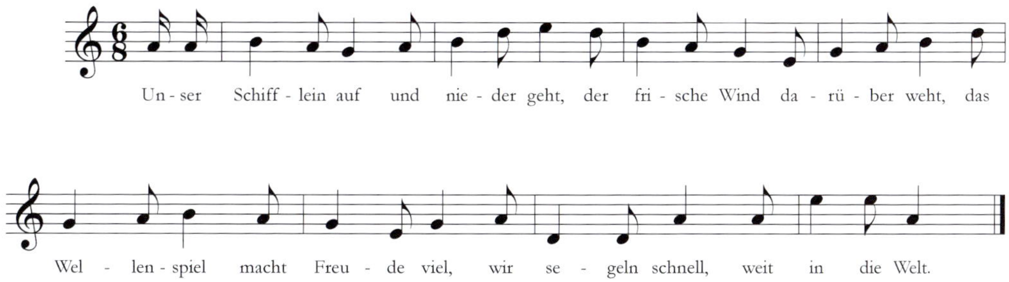

Grünes Gras

6–10 Jahre

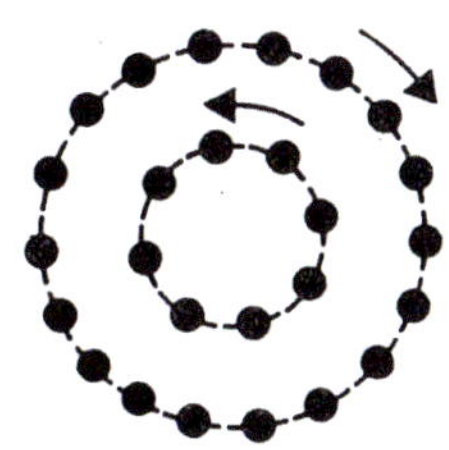

Die Kinder gehen hintereinander ohne Handfassung in zwei Kreisen herum (Innenkreis rechts, Außenkreis links herum). Bei «gefallen» bleiben die Kreise stehen und die Spieler wenden sich so einander zu, dass jeder vom Innenkreis einem Spieler des Außenkreises gegenübersteht. Bei «dreh dich» machen die vom Innenkreis kreisende Bewegungen mit der rechten Hand in Richtung der Köpfe der Partner, die sich daraufhin zweimal umdrehen. Bei «ich kenn dich nicht» drehen die beiden Kreise sich wieder in ihre ursprünglichen Richtungen und wiederholen das Ganze. Diesmal heißt es aber «ja …», dabei verneigt sich der Spieler des Innenkreises und bei «der ein

Tänzchen» der des Außenkreises. Sie fassen sich mit beiden Händen an und tanzen mit «dort auf jenem Berge» im Kreise herum.

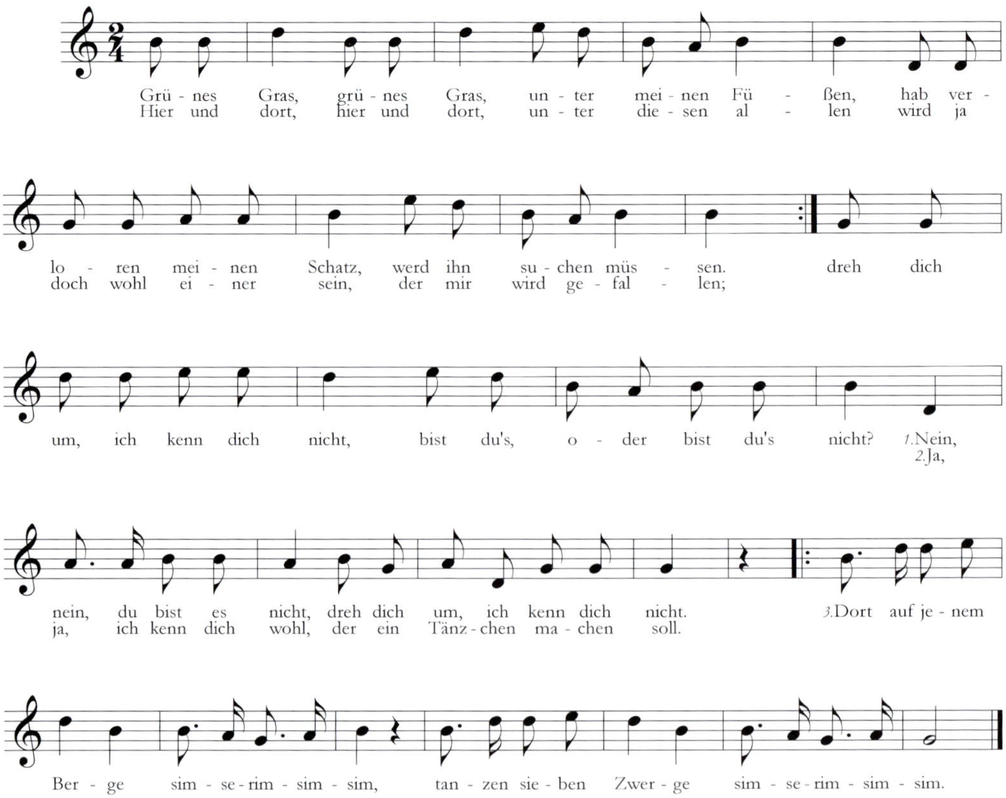

Steigt ins Schiff

6–9 Jahre

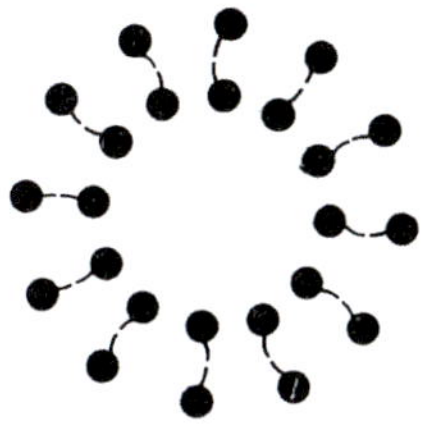

Je zwei Spieler geben sich die Hand und stellen sich so im Kreise auf, dass immer zwei Paare sich gegenüberstehen. Bei den ersten vier Takten machen die Paare vier Nachstellschritte nach vorn (aufeinander zu), bei der Wiederholung vier zurück (genügend Abstand!). Bei «wir segeln» machen alle Paare vier Nachstellschritte seitwärts nach links (die einen zur Kreismitte, die anderen nach außen), bei der Wiederholung nach rechts auf den alten Platz. Bei «und alle Schiffe» fassen die Paare, die sich zur Kreismitte bewegt hatten, beide Hände, drehen sich zueinander und bilden ein Tor für das andere Paar; wenn dies durchgegangen ist, bilden sie ein Tor, durch das die hindurchgehen, die das erste Tor gebildet hatten. So stehen sich nun andere Paare gegenüber. Das Spiel wird so oft wiederholt, bis die ursprünglichen Paare sich wieder gegenüberstehen.

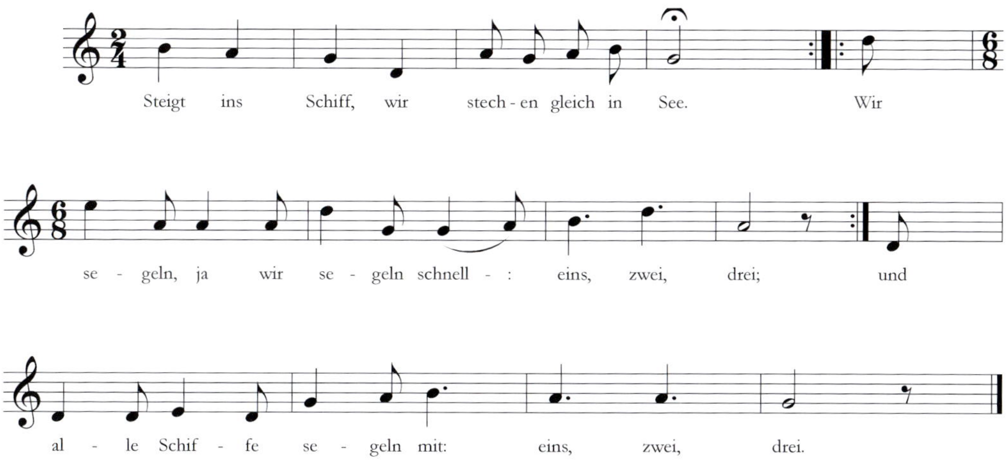

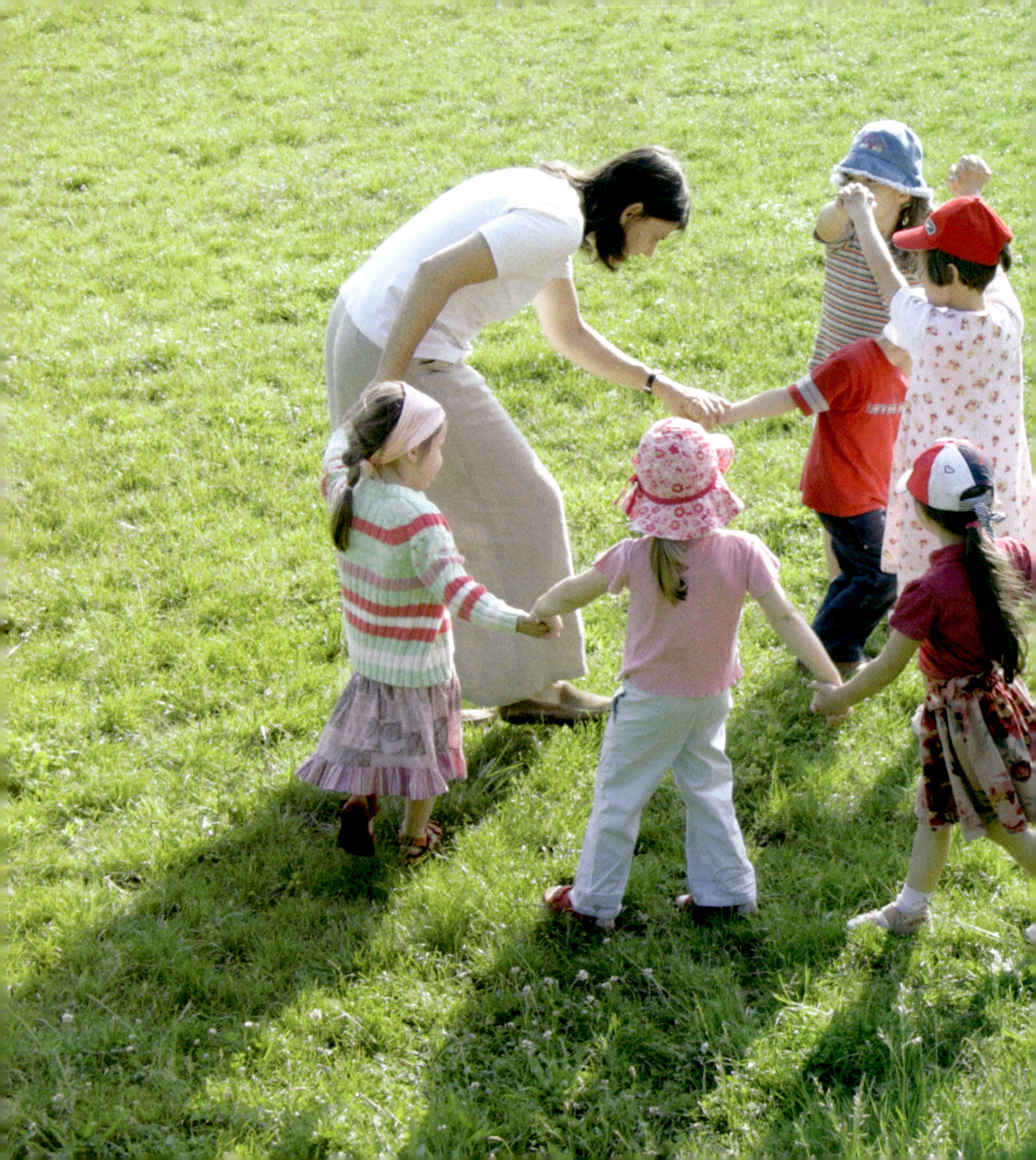

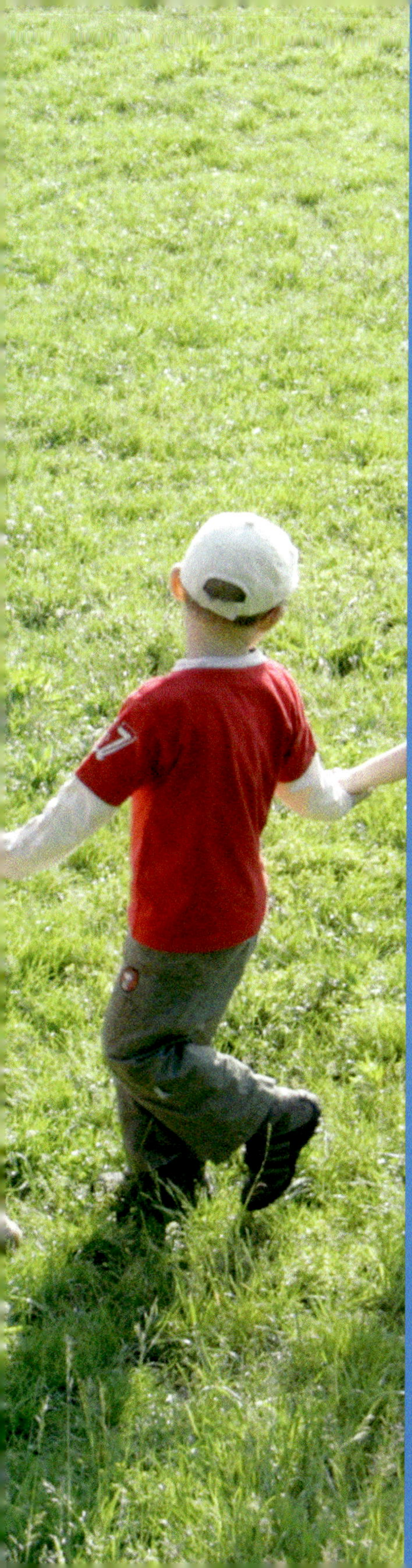

Schöne Kastanien

Wo bist du denn gewesen?

Herr Schmidt

Hinkelchen, wo gehst du hin?

Ein Schneider fing 'ne Maus

Die goldene Brücke

Krone, Krane

Ich wollt so gern 'ne Kette schnüren

Lasset uns ein Knäuel winden

Rondinella

Wir wollen suchen

Ja, so wickeln wir

Ich fahr mit der Post

Zwei-Reihen-Spiele

Andere Formen

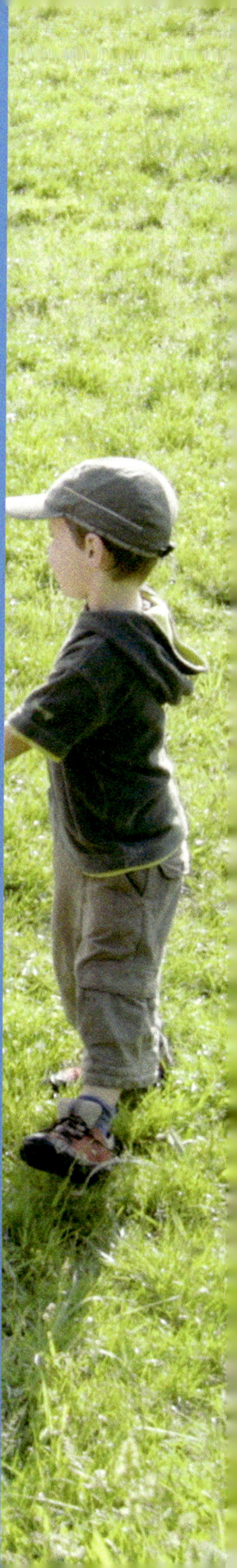

Zwei-Reihen-Spiele

Schöne Kastanien

6–9 Jahre

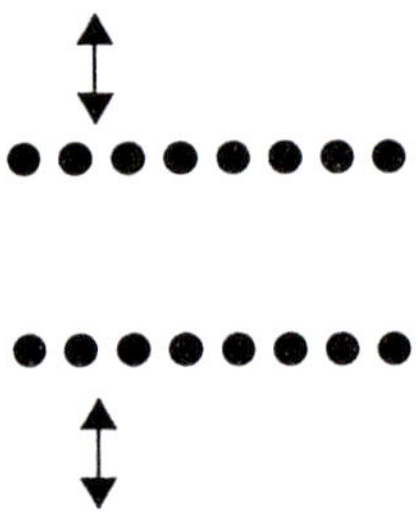

Die Kinder stehen sich in zwei Reihen gegenüber. Reihe 1 singt die ungeraden Strophen und bewegt sich nach dem Takt des Liedes auf Reihe 2 zu und wieder zurück. Reihe 2 tut dies bei den geraden Strophen. Zu Beginn des Spiels wird ein Kind bestimmt, das den Namen bei Strophe 5 nennt. Bei Strophe 9 tanzen die zwei zwischen den beiden Reihen hin und her (Seitgalopp), wobei die zwei Reihen in die Hände klatschen.

Variation:
Ein einzelnes Kind steht einer Reihe gegenüber und singt die ungeraden, die andere Reihe die geraden Strophen mit den gleichen Bewegungen wie oben. Nach Strophe 9 sind es dann zwei, dann vier usw.

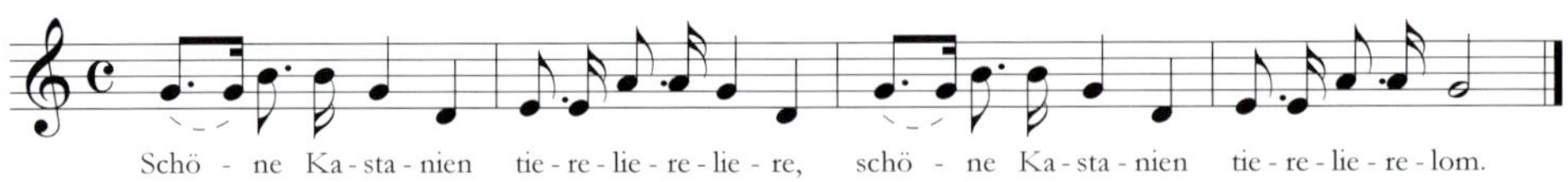

2. Wir sind die Schönsten.
3. Darf ich eine haben?
4. Wen willst du haben?
5. … möcht ich gerne.
6. Was willst du dafür geben?
7. 'n schönen goldnen Apfel.
8. Dann darfst du sie haben.
9. Tanzen wir zusammen.

Vom Text her passt das Spiel mehr in den Herbst, wenn die Kastanien vom Baum fallen.

Wo bist du denn gewesen?

Zwei Reihen stehen sich gegenüber. Reihe 1 singt die Worte des «gnädigsten Herrn», Reihe 2 die des «Ziegenbocks». Bei A bzw. C geht die jeweils singende Reihe auf die andere zu und bei B bzw. D wieder zurück. Bei der 7. Strophe gehen bei A die Reihenenden aufeinander zu, alle fassen sich zum Kreis an und hüpfen herum.

6–10 Jahre

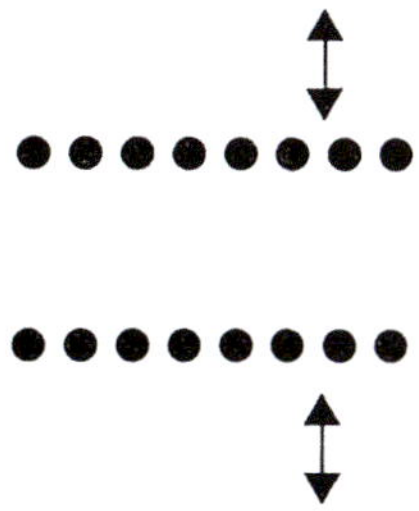

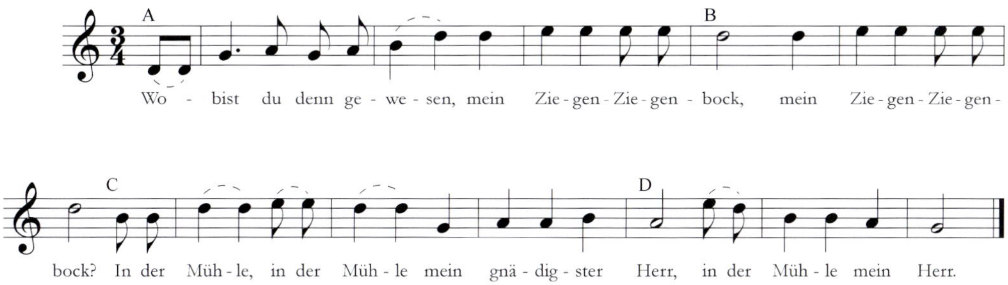

2. Was hast du da getan? Gestohlen, gestohlen!
3. Was hast du da gestohlen? Weizenmehl, Weizenmehl!
4. Wer hat dich da gesehen? Der Müller, der Müller!
5. Was hat er denn getan? Hat geschlagen, hat geschlagen!
6. Womit hat er dich geschlagen? Mit dem Stocke, mit dem Stocke!
7. Wie hast du da geschrien? Meckemüh, meckemäh.

Herr Schmidt

6–11 Jahre

Zwei Reihen stehen sich paarweise mit Zweihandfassung gegenüber. Beim 1. Teil bis zum Ende der Wiederholung hüpfen alle Kinder im Wechselschritt auf der Stelle (rechter Fuß vor, linker zurück im Sprung; linker Fuß vor, rechter zurück usw.). Beginnt der Takt mit einer punktierten Note, wird nur ein Sprung pro Takt ausgeführt, hat der Takt vier Viertelnoten, werden zwei Sprünge pro Takt gemacht. Beim 2. Teil «Ein

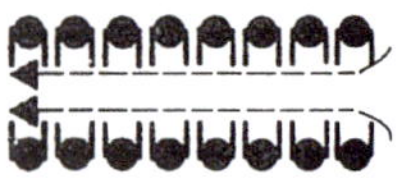

Schleier …» lassen die Kinder die Hände los bis auf das erste Paar, das im Seitgalopp durch die Reihengasse hüpft, während die anderen Kinder dazu klatschen. Ist die Reihe lang genug, hüpfen sie einmal durch bis zum Ende und stellen sich nun als letztes Paar wieder in die Reihe. Bei kurzen Reihen hüpfen sie bis A in die Reihe hinein, bis B zurück und dann erst ans Ende.

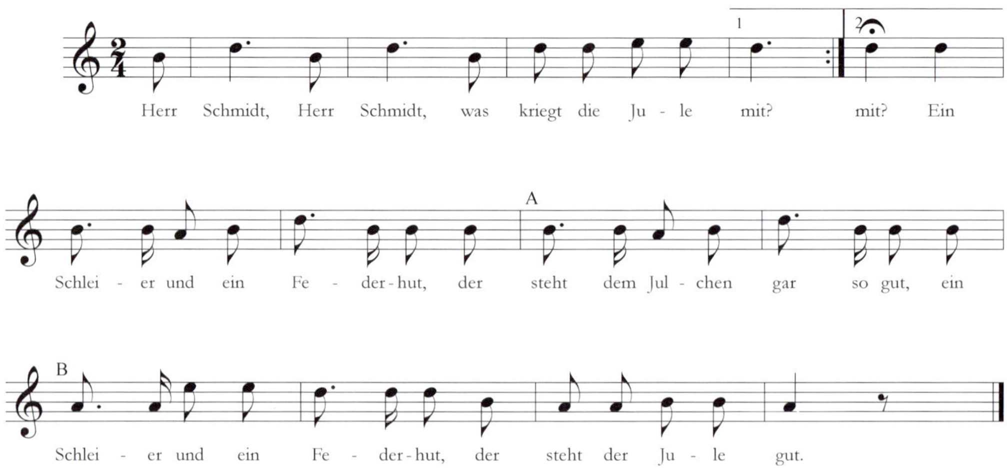

6–9 Jahre

Hinkelchen, wo gehst du hin?

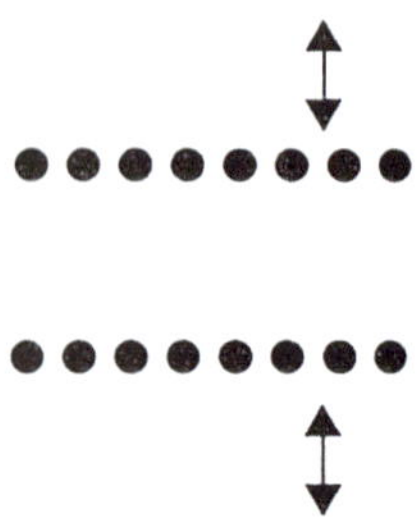

Zwei Reihen stehen sich gegenüber (neun bis zehn Schritte Abstand). Eine Reihe geht bei den geraden, die andere Reihe bei den ungeraden Strophen auf die andere zu und bei der Wiederholung wieder zurück (zwei Schritte/Takt). Bei den geraden Strophen machen die Kinder der betreffenden Reihe jeweils die Gebärden des Sträußleinpflückens usw. Bei der 13. Strophe geht die Reihe bei der Wiederholung nur vier Schritte zurück und die letzten vier Schritte wieder nach vorn. Dadurch kann die andere Reihe bei Strophe 14 nicht nach vorne gehen, sie geht also erst rückwärts.

Nach dem letzten «Hosen voll» versuchen sie das Kind gegenüber auf den Hintern zu klopfen, das rennt schnell zur Ausgangslinie (die «Hölle», die vorher markiert wurde) zurück.

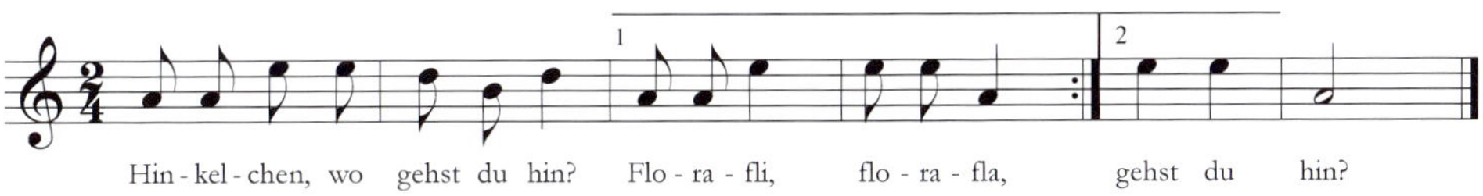

2. Ich gehe in den Wald hinein.
3. Was suchst du in dem Wald allein?
4. Ich pflücke mir ein Sträußelein.
5. Was tust du mit dem Sträußelein?
6. Ich steck es mir ans Hütelein.
7. Was machst du, wenn der Jäger kommt?
8. Ich gebe ihm das Sträußelein.
9. Was machst du, wenn der Kaiser kommt?
10. Ich grüße ihn mit meinem Hut.
11. Was machst du, wenn die Kais'rin kommt?
12. Ich grüß' sie mit dem Hütchen fein.
13. Was tust du, wenn der Teufel kommt?
14. Ich klopfe ihm die Hosen voll.

Ein Schneider fing 'ne Maus

6–9 Jahre

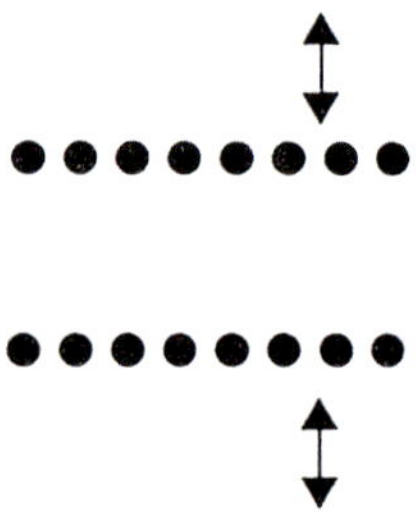

Gleiche Spielweise wie bei «Hinkelchen». Es werden aber alle Strophen wie die Anfangsstrophe gespielt. Am Ende der 13. Strophe versuchen die Kinder, die diese Strophe gesungen haben, die anderen zu fangen. Wer hinter die Linie der Fängerpartei gelangen kann, ist frei.

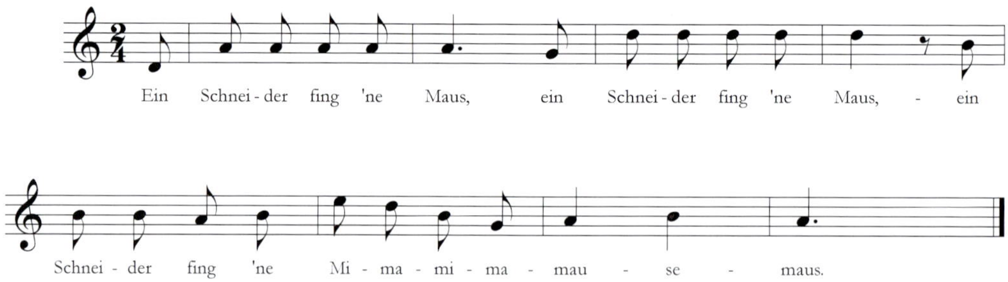

2. Was macht er mit der Maus?
3. Er zieht ihr ab das Fell. (Mausefell)
4. Was macht er mit dem Fell?
5. Er näht sich einen Sack. (Mausesack)
6. Was macht er mit dem Sack?
7. Er tut hinein sein Geld. (Mausegeld)
8. Was macht er mit dem Geld?
9. Er kauft sich einen Bock. (Mausebock)
10. Was macht er mit dem Bock?
11. Er reit't damit in'n Krieg. (Mausekrieg)
12. Was macht er in dem Krieg?
13. Er schlägt sie alle tot. (Mausetot)

Andere Formen

Die goldene Brücke

7–10 Jahre

Zwei Spieler bilden eine Brücke, indem sie sich mit beiden Händen anfassen und diese hochhalten. Die anderen fassen sich an und ziehen singend durch die Brücke hindurch, eine Lemniskate formend, deren Kreuzungspunkt die Brücke bildet. Bei «gefangen sein» senken die Brückenspieler die Hände, die anderen lassen den Gefangenen los. Vor Beginn des Spieles haben die Brückenspieler heimlich unter sich ausgemacht, wer den Himmel und wer die Hölle repräsentiert, gleichzeitig aber zwei unverfängliche Decknamen dafür gewählt (Apfel – Birne, Kirsche – Pflaume o.a.). Beides muss den Spielern bis zum Schluss unbekannt bleiben. Ist einer gefangen, wird er flüsternd vor die Wahl gestellt: «Apfel oder Birne?» Er weiß weder, ob er Himmel oder Hölle gewählt hat, noch auf welche Seite der Brücke er gestellt werden wird. Stumm wird er auf die entsprechende Seite gewiesen, er reiht sich dort in die Brücke ein (Hände auf die Schultern des Vordermannes). Sind alle gefangen, bilden die «Engel» eine Doppelreihe, durch die die Teufel hindurchlaufen müssen, wobei die «Engel» versuchen, ihnen einen Klaps auf das Hinterteil zu geben. (Bei geringer Spieleranzahl können dies auch die zwei «Brückenkinder» tun.)

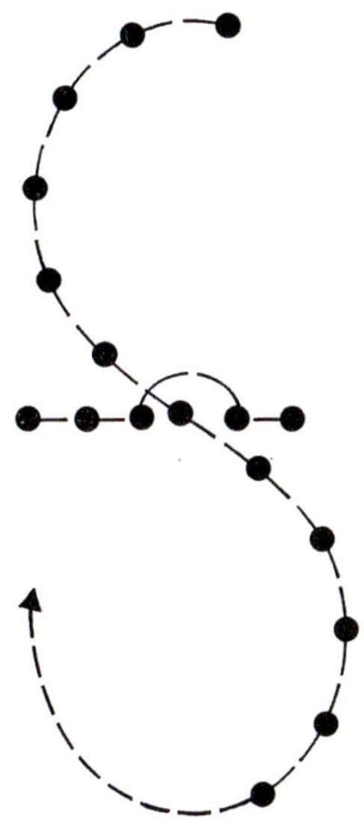

Variation:

Je zwei Kinder der anderen Seite schließen zwischen ihre gefassten Hände einen «Engel» («Teufel») ein. Die «Engel» werden sanft hin und her geschaukelt, die «Teufel» sehr heftig. Bei «fliegt» bzw. «Hölle jagen» lassen die Kinder die Hände auf einer Seite los und schieben den «Engel» sanft, den «Teufel» sehr heftig hinaus.

Licht und Finsternis standen im alten Persien miteinander im Kampf. Die goldene Brücke ist das Symbol für das goldene Zeitalter, aber auch für den Weg zwischen der geistigen und der irdischen Welt. Sie zerbricht im Laufe der frühen Kindheit. Aufgabe des Menschseins auf der Erde ist es, an der Brücke wieder bewusst mitzubauen. «Gras», «Steinerlein» und «Beinerlein» weisen auf die drei Naturreiche hin, die dabei helfen können. Der Weg des Einzelnen kann aber auch zur Hölle führen. Die verschlüsselte Entscheidungsfrage lässt unmittelbar die Dramatik unserer Willensentschlüsse erkennen. Wir wollen oft das Beste und müssen erkennen, dass wir trotz besten Wissens und Gewissens das Gegenteil bewirkt haben. «Das habe ich nicht gewollt» kann zwar manches erklären, macht aber die Tat nicht ungeschehen. Die Folgen der Tat muss ich auf mich nehmen.

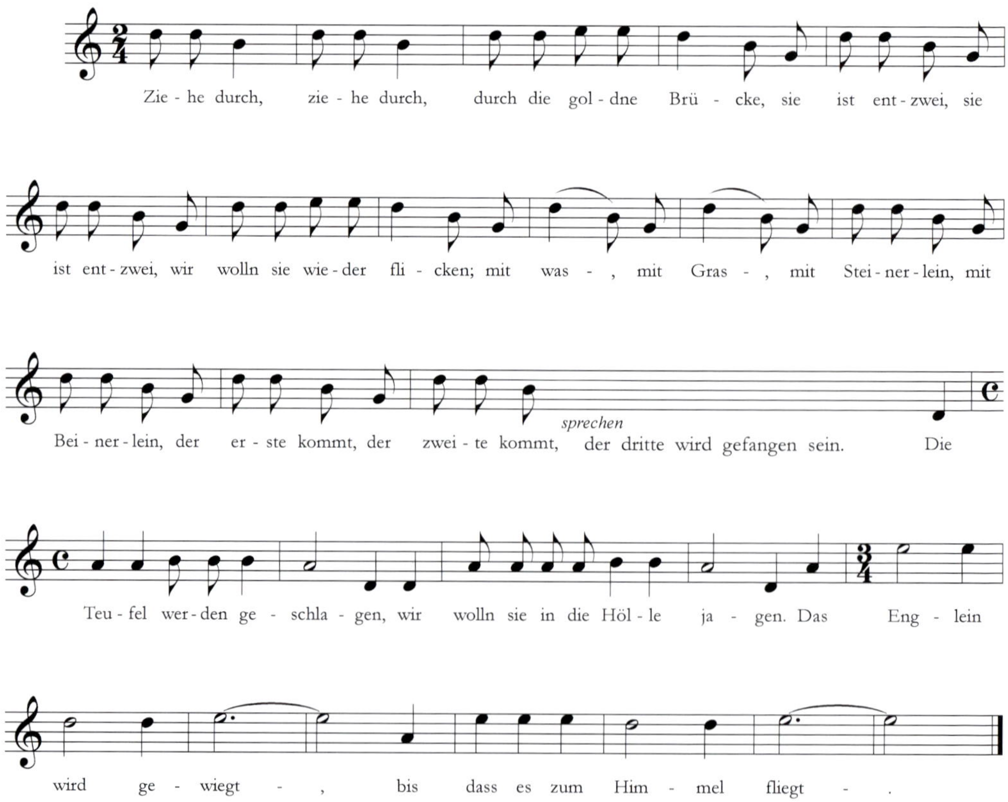

Krone, Krane

Dieses Spiel wird auf die gleiche Weise gespielt wie «Goldene Brücke».

7–10 Jahre

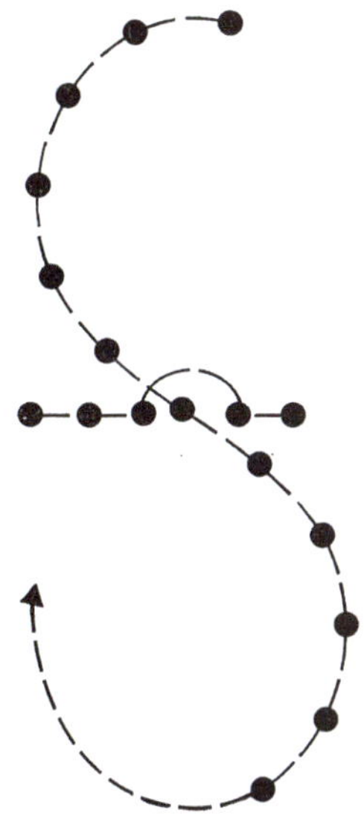

Beide geben ein Bild des Entwicklungsweges des Menschen auf der Erde wieder: Die «Goldene Brücke», der Schlüssel zur Welt, in der die Seele vor der Geburt war, ist zerbrochen. Nun muss der Mensch auf der Erde versuchen, die Verbindung zur anderen Welt wieder herzustellen.

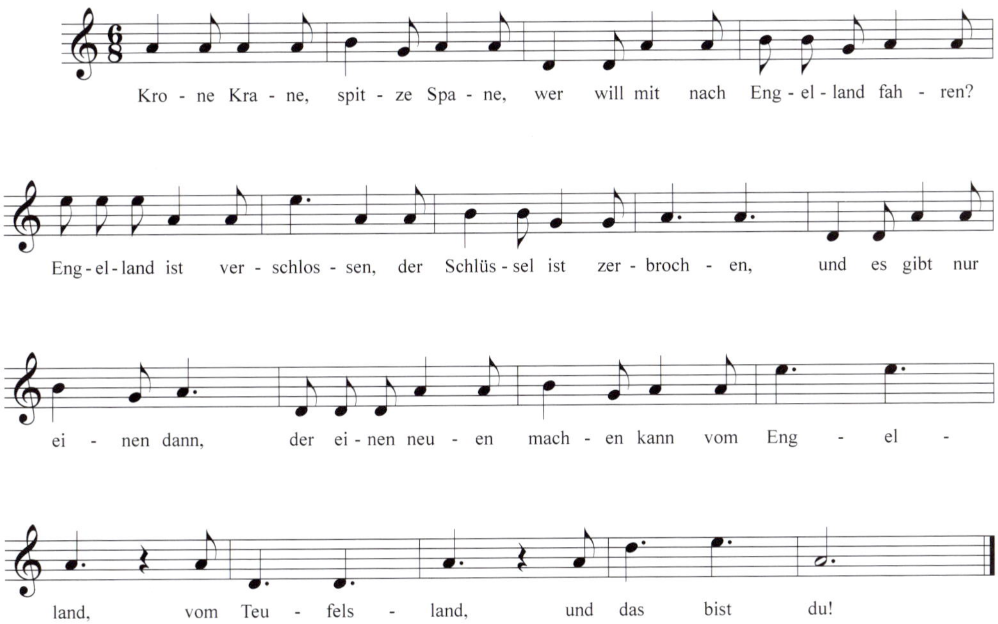

Ich wollt so gern 'ne Kette schnüren

7–11 Jahre

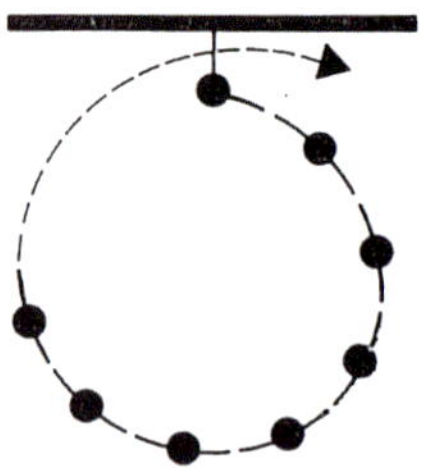

Die Spieler stehen mit Handfassung in einer langen Reihe. Der erste bzw. der vorderste Spieler hält seine freie Hand an eine Mauer und macht so ein Tor, durch das der Letzte der Reihe durchzieht, alle anderen hinter sich herführend. Wenn alle bis auf den ersten durch sind, dreht sich dieser um 180 Grad, ohne die Hand loszulassen. So steht nun der erste mit gekreuzten Armen andersherum in der Reihe. Jetzt führt der letzte Spieler alle durch das Tor zwischen dem ersten und zweiten Spieler usw. Wenn alle mit gekreuzten Armen andersherum stehen, geben sich der erste und der letzte Spieler die Hände und schließen einen Kreis. Nun wird der Schlussvers gesungen, im Kreis herumgegangen und so heftig nach außen gezogen, bis der Kreis (die Kette) zerbricht.

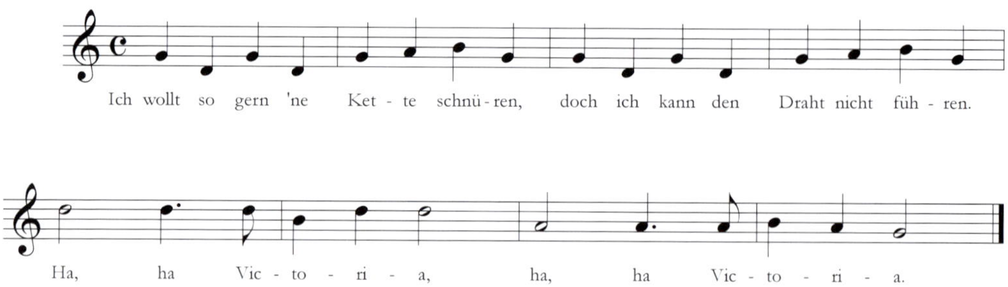

Lasset uns ein Knäuel winden

7–10 Jahre

Die Kinder laufen eine Spirale mit Handfassung. Ist sie eng genug, dreht sich der Anführer um und führt auch wieder aus der Spirale heraus.

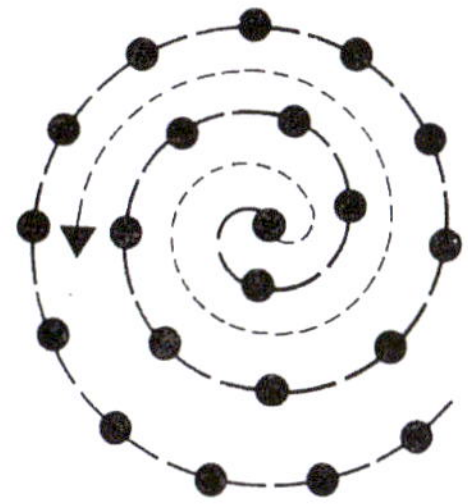

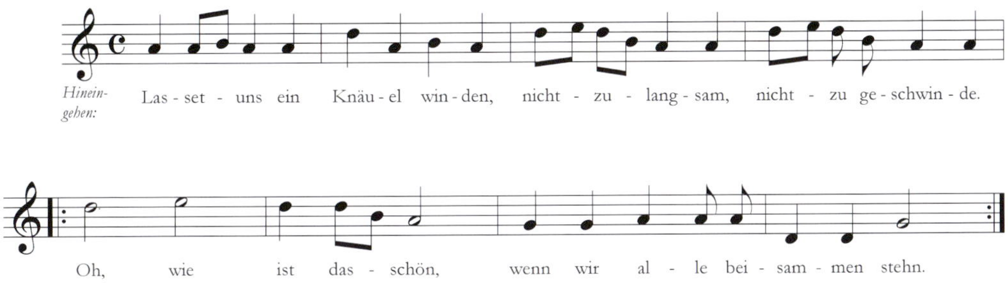

Herausgehen:

Lasst den Weg zurück uns finden,
nicht zu langsam, nicht zu geschwinde.
Oh, wie war das schön, lasst uns nun auseinandergehn.

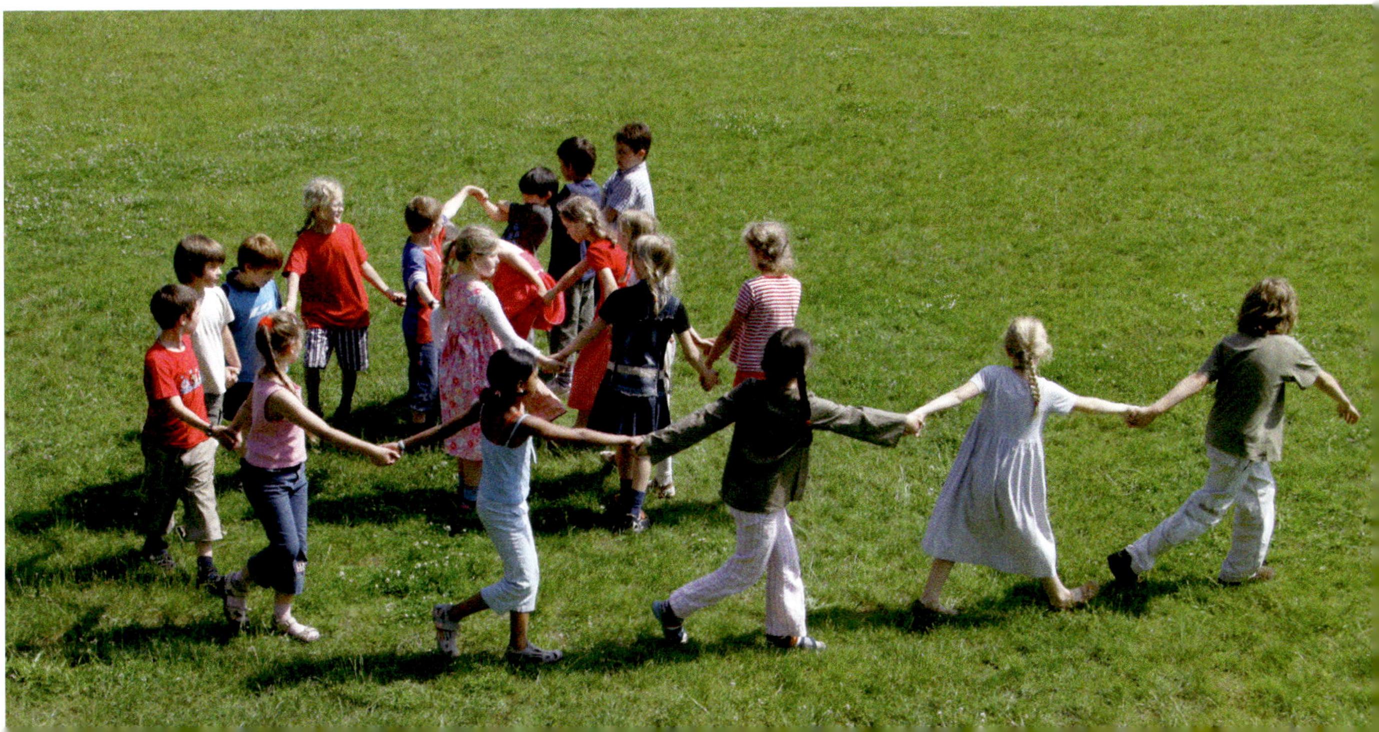

Rondinella

7–10 Jahre

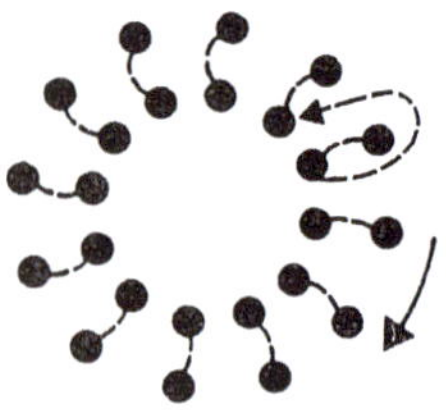

Im Kreis tanzen die Paare (Jungen links, Mädchen rechts) lustig herum. Bei «rondinella-rola» dreht sich das Mädchen um den eigenen Partner vorn herum zu dem Platz des Mädchens, das vorher hinter ihm tanzte.

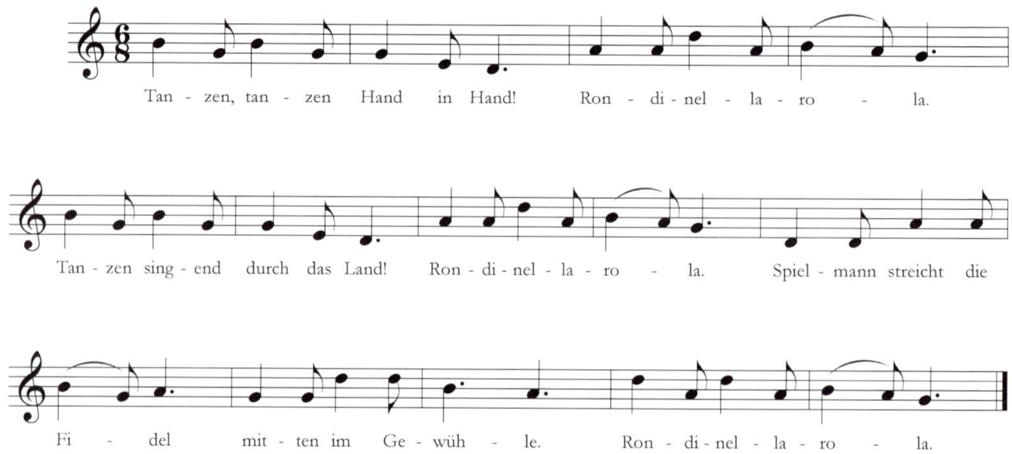

Wir wollen suchen

7–10 Jahre

Die zwei Kreuze auf der Zeichnung stellen die zwei Häschen dar, die sich dort verbergen (hockend, Kopf unter die Arme gesteckt). Die Kinder ziehen zuerst in zwei Reihen um die Häschen herum, eine Ellipse bildend. Nach «Buchen» gehen die beiden Reihen aneinander vorbei in einer Lemniskatenform. Bei «Nestchen von Heu» geht jede Reihe um eines der Häschen herum, und so entstehen zwei kleine Kreise. Bei «Da hüpft» hüpfen die beiden Kreise um ihr Häschen herum. Bei «Da habt ihr ein Ei» bleibt der Kreis stehen. Jeder Spieler streckt beide Hände nach vorn in den Kreis, Handflächen nach oben, die zwei Häschen stehen auf und klatschen mit einer Hand der Reihe nach in die vorgestreckten Hände der Spieler, die im Kreis stehen.

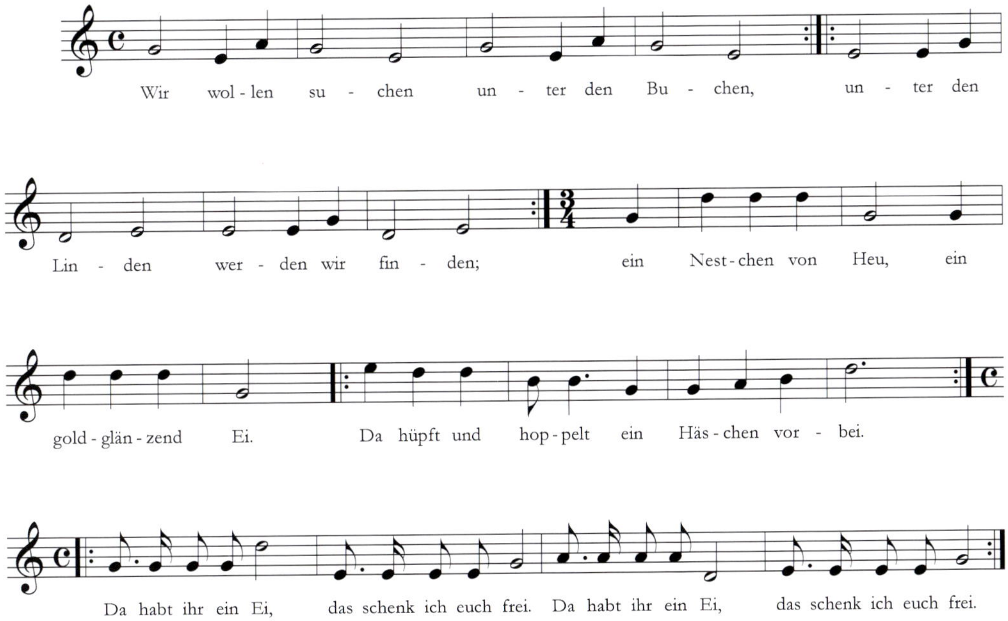

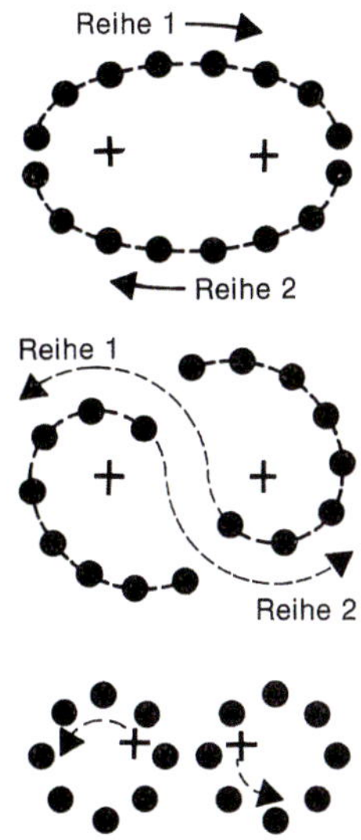

Ja, so wickeln wir

7–10 Jahre

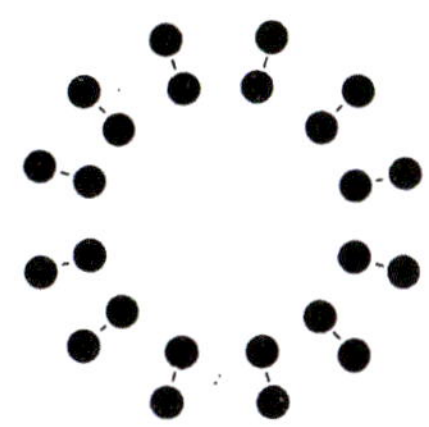

Es werden zwei Kreise mit gleicher Anzahl Mitspielern gebildet: innen die Mädchen, außen die Jungen. Während der ersten zwei Takte («wickeln») werden die eigenen Hände umeinander gedreht, bei «reißen» Hände auseinanderziehen, bei «klapp» dreimal in die Hände klatschen, bei der Wiederholung ebenso. Bei «lustig» haken die Gegenüberstehenden ihre rechten Arme ein und drehen sich herum, bei der Wiederholung haken sie die linken Arme ein. Bei «Ach lieber Schuster» gehen die Jungen nach innen und knien vor den Mädchen, die nun den Außenkreis bilden und mit den Rücken zu den Jungen stehen. Sie legen einen Schuh auf die Knie der Jungen, die mit der Faust auf die Schuhsohle schlagen. Bei «das habt ihr» laufen die Jungen nach außen, die Mädchen nach innen. Bei der Wiederholung laufen die Jungen nach innen, die Mädchen nach außen und wieder zurück, wobei die Mädchen einen Platz weiter nach links gehen.

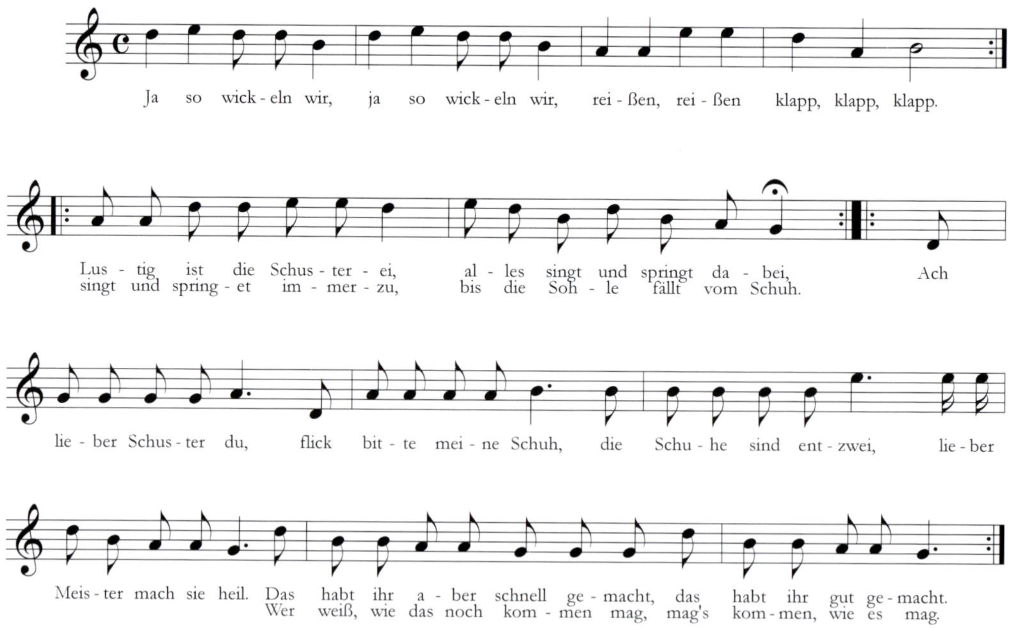

Ich fahr mit der Post

7–10 Jahre

Die Kinder stehen in einem Kreis. Während des Singens führt eines der Kinder die anderen in eine große Spirale. Bei den Fragen wickelt sich die Spirale ein, angeführt von Kind 1, bei den Antworten führt Kind 2 eine auswickelnde Spirale. Bei «Schnecklein, Schnecklein» wird die Spirale wieder zum großen Kreis, in dem alle im Seitgalopp herumhüpfen.

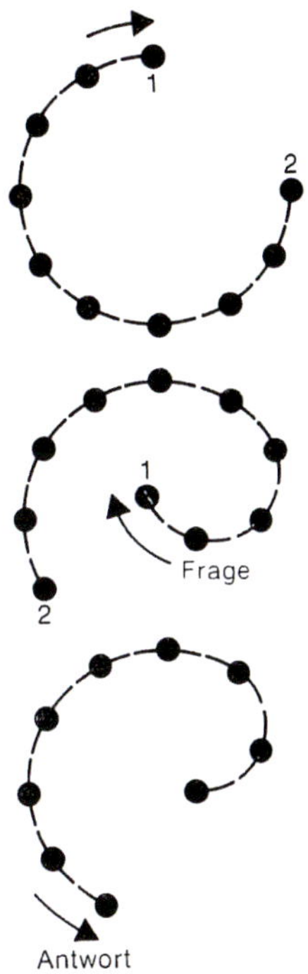

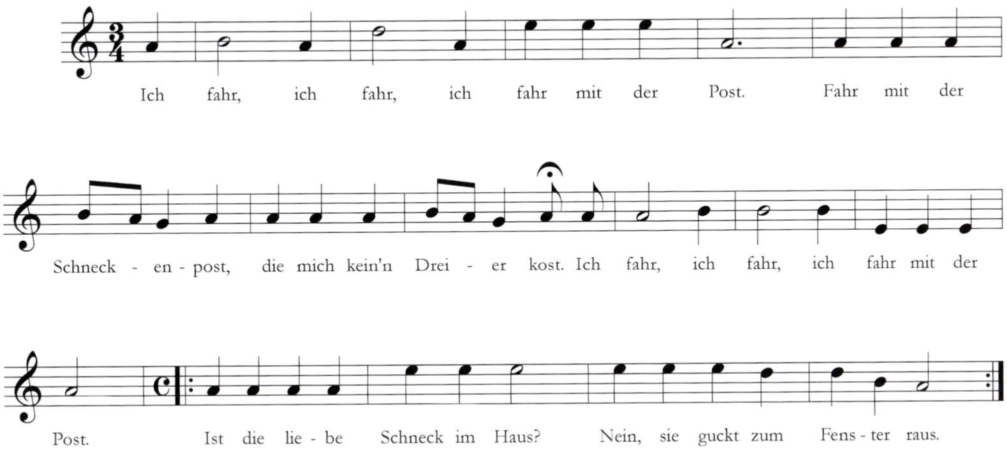

2. Macht der Regen sie nicht nass? Nein, er macht ihr großen Spaß.
3. Macht der Donner ihr nicht bang? Nein, sie freut sich an dem Klang.
4. Hat sie vor dem Blitz nicht Angst? Nein, sie freut sich an dem Glanz.

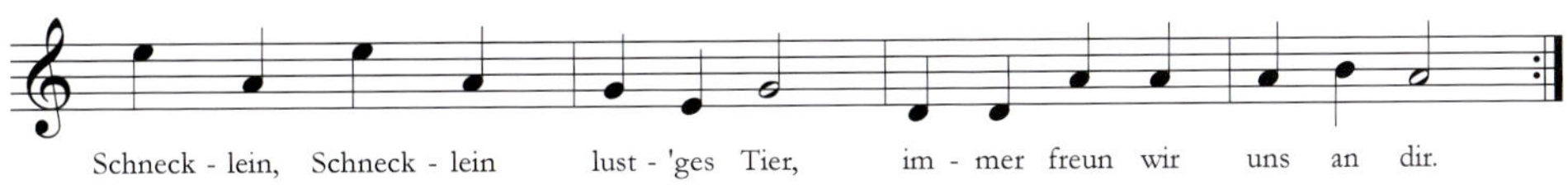

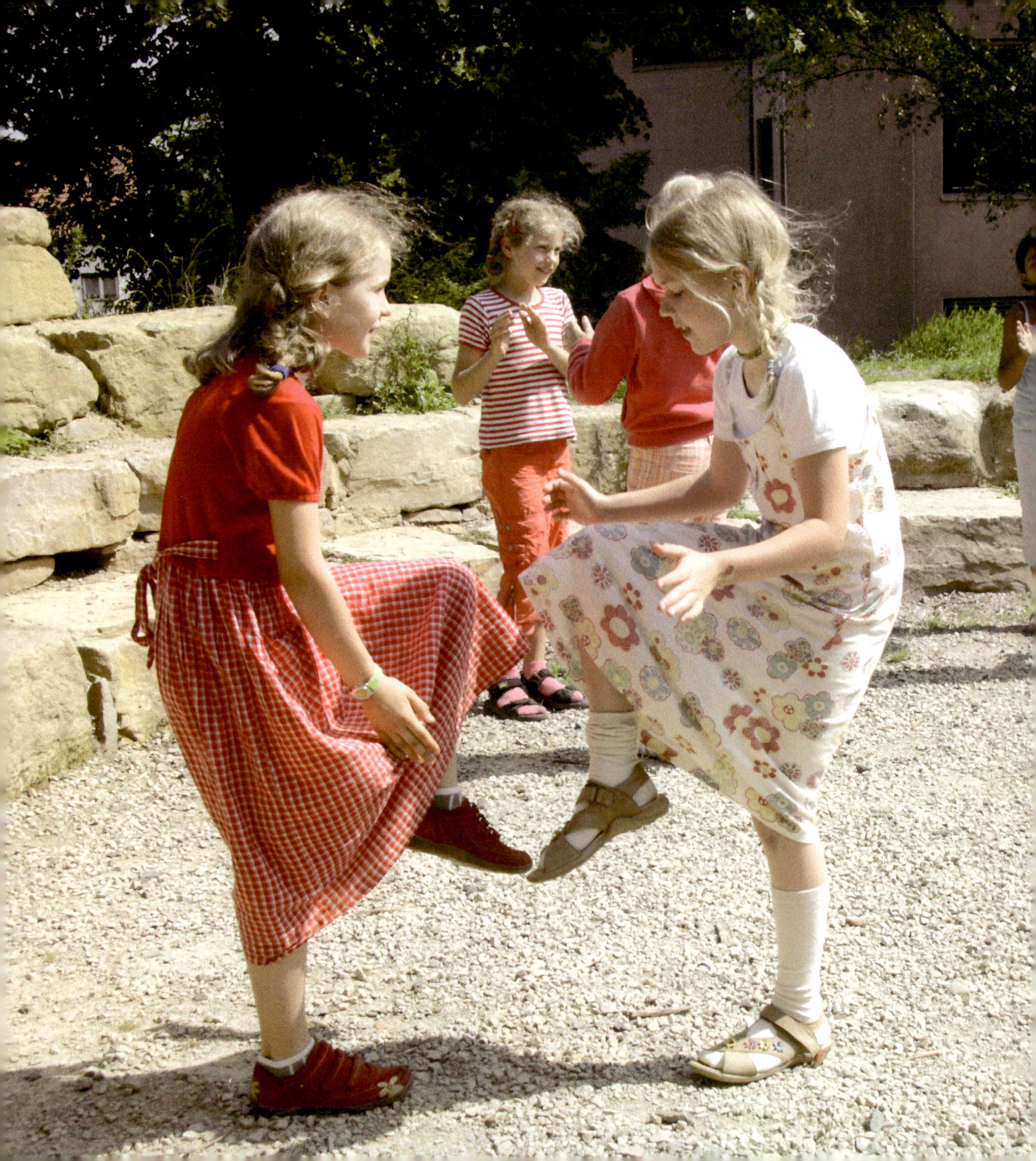

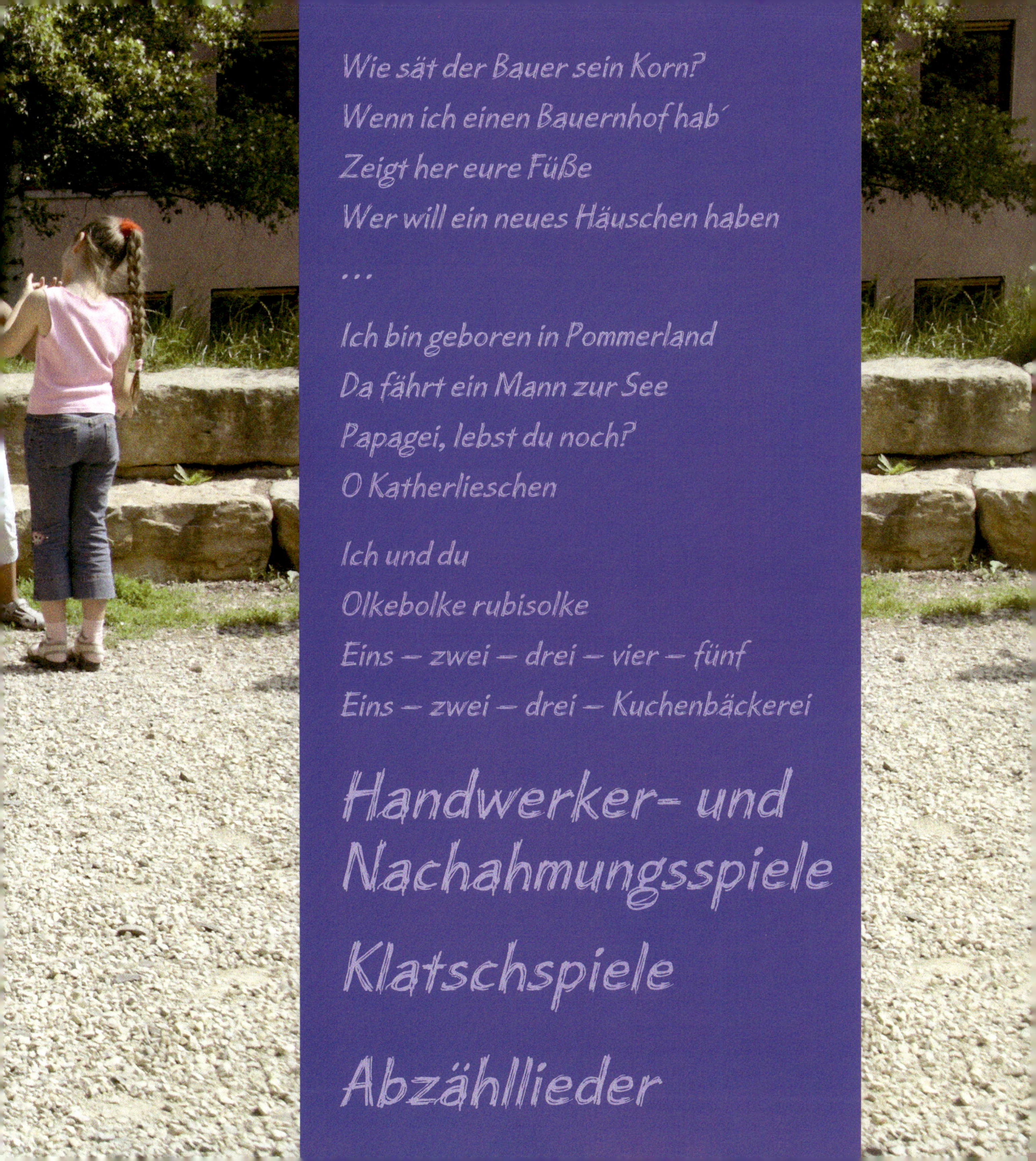

Wie sät der Bauer sein Korn?
Wenn ich einen Bauernhof hab´
Zeigt her eure Füße
Wer will ein neues Häuschen haben
...

Ich bin geboren in Pommerland
Da fährt ein Mann zur See
Papagei, lebst du noch?
O Katherlieschen

Ich und du
Olkebolke rubisolke
Eins – zwei – drei – vier – fünf
Eins – zwei – drei – Kuchenbäckerei

Handwerker- und Nachahmungsspiele

Klatschspiele

Abzähllieder

Handwerker- und Nachahmungsspiele

Wie sät der Bauer sein Korn?

5–10 Jahre

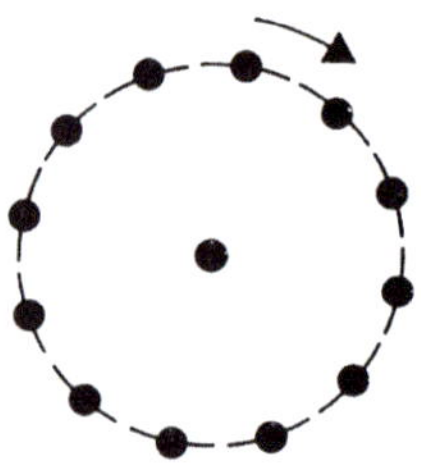

Bei den ungeraden Strophen geht der Kreis um ein Kind herum, das als Bauer in der Mitte steht. Bei den geraden Strophen bleibt der Kreis stehen. Der «Bauer» singt die ersten vier Takte allein und macht die entsprechenden Bewegungen.

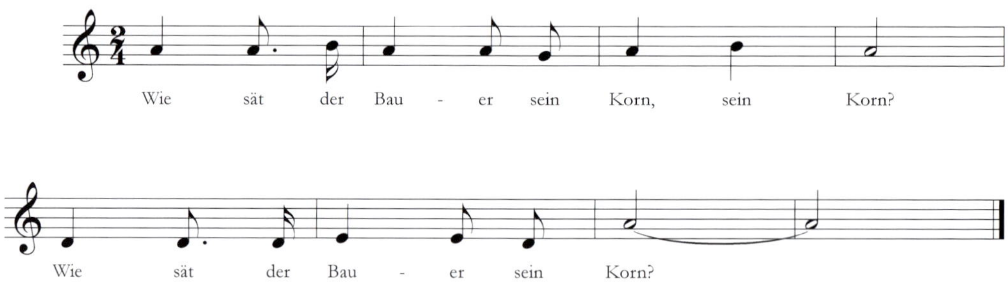

2. So sät – 3. Wie mäht – 4. So mäht – 5. Wie drischt – 6. So drischt – 7. Wie bind't – 8. So bind't – 9. Wie lädt – 10. So lädt – 11. Wie mahlt der Müller das Korn? – 12. So mahlt – 13. Wie bäckt der Bäcker das Brot? – 14. So backt – 15. Wie essen wir das Brot? – 16. So essen wir – 17. Wie danken wir für das Brot? – 18. So danken wir.

Dieses Spiel wird von den Kindern sehr geliebt. Sie können die Gebärden des Säens, Mähens usw. nachahmen und so miterleben, dass das Getreide etwas Lebendiges ist und dass vieles getan werden muss, bis wir unser Brot essen können. So kann das Kind Ehrfurcht lernen vor dem, was uns die Natur und die Arbeit vieler Menschen schenkt.

Wenn ich einen Bauernhof hab'

5–8 Jahre

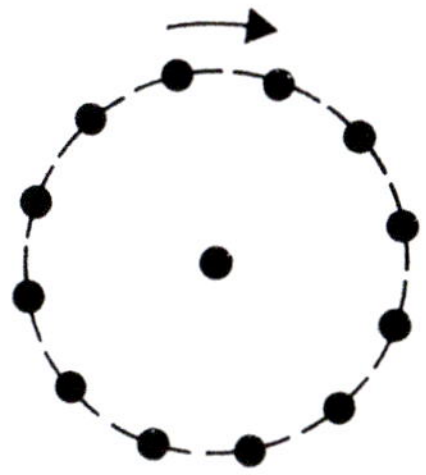

Die Kinder geben sich die Hände und ziehen singend im Kreis herum. Bei der 1. Strophe sitzt ein Kind in der Kreismitte (das Hühnchen). Am Ende jeder Strophe wird jedes Mal ein Kind dazugewählt, das im Kreis sitzen soll und das betreffende neue Tier o.Ä. darstellt. Wenn der Name im Lied vorkommt, steht der Kreis still und der betreffende Spieler in der Kreismitte steht auf.

Am Ende jeder Strophe werden die Namen oder auch die letzten zwei Takte («… so heißt …») aller vorhergehender Strophen in umgekehrter Reihenfolge wiederholt. Wenn ein Kind vergisst, beim Nennen seines «Namens» aufzustehen, muss es in den Kreis zurück und ein anderes Kind nimmt seine Stelle ein. Während des Aufstehens ahmen die Kinder die Bewegungen nach, die zu dem Tier, Wagen oder Menschen gehören, den sie darstellen.

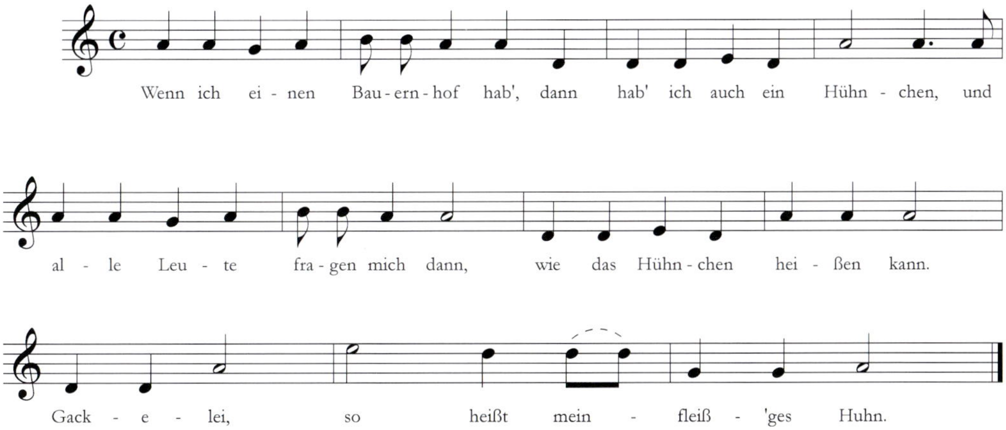

2. Hähnchen …	Kickelekaan	so heißt mein stolzer Hahn.
3. Kätzchen …	Kritzekratz	so heißt meine schwarze Katz.
4. Hündchen …	Bellemunt	so heißt mein treuer Hund.
5. Kühlein …	Muhmimuh	so heißt meine bunte Kuh.
6. Schweinchen …	Fett-und-Fein	so heißt mein dickes Schwein.
7. Pferdchen …	Langsteert	so heißt mein starkes Pferd.
8. Wagen …	Wohlbeladen	so heißt mein Bauernwag'n.
9. Großknecht …	Arbeite recht	so heißt mein großer Knecht.
10. Stallmagd …	Melk-wenn-es-tagt	so heißt meine tücht'ge Magd.
11. Frauchen …	Wohlgetraut	so heißt meine liebe Frau.
12. Kindchen …	Flink-wie-der-Wind	so heißt mein kleines Kind.

Zeigt her eure Füße

5–9 Jahre

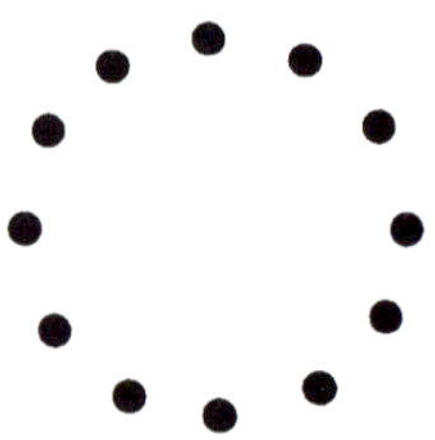

Ein stehender Kreis, alle schauen nach innen. Bis «Schuh» stellen die Kinder nacheinander den rechten und dann den linken Fuß vor. Dann geht der Kreis mit Handfassung herum bis «Waschfrauen zu». Nun bleibt der Kreis stehen und alle führen die betreffenden Bewegungen aus. Bei 9 hüpfen alle mit Handfassung im Kreis herum.

2. spülen,
3. wringen
4. hängen
5. falten
6. bügeln
7. tratschen
8. schlafen
9. tanzen

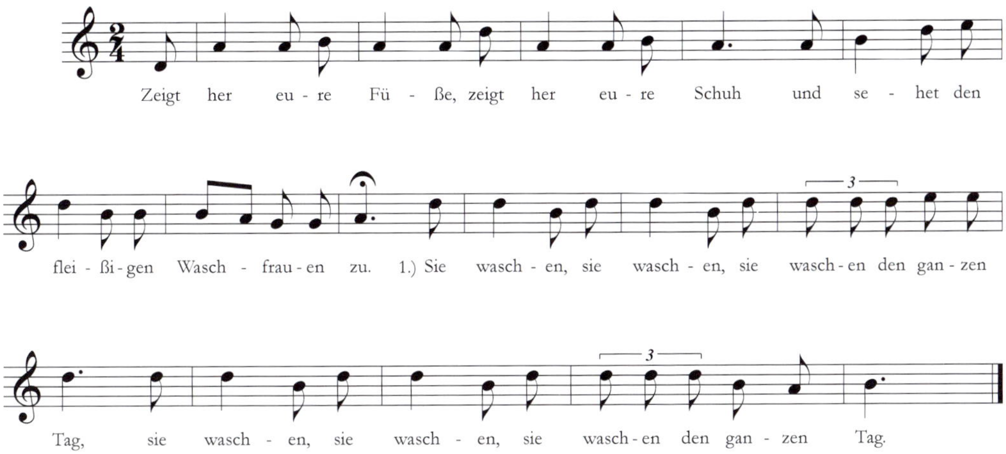

Wer will ein neues Häuschen haben

5–9 Jahre

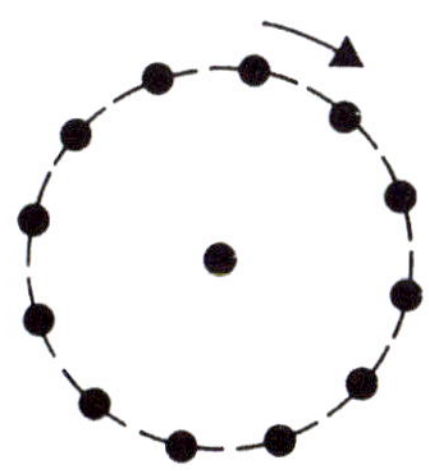

Bei den ersten vier Takten gehen die Kinder Hand in Hand im Kreis herum. In der Mitte steht ein Kind, der «Maurer». Bei Takt 5–8 bleibt der Kreis stehen und wendet sich zur Mitte, wo der Maurer das Steinsetzen vormacht (vielleicht auch allein singt). Bei der Wiederholung singen alle und machen die Bewegungen nach. Wenn bei der 2. Strophe der Kreis wieder herumgeht, wählt der Maurer ein anderes Kind aus dem Kreis zum «Zimmermann» (sie wechseln die Plätze). Bei den Strophen 6–8 steht niemand im Kreis.

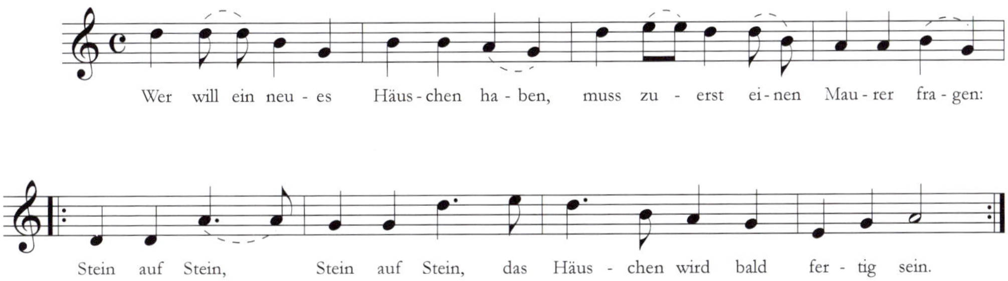

2. Rufen wir den Zimmermann, der den Dachstuhl machen kann: Säge tüchtig, gib fein acht, die Balken halten fest das Dach.
3. Tischler setz die Fenster ein, stehn dem Häuschen gar so fein: Hobel gut, hobel fein, die Fenster werd'n bald fertig sein.
4. Rufen wir den Maler dann, der das Häuschen streichen kann: Tauchet ein, streichet fein, mit Farben wird's viel schöner sein.
5. Schlosser bringt die Schlösser an, dass man das Haus verschließen kann: Hämm're gut, bohre fein, das Häuschen wird nun sicher sein.
6. Stampfen wir nun fest den Grund, stampfen alle in der Rund': Stampfen fest den Schotter ein, der Weg der wird bald fertig sein.
7. Legen wir nun den Garten an, dass Obst und Gemüse wachsen kann: Graben tüchtig, harken fein, der Garten soll uns stets erfreu'n.
8. Wenn nun das Häuschen fertig ist, feiern wir ein großes Fest: Hoppsassa, hopplahopp, wir tanzen alle im Galopp.

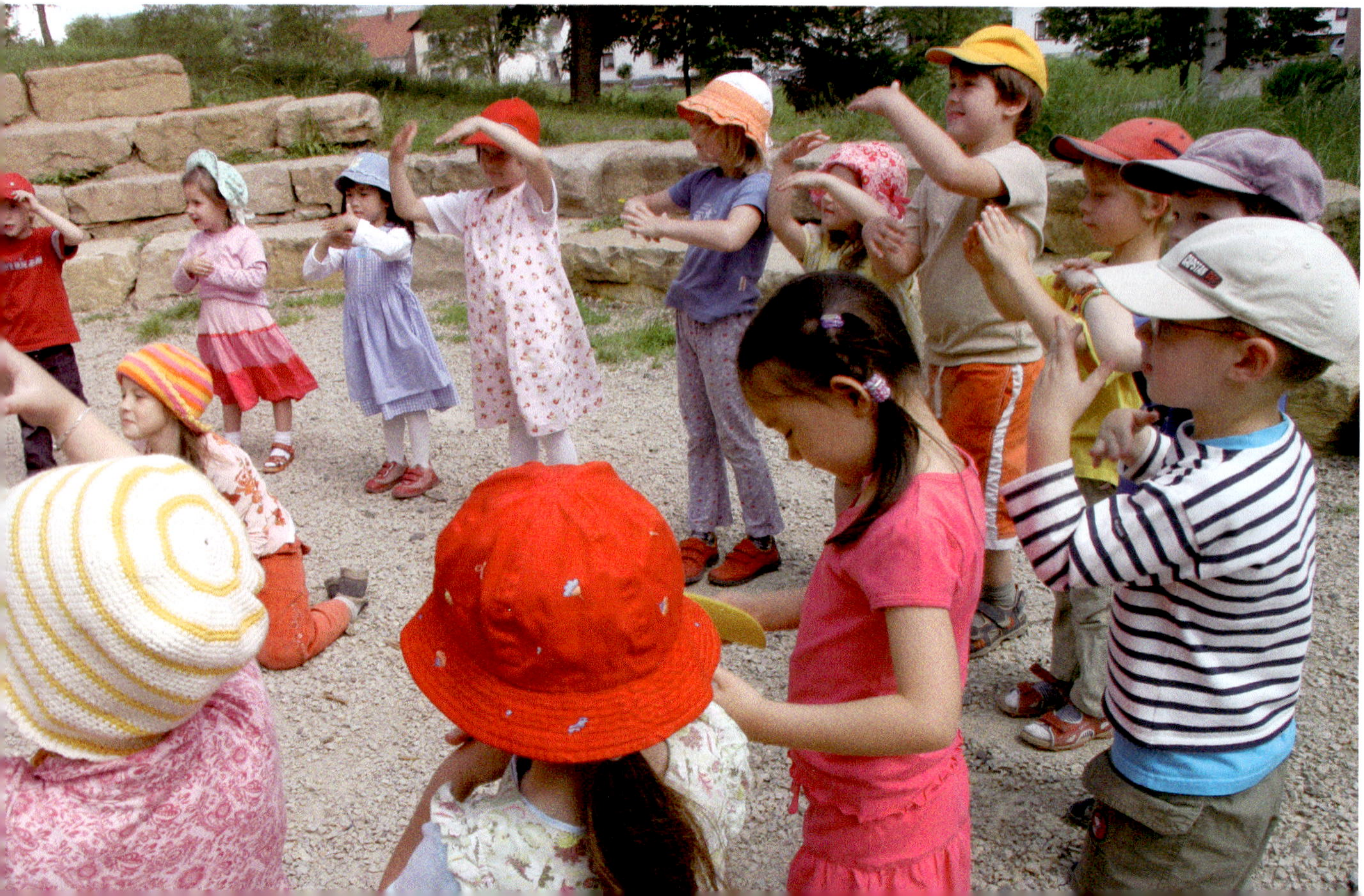

Auf einem kleinen Weg

5–9 Jahre

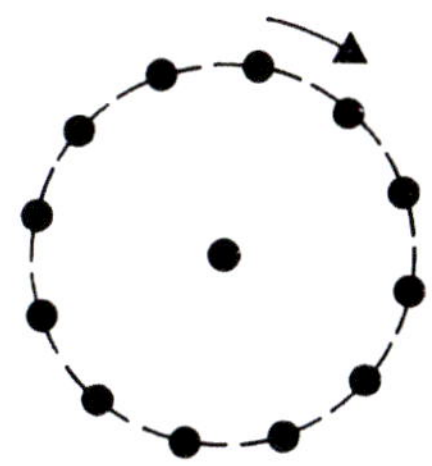

Die Kinder fassen sich an und gehen singend im Kreis herum. Bei jeder Strophe geht ein bestimmtes Kind (oder auch drei bis vier) in die Mitte und stellt den entsprechenden Beruf dar. Beim ersten Mal «Seht so macht …» macht das Kind (die Kinder) eine zum Beruf passende Gebärde, beim zweiten Mal ahmt der ganze Kreis die Gebärde nach.

Mit älteren Kindern kann man es auch so spielen: Bei der 1. Strophe stehen einige Kinder im Kreis (die Bäcker). Vorher wurden Kindergruppen für die folgenden Strophen festgelegt. Bei der 2. und jeder folgenden singen die Bäcker usw. den Teil B allein, dabei verlässt die für die 2. Strophe festgelegte Gruppe den Kreis, die Maurer nehmen den Platz ein. Teil C singen wieder alle. Die Gruppe, die den Teil B allein singt, bestimmt damit, welcher Beruf an die Reihe kommt.

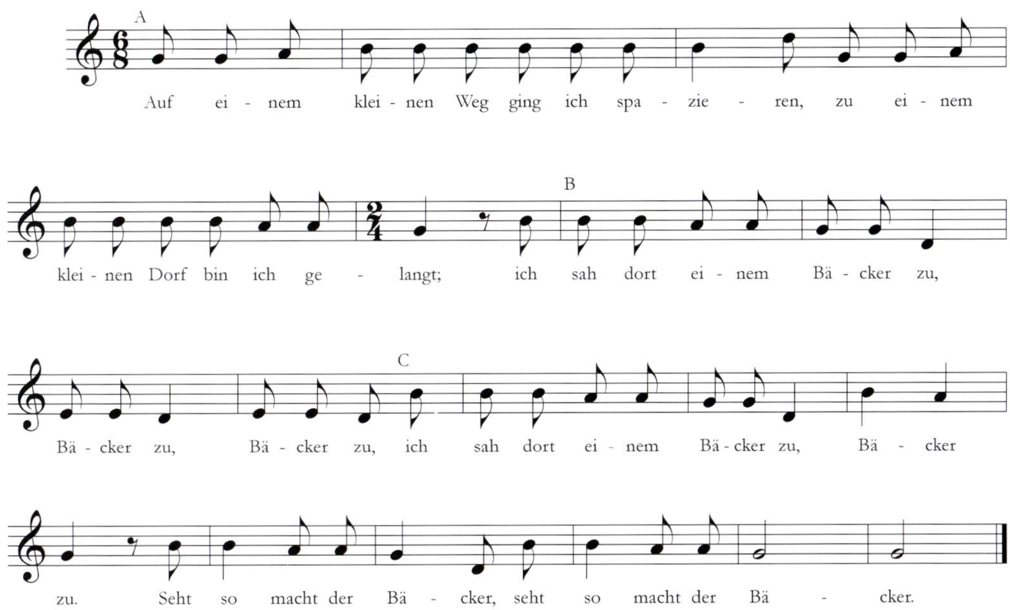

Bin ich nicht ein flinker Schmied?

6–10 Jahre

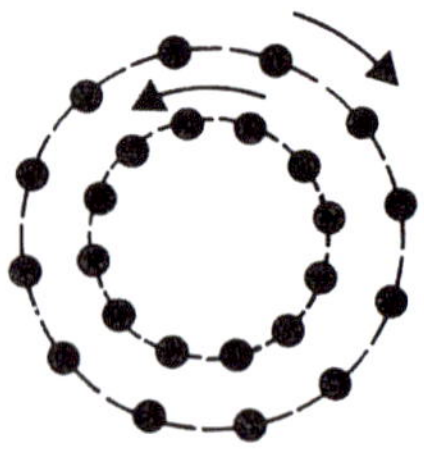

Innerhalb eines großen Kreises bewegt sich ein kleinerer, das sind die «Schmiede». Bei «das geht so» bleiben alle stehen, drehen sich zueinander und hämmern bei «rikkerde …» mit einer Faust in die Handfläche der anderen Hand, bei jeder Triole wechseln die Hände. Ist das Lied zu Ende, sagen die «Schmiede» (Innenkreis): «Guten Tag, Hans» und machen eine Verbeugung vor den Kindern des Außenkreises. «Guten Tag, Schmied» antwortet der und verbeugt sich ebenfalls. «Kannst du arbeiten, Hans?» – «Ja, Schmied.» – «Kannst du wie ich mit einem Hammer arbeiten?» (Der Schmied hämmert mit der rechten Hand.) «Ja, Schmied» (macht es nach). Nun beginnt alles wieder von vorn.

Aber nun fragt der Schmied: «Kannst du mit zwei Hämmern arbeiten?» (beide Hände),
mit drei Hämmern (beide Hände, rechter Fuß),
mit vier Hämmern (beide Hände, beide Füße),
mit fünf Hämmern (beide Hände, beide Füße und der Kopf).

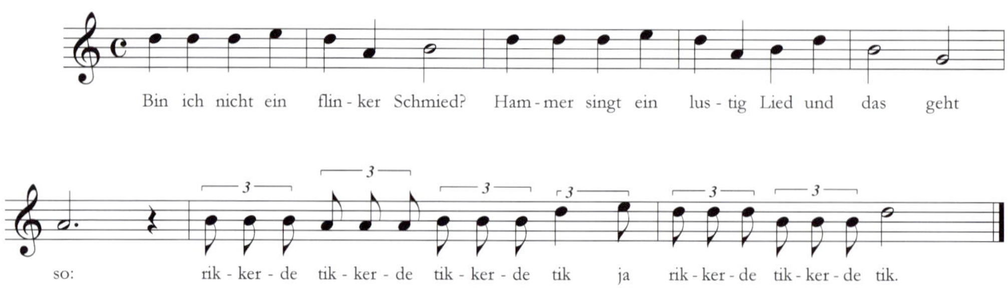

Wir sind die lustigen Handwerkersleut

5–10 Jahre

Innerhalb eines großen Kreises, der mit Handfassung singend herumgeht, gehen drei Kinder in die Gegenrichtung. Der Erste ist der Schmied, der Zweite der Böttcher, der Dritte der Schneider. Bei der 2. Strophe geht der Schmied in die Kreismitte (3. Böttcher, 4. Schneider). Er dreht sich auf der Stelle im Kreise und «hämmert» mit der rechten Faust in die linke Hand (Böttcher: mit beiden Händen kreisend auf die Oberschenkel vorn-seitlich, hinten und zurück, Schneider: rechte Hand «sticht» bei der linken Hand die «Nadel» ein und zieht sie auf der anderen Seite heraus). Bei «Ich hämm're …» bleiben alle stehen und ahmen die entsprechenden Bewegungen nach.

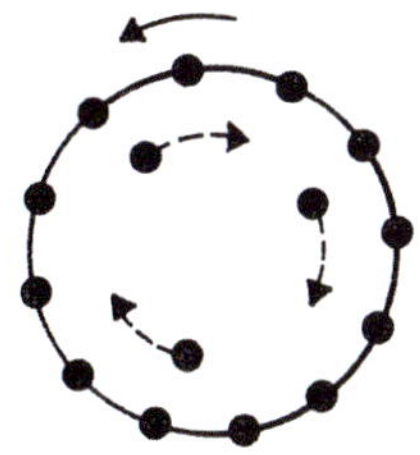

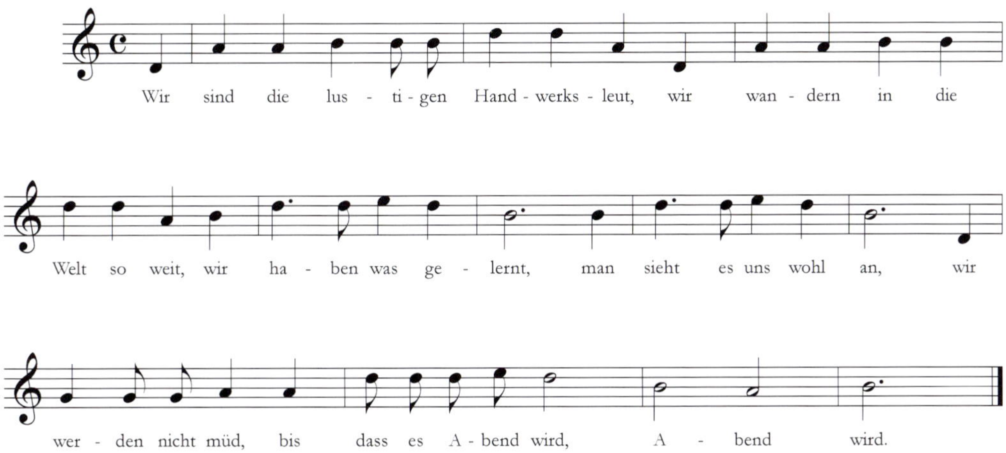

2. Ich bin der lustige Meister Schmied,
habt ihr ein Rösslein, beschlag ich es mit,
ich hämm're Tag für Tag, verfehle keinen Schlag
und werde nicht müd, bis dass es 𝄆 Abend wird 𝄇

3. Ich bin der lustige Böttchersmann,
der große Fässer machen kann,
ich mache bum-bum-bum dem Fass die Reifen drum
und immer bum-bum wohl um das 𝄆 Fass herum 𝄇

4. Ich bin das lustige Schneiderlein,
ich näh euch Röcke und Hosen fein,
ich näh mit frohem Mut, mit Zwirn und Fingerhut
und werde nicht müd, bis dass es 𝄆 Abend wird 𝄇

Lieber Spielmann, was kannst du spielen?

5–9 Jahre

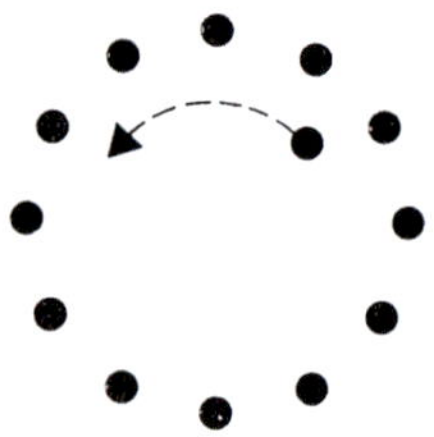

Die Kinder schließen einen Kreis um ein einzelnes Kind. Dieses geht im Kreis herum bis zum Ende der Wiederholung der ersten zwei Takte. Nun zeigt es stehend, wie es das entsprechende Instrument spielt. Bei den weiteren Strophen werden nach dem neuen Instrument die anderen in umgekehrter Reihenfolge wiederholt, wobei die letzten zwei Takte («rommerdebom, so spielt die Tromm») jeweils den Schluss bilden. Man kann für jedes neue Instrument ein neues Kind wählen oder von dem Kind, das gerade in der Mitte ist, wählen lassen.

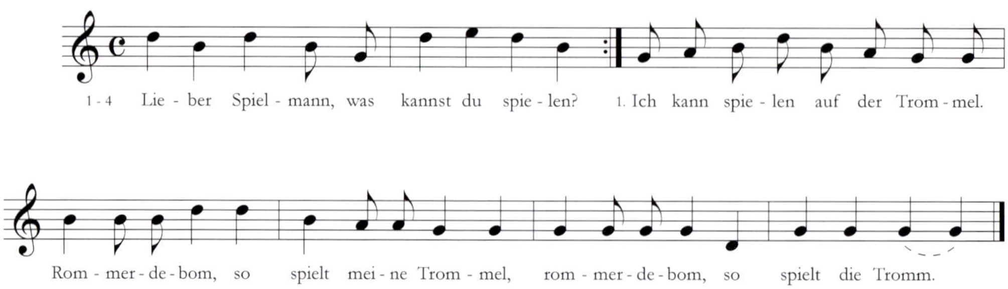

2. Fidel: Heididumdidel | 3. Flöte: Flüdiflüdö | 4. Trompete: Täteretät.

Wollt ihr wissen?

5–9 Jahre

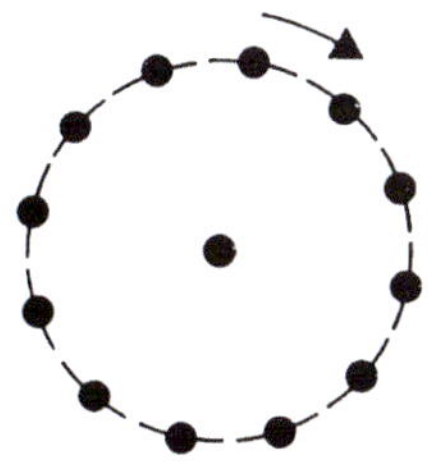

Die Kinder geben sich die Hände und ziehen singend im Kreis herum. In der Mitte steht ein Spieler, der bei «sehet so» die entsprechenden Bewegungen ausführt. Alle anderen ahmen bei «sät der Bauer …» bis zum Ende der Strophe die Bewegungen nach. Jeweils ein anderes Kind drischt, mäht, lädt auf. Bei der zweiten Hälfte der 5. Strophe tanzen alle paarweise im Kreis herum.

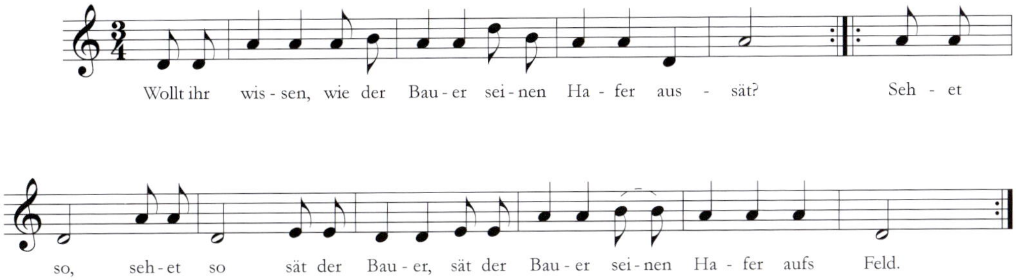

2. … seinen Hafer abmäht?
   Sehet so mäht der Bauer seinen Hafer vom Feld.
3. … seinen Hafer auflädt?
   Sehet so lädt der Bauer seinen Ha-a-fer auf.
4. … seinen Hafer ausdrischt?
   Sehet so drischt der Bauer seinen Hafer heraus.
5. … nach der Ernte sich freut?
   Sehet so freut der Bauer sich beim Erntetanz.

Abraham hatte sieben Söhne

5–7 Jahre

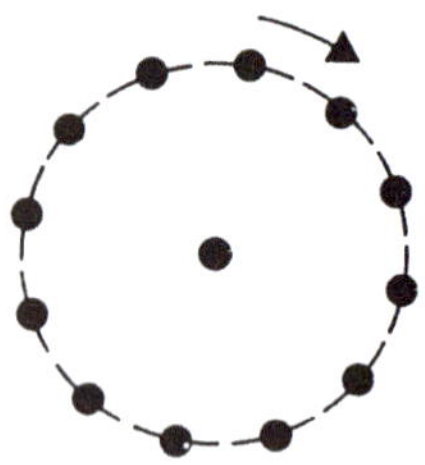

Der Kreis geht singend mit Handfassung herum. Ein Kind sitzt in der Mitte. Bei «sie aßen nicht, sie tranken nicht» schütteln die Kinder verneinend den Kopf, bei «sie machten es immer so» macht das Kind in der Mitte eine bestimmte Bewegung (Haare kämmen, Hände reiben oder was ihm sonst einfällt) vor, bei der Wiederholung ahmen es die Kinder nach. Dann wird ein anderes Kind in die Mitte gesetzt und das Spiel neu begonnen.

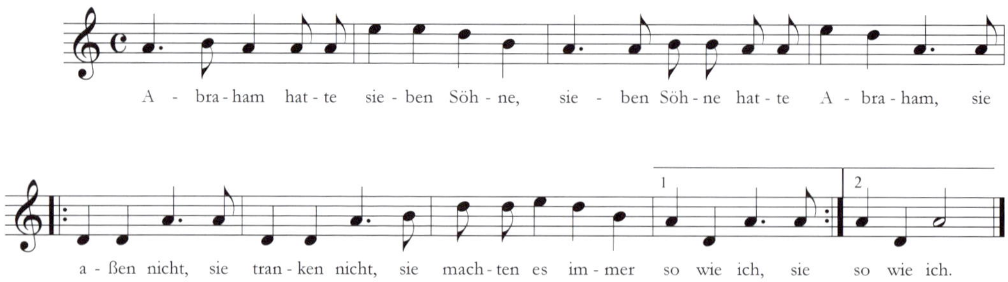

Es ist gut, wenn der Erwachsene zuerst in der Mitte ist und einige Gebärden vormacht. Man kann auch dem Kind, das man in die Mitte stellt, leise ins Ohr sagen, was es tun soll. Es sollte aber die Spontaneität dieses Spieles dadurch nicht verloren gehen. Die Welt des Kindes ist noch recht klein, aber es sieht langsam, wie sich die Zukunft vor ihm aufzuschließen beginnt. Weil jedes Kind anders ist, möchte es auch seine eigenen Gebärden machen. Wir können dabei ahnen, wie sicher oder unsicher sich das Kind auf seinem Weg fühlt.

Zu einer Brücke

5–8 Jahre

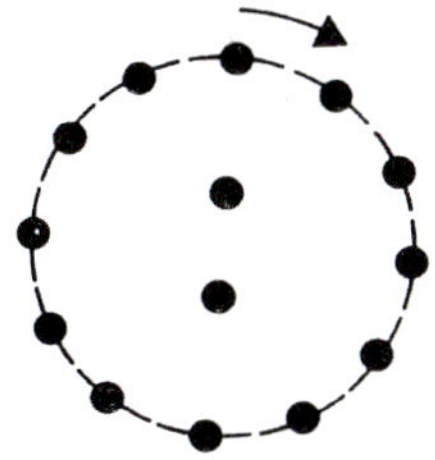

Zwei Spieler stehen in einem Kreis mit Handfassung. Das sind die Herren (Damen, Reiter, Bauern usw.). Der Kreis geht herum bis «blieb ich stehn». Dann gehen die «Herren» usw. innerhalb des Kreises herum. Jedes Mal bei «freundlich» grüßen sie auf ihre Art (Hut ziehen, Knicks machen, Hand an die Mütze o.Ä.). Bei «und so …» macht der ganze Kreis die Gebärden nach.

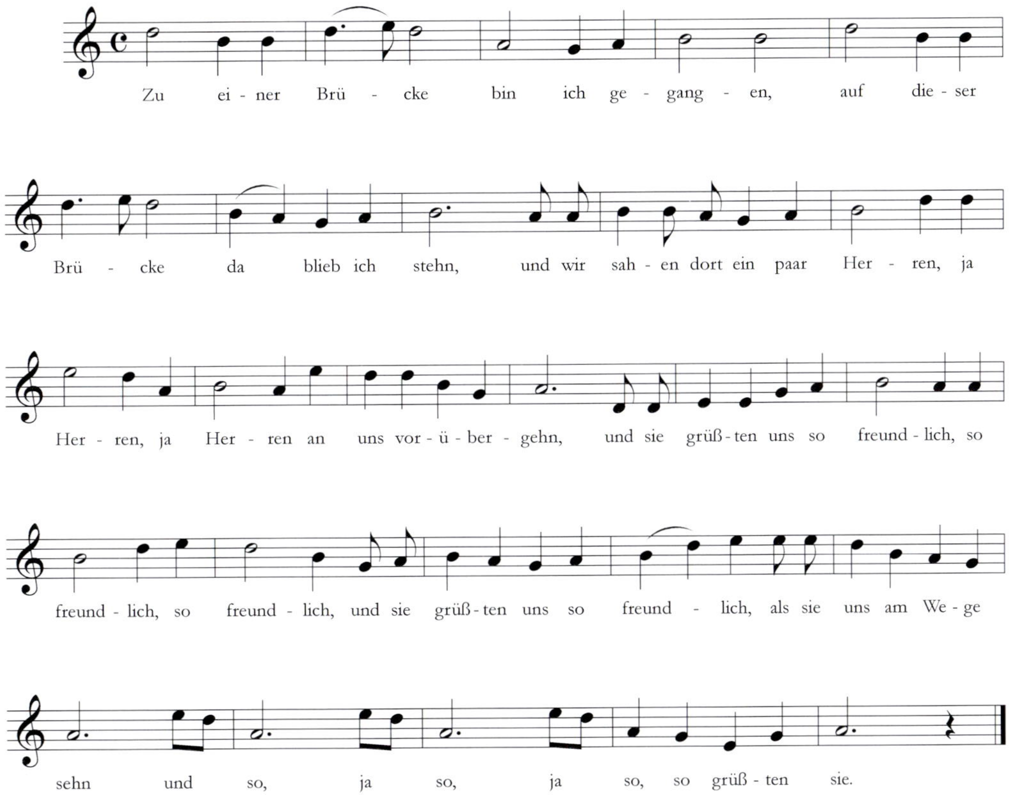

Klatschspiele

Ich bin geboren in Pommerland

7–10 Jahre

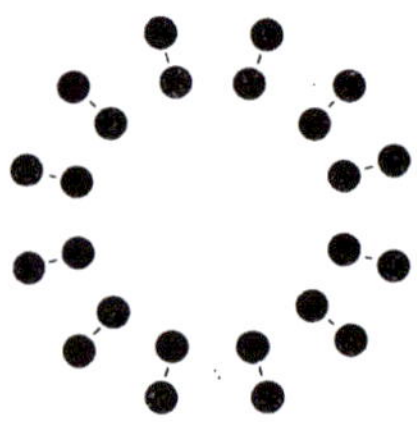

Bei diesem Spiel gibt es einen Doppelkreis, in dem die Kinder sich gegenüberstehen. Alle klatschen folgendermaßen in die Hände: «Ich»: eigene Hände; «bin»: rechte Hände gegenüber; «ge-»: eigene Hände; «-boren»: linke Hände gegenüber; so geht es immer weiter bis zum Refrain «klatschen, klatschen»: selbst klatschen oder auf die eigenen Schenkel schlagen, dreimal mit beiden Händen gegenüber klatschen; «und darum bin ich hier»: abwechselnd eigene Hände und beide Hände gegenüber. Die weiteren Strophen genauso. Am Ende jeder Strophe können die beiden Kreise einen Schritt nach rechts machen, sodass die Partner wechseln.

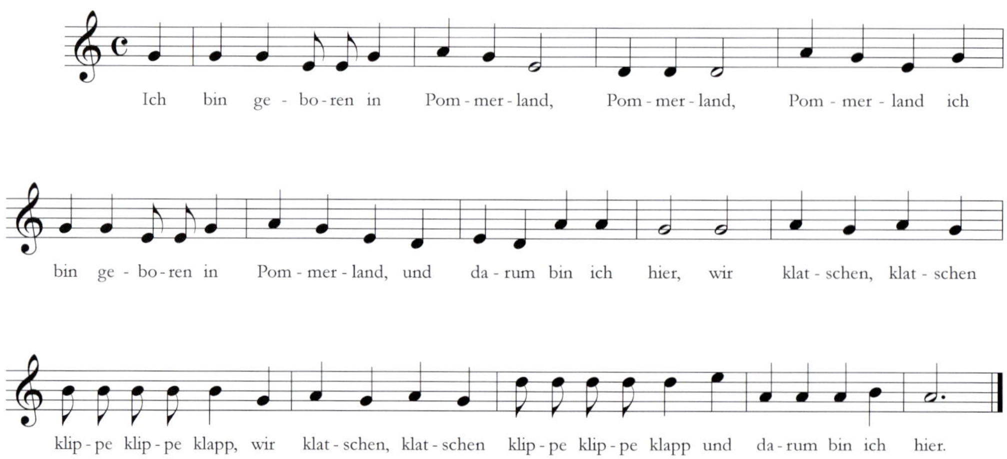

2. Ich hab kein' Vater und Mutter mehr
3. Ich hab kein' Bruder und Schwester mehr
4. Onkel und Tante
5. Vetter und Base
6. Essen und Trinken
7. Schuh und Strümpfe
8. Jacke und Hose

Variation:

Man kann das Spiel auch so spielen, dass die zwei Kreise Schrittsprünge auf der Stelle machen und dabei in die eigenen Hände klatschen, dann bei «Klatschen …» gehen beide Kreise nach rechts und klatschen abwechselnd in die eigenen Hände und in die des (neuen) Gegenübers.

Da fährt ein Mann zur See

7–10 Jahre

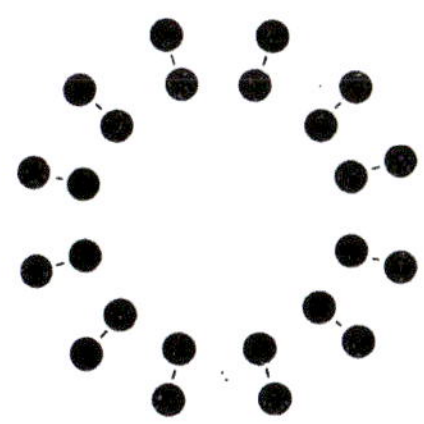

In einem Doppelkreis stehen sich je zwei Spieler gegenüber. (Man kann dieses Spiel auch in Doppelreihe spielen.) Der innere Kreis hält die Hände vor der Brust, die Handflächen dem Partner zugewandt. Der Außenkreis klatscht folgendermaßen: «Da»: eigene Hände; «fährt ein»: die rechte Hand klatscht auf die rechte des Partners; «Mann zur»: eigene Hände; «See»: linke auf die linke Hand. Immer die gleiche Reihenfolge außer bei «Mi-Ma-Muschel» und dem allerletzten Wort, da klatschen beide Hände auf beide Hände des Partners. Bei der nächsten Strophe hält der Außenkreis die Hände nach vorn, und der Innenkreis klatscht entsprechend.

Variation:

Man kann auch beide Kreise klatschen lassen oder auch 1. Strophe = Außenkreis; 2. Strophe = Innenkreis; 3. Strophe = beide Kreise.

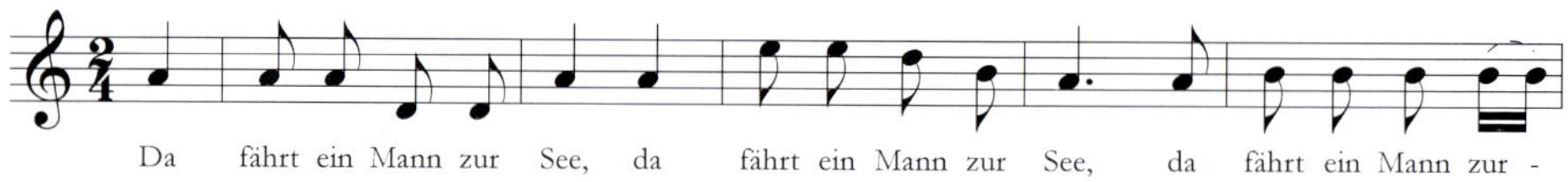

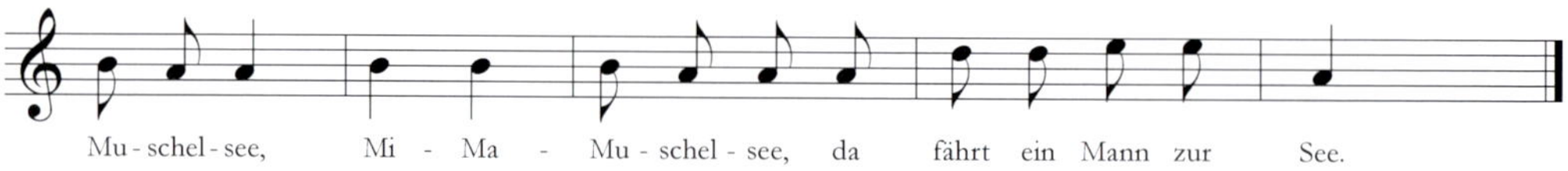

2. Was tut der Mann auf (der Muschel-)See?
3. Er fängt dort einen (Muschel-)Fisch.
4. Was tut er mit dem (Muschel-)Fisch?
5. Er zieht ihm ab sein (Muschel-)Fell.
6. Was tut er mit dem (Muschel-)Fell?
7. Er macht daraus 'ne (Muschel-)Börs.
8. Was tut er mit der (Muschel-)Börs?
9. Er steckt hinein sein (Muschel-)Geld.
10. Was tut er mit dem (Muschel-)Geld?
11. Er kauft damit ein (Muschel-)Kind.
12. Was tut er mit dem (Muschel-)Kind?
13. Er schickt es in die (Muschel-)Schul.
14. Was tut das Kind in der (Muschel-)Schul?
15. Es lernt das AB (Muschel-)C.

Papagei, lebst du noch?

7–10 Jahre

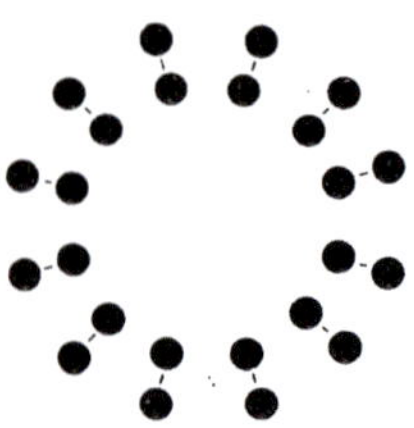

Zwei Spielweisen sind möglich.

Als Klatschspiel: Im Doppelkreis stehen die Kinder sich paarweise gegenüber. «Papa-»: in die eigenen Hände klatschen; «-gei»: rechte Hände; «lebst du»: eigene Hände; «noch»: linke Hände; «Ja, ich»: rechte Hände (mit großem Schwung); «lebe»: linke (auch mit großem Schwung); «noch»: beide Hände gegen die des Partners. Bei der Wiederholung wird auch das Klatschen wiederholt. «Hab mein Essen …» abwechselnd in die eigenen Hände und die beiden Hände des Partners klatschen. «Und ich lebe noch» wie oben.

Variation: Bei «Hab mein Essen ...» bewegen sich Innenkreis und Außenkreis nach rechts, sodass beim Klatschen mit den Händen als Gegenüber jedes Mal der nächste Spieler dran ist. Bei «Und ich lebe noch» stehen bleiben und wie zuvor klatschen.

Als Ballspiel: Während des Singens wird der Ball in die Höhe oder an eine Wand geworfen, und solange der Ball in der Luft ist, wird Folgendes getan:

Bei A: vor dem Körper klatschen; B: unter dem rechten Knie; C: unter dem linken Knie; D: einmal umdrehen.

Bei der 2. Strophe statt vor hinter dem Körper klatschen, B–D wie 1. Strophe.

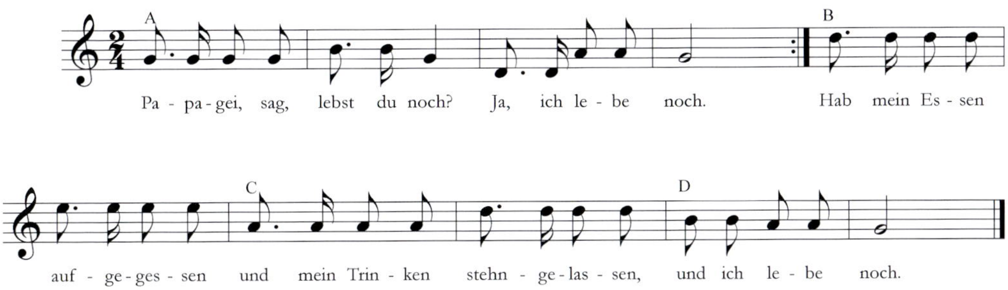

2. Ja, mein Lieber, das siehst du doch, ja, ich lebe noch.

O Katherlieschen

7–10 Jahre

In einem Doppelkreis stehen sich die Kinder paarweise gegenüber. Dann wird wie folgt agiert: «O»: in eigene Hände klatschen; «Ka-»: rechte Hände gegenüber; «-ther»: eigene; «-lieschen»: linke Hände; «du bist»: eigene Hände; «jung»: eigene Hände klatschen unter dem hochgehobenen Knie; «und»: beide Hände schlagen auf die eigenen Schultern; «schön»: auf die eigenen Schenkel. Diese Reihenfolge wird stets wiederholt und dabei abwechselnd das rechte und das linke Knie gehoben.

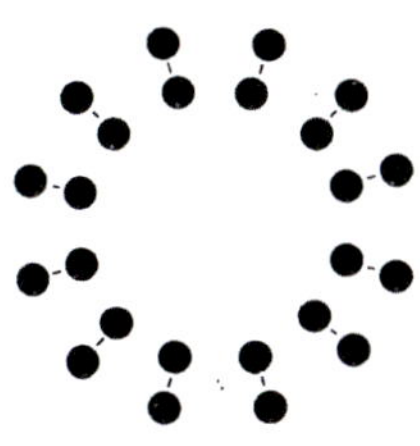

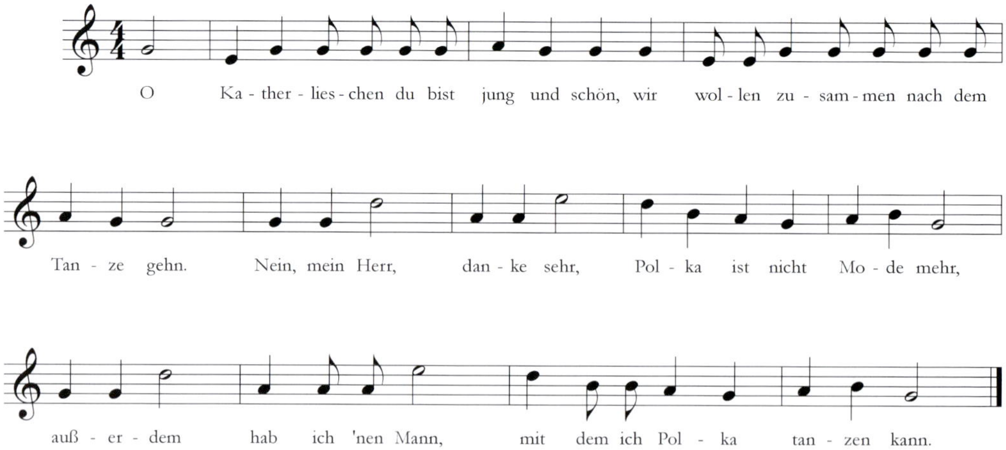
O Ka - ther - lies - chen du bist jung und schön, wir wol - len zu - sam - men nach dem
Tan - ze gehn. Nein, mein Herr, dan - ke sehr, Pol - ka ist nicht Mo - de mehr,
auß - er - dem hab ich 'nen Mann, mit dem ich Pol - ka tan - zen kann.

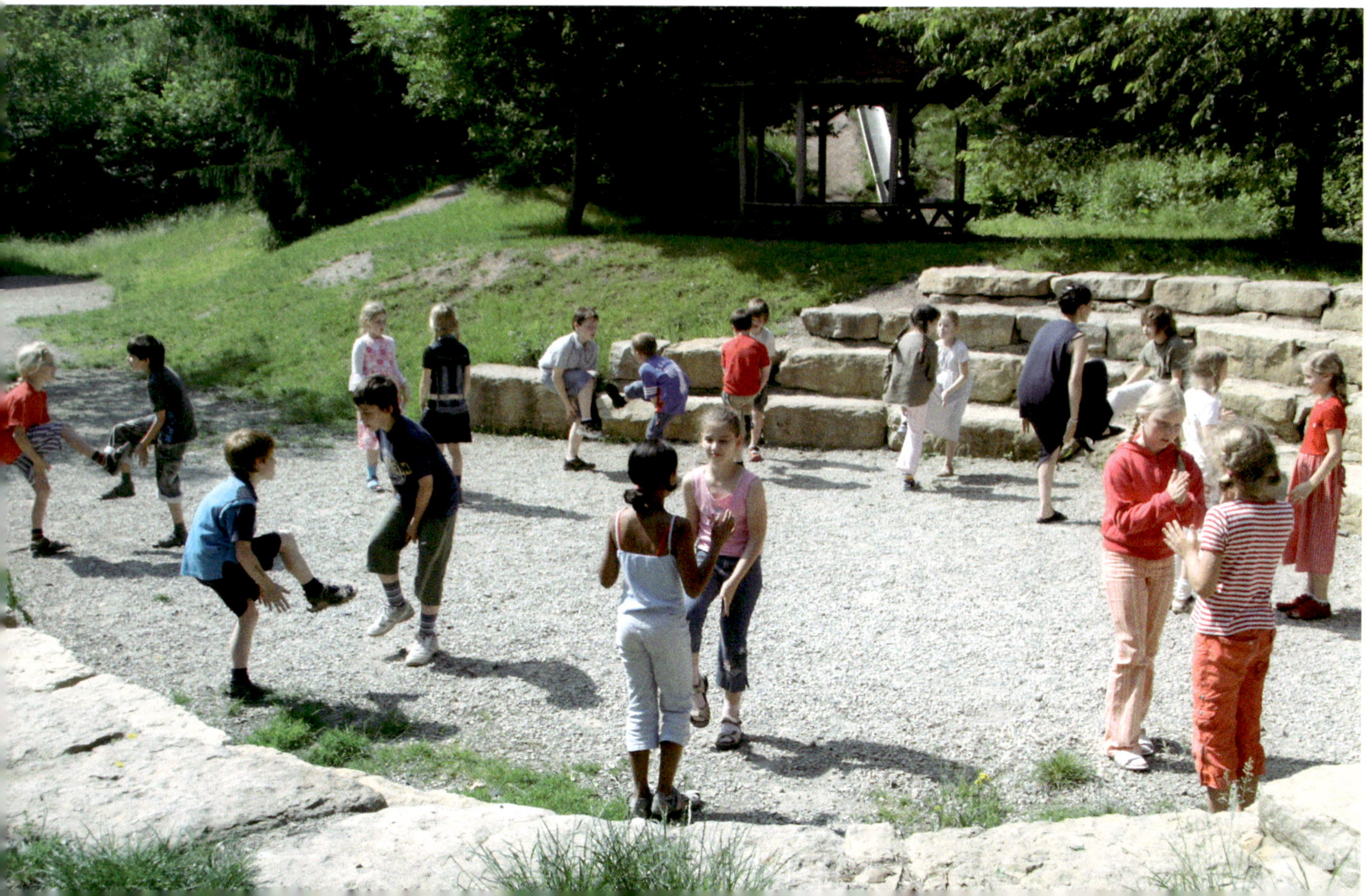

Abzähllieder

Ich und du

ab 5 Jahre

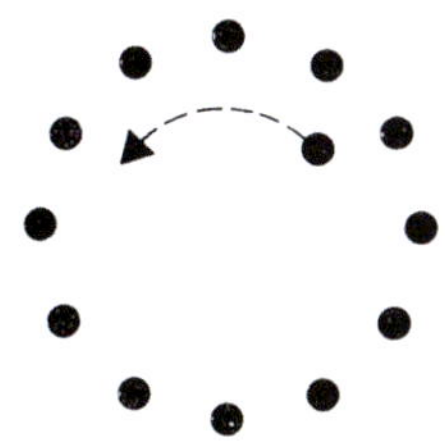

Ein Kind oder der Spielleiter geht im Kreis herum. Bei jedem Ton wird auf einen Spieler gezeigt. Wen das letzte «Du» trifft, der ist «frei». Wer zuletzt übrig bleibt, muss es sein.

Variation:
Es wird der «frei» gewordene Spieler gefragt: «Mit wem?» Er darf dann einen anderen wählen, der mit ihm zusammen «frei» ist.

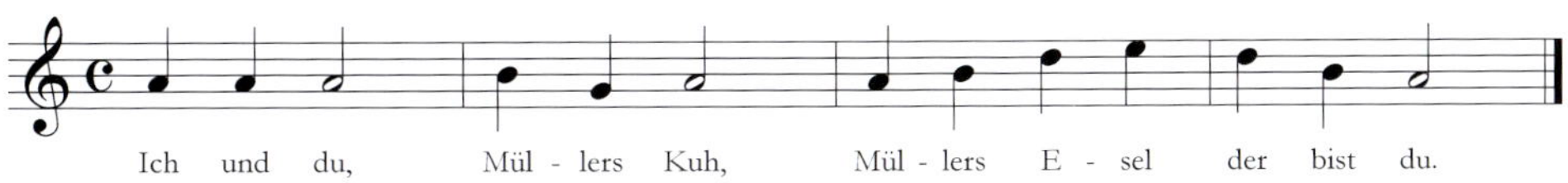

Olkebolke rubisolke

ab 5 Jahre

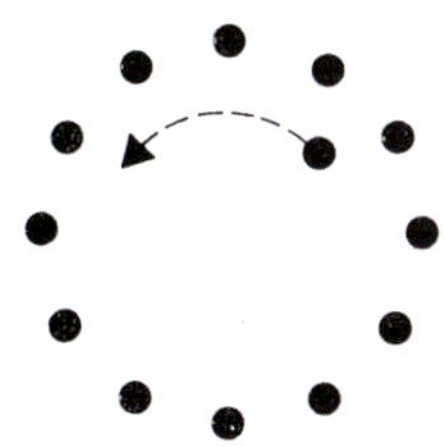

Die Kinder stehen in einem Kreis. Alle Kinder halten beide Fäuste nach vorn. Der Abzähler geht im Kreis herum und berührt mit seiner rechten Faust nacheinander alle Fäuste. Die bei «knoll» und «toll» berührten Fäuste werden geöffnet und die Arme gesenkt. Der, der die letzte Faust noch hält, ist der Abgezählte.

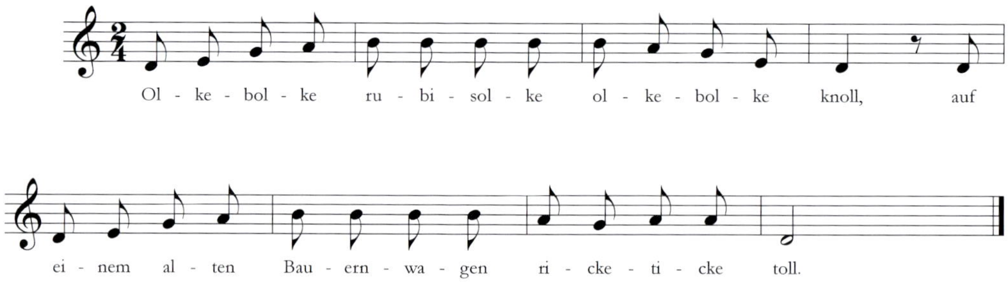

Eins – zwei – drei – vier – fünf

ab 4 Jahre

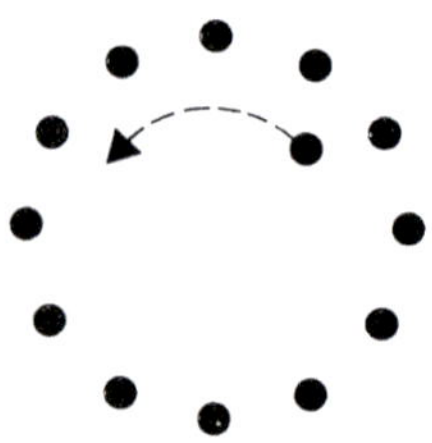

Auch bei diesem Abzähllied wird im Kreis gegangen und entsprechend gezählt. Bei «Letzte sein» wird nur einmal abgezählt, bei «Erste sein» so oft wiederholt, bis nur noch einer übrig bleibt. Man kann auch «erste», «zweite», «dritte» usw. bei größeren Kindern singen.

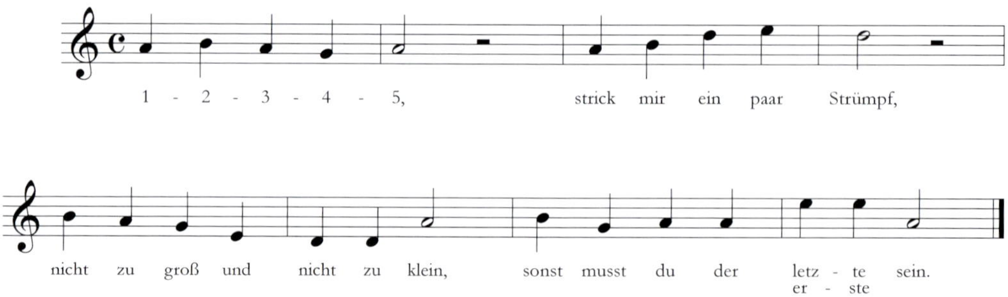

Eins – zwei – drei – Kuchenbäckerei

Dieses Spiel wird wie «Ich und du» gespielt.

ab 5 Jahre

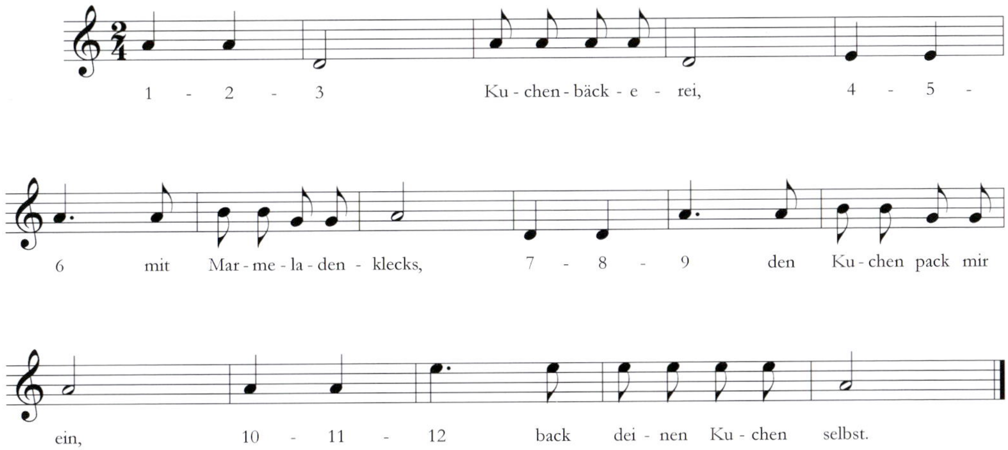

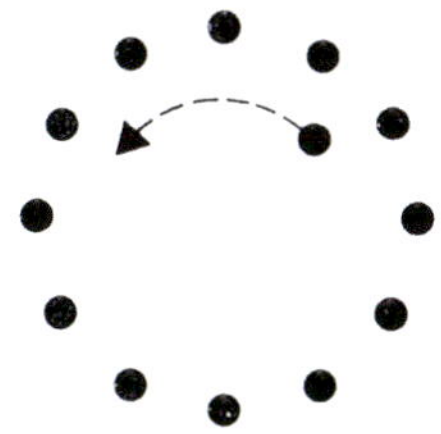

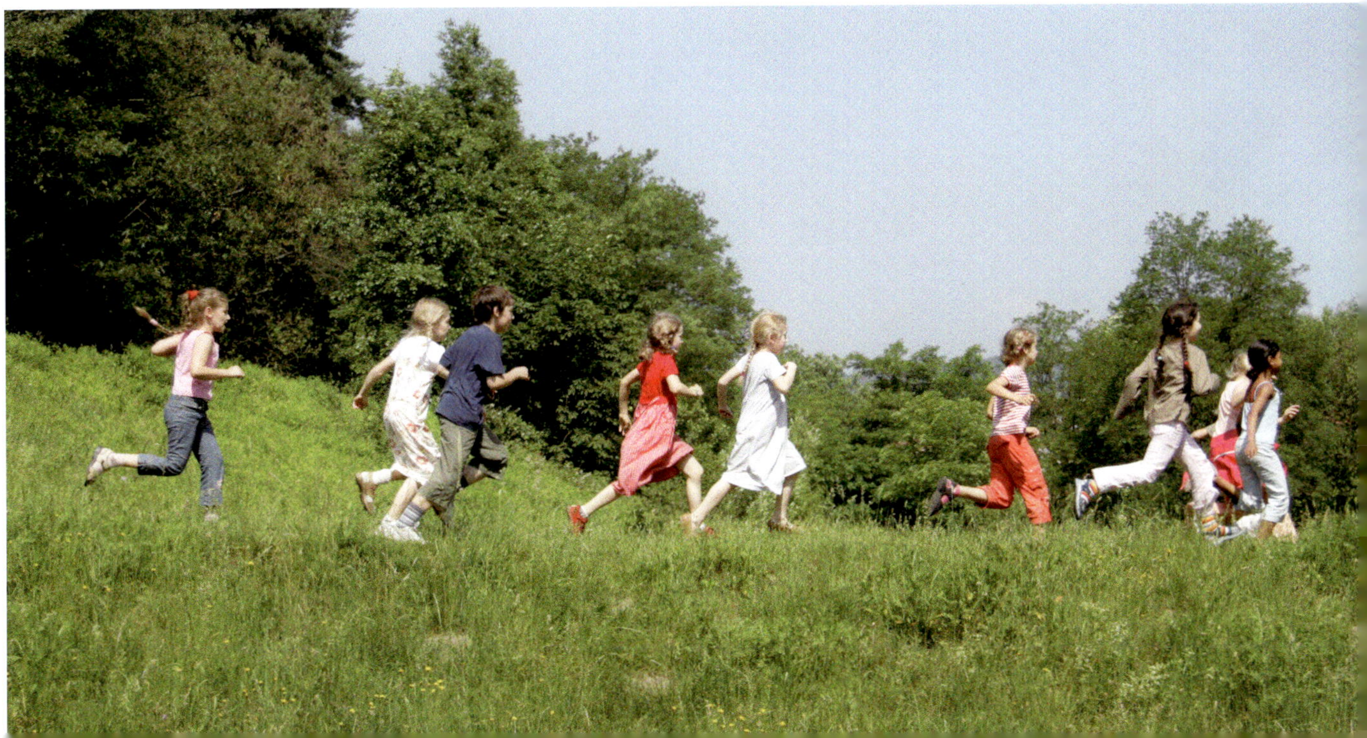

Teil 2

Spiele für Kinder ab 7 Jahre, gegliedert nach Altersstufen

Einleitung

Die in diesem Teil vorliegende Sammlung alter und neuer Bewegungsspiele legt den Schwerpunkt auf die jeweilige Stimmung, auf das Gemüthafte. Daher sind keine Spielformen gewählt worden, die nur einen besonderen physiologischen Wert besitzen, sondern jene Formen, die Fantasie, Spannung und Interesse auszulösen vermögen. Die Seele des Kindes soll mitschwingen können.

Aus diesem Grunde musste eine Gliederung nach Altersstufen und Spielformen vorgenommen werden.

7. Lebensjahr: Sing- und Nachahmungsspiele (siehe auch Teil 1)
8. Lebensjahr: Rede- und Antwortspiele
9. Lebensjahr: Neck- und Zeckspiele
10. Lebensjahr: Tummelspiele
11. Lebensjahr: Ziel- und Treffspiele
12. Lebensjahr: Lauf-, Wurf- und Fangspiele
13. Lebensjahr: Schlagballspiele
14. Lebensjahr und älter: Kampfspiele

Dass es da fortwährend Übergänge gibt und manches schon zu einem früheren oder noch zu einem späteren Zeitpunkt gespielt werden kann, versteht sich von selbst. Es zeigt sich aber doch, dass man gewisse Schwerpunkte beachten muss, die eine Entwicklung vom Naiven zum Persönlichen erkennbar werden lassen und die in der vorliegenden Gliederung deutlich zum Ausdruck kommt.

Wenn sich vom Standpunkt des Erziehers aus in großen Zügen eine solche Metamorphose der Spielideen ergibt, dann zeigt sich auf der anderen Seite, dass vieles nahezu zeitlos ist. Hierzu gehört vor allem, was im 3. Teil unter «Beschäftigungen» dargestellt ist, also Seilspringen, Ballproben, Hinkekasten, Schaukeln, Stelzenlaufen usw.

Im Hinblick auf die Unsicherheit in pädagogischen Belangen ist großer Wert darauf gelegt worden, darzustellen, warum eine solche Beschäftigung für das Kind von Nutzen ist.

Den 3. Teil bilden die Blindspiele, Geschicklichkeitsspiele, Wettlauf-, Kampf- und Belustigungsspiele. Wer mit Kindern zu tun hat, wird den Wert solcher Anregungen zu schätzen wissen, denn oft steht der Erwachsene mit leeren Händen da, wenn die Kinder ihn bitten, etwas mit ihnen zu unternehmen. Es ist bewusst auf eine Anhäufung von Spielmaterial verzichtet worden, damit der klare Überblick für das Notwendige gewahrt bleibt. Wer sich ernstlich in die vorliegende Sammlung vertieft, wird finden, dass grundsätzlich alles in ihr enthalten ist, was die Spielliteratur zu bieten hat. Es ist auch in vielen Fällen auf den Ursprung und den Grundgedanken hingewiesen worden, sodass man bei einigem Geschick sinngemäß variieren und neue Spielformen dazuerfinden kann.

Die Spielregeln sind in den meisten Fällen nur so weit entwickelt worden, dass der Spielgedanke zum Vorschein kommt. Die näheren Einzelheiten mag jeder nach den besonderen Gegebenheiten selbst bestimmen.

Alle Spiele, die unter dem Namen «Foppen» und «Fangen», «Kriegen», «Tick» oder «Zeck» bekannt sind, erfreuen sich in der ersten Hälfte des zweiten Jahrsiebts einer außerordentlichen Beliebtheit. Vom 7. bis 10. Lebensjahr, also vom 1. bis zum 4. Schuljahr, sind alle Bewegungsspiele im Wesentlichen auf den Abschlag hin orientiert. Um zu verstehen, weshalb diese Art des Spieles vom Kind bevorzugt wird, muss man die seelische Situation ins Auge fassen, in der sich das Kind nach Schulbeginn befindet.

In der Einleitung zu Teil 1 wurde geschildert, wie das Kind bis zum 7. Lebensjahr hingegeben ist an die Dinge, die man sehen, hören und betasten kann. Es nimmt die Welt mit den Sinnen auf, und zwar mit der ganzen Tiefe seines Wesens, mit Staunen, Hingabe und Verehrung.

Aus dieser Welt muss sich das Kind aber lösen, wenn es selbst in Erscheinung treten will. Es muss gleichsam geweckt werden, es soll erwachen und zu sich kommen. Aus einem seelischen Schlafzustand soll es zu einer Art seelischem Bewusstwerden gebracht werden. Die weite Welt der Empfindungen stehen nun im Zentrum und wollen als Bild, Ton oder Bewegung von ihm erfasst werden. Schön und hässlich, wahr und falsch, interessant und langweilig, geschickt und ungeschickt, fein und derb, zart und roh, stark und schwach, mutig und feige, all diese Qualitäten will das Kind erleben. Das Gesamtpanorama des Seelischen liegt vor ihm und will ergründet werden. Seelische Qualität spricht zwischen sieben und vierzehn Jahren zum Herzen des Kindes. Aber diese Qualität will nicht von außen betrachtet, sondern von innen erlebt und durchempfunden werden.

Nun tritt aber das Merkwürdige auf, dass das Kind gewissermaßen am Gegenbild erwacht. Es sucht sich einen Gegenspieler, also eine Figur, die dasjenige verkörpert, was man selbst nicht sein will. In ungezählten Modifikationen erscheint diese, als schwarze Köchin, wildes Tier, Wassermann, Fuchs, Wolf, Urbär, Räuber usw. Jede dieser Gestalten ist dem Kind innerlich vertraut, denn sein Seelenblick ist auf Kräfte gerichtet, für welche die genannten Gestalten eine Art Gegenbild darstellen. Der Erzieher muss mit der Wirklichkeit des seelischen Raumes rechnen, in dem es Kräfte gibt, mit denen die Seele des Kindes in Kontakt steht, sonst kann er die Reaktionen des Kindes nicht begreifen, vor allem dann nicht, wenn es spielt.

Wer vom Finger berührt wird, ist abgeschlagen. Diese einfache Spiellogik hat etwas sehr Tiefgründiges. Wird man vom Niederen berührt, dann muss man seine Höhe verlassen. Der Fänger steht auf einer anderen Ebene als der Läufer. Er handelt aus der Begierdensphäre. Der Läufer befindet sich noch auf der Seite der ungetrübten Heiterkeit, des wunschlosen Begehrens oder der Freude am Dasein schlechthin. Seine Welt ist die der ungebrochenen Lebenskräfte. Aber von Stufe zu Stufe muss das Kind den Weg nach unten gehen. Es tauscht den kindlichen Frohsinn gegen das Bewusstwerden der eigenen Persönlichkeit ein, es verliert seinen Himmel und gewinnt die Erde.

Das echte Spiel ist ein Gesundbrunnen, in den die Seele des Kindes immer wieder eintauchen muss, wenn nicht das Kostbarste an ihr verloren gehen soll. Doch mit dieser Forderung allein ist es nicht getan. Zum Aufbau und zur Durchführung eines lebensnahen Spielgeschehens bedarf es einer gesicherten Erkenntnis vom Wesen des Kindes einerseits und vom sittlichen Wert des Spielens für die entsprechende Altersstufe andererseits. Die Metamorphosen der kindlichen Entwicklung verlangen einmal dies und einmal jenes. Wir dürfen das Kind und seine Erlebnissphäre nicht aus den Augen verlieren. Das Spiel an sich ist wertlos, wenn es nicht zur richtigen Zeit und aus der entsprechenden Seelenverfassung heraus betrieben wird.

Der für das Bewegungsspiel infrage kommende Zeitraum ist im weiteren Sinne der Lebensabschnitt bis zum 21. Lebensjahr, im engeren Sinne das zweite Jahrsiebt. Nehmen wir von diesem die Mitte, also das 10. bis 11. Lebensjahr, dann haben wir die stärkste Bewegungsintensität. Wirklichkeit und Fantasie, Frische und Unmittelbarkeit, Bewegungsdrang und Lebensfreude vermischen sich in diesem Alter zu einer Aktualität, die nie wieder erreicht wird. Von diesem Höhepunkt klingt das Spiel nach beiden Seiten ab. Zwischen sieben und vierzehn ist es unmittelbare Gegenwart und wird von rhythmischen Prozessen getragen – entscheidend ist das Gefühl. Die Kräfte, die uns Menschen als Denkkräfte zur Verfügung stehen, wirken vor dem 7. Lebensjahr organisierend und aufbauend. Es sind die Kräfte des Vorgeburtlichen noch am Werk. Sie tragen den Stempel der Vergangenheit. Das Spiel des Kindes bis zum 7. Lebensjahr wird nicht ichhaft durchlebt, es ist wie ein Menschheitstraum, in dem sich eine Ursymbolik ausspricht. Sonne, Wind und Regen spielen mit, die Blätter am Baum sind Gefährten, die Tiere sind Brüder, Sterne sind Wohnungen, alles lebt miteinander, füreinander und durcheinander. Ein Sonderdasein gibt es nicht. Das Kind möchte nicht sein Leben leben, sondern sich in ein größeres, umfassenderes Geschehen einfügen.

Nach dem 14. Lebensjahr ist der Wille die entscheidende Antriebskraft, aber Wille neigt zum Chaos. Hier bietet sich dem jungen Menschen die Möglichkeit, chaotische Kräfte durch das Spiel in einer neuen und persönlichen Art zu ordnen und zu formen. In dieser Tätigkeit liegt etwas Zukünftiges.

Anders wird es im zweiten Jahrsiebt. Zwischen sieben und vierzehn vollzieht sich ein Prozess von ungeheurer Dramatik. In dieser Zeit lernt das Kind, das vorher von sich noch wenig wusste, sich als Individuum, als Persönlichkeit, als Sonderfall zu empfinden. Es reißt sich los vom großen Zyklus und begründet einen eigenen, kleinen. Dieser Vorgang kommt mit etwa vierzehn Jahren zu einem gewissen Abschluss. Aber es ist kein glatter und reibungsloser Prozess, sondern ein spannungsgeladenes Geschehen, das viele Gegensätze und widerstrebende Formelemente in sich enthält.

Vom Standpunkt der Bewegungsspiele aus gesehen müssen zunächst einmal zwei solcher Formelemente in den Vordergrund gestellt werden: vom 7. bis 10. Lebensjahr der Abschlag, vom 10. bis 14. Lebensjahr der Abwurf. Beide, Abschlag und Abwurf, helfen dem jungen Menschen, sich zu individualisieren. Bis zum 10. Lebensjahr etwa hat das Kind noch kein rechtes Verhältnis zum gezielten Wurf. Doch mit dem Erwachen des eigentlich Gedanklichen beginnt ein Analysierungsprozess, der im gezielten Wurf sein Bewegungsäquivalent findet.

Bis zum 10. Lebensjahr läuft das Kind vor etwas davon. Nach diesem Zeitpunkt will es zu etwas hin. Es läuft weg vor dem «Es», sagt es doch selbst: «Du bist es!» Damit meint es, dass der andere es fangen oder abschlagen soll. In vier deutlich voneinander zu unterscheidenden Phasen vollzieht sich der Ablösungsprozess aus der großen Einheit, der mit dem 7. Lebensjahr beginnt, in vier weiteren Phasen der Konsolidierungsprozess, welcher zum Erlebnis des Sonderdaseins führt und mit 14 Jahren abgeschlossen ist. Es soll im Folgenden versucht werden, die einzelnen Etappen dieses Weges kurz zu umreißen.

7. Lebensjahr

Das Kind braucht zwar noch die Stütze der geformten Bewegung, also des reigenartigen Spieles, aber es spürt in sich schon die organisierende Kraft einer eigenen Dynamik, durch die es auf das Vormachen vonseiten des Erwachsenen verzichten kann. Es braucht zwar die alte Form, möchte aber von sich aus auch etwas dazutun. Das Singspiel hat noch eine Bedeutung, bildet jedoch zu gleicher Zeit den Übergang zu etwas Neuem. Solche Spiele wie «Schiffer, darf ich überfahren?» und «Ei, ei, Herr Reiter» haben insofern einen neuen Einschlag, als es auf spezielle Tätigkeiten, zum Beispiel des Hüpfens, des Schlagens usw., schon ankommt.

8. Lebensjahr

In diesem Alter spielt das Wort eine große Rolle, und zwar in Form von Rede und Gegenrede. Es kommt zu einer Dualität wie Licht und Schatten. Zwei Prinzipien stehen einander gegenüber, der böse Wolf, der Fuchs, der Habicht auf der einen Seite, die Schafe, Gänse, Hühner, Küken auf der anderen. Dem Begehren steht die Unschuld gegenüber. Diese Polarität in ihrer unerbittlichen Konsequenz gehört zur Tragik des tierischen Lebens. Das achtjährige Kind empfindet in seiner Seele etwas wie den Nachhall dieser Urproblematik. Es reicht noch hin zu jenen Tiefen, wo Mensch und Tier eine gemeinsame Sprache sprechen und keine genauen Unterschiede machen. Das Kind will im Spiel in diese Problematik eintauchen und sie in seiner Weise lösen.

9. Lebensjahr

Während dieser Zeit steht das Neckspiel im Vordergrund. Das Kind lebt jetzt im Max-und-Moritz-Alter. Was der Mensch tut und wie er es tut, wird von ihm scharf beobachtet. Der Spottvers ist am Platze. Das Kind guckt etwas hinter die Kulissen des Daseins und merkt, dass die Erwachsenen keine Götter sind, sondern mit allerlei Einseitigkeiten behaftet sein können. Der Schmied, der Schuster, der Bäcker und wer es auch sein mag, jeder ist durch die Art des Tuns geprägt und damit ein besonderer Fall des Menschlichen. Das Kind empfindet aber ganz deutlich, dass hinter dem Tun des Einzelnen doch der ganze Mensch, der ganze Kerl stehen muss. Kaiser, König, Edelmann, Bürger, Bauer, Bettler usw. sind nur Rollen, die man im Leben zu spielen hat, mit denen man sich aber im Grunde nicht vollständig identifizieren kann, denn die Persönlichkeit ist mehr. Aus einem inneren Sicherheitsgefühl empfindet sich das Kind dem einzelnen Typus gegenüber überlegen. Es reizt zum Beispiel den Müller so lange, bis dieser sich ärgert, das tut es aber nicht etwa aus Bosheit, sondern weil seiner instinktiven Natürlichkeit jede Einseitigkeit verhasst ist. In gewisser Weise wird eine Art Freiheitsimpuls während dieser Zeit im Kind veranlagt, denn es kehrt sein ursprüngliches Wesen umso mehr heraus, je stärker es mit der Einseitigkeit konfrontiert wird.

10. Lebensjahr

In diesem Abschnitt beginnt die eigentliche Tummelzeit. Kinder, die sich jetzt nicht austoben dürfen, werden später leicht zu Duckmäusern, Querulanten, Pharisäern oder Moralpredigern. Sie werden kaum noch erfahren, was es heißt, aus dem Lebensüberschuss heraus zu handeln. Aber gerade jetzt bereitet sich etwas vor, was zu einem entscheidenden Umbruch führt. Die Impulsivität nimmt das Kalkül in sich auf, die Spontaneität empfängt etwas von dem Berechnenden des Gedanklichen. Solange der Gedanke noch mit den Lebenskräften verbunden war, war alles Leben und Bewegung am Kind. Jetzt aber erwacht in ihm die Lust zum eigenen Denken, zum eigenen Vorstellen. Aus dem vorher einheitlichen Wesen ist ein zweiteiliges geworden, der Intellekt ist erwacht, und damit betritt das Kind das Reich der Egoität mit all seinen seelischen Attributen wie List, Verschlagenheit, Habsucht, Trägheit, Grausamkeit usw.

Ein Spiel, das dieser Tatsache in einzigartiger Weise Rechnung trägt, ist «Urbär» (siehe Seite 150) oder «Bärenhäuter». Die letztere Bezeichnung ist besser, denn in jedem Menschen steckt, seelisch betrachtet, etwas Unerlöstes, etwas Bärenhaftes, das aber eines Tages die alte Haut abwerfen will, damit der Prinz darunter zum Vorschein kommt. Diese Problematik bleibt im Allgemeinen tief im Unterbewussten, aber darin liegt wohl die Weisheit der Spiele, dass solche Untergründe sichtbar gemacht werden können. Die menschliche Seele beginnt im 10. Lebensjahr an die Triebe des Körpers gebunden zu werden und steht daher solchen Bildgestalten wie «Urbär», «Siebenschläfer», «Wassermann», «Greifenklau» usw. sehr nahe. Die Auseinandersetzung mit ihnen im Spiel ist ganz einfach eine Begegnung des Kindes mit einem Teil des eigenen Wesens. Hat der Erzieher das einmal erkannt, dann wird er ganz gewiss nicht sagen: «Laufspiel ist Laufspiel, der Name tut nichts zur Sache, Hauptsache ist, dass das Kind sich bewegt.» So ist es nicht, der Name spielt schon eine Rolle, denn er bezieht sich auf etwas geistig Reales, etwas, was dem Kind vertraut ist und was daher allein die rechte Spielatmosphäre erzeugen kann.

11. Lebensjahr

Jetzt muss zum Abschlag der Abwurf kommen. Ein typisches Spiel hierfür ist beispielsweise «Jägerball» (siehe Seite 190 f.). Man sollte diese Bezeichnungen nicht allzu wörtlich nehmen. Der Jäger repräsentiert im Grunde genommen das intellektuelle Prinzip als solches. Jeder Gedanke bezieht sich auf ein Stück Weltinhalt, er zielt also gleichsam auf etwas Spezielles, daher wird die Einheit zerstört. Wir nennen eine solche Tätigkeit auch eine analytische. Analytisches Denken muss mit elf Jahren begonnen werden, und das Kind findet eine vollmenschliche Einstellung dazu, wenn es das Zielen und Treffen in dieser Weise übt. Der Hase repräsentiert demgegenüber ein Stadium, das überwunden werden muss.

Aber auch das reine Abschlagspiel nimmt während dieser Zeit einen neuen Charakter an. Man läuft nicht mehr einfach weg, sondern versucht, es mit dem Gegner aufzunehmen. Man kann sich oder andere erlösen. Dieser Gedanke ist vor dem elften Lebensjahr noch kaum aktuell, denn er setzt Persönlichkeitswerte voraus, die erst erworben werden müssen. Die Bindung der Seele an körperliche Vorgänge erzeugt im Kind erst jetzt das Bedürfnis, den Begriff des Erlösens in die Aktualität des räumlichen Geschehens umzusetzen, während vorher kein Grund dafür vorlag.

12. Lebensjahr

Die Spielformen dieses Alters stehen ganz unter dem Zeichen der Geschicklichkeit: geschicktes Fangen und Werfen, geschicktes Zuspielen, geschicktes Laufen und Abschlagen. Das zwölfjährige Kind will sich mit den Dingen des Raumes auseinandersetzen, es will mit ihnen fertig werden. Zwei typische Beispiele dafür sind «Barlauf» (siehe Seite 195) und «Völkerball» (siehe Seite 197). Das erste ist ein Abschlagspiel, das zweite ist ganz auf den Abwurf hin orientiert. Barlauf als reines Laufspiel wirkt in gesunder und anregender Weise auf die Lebenskraft. Die Vielfalt der Spielsituationen, das Flüssige des Bewegungsablaufes und die Tatsache, dass man sich von der Basis aus immer wieder neues Leben, d.h. Schlagrecht, holen kann, wirken äußerst anregend auf den Spieler zurück. Völkerball wirkt dagegen mehr auf die Empfindung, auf das Emotionelle. Die Kinder betreiben dieses Spiel als eine Art Kampf ums Dasein, sie kämpfen wirklich bis zum Letzten und nehmen leidenschaftlich Anteil an jeder Phase des Spielgeschehens. Das reine Können, welches das Kind bei Spielen dieser oder ähnlicher Art entwickelt, fördert das Selbstvertrauen und bildet in nicht zu unterschätzender Weise an der jungen Persönlichkeit, die ein Bewusstsein ihres eigenen Wertes erhält, wenn sie feststellt, dass sie nicht nur mit ihren Gliedern, sondern auch mit Kopf und Herz etwas bewirken kann. Es gibt nichts Schlimmeres für das Kind als das stillschweigende Eingeständnis: «Du bist dir selbst fremd, du kannst im Grunde nichts mit dir anfangen, dein Körper wird dir zur Last.»

13. Lebensjahr

Dieses Alter sollte im Zeichen des Laufes stehen, gemeint ist aber nicht das Laufen schlechthin, sondern der Lauf, den man zum Beispiel beim «Schlagball» (siehe Seite 209) macht. Man läuft zu einem Mal und kehrt wieder zurück. «Schlagball», «Brennball», «Baseball», aber auch «Kricket» gehören zu dieser Kategorie. Schlägt man den Ball mit einem Schlagholz in die Höhe oder Weite, dann kann man sein Ziel ungehindert erreichen und kommt erst gar nicht in die Gefahr, abgeworfen zu werden.

Wir sind von der Voraussetzung ausgegangen, dass der Ball im übertragenen Sinne etwas mit dem Gedanklichen zu tun hat. Was bedeutet es nun, wenn man den Ball mit einem Schlagholz in die Höhe schlägt und damit dem Zugriff der abwerfenden Partei entzieht? Wir dürfen in diesem Kunststück eine Entsprechung für dasjenige sehen, was man sonst als natürliche Begeisterung bezeichnet. Der 13-jährige Mensch will eine Sache mit Schwung und Begeisterung anpacken. Man kommt eigentlich gar nicht anders an ihn heran, als dass zur gedankengetragenen Empfindung ein gehöriger Schuss Wille dazukommt. Hier liegt der Keimpunkt für den späteren Enthusiasmus. Der mit dem Stock geschlagene Ball ist durchaus mit dem Gedanken zu vergleichen, der zum sittlichen Impuls wird, der als solcher ja auch ohne Stoßkraft nicht denkbar ist, und es entspricht einer sehr exakten Spiellogik, dass man seinen

Lauf umso ungehinderter machen kann, je besser man vorher den Ball geschlagen hat. Denn was bedeutet der Lauf im Grunde genommen? Wir haben es hier mit dem Lebenslauf zu tun, der in urtümlicher Weise vor der Seele des 13-Jährigen erscheint. Die Kindheit ist zu Ende und man macht sich Gedanken über das Leben.

14. Lebensjahr

Mit dem Beginn der Pubertät sollte das Spiel bei Jungen eine Art Kampfcharakter annehmen, bei Mädchen eine lebendige Ordnung atmen. Der Ball wird nunmehr in die Begehrens- bzw. Lebenssphäre gerückt. Das Ego bemächtigt sich seiner, und es ist daher kein Zufall, dass unsere Jugend einen fast unwiderstehlichen Drang zu Spielen wie Fußball, Handball, Hockey, Eishockey usw. entwickelt.

Man kann und darf diese Tendenz nicht einfach unterdrücken, denn unbewusst im Hintergrund schwingen bedeutende Impulse mit. Der Kampf um den Ball bedeutet für unsere Zeit dasselbe wie der Kampf mit dem Gegner in verflossenen Kulturzeitaltern. So wie die griechischen Knaben den Ringkampf betrieben, so betreibt unsere Jugend den Kampf mit dem Ball. Galt es damals die Kräfte des Ego zu entwickeln, so gilt es heute, sich für etwas Höheres einzusetzen. Dieser Einsatz sollte mit 14 Jahren ein totaler sein. Es sollte ein maximaler Kräfteeinsatz möglich gemacht werden. Ein gesundes «Raufballspiel» (siehe Seite 213) ist besser als beispielsweise das Fußballspiel, denn dieses führt zu einer einseitigen Schwerpunktsverlagerung nach unten. Nicht der Fußtritt sollte zum Kampfprinzip erhoben werden, sondern der Zugriff, sich etwas erkämpfen, etwas festhalten, etwas durchtragen und nicht vom Gegner abjagen zu lassen, entspricht der inneren Verfassung in diesem Alter. Das Raufballspiel, wenn es mit der notwendigen Fairness betrieben wird, ist daher ein ausgezeichnetes Bildungsmittel. Verdorben wird ein solches Spiel allerdings in dem Augenblick, wo an die Stelle der natürlichen Rauflust das System gesetzt wird und einzelne Spielzüge geübt und gedrillt werden. So einfach wie möglich, muss hier die Devise sein, wenige Regeln, das Übrige muss sich aus dem Spielgeschehen selbst entwickeln. In einfachster, ursprünglicher Form sollten die überschüssigen Kräfte erfasst und ausgelebt werden. Der dafür infrage kommende Lebensabschnitt ist aber eher eng bemessen. Er liegt etwa zwischen dem 14. und 16. Lebensjahr, dann hat das eigentliche Kampfspiel seine Mission erfüllt. Es hat das Selbstbewusstsein gestärkt und zugleich abgeschliffen.

Das Handballspiel, wie es heute gepflegt wird, ist wenig geeignet, förderliche Entwicklungsimpulse auszulösen. Nach seiner ganzen Spielanlage muss es sich zu einem reinen Kombinationsspiel entwickeln, das bei wachsender technischer Perfektion mehr und mehr die Züge einer starren Schematik annimmt. So wie das Fußballspiel die Tendenz hat, in eine willenshafte Einseitigkeit auszuarten, zeigt das Handballspiel die Tendenz, ein Kombinationsspiel zu werden.

Spiele mit einer gewissen Mitte sind daher solche, die über die Schnur und über das Netz gespielt werden, also Ball über die Schnur, Federhall, Ringtennis, Prellball, Springball, Volleyball, Faustball und Tennis. Alle diese Spiele gehen zurück auf die einfachste Form des Zuspielens im Fangen und Werfen, wobei dem Ball eine vermittelnde Rolle zufällt. Er stellt den lebendigen Kontakt zwischen zwei Parteien oder zwei Spielern her, und zwar als Objekt des Gebens und Nehmens. So wie Ein- und Ausatmen den gesunden Lebensduktus bestimmen, hat diese Spielform eine zugleich ausgleichende und anregende Wirkung. Sie ist daher vorzüglich für Mädchen vom 13. Lebensjahr an geeignet, hat aber auch für Jungen im angedeuteten Sinne eine Bedeutung. Faustball zum Beispiel, wenn genügend Kraft und Übersicht vorhanden ist, Ringtennis, wenn es um die Geschicklichkeit geht. Die schwierigste und zugleich schönste Spielform dieser Reihe ist zweifellos Tennis. Bei diesem Spiel kann sich die Individualität voll ausleben, ohne im rhythmischen System geschädigt zu werden. Die Kräfte des mittleren Menschen werden angesprochen, und wer sie mitbringt oder ausbildet, wird auf den Erfolg nicht lange zu warten brauchen.

Auch hier verdirbt der Berufssport jedoch den eigentlichen, gesunden Ansatz. Vergessen ist heute, was Carl Diem, der Gründer der Sporthochschule Köln, in seinem Buch «Wesen und Lehre des Sports» (Berlin/Frankfurt 1949) geschrieben hat: «Eine Untersuchung über das Wesen des Sports wird durch Kennzeichnung des Gegenteils unterstützt. Der Berufssport ist, mag er noch so sehr in der Sportspalte der Zeitung behandelt werden, nicht ‹Sport›, sondern das Gegenteil davon: Gewerbe, und zwar gehört er zum Schaustellerberuf, mit dem er auch vielfach Berufszucht und -strenge gemein hat. Es handelt sich hierbei nicht um ein Werturteil, sondern um einen Sachverhalt.

Die Unehrlichkeit im Sport zieht weite Kreise und verdirbt junge Menschen gerade in der Zeit, in der sich das Gute in ihnen festigen soll. Sie erleiden nicht nur unheilbare Schäden an ihrer Ehrlichkeit, sondern gefährden ihre ganze menschliche Existenz. In der Zeit ihrer Berufsausbildung oder Berufsentwicklung werden sie verleitet, ihrem Vergnügen mehr Zeit zu opfern, als es ihr Fortkommen gestattet.»

Mitte und Menschlichkeit sind heute in Gefahr, denn manche Spielform drängt den Ausübenden geradezu in die Einseitigkeit. Eltern und Erzieher sollten daher wachsam sein und Ausschau halten nach Spielen, die das Wesen des Kindes liebevoll und umfassend unterstützen.

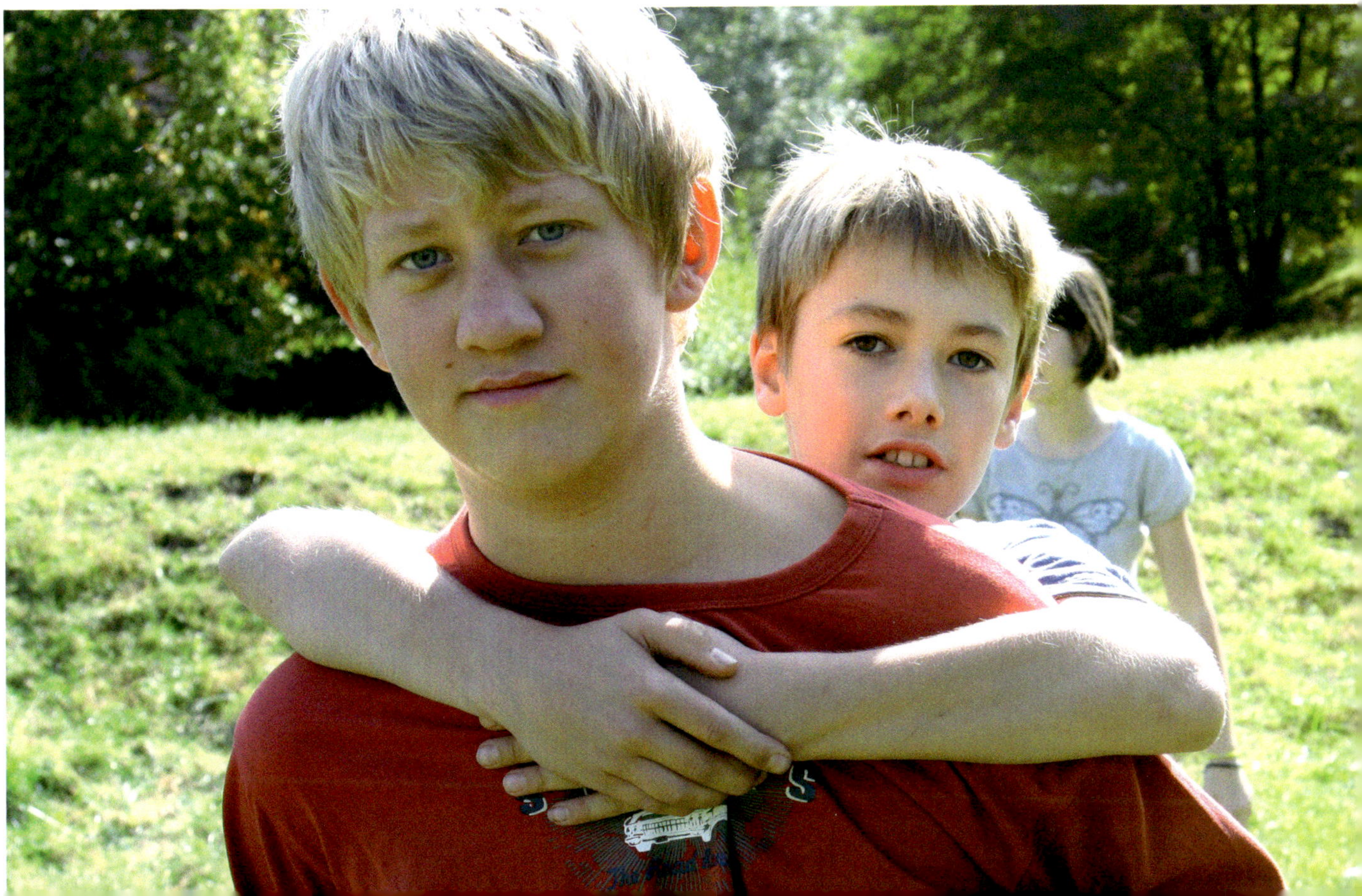

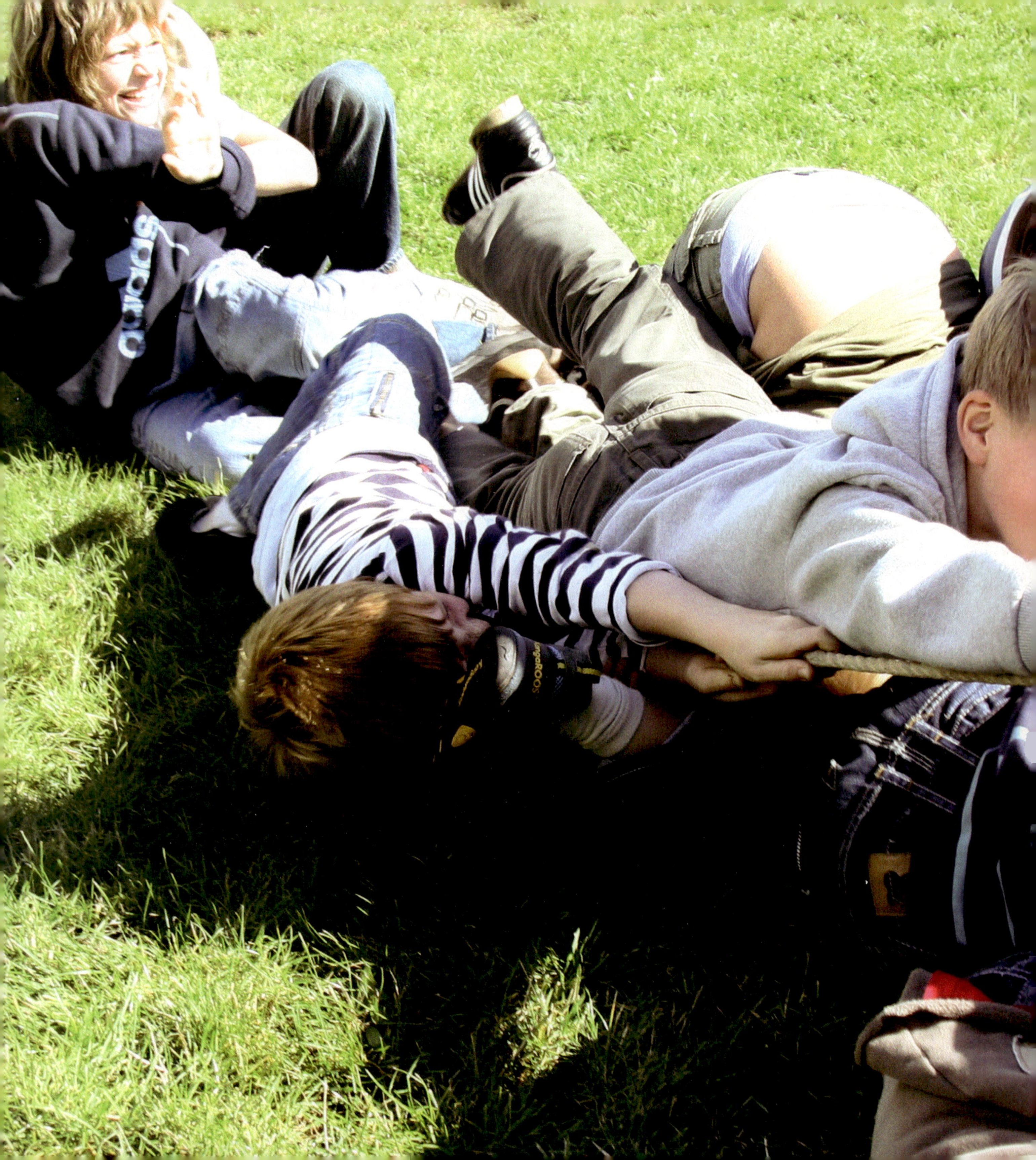

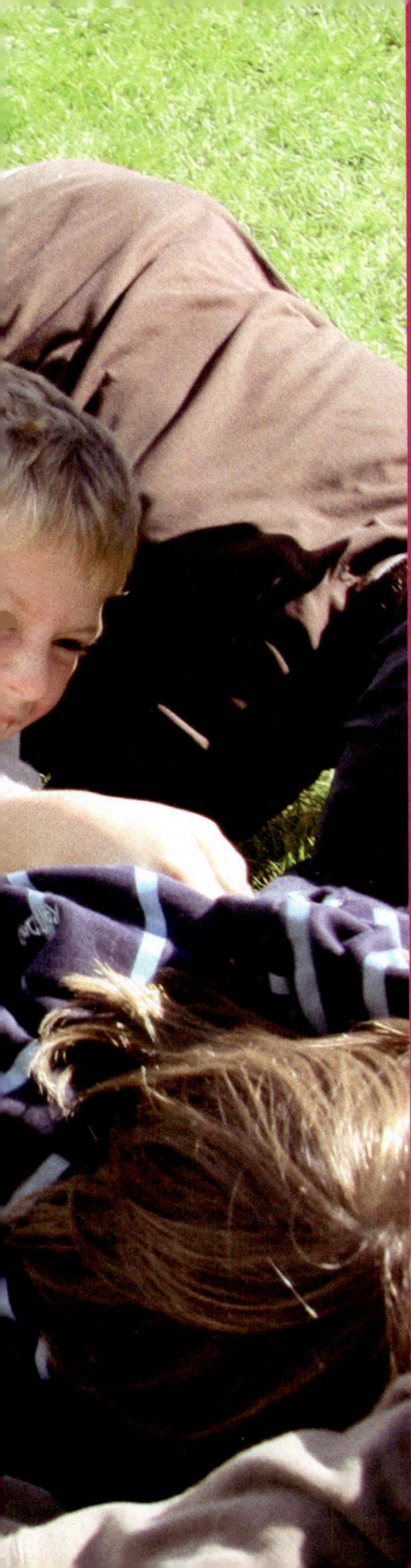

7. Lebensjahr: Sing- und Nachahmungsspiele
8. Lebensjahr: Rede- und Antwortspiele
9. Lebensjahr: Neck- und Zeckspiele
10. Lebensjahr: Tummelspiele
11. Lebensjahr: Ziel- und Treffspiele
12. Lebensjahr: Lauf-, Wurf- und Fangspiele
13. Lebensjahr: Schlagballspiele
14. Lebensjahr und älter: Kampfspiele

Spiele für Kinder, gegliedert nach Altersstufen

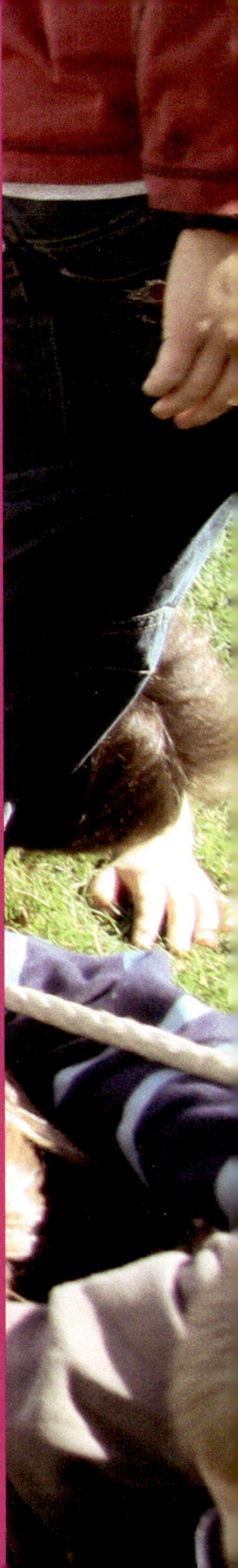

7. Lebensjahr

Schiffer, darf ich überfahren?

7–9 Jahre

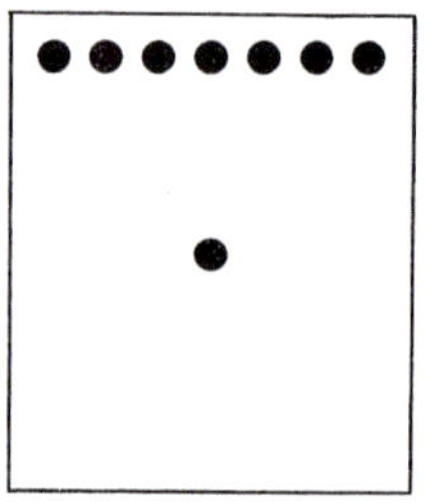

Alle Spieler stehen an einer Seite des Spielfeldes. Sie singen das Lied, und der Schiffer antwortet: «Ja!» Nun fragen die Kinder: «Wie?» Darauf macht der Schiffer, der in der Mitte des Spielfeldes steht, die Bewegungen vor, die die Kinder beim Hinüberlaufen tun müssen: z.B. Hüpfen auf einem Bein, Kriechen auf allen Vieren o.Ä. Der Schiffer muss dieselbe Bewegung machen und versucht, so viele Kinder als möglich abzuschlagen. Die Abgeschlagenen und diejenigen, die die vorgeschriebenen Bewegungen nicht durchgehalten haben, sind gefangen. Wenn der Schiffer fünf Kinder gefangen hat, beginnt ein neues Spiel.

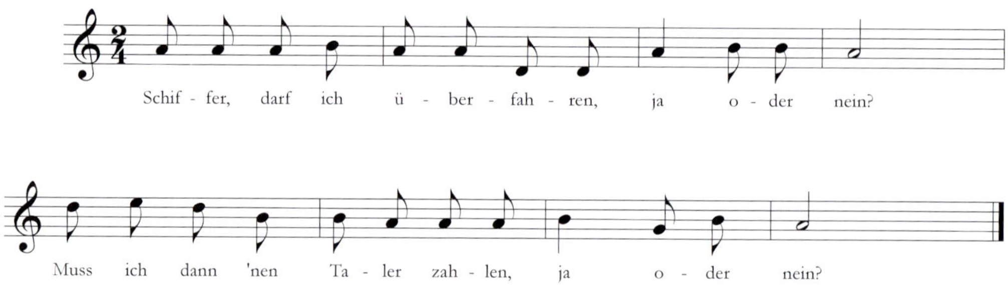

Variation:

Bei «ja» laufen die Kinder ungehindert hinüber, bei «nein» versucht der Schiffer, sie zu fangen. Wer gefangen ist, hilft dem Schiffer beim nächsten Durchgang.

Schäfer, lass die Schafe los

7–9 Jahre

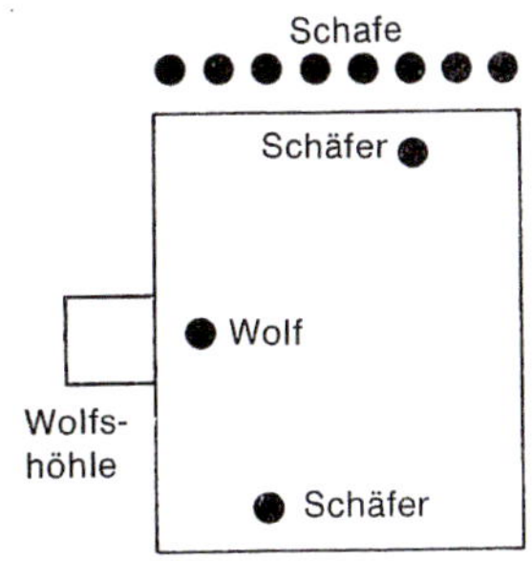

An einer Seite des Spielfeldes stehen die Schafe, innerhalb beider Seiten steht je ein Schäfer. In der Mitte des Spielfeldes, am Seitenrand, hat der Wolf sich versteckt. Nun beginnen die Schäfer mit ihrem Wechselgesang, wobei der Alleinstehende beginnt.

Wenn das Lied vorbei ist, rennen die Schafe zur anderen Seite, während der Wolf versucht, sie zu fangen. Wer gefangen ist, muss in die Wolfshöhle. Das Spiel wird so lange fortgesetzt, bis drei Spieler übrig bleiben, die nun Schäfer und Wolf sein dürfen.

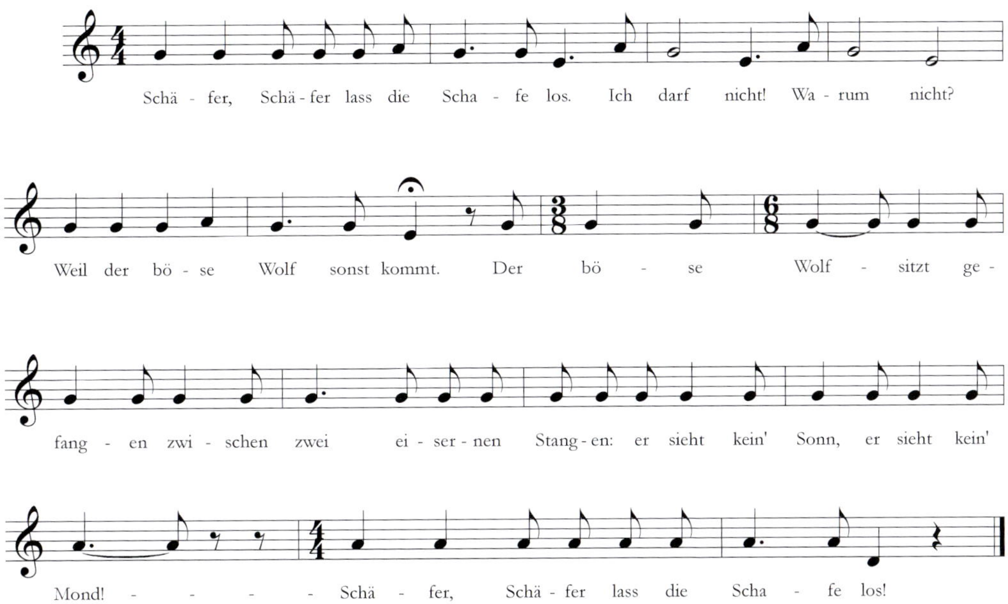

Ist die schwarze Köchin da?

7–9 Jahre
Steine/Zweige o. Ä.

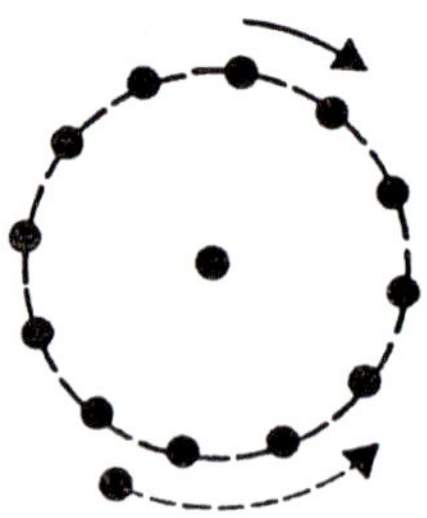

Die Kinder gehen Hand in Hand im Kreis herum. Eines geht außen in Gegenrichtung. Bei «du alter Vater Schmidt» berührt das alleingehende Kind im Takt drei Spieler des Kreises, die sich anschließen. Schließlich ist nur noch eines übrig. Um dieses gehen die Kinder alle hintereinander herum, zeigen darauf und singen den Schlussvers.

Jedes der Kinder hat sein eigenes Haus, das kann ein Stein, ein Zweig oder sonst etwas sein. Aufgabe der schwarzen Köchin ist es, die anderen zu verbrennen. Wer von ihrem Kochlöffel (ein kleines Stöckchen) berührt wird, muss in den schwarzen Topf (Kreis in der Mitte). Mehr als fünf braucht sie nicht zu fangen.

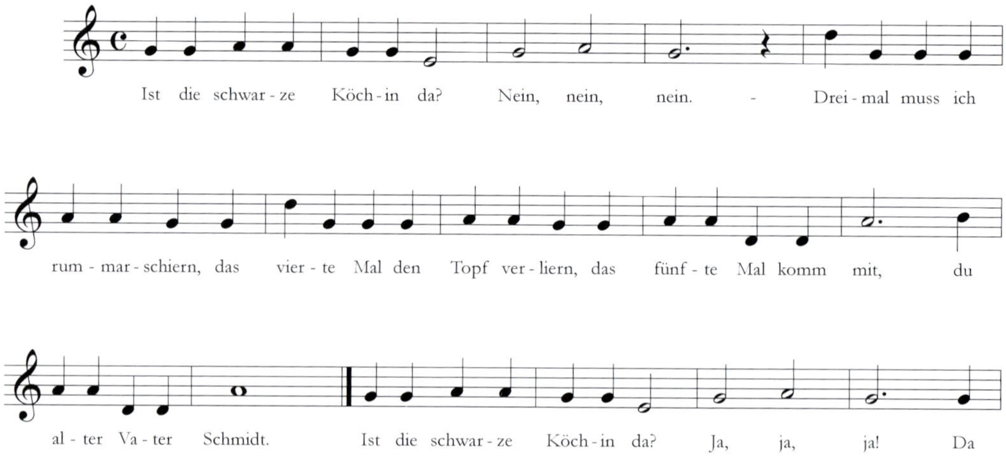

Die schwarze Köchin ist eine Gestalt, die nicht ins Spielgeschehen der Übrigen einbezogen scheint, die ja zunächst stehend einen Kreis bilden, dann aber einen Umzug machen. Würde sie jedoch nicht da sein, dann käme es zu keiner Auseinandersetzung zwischen ihr und den Übrigen und damit zu keinem eigentlichen Spiel.

Etwas, was nicht am fortschreitenden Geschehen teilnimmt, stört immer die normale Entwicklung, bringt aber auf der anderen Seite auch Bewegung in das Geschehen. Die Köchin ist insofern eine böse Kraft, die dadurch etwas Gutes schafft, denn ohne sie würde man nicht aufgerufen, sich in der neuen Situation zu behaupten. Der Spruch «Dreimal muss ich rummarschieren ...» hat eine orakelhafte Bedeutung, wenn man bedenkt, welche Entwicklung nach dreimal sieben Jahren der junge Mensch macht – er dringt zum Kern seines Wesens vor. Der Topf ist zu vergleichen mit einer sicheren und vorbestimmten Umgebung, die vom 21. Lebensjahr an von der Direktive der Ich-Kraft abgelöst wird. Die Aufforderung «Das fünfte Mal komm mit» geht an jeden, der im fünften Lebensjahrsiebt steht. Wie im Spiel soll er seinem inneren Führer folgen und nicht stehen bleiben und den Fortschritt verpassen.

Das Meer

7–9 Jahre

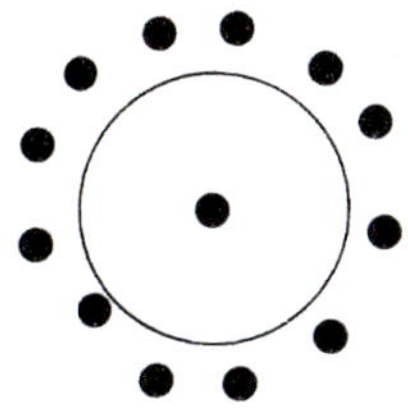

Es wird ein so großer Kreis (das Meer) auf die Erde gezeichnet, dass alle Mitspieler außen herum bequem (ein Schritt Abstand) stehen können. In der Kreismitte steht ein Spieler. Ruft er nach einer gewissen Zeit «ins Meer», müssen alle schnell in den Kreis springen, bei «ans Ufer» wieder hinaus. Er kann auch falsche Befehle geben («ins Ufer», «unters Meer» ...), dann dürfen die Spieler sich nicht bewegen, auch wenn der Rufer selbst durch (falsche) Bewegungen sie dazu verleiten will. Wer einen Fehler macht, scheidet aus.

Ei, ei, Herr Reiter

7–9 Jahre

Die Kinder stehen im Kreis und fassen sich an. Während die entsprechende Strophe gesungen wird, macht der Reiter im Innern des Kreises seine Runde, dann sitzt er ab und spielt möglichst echt die Szene im Wirtshaus. Der Wirt tritt aus dem Kreis und bringt das Heu, alles wird pantomimisch dargestellt. Dann sitzt der Reiter wieder auf, und es geht bis zur Schmiede; der Schmied und seine Gesellen treten vor und schlagen die Eisen an. Ebenso wird die Szene mit dem Wächter möglichst echt gespielt, und zuletzt kommen die Räuber, es sind vier, die von außen kommen und sich alle anfassen müssen. Sie versuchen, die Kette der Kreisspieler zu sprengen, dürfen sich aber nicht loslassen. Sobald sie im Kreis sind, müssen Ross und Reiter ihn verlassen und ein etwa zehn Meter entferntes Viereck (das Haus) zu erreichen versuchen. Ross und Reiter können überall den Kreis ungehindert passieren.

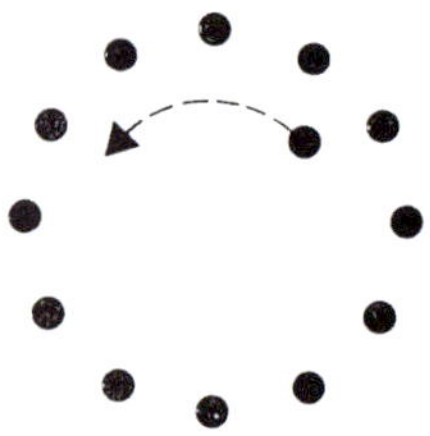

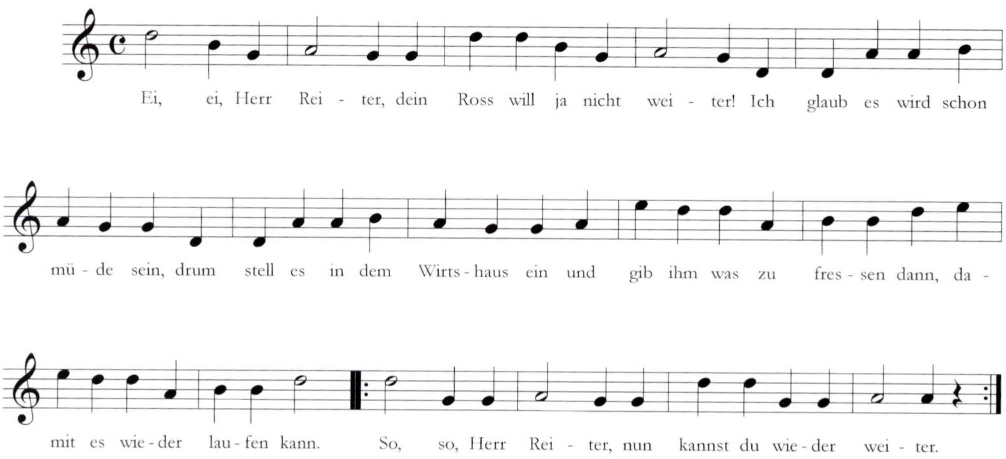

2. Ei, ei, Herr Reiter, dein Ross will ja nicht weiter,
   Dein Ross, das will beschlagen sein,
   Hier ist die Schmiede, tritt nur ein,
   Das Feuer, das ist angefacht,
   Die Eisen sind bald angemacht.
   So, so, Herr Reiter, nun kannst du wieder weiter.
3. Ei, ei, Herr Reiter, dein Ross will ja nicht weiter,
   Es steht der Wächter vor dem Tor,
   Nun hole flink den Beutel vor,
   Ein Groschen wird wohl nötig sein,
   Sonst kommst du nicht ins Tor hinein.
   So, so, Herr Reiter, nun kannst du wieder weiter.

4. Ei, ei, Herr Reiter, dein Ross will ja nicht weiter,
Nun geht es durch den dunklen Wald,
Da kommen auch die Räuber bald,
Das Rösslein aber trägt dich fort
Und bringt dich an den sich'ren Ort.
So, so, Herr, Reiter, nun kannst du wieder weiter.

Der bildhafte Charakter der ersten drei Strophen mit den Umzügen und dem anschaulich-tätigen Geschehen gehen in der letzten Strophe in ein mehr dynamisch-dramatisches Geschehen über. Die Räuber sind draußen, sie gehören nicht mehr zu dem, was innerhalb des Kreises als Ausdruck einer lebendigen Ordnung geschieht. Ihr Erscheinen bringt Spannung, Furcht und Befreiung in das Spiel und bewirkt dadurch etwas wie ein seelisches Erwachen.

Der König vom Morgenland

7–9 Jahre

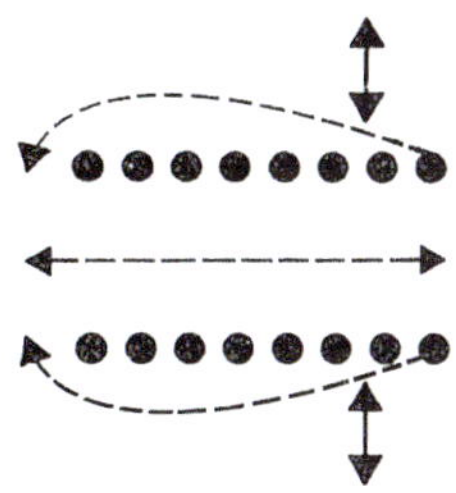

Die Mitspielenden stehen in zwei Reihen einander gegenüber. Während der ersten Strophe gehen sie singend immer vier Schritte vor und vier Schritte zurück.

Bei der zweiten Strophe laufen die beiden ersten jeder Reihe nach vorn, geben sich die Hand, laufen zusammen zwischen den beiden Reihen bis ans Ende, geben sich dann die andere Hand, laufen zurück, trennen sich, laufen außen herum und stellen sich ans Ende. Sie müssen ihren neuen Platz erreicht haben, ehe die anderen den zweiten Vers zu Ende gesungen haben. Dann beginnt wieder die erste Strophe mit gemeinsamem Vor- und Zurückgehen. Das Spiel ist aus, wenn alle ihren Lauf gemacht haben. Das Paar, das es nicht schafft, muss in die Mitte, während die anderen die dritte und vierte Strophe singen.

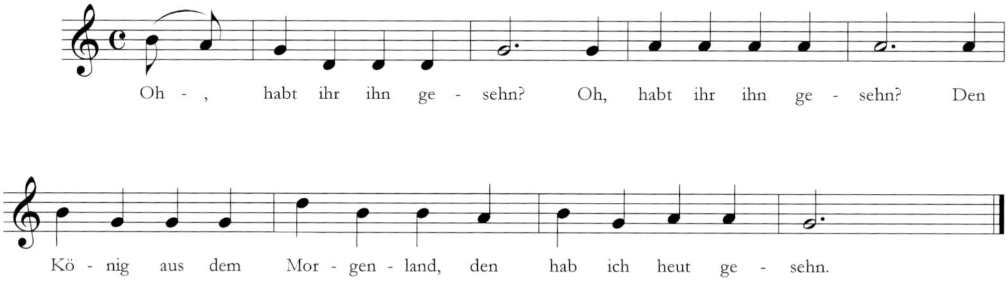

2. Und vor mir blieb er stehn!
Und vor mir blieb er stehn!
Da bin ich aber fortgerannt,
Denn vor mir blieb er stehn.

3. Oh, habt ihr sie gesehn?
Oh, habt ihr sie gesehn?
Die lahmen Enten Wick und Wack,
Wir haben sie gesehn.

4. Da tun sie beide stehn,
Da tun sie beide stehn,
Die lahmen Enten Wick und Wack,
Die können kaum noch gehn.

Dieses kleine Singspiel stellt eine sehr glückliche Verbindung zwischen dem rhythmischen Hin und Her und einer Art Wettlauf dar. Damit kommt das heraus, was gegenüber den eigentlichen Reigenspielen einen Fortschritt darstellt. Es wird ein persönlicher Einsatz gefordert, und das gehört in das zweite Jahrsiebt, während das Kind im ersten Jahrsiebt sich traumhaft-instinktiv nach einer geheimen Ordnung ausrichtet.

Ich bin die Witwe von Schamballand

7–9 Jahre

Durch einige Striche wird ein Fluss angedeutet. Auf der einen Seite des Flusses wohnt die Witwe von Schamballand mit ihren sieben Töchtern, auf der anderen Seite wohnt die schwarze Dame, ihr gehört alles Land ringsum. Das Spiel beginnt, indem die Witwe ihre sieben Töchter an die Hand nimmt, um die Reise über den Fluss zur schwarzen Dame anzutreten. Sind sie angelangt, dann beginnt folgender Dialog:

Witwe:	Ich bin die Witwe von Schamballand, Hab meine Töchter an der Hand, Sie backen, kochen, spinnen, fegen Und können auch die Linnen legen. Bitte, such dir eine aus Und nimm sie zu dir in dein Haus.
Schwarze Dame:	Die Schönste, die soll bei mir sein, Die soll zu mir ins Haus hinein.

Sie holt sich eine der Töchter und stellt sie neben sich.

Witwe:	Meine Tochter geb ich hier, 1000 Taler bringt sie dir. Tu sie nicht schubsen, tu sie nicht schlagen, Lass sie nicht schwere Eimer tragen.

Die schwarze Dame nickt bei diesen Worten, wendet sich aber mit dem Gesicht zur Seite und spricht:

Ich will sie schubsen und will sie schlagen
Und lass sie schwere Eimer tragen.

Das gleiche Rede- und Antwortspiel wiederholt sich bei jeder Tochter. Endlich sind alle drüben und die Witwe ist allein. Nach einiger Zeit will sie sehen, was aus ihren Kindern geworden ist. Sie geht zur schwarzen Dame und sagt zu ihr:

Witwe:	Kann ich meine Töchter sehn?
Schwarze Dame:	Bleibe lieber draußen stehn.
Witwe:	Draußen ist das Wetter schlecht,
	Lass mich ein, das ist mein Recht.

Jetzt muss die schwarze Dame die Mutter einlassen. Diese findet ihre Töchter, welche sehr bekümmert dreinschauen. Sie blickt sie der Reihe nach an und sagt dann:

Witwe:	Lustig wart ihr, frisch und reich,
	Müde seid ihr, arm und bleich.
	So muss ich euch wiedersehn?
	Sprecht, was ist mit euch geschehn!
1. Tochter:	Mutter, ich kann nichts dafür,
	Meine Locken nahm sie mir,
	Kochte eine Suppe dann,
	Bot mir keinen Bissen an.
2. Tochter:	… meine Ohren nahm sie mir
3. Tochter:	… meine Nase nahm sie mir
4. Tochter:	… meine Lippen nahm sie mir
5. Tochter:	… meine Zunge nahm sie mir
6. Tochter:	… meine Zähne nahm sie mir
7. Tochter:	… meine Augen nahm sie mir
	(oder so ähnlich)

Nachdem alle ihren Spruch gesagt haben, läuft die schwarze Dame fort und die Mutter mit ihren sieben Töchtern hinterher, um sie zu fangen und einzusperren. Nach jedem Spiel kommen andere Kinder dran oder es werden die Rollen gewechselt.

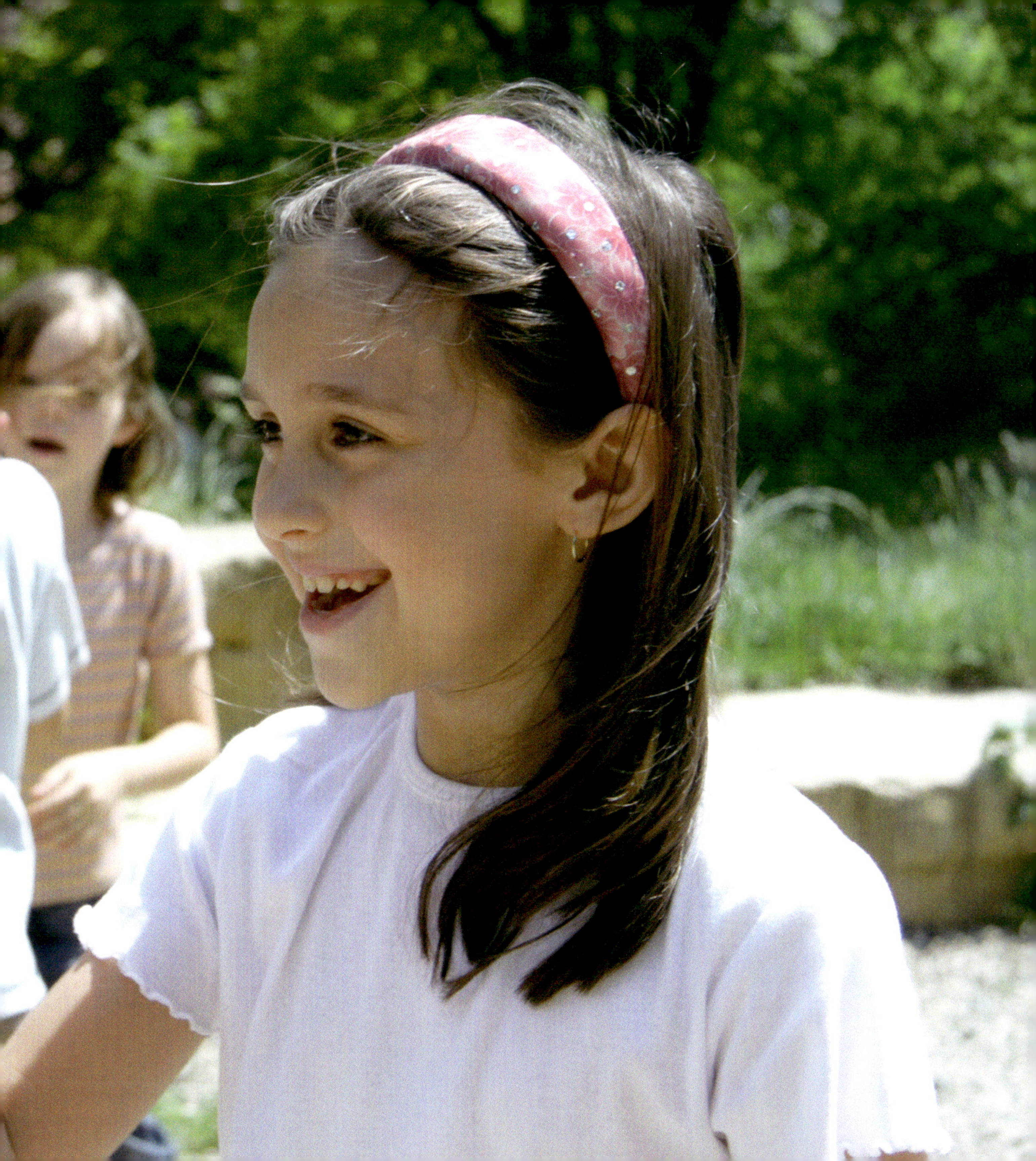

Eins, zwei, drei, wer hat den Ball?

7–9 Jahre
1 Ball

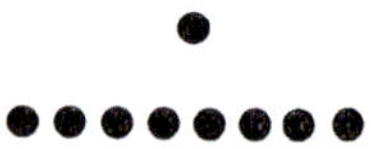

Sechs bis zehn Spieler stehen in einer Reihe. Fünf Schritte vor ihnen steht der Werfer mit einem Ball in der Hand und kehrt ihnen den Rücken zu. Er wirft den Ball über seinen Kopf den anderen zu, die ihn fangen und verstecken. Dabei singen sie: «Eins, zwei, drei, wer hat den Ball?» Der Werfer dreht sich nach «nun such» um und nennt einen Namen. War es der richtige, dann darf er bleiben, war es der falsche, dann muss er zurück in die Reihe. Es kommt jeder einmal dran. Wer die meisten Namen geraten hat, ist Sieger.

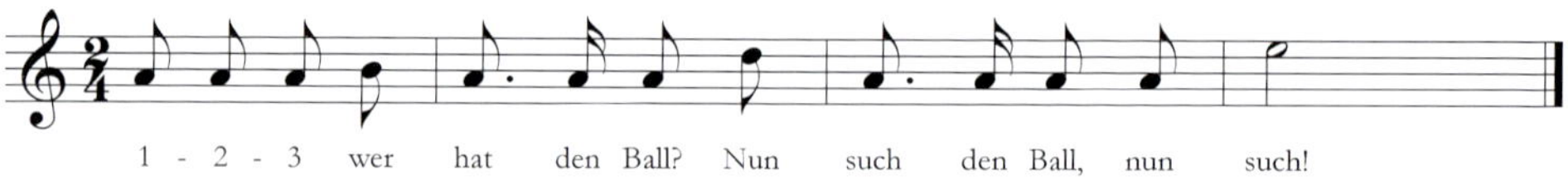

Vom 7. bis 9. Lebensjahr spielen die Kinder dieses Spiel immer wieder sehr gerne. Das Werfen über den Kopf, das Fangen und Verstecken des Balles, vor allem aber das unschuldige Dreinblicken und forschende Angeschautwerden, das Bangen ob der Heimlichkeit und schließlich die Freude und Enttäuschung auf der einen oder anderen Seite sind für das unschuldige Kindergemüt von unerhörtem Reiz. Nicht die äußere Geschicklichkeit, sondern diese Spannungsmomente sind das pädagogisch Wertvolle. Nach dem neunten Lebensjahr ist der Bewegungsdrang des Kindes zu groß, als dass er durch Spiele solcher Art befriedigt werden könnte.

8. Lebensjahr

Erde, Wasser, Luft und Feuer

8–10 Jahre
1 Ball

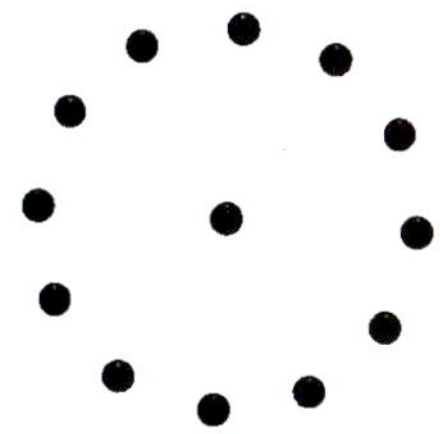

Dies ist ein Ballspiel, bei dem die Kinder Tiernamen kennen müssen: Mitten im Kreis steht ein Spieler, der eines der Kinder, das im Kreis steht, anschaut und ihm den Ball zuwirft. Dabei ruft er eines der vier Elemente, z.B. «Erde». Der Spieler, der den Ball fangen muss, nennt sofort ein Tier, das auf dem Land lebt; bei «Luft» einen Vogel oder ein Insekt, bei «Wasser» einen Fisch o.Ä. Wird der Ball nicht gefangen, wird kein Tier oder zu spät eines genannt, bekommt dieser Spieler einen «Strafpunkt». Bei «Feuer» dürfen die Spieler den Ball nicht fangen. Wer es dennoch tut, bekommt ebenfalls einen Strafpunkt. Jedes Tier darf nur einmal während eines Spieles genannt werden. Wer nach einer zuvor festgelegten Zeit die wenigsten «Strafpunkte» hat, ist der Sieger. Er darf im nächsten Spiel in der Mitte stehen.

Das wilde Tier

8–9 Jahre

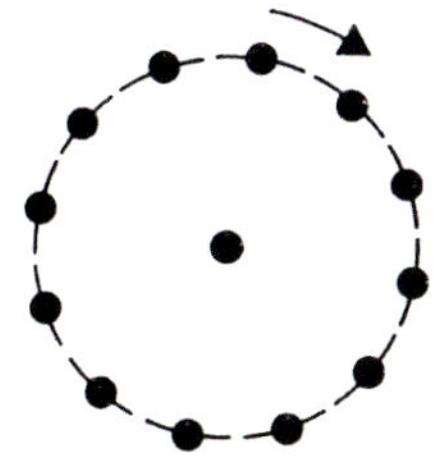

Das wilde Tier hockt in der Mitte. Die Kinder fassen sich an und gehen singend im Kreis herum. Während des Spruches bleiben sie stehen und schwingen die Arme vor und zurück. Bei «das wilde Tier, das ist zu sehn» hebt dieses den Kopf in die Höhe, springt auf und läuft los. Die Kinder laufen davon. Wer das zuvor festgelegte Mal nicht erreicht hat, ist gefangen.

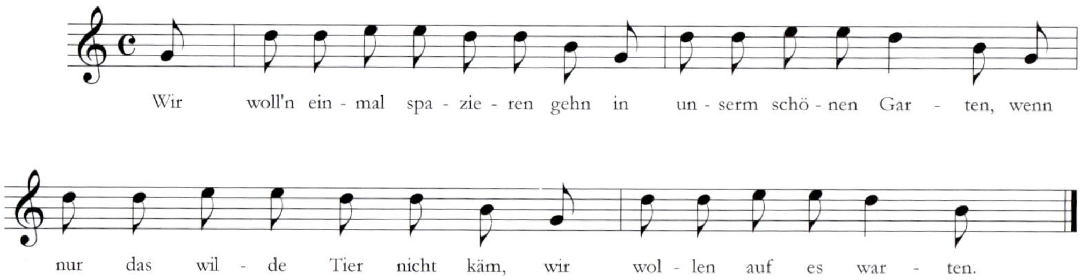

Die Glock schlägt eins, die Glock schlägt zwei,
Das wilde Tier ist noch nicht frei,
Die Glock schlägt drei, die Glock schlägt vier,
Das wilde Tier ist noch nicht hier,
Die Glock schlägt fünf, die Glock schlägt sechs,
Das wilde Tier ist wohl verhext,
Die Glock schlägt sieben, die Glock schlägt acht,
Das wilde Tier, ist nun erwacht,
Die Glock schlägt neun, die Glock schlägt zehn,
Das wilde Tier, das ist zu sehn.

Das wilde Tier ist nichts anderes als jene wilde gierige Seite, die nun im Kind erwacht. Der Garten ist die Sphäre der Lebenskräfte, eben jener paradiesische Zustand, in dem das Kind bis zum 8.–9. Lebensjahr noch lebt. Dann wird der Friede des seelischen Raumes getrübt, die Kinder spüren das und haben auch Angst vor dem wilden Tier, wenn dieses seine Rolle echt spielt. Auf der anderen Seite aber erwachen persönliche Mutkräfte, die der inneren Trübung und Verfinsterung entgegenwirken.

Lämmergeier

8–10 Jahre
1 Kappe

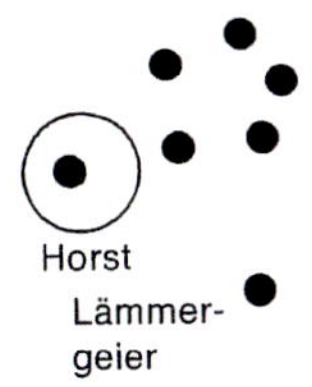

Eines der Kinder bekommt eine Kappe aufgesetzt. Dies ist der Lämmergeier, der durch heftiges Schlagen mit den Armen die anderen in Angst zu setzen versucht. Wer berührt wird, ist gefangen und muss in den Horst, der durch einen Kreis deutlich markiert wird. Bei fünf Gefangenen hat der Lämmergeier gewonnen. Gelingt es aber den Spielern, einen Kreis um ihn zu schließen, dann hat er verloren.

Am Ende des 8. Lebensjahres wollen die Kinder in ihrer Initiative angesprochen werden. Können sie, statt nur davonzulaufen, sich zu einer gemeinsamen Aktion aufraffen, dann ist damit schon viel erreicht.

Fuchs und Hahn

8–9 Jahre

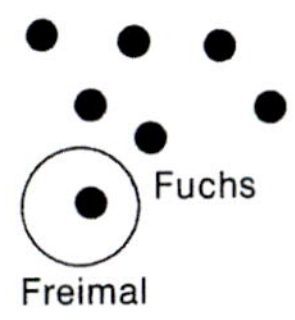

Der Fuchs tut so, als ob er Reisig zusammentragen, sich ein Feuer anmachen und einen Kessel darauf stellen würde. Der Hahn schaut etwas neugierig zu.
Es beginnt ein kleiner Dialog:

Hahn: Roter Fuchs, was tust du da?
Fuchs: Frag nicht viel, das siehst du ja.
Hahn: Machst du dir ein Feuer an?
Fuchs: Ei, du bist ein kluger Mann.
Hahn: Ist im Kessel Wasser drin?
Fuchs: Ei, gewiss, schau doch nur hin.
Hahn: Und was willst du kochen dann?
Fuchs: Hühnersuppe, wenn ich kann.

Bei diesen Worten springt der Fuchs auf und versucht, die Hühner zu fangen. Es gibt ein Freimal. Wenn alle sich dorthin retten oder aber ein Teil gefangen wurde, ist das Spiel zu Ende. Dann wird ein neuer Fuchs und ein neuer Hahn bestimmt.

Man sollte Zwiegespräche solcher Art auswendig lernen lassen und eine Zeit lang immer wiederholen, bis alle Kinder die Rolle können und verstehen. Erst dann macht das Spiel den Kindern richtig Freude und erfüllt den pädagogischen Zweck. Spielt das Kind zum Beispiel den Fuchs, dann macht es bewusst etwas, was sonst im Innern wirkt, von dem es sich aber sonst so leicht nicht distanzieren kann.

In der Grube hockt ein Tier

8–10 Jahre

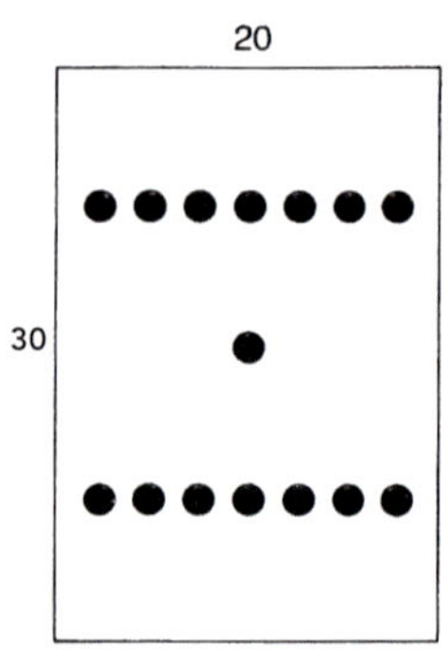

In der Grube hockt ein Tier,
Leute, sagt, was macht es hier?
Sieht uns gar nicht freundlich an,
Zeigt auch, dass es beißen kann.
Brummelt etwas vor sich hin,
Was hat nur das Tier im Sinn?
Will uns fangen, laufet weg,
Sonst holt uns das Tier vom Fleck.

Zwischen zwei Reihen, die bei jeder Zeile vier Schritte vor- bzw. zurückgehen, hockt das Tier und macht die entsprechenden Gebärden. Kaum ist der letzte Vers zu Ende, springt es auf und versucht, so viele wie möglich abzuschlagen. Außerhalb der Spielfeldgrenze (20 x 30 Meter) ist man in Sicherheit. Das Tier muss die Übrigen so lange verfolgen, bis keiner mehr im Feld ist. Wer dieses verlässt, darf nicht wieder hinein.

Die Spielmotive einer bestimmten Altersstufe ähneln sich naturgemäß. Es ist deshalb gut, auch einmal eine Variation eines bekannten Themas zu wählen. In diesem Falle sind es die beiden Reihen, die aufeinander zukommen. Ein solcher Wechsel in der Spielanlage bringt oft ganz neue Spannungsmomente in das Spiel hinein und wirkt anregend und belebend auf die Kinder.

Der Waldgeist und die Haselnüsse

8–9 Jahre

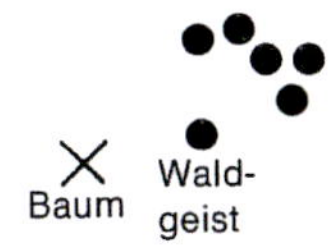

Waldgeist: Was macht ihr da?
Kinder: Wir suchen Haselnüsse.
Waldgeist: Kann ich die essen?
Kinder: Nein, die muss man aufknacken.
Waldgeist: Was ist denn darin?

Sagen jetzt die Kinder «der süße Kern», dann dürfen sie den Waldgeist verfolgen, bis er in seinen Baum hineingeschlüpft ist. Sagen sie «der bittere Kern», dann darf der Waldgeist hinter ihnen herlaufen, bis sie zu Hause sind. Die Kinder besprechen vorher untereinander, ob sie süß oder bitter sagen wollen. Wer den Waldgeist abschlägt, wird neuer Waldgeist. Gelingt es dem Waldgeist, eines der Kinder abzuschlagen, dann darf er Waldgeist bleiben. Gelingt es ihm nicht, dann wird ein neuer Waldgeist ermittelt.

Es ist sehr wichtig für die Kinder, zu besprechen und zu beschließen, ob sie süß oder bitter sagen wollen, und gerade die kleine Möglichkeit einer eigenen Initiative wird als das Schönste am Spiel empfunden. Man tut dann sehr geheimnisvoll und freut sich, wenn man den Waldgeist überrascht hat.

Wolf im Schafspelz

8–9 Jahre
1 Tuch

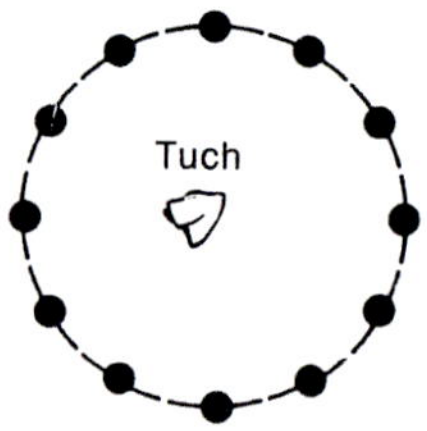

Die Kinder fassen sich an und bilden einen Kreis. In der Mitte liegt ein Tuch. Beim Rundumgehen wird folgender Spruch gesagt:

Der Wolf ist fort, der Wolf ist fort,
Er ist an einem andern Ort,
Er ist nicht hier, er ist nicht da,
Er ist wohl in Amerika.

Dieser Spruch wird wiederholt. Plötzlich aber läuft eines der Kinder, das vorher vom Spielleiter, der am Kreis entlanggegangen ist und jedem einzelnen Kind etwas ins Ohr gesagt hat, zum Wolf bestimmt worden ist, zur Mitte, ergreift das Tuch und versucht, so viele Mitspieler wie möglich damit abzuschlagen. Wer vom Wolf getroffen wird, muss ausscheiden. Wer ein vorher bestimmtes Freimal erreicht hat, ist in Sicherheit.

Man erlebt in diesem Spiel stark den Augenblick der spontanen Überrumpelung. Stürzt der Wolf zur Mitte, um sich das Tuch zu holen, dann weiß manches Kind nicht so recht, was es zu tun hat. Erst wenn der Wolf gerade auf es zukommt, läuft es davon. Kinder in einem bestimmten Lebensabschnitt sollen für ihre Umgebung erwachen. Sie sollen aus einer gewissen Verträumtheit herauskommen, um eine eigene Einstellung zu den Dingen zu finden. Wer das rettende Mal erreichen kann, hat sich richtig verhalten. Dieses Bewusstsein verhilft dem Kind, mit der Wirklichkeit vertraut zu werden, und gibt ihm das Gefühl einer gewissen Sicherheit.

Katze und Maus

8–9 Jahre

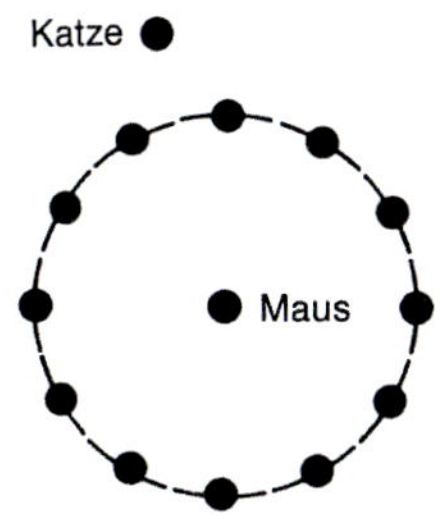

Ein großer Kreis, alle fassen sich an, bis auf die Maus, die sich im Kreis befindet, und die Katze, die draußen wartet. Vor dem Spiel entwickelt sich folgender Dialog:

Katze: Mäuschen, Mäuschen, komm heraus,
ich geb dir ein Stück Zucker.
Maus: Mag ich nicht!
Katze: Mäuschen, Mäuschen, komm heraus,
ich geh dir ein Stück Speck.
Maus: Mag ich nicht!
Katze: Mäuschen, Mäuschen, komm heraus,
sonst kratz ich dir die Augen aus.
Maus: Versuch es doch!

Die Maus darf überall hindurch, die Katze wird daran gehindert, dabei ist loslassen verboten. Gelingt es der Katze, die Maus zu berühren, dann ist diese gefangen. Gelingt es ihr nicht, dann kommen zwei andere Spieler dran.

Die innere Anteilnahme der Kinder an diesem Spiel ist oft überwältigend. Mit großer Spannung verfolgen sie das Schicksal der kleinen Maus und hoffen, dass sie nicht der bösen Katze in die Krallen gerät. In der Maus erblicken die Kinder das seelische Element des Schutzsuchenden. So wie die Maus empfindet sich die Kindesseele um das 8.–9. Lebensjahr. Sie kennt noch nicht die Gefahren der Welt, in die sie hineinwächst und vor denen sie sich hüten muss. Ganz deutlich empfindet das Unbewusste im Kind, dass im Spielgeschehen etwas enthalten ist, was es unmittelbar angeht.

Der Hopfenbauer und der Bär

8–10 Jahre

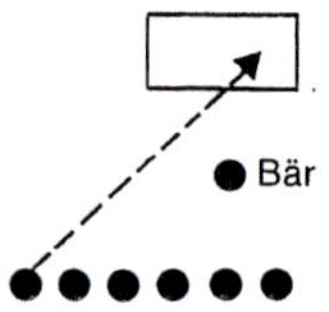

Bär:	Guten Tag, Herr Hopfenbauer, ich brauche eins von deinen Kindern.
Hopfenbauer:	Welches willst du haben?
Bär:	Den Peter.
Hopfenbauer:	Den kannst du nicht kriegen, der muss das Feld besorgen.
Bär:	Ich will ihn aber doch haben.
Hopfenbauer:	Dann hol ihn dir, wenn du ihn kriegen kannst.

Peter ist der Letzte und alle stehen in einer Reihe nebeneinander. Er muss versuchen, das zwanzig Schritte entfernte Haus, ein Viereck, zu erreichen. Kann ihn der Bär nicht erwischen, dann ist er frei. Wird er gefangen, muss er in die Höhle, die sich in der Nähe befindet. Jedes Mal beginnt der Bär: «Guten Tag, Herr Hopfenbauer, ich brauche eines von deinen Kindern» usw. Der Hopfenbauer antwortet dann etwa so: «Die Bärbel muss waschen, der Heiner muss Holz hacken, die Suse muss kochen» usw. Die Reihe wird immer kleiner, wenn es dem Bären gelingt, das betreffende Kind in seine Hand zu bekommen. Gelingt es ihm einmal nicht, dann sind alle anderen wieder frei, und ein anderer Bär kommt an die Reihe.

In diesem Spiel zeigt sich ganz deutlich, wie an das Kind etwas herantritt, was es auffordert, die Ordnung, in der es bisher lebte, zu verlassen. Der Vater kann es nicht mehr schützen, aber wenn es seine eigene persönliche Tüchtigkeit unter Beweis gestellt hat, dann kann das andere ihm nichts mehr anhaben.

Hase und Krokodil

8–9 Jahre

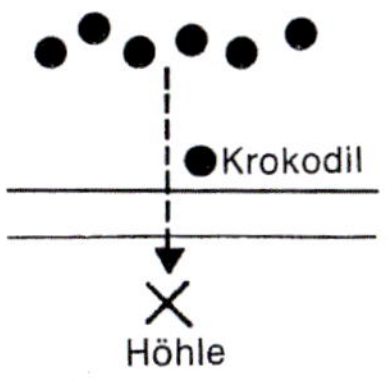

Die Hasenmutter sagt zu einem ihrer Kinder:
Lauf zum Fluss und sieh, was das Krokodil macht.
Das Kind läuft hin, kommt zurück und sagt:
Mutter, es schnarcht, dass die Bäume wackeln.
Hasenmutter: Dann können wir weiterknabbern.
Nach einer Weile sagt sie zu einem anderen Kind:
Lauf zum Fluss und sieh, was das Krokodil macht.
Das Kind läuft hin, kommt zurück und sagt:
Mutter, es wischt sich gerade den Schlaf aus den Augen.
Das nächste Kind: Es putzt sich die Zähne …
Das nächste Kind: Es zieht sich den Rock an …
Das nächste Kind: Es schnürt sich die Stiefel zu …
Das nächste Kind: Es bindet sich den Kragen um …
Das nächste Kind: Es setzt sich den Hut auf …
Das nächste Kind: Es kommt, es kommt, es kommt!

Mit diesem Schreckensruf suchen alle das Weite, müssen aber am Krokodil vorbei auf die andere Seite, wo ihre Höhle ist. Das Krokodil zählt, wie viele Gefangene es gemacht hat. Beim nächsten Spiel wird ein anderes Kind zum Krokodil bestimmt.

Dieses Spiel hat etwas von einer Urdramatik. Die Kräfte des Ego sind auch im kleinen Kind vorhanden, aber dort schlafen sie noch. Hier werden sie dargestellt durch das schlafende Krokodil. Aber dann erwacht das Ungeheuer, das in der Fantasie des Kindes von Mal zu Mal bildhafter, plastischer und drohender vor ihm steht. Unterbewusstes wird bewusst, seelische Vorgänge verdichten sich zur Anschaubarkeit. Dann kommt das Krokodil, und die Spannung entlädt sich in ein bewegtes Spielgeschehen. Dieser Wechsel von innerlich gesteigertem Erleben und äußerem Tun ist etwas sehr Gesundes und Belebendes und sollte gerade in diesem Alter zu seinem Recht kommen.

Vogelfänger

7–9 Jahre
1 Hut / 1 Tuch

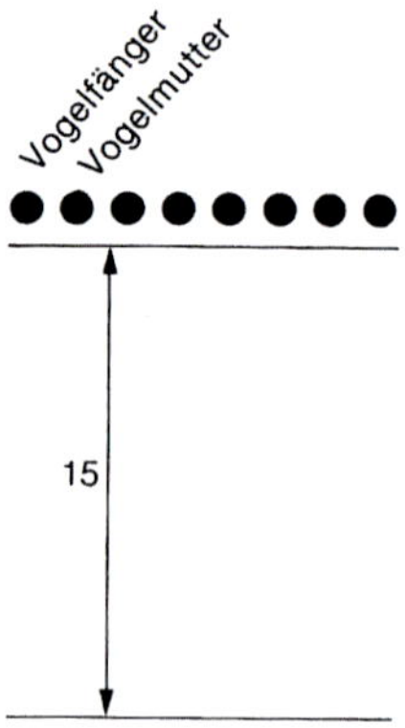

Sechs und mehr Kinder stehen hinter einem Strich. Parallel dazu in etwa 15 Meter Entfernung wird ein zweiter Strich gezogen. Alle Kinder haben einen Vogelnamen, bis auf die beiden ersten: den Vogelfänger und die Vogelmutter. Der Erstere setzt sich einen Hut auf, die Letztere bindet sich ein Tuch um den Kopf. Und nun beginnt folgendes Gespräch:

Vogelfänger: Ich sah vorhin ein Vögelein,
Es flog dort in den Busch hinein,
Kann ich es haben, sag es mir,
Sollst haben blankes Gold dafür.
Vogelmutter: Gar viele Vögel sind bei mir,
Wenn du sie fängst, gehörn sie dir.
War es ein Spatz?
Vogelfänger: Nein!
Vogelmutter: War es ein Fink?
Vogelfänger: Nein!
Vogelmutter: War es ein Rotkehlchen?

Wenn jetzt die Antwort «Ja!» kommt, dann läuft der als Rotkehlchen vorher ausgemachte Spieler so schnell er kann auf die andere Seite. Der Vogelfänger versucht, ihn abzuschlagen. Sind alle Kinder einmal an der Reihe gewesen, dann zählt der Vogelfänger, wie viel Vögel er gefangen hat.

Jedes Kind scheint dem Leichten und Luftigen der Vogelwelt verwandt. Sein Anteil am Festen ist noch recht gering. Der Vogelfänger repräsentiert diese Kräfte. Wer von ihm berührt wird, ist gefangen. Er wird eingesperrt und darf nicht mehr fliegen. Da wird im übertragenen Sinne die Bindung des Seelischen an den Körper dargestellt. Das Kind verliert aber nicht nur etwas, es erringt sich dadurch seine Selbstständigkeit, um die es allerdings kämpfen muss. Um seiner Selbstständigkeit willen braucht es diese Begegnung. Die Vogelmutter stellt die schützende Geborgenheit dar, sie muss aber ihre Schützlinge entlassen, weil das Leben es so verlangt. Zwischen diesen Polen bewegt sich das Kind im 7. bis 9. Lebensjahr.

Alle meine Gänschen, kommt nach Haus

8–9 Jahre
1 Stock / Rute

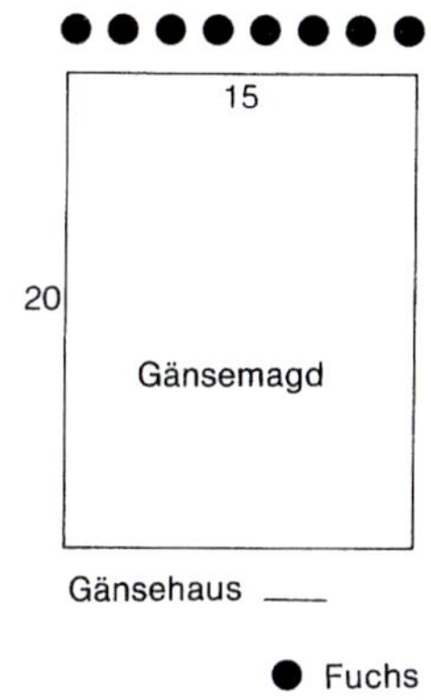

In der Mitte eines Rechtecks von 20 x 15 Metern steht die Gänsemagd und ruft:

Alle meine Gänschen, kommt nach Haus.

Die Gänse, die hinter der einen Schmalseite stehen, rufen:

Wir können nicht!

Darauf die Gänsemagd:

Warum denn nicht?

Die Gänse antworten:

Der Fuchs steht hinter dem Gänsehaus.

Das Haus befindet sich, durch einige Striche angedeutet, hinter der anderen Schmalseite.

Jetzt ruft die Gänsemagd zum zweiten Mal:

Alle meine Gänschen, kommt nach Haus.

Nun muss der Fuchs vorkommen und sich ins Feld wagen, wo die Gänsemagd mit einer Rute steht. Wird er damit getroffen, dann ist er «tot». Kann er sich aber ein Gänschen fangen, dann beginnt das Gleiche wie vorher mit Rede und Gegenrede. Das Spiel geht weiter, bis alle Gänse gefangen sind.

Die Gänsemagd, welche ihre Gänslein beschützen muss, ist eine sehr dankbare Rolle, und alle Kinder freuen sich darauf, sie einmal spielen zu dürfen.

Habicht und Henne

8–9 Jahre

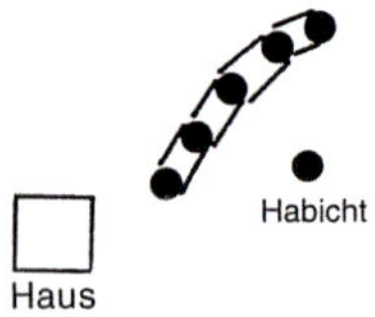

Ein großes, geschicktes Kind steht in der Mitte und breitet die Arme aus. Alle Küken fassen um den Leib der Henne bzw. des Vordermannes. Der Habicht versucht, das letzte Küken abzuschlagen, er darf sich aber nicht von der Henne berühren lassen, sonst ist er selbst abgeschlagen und ein anderer tritt an seine Stelle. Alle Küken, die der Habicht fängt, bringt er in sein Haus. Es wird aber immer schwerer für ihn, ein Küken zu fangen, denn wenn schließlich nur noch eines da ist, kann dieses sehr leicht immer wieder hinter die Mutter schlüpfen und der Habicht muss sehr gut aufpassen, dass er von ihr nicht berührt wird. In dem Fall sind alle Küken wieder frei.

Dieses über die ganze Erde verbreitete Spiel sollte den Kindern im 8. Lebensjahr nicht vorenthalten werden, denn es stellt in einer wunderbar anschaulichen Weise dar, wie das Kind bis zu diesem Zeitpunkt beschützt und behütet wird. Im übertragenen Sinne kann der Habicht als etwas aufgefasst werden, was mit der Habsucht verwandt ist. Die Hände der Kükenmutter mit den ausgebreiteten Armen haben etwas von der schützenden Gebärde des Engels. Das Kind steht in dem genannten Alter tatsächlich zwischen solchen Gegensätzen und muss sich innerlich damit auseinandersetzen.

Sankt Georg

8–9 Jahre

Eine Variante des vorhergehenden Spieles. Ein Spieler, Sankt Georg, muss versuchen, den Drachen zu erschlagen, der von einer langen Reihe Kinder dargestellt wird, die einander fest in den Hüften halten. Das erste Kind ist der Drachenkopf, der beißen kann; das letzte Kind ist der Schwanz, die Schwachstelle des Drachens. Sankt Georg muss nun versuchen, den Schwanz zu berühren, d.h. den letzten Spieler anzuschlagen. Gelingt es, fällt er ab. So geht es immer weiter. Sind alle Kinder abgefallen, ist der Drache erschlagen. Wird aber Sankt Georg vom Kopf des Drachen berührt, mag ein anderer Spieler versuchen, den Drachen zu besiegen.

Der Herbst ist die beste Zeit, diese mehr duellartigen Spiele mit Kindern zu spielen. Das gilt besonders für dieses Spiel. Wenn die Kinder die entsprechende Legende kennen, werden sie es besonders gern spielen.

Pudelpeter

8–9 Jahre

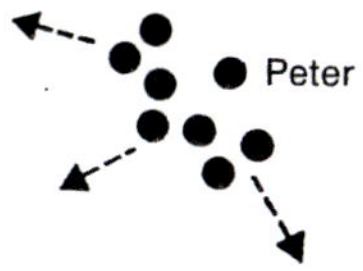

Kinder: Da kommt der Pudelpeter, der will uns wieder eine Geschichte erzählen.

Pudelpeter: Na, Kinder, welche Geschichte wollt ihr heute hören? Die von gestern, die von heute oder die von morgen?

Kinder: Die von heute.

Pudelpeter: Na gut. Also, ich ging durch einen Wald, und da sah ich ein großes Tier. Das hatte einen Schwanz und zwei riesige Ohren. An den Füßen hatte es Krallen, und es rollte mit den Augen, dann riss es das Maul auf, zeigte seine Zähne und fraß alles auf.

Der Pudelpeter macht alles genauso, wie er sagt, und bei «fraß alles auf» springt er auf den Nächsten zu, um ihn zu verschlingen. Aber die Kinder kennen das Stichwort bereits, denn kaum hat er es gesagt, da springen sie auf und laufen davon. Wer sich nicht in Sicherheit bringen kann, wird «aufgefressen».

Jedes Kind sollte einmal drankommen und das Tier beschreiben und darstellen dürfen. Es ist geradezu eine Wohltat für das Kind im Alter von acht bis neun Jahren, seine Fantasie in dieser Weise auszuleben. Es ist dem Wesen des Tieres innerlich noch so verbunden, dass es seine Rolle absolut echt spielt. Aber durch das Spielgeschehen setzt es diese Kräfte aus sich heraus, die sonst leicht die Oberhand gewinnen und es in einen tumultartigen Zustand versetzen können.

Knollenkobold

8–9 Jahre

Peter wird von seiner Mutter zum Knollenkobold geschickt, um ein paar Zwiebeln zu holen.

Peter:	Guten Morgen, Herr Knollenkobold.
Knollenkobold:	Guten Morgen, Peter.
Peter:	Ich möchte ein paar Zwiebeln haben.
Knollenkobold:	Du hast doch gestern erst welche geholt.
Peter:	Die haben die Mäuse gefressen.
Knollenkobold:	Zieh dir eine heraus.

Peter geht zu den Mitspielenden, die nebeneinander stehen und sich anfassen. Er versucht, das letzte Kind vom vorletzten zu trennen, indem er einen tüchtigen Anlauf nimmt und das letzte Glied zu sprengen versucht. Gelingt ihm das, dann darf er das betreffende Kind mit auf die andere Seiten nehmen. Gelingt es ihm aber nicht, dann muss er sich mit anstellen, und das Kind, an dem seine Versuche fehlgeschlagen sind, beginnt ein neues Spiel. Wenn alle Kinder drüben sind, kehrt Peter noch einmal zurück und bittet den Knollenkobold, von der Suppe zu kosten, die seine Mutter gekocht hat.

Peter:	Du sollst kommen und von der Suppe essen.
Knollenkobold:	Ich fürchte mich vor deinen Hunden, die wollen mich beißen.
Peter:	Nein, die tun dir nichts.
Knollenkobold:	Dann gehe ich mit.

Inzwischen sind aus den Zwiebeln Hunde geworden, die alle nebeneinanderstehen und immer wütender werden, je näher der Knollenkobold an sie herankommt. Einige Schritte vor ihnen sagt er:

Knollenkobold: Hörst du sie knurren?
Peter: Sie knurren nicht.
Knollenkobold: Hörst du sie bellen?
Peter: Sie bellen nicht.
Knollenkobold: Jetzt reißen sie schon das Maul auf.

Das ist das Stichwort. Jetzt dürfen die Hunde loslaufen. Der Knollenkobold aber muss schleunigst umkehren und versuchen, sein Haus zu erreichen.

Sternenhausspiel

8–10 Jahre
1 Knotentuch

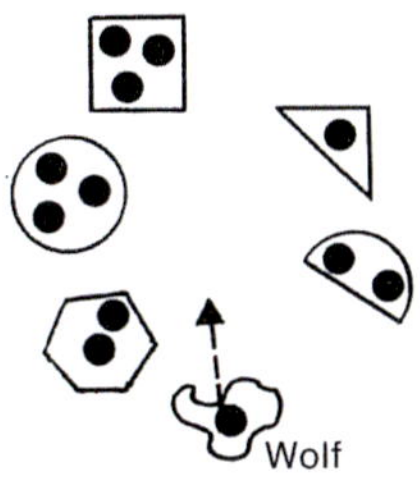

Sechs Häuser gibt es: das Sonnenhaus (Kreis), das Mondenhaus (Halbkreis), das Sternenhaus (Sechseck), das Himmelshaus (Dreieck), das Erdenhaus (Viereck) und das Gefängnis (ein formloses Gebilde). In dem Letzteren wohnt der Wolf. Die Kinder sind auf die verschiedenen Häuser verteilt und verhalten sich ganz still. Dies ist eine notwendige Voraussetzung zum Gelingen des Spiels. Nach einer Weile erhebt sich der Wolf von seinem Lager und schleicht von einem Haus zum anderen und sagt dabei folgenden Spruch:

Ich schleiche durch die dunkle Nacht,
Die Türen, die sind zugemacht,
Doch rufe dreimal ich: Heraus!
Dann wechselt jedes Kind sein Haus.

Jetzt ist der Bann gebrochen. Die Kinder laufen aus ihren Häusern heraus und der böse Wolf hinterher. Er hat ein Knotentuch, mit dem er abschlagen darf. Wer getroffen wird, muss ins Gefängnis. Jedes Kind darf allerdings in ein neues Haus, sobald der Wolf in seine Nähe kommt. Es muss aber so lange darin bleiben, bis auch das letzte Kind ein schützendes Haus aufgesucht hat. Gelingt es dem Wolf während einer festgesetzten Zeit nicht, dieses zu bewerkstelligen, dann hat er das Spiel verloren. Die Entfernungen zwischen den einzelnen Häusern dürfen nicht allzu groß sein.

Die Bezeichnung der Häuser ist etwas, womit sich das Kind noch leicht verbinden kann. Der Wolf repräsentiert demgegenüber eine Kraft, vor der man sich fürchten muss. Aber der Anreiz ist doch stark, den Kampf mit ihr wenigstens aufzunehmen. Man hat ja immer die Möglichkeit, sich in Sicherheit zu bringen. Dass man sich möglichst lange dem Zugriff der feindlichen Macht entziehen will, versteht sich von selbst. Wer dem Wolf immer wieder ein Schnippchen schlagen kann, ist besonders von denen geachtet, die sich vorher in ihre Häuser geflüchtet haben und mit Interesse den Kampf derer verfolgen, die noch übrig geblieben sind.

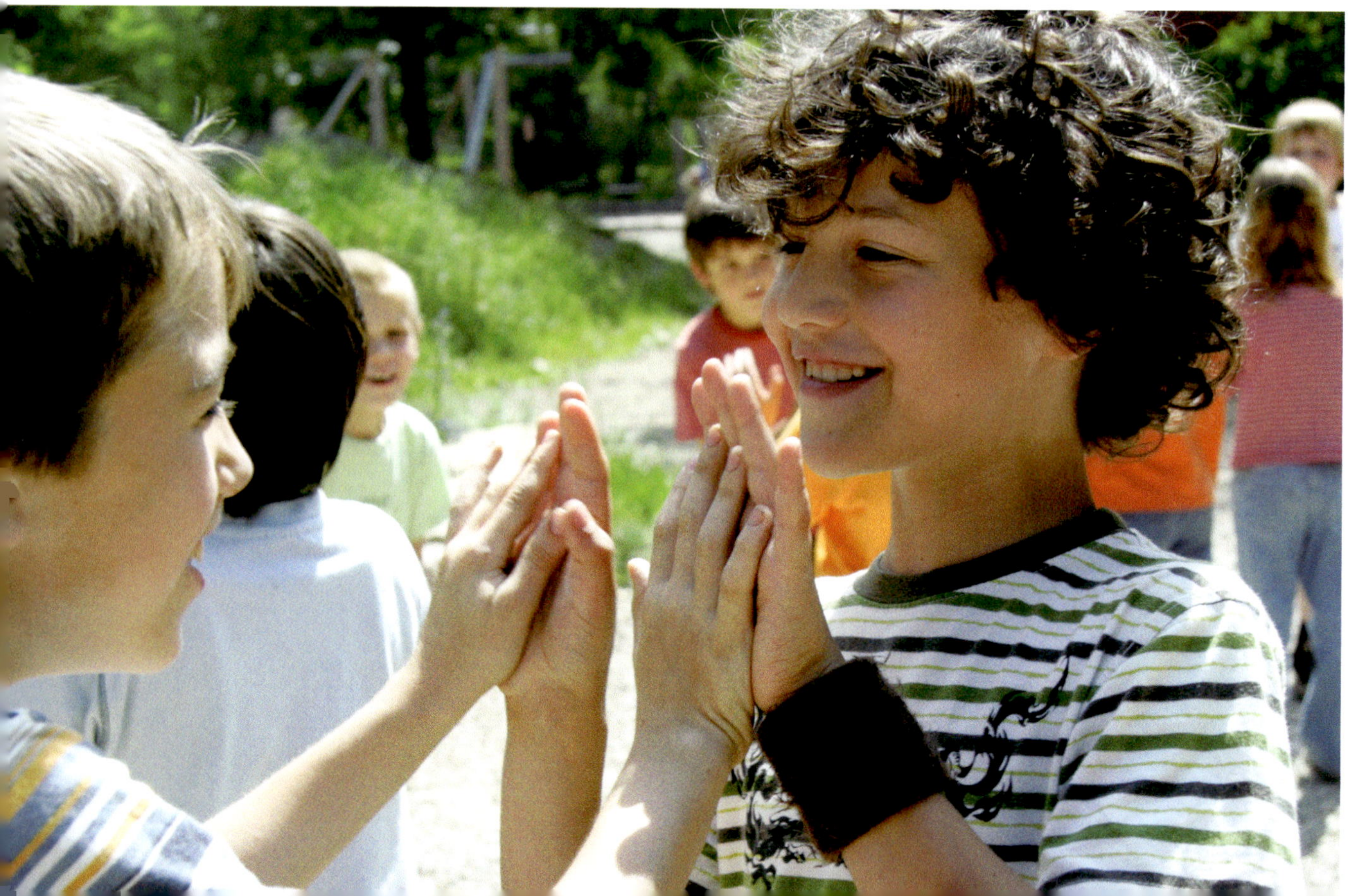

9. Lebensjahr

Diebe fangen und befreien

9–11 Jahre

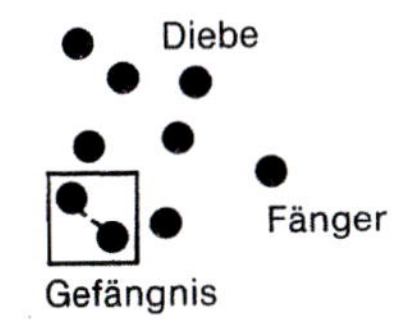

Es gibt zwei Parteien, Diebe und Fänger. Die Fänger müssen die Diebe fangen. An einem bestimmten Platz befindet sich das Gefängnis, das von einem oder mehreren Spielern bewacht wird. Wenn ein Dieb gefangen wird, muss er ins Gefängnis. Die gefangenen Diebe bilden eine Reihe, indem sie sich an den Händen halten. Wird einer der Gefangenen in der geschlossenen Kette von einem freien Dieb berührt, sind alle befreit. Der Dieb selbst muss dann schnell vor den Bewachern fliehen, sonst ist er gefangen. Wenn alle Diebe gefangen sind, können die Parteien ihre Rollen wechseln und ein neues Spiel beginnen.

Dieses Spiel wird immer mit Begeisterung gespielt. Die Kinder finden es herrlich, mal die guten, mal die schlechten Seiten zu verkörpern. So wie im Spiel «Katze und Maus» (siehe Seite 135) droht auch hier die Gefahr, aber das Kind kann nun schon besser seinen eigenen Weg gehen. Es ist sich seiner selbst sicherer geworden. Wenn es aber dann doch gefangen wurde, bleibt noch die Möglichkeit und Hoffnung, wieder erlöst zu werden.

Stehball

9–11 Jahre
1 Ball

Alle Kinder stehen auf dem Spielfeld. Einer wirft den Ball hoch und ruft dabei: «Sieh', der Ball ist für Jonas!» Jonas muss nun versuchen, so schnell wie möglich den Ball zu ergreifen, während die anderen weglaufen. Wenn Jonas den Ball hat, ruft er «Halt!»

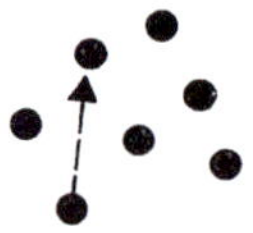

Nun muss jeder Spieler auf der Stelle stehen bleiben und Jonas versucht, einen anderen Spieler durch Rollen des Balles zu treffen. Werfen ist nicht erlaubt. Wer getroffen ist, ist raus. Trifft Jonas keinen, ist er raus, und ein anderer wirft den Ball. Der Spieler, der als Letzter übrig bleibt, ist Sieger.

Fuchs im Loch

9–11 Jahre
Knotentücher

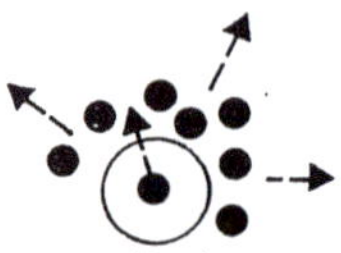

Etwa drei Meter groß ist das Loch, in dem der hinkende Fuchs sein Lager aufgeschlagen hat. Er ist böse und aggressiv, und wenn er mit seinem Knotentuch zuschlägt, tut es manchmal schon etwas weh. Die Mitspieler tanzen um seine Höhle herum und rufen:

Fuchs im Loch, fang uns doch.
Fuchs im Loch, fang uns doch.

Anfangs nimmt der Fuchs keine Notiz davon, aber das ist nur seine List. Sind die anderen dicht genug an ihn herangekommen, dann springt er auf und verfolgt sie. Wer getroffen wird, muss ausscheiden. Der Fuchs darf sich aber nicht zu weit von seinem Loch entfernen, denn wenn er sich zurückbewegt, haben die anderen Schlagrecht und können ihn mit ihrem Knotentuch in seinen Fuchsbau zurückjagen.

Der listige und zuschlagende Fuchs repräsentiert eine Eigenschaft, die das Kind sehr gut kennt: Es ist eine Mischung aus List, Grausamkeit und Verschlagenheit, die jedoch ihre Grenzen hat. Nur innerhalb seines Bezirkes ist der Fuchs stark, wagt er sich zu weit vor, fehlt ihm die Rückendeckung, und dann erwacht in allen der Wunsch, es ihm heimzuzahlen.

Schabernack

9–11 Jahre

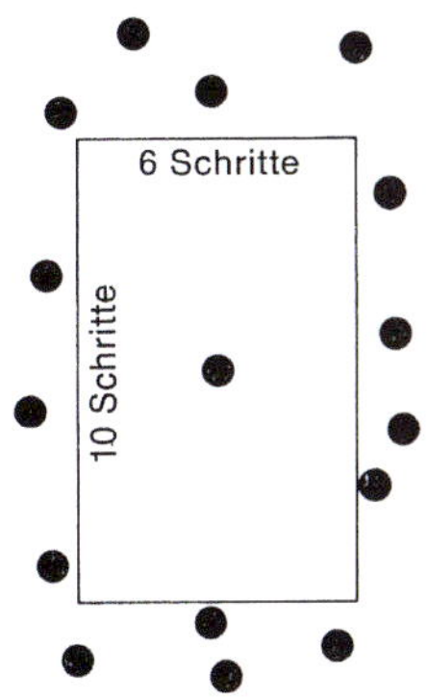

Der Schabernack wohnt in einem Haus, das durch ein Rechteck von sechs bis zehn Schritten dargestellt wird.

Schabernack, Schabernack,
Aufgestanden, es ist Tag!
Hörst du nicht die Vögel schrein?
Draußen ist schon Sonnenschein.
Schabernack, Schabernack,
Aufgestanden, es ist Tag!

Mit diesem Spottvers ärgern die Kinder den alten Schabernack, der in den Tag hineinschläft. Manche laufen sogar durch sein Haus hindurch. Sie müssen aber achtgeben, dass sie dabei nicht von dem alten Eigenbrötler erwischt werden, der ganz unvermittelt erwachen kann. Wer abgeschlagen wird, ist neuer Schabernack. Wer dreimal Schabernack war, kommt in die Hölle und muss ins Fegefeuer zum Spießrutenlaufen, das heißt, er muss durch eine von den Kindern gebildete Gasse laufen und bekommt von jedem einen Schlag auf den Buckel.

Der Schabernack stellt als erfundene Figur jegliche Form von Engherzigkeit dar, und es bereitet den Kindern, die sehr fein darauf reagieren, das größte Vergnügen, ihm ein Schnippchen zu schlagen.

Plumpsack

8–11 Jahre
Knotentuch

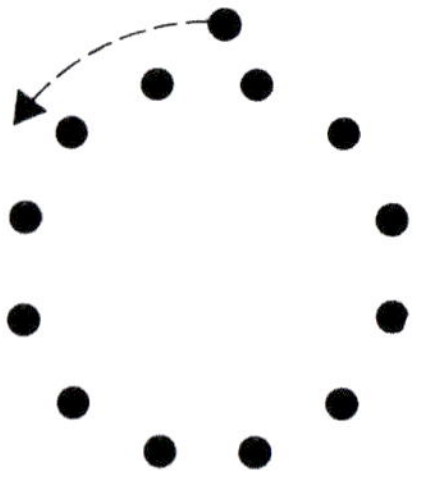

Die Kinder stehen oder sitzen im Kreis. Eines hat ein verknotetes Taschentuch und geht damit herum, indem es folgenden Spruch sagt:

Dreht euch nicht um,
Der Plumpsack geht rum,
Er geht um den Kreis,
Dass niemand es weiß;
Wer sich umdreht oder lacht,
Dem wird der Buckel blau gemacht.

Keines der Kinder darf sich tatsächlich umdrehen oder lachen, sonst wird es bestraft. Bei seinem Rundgang lässt der Plumpsack, nachdem er sich Ordnung und Respekt verschafft hat, unauffällig das Taschentuch fallen. Merkt das Kind, hinter dem das Tuch liegt, dieses, dann darf es dasselbe aufheben und damit den Plumpsack verfolgen, der sich in die so entstandene Lücke retten muss. Merkt es das aber nicht, dann hebt der Plumpsack nach seinem Rundgang das Taschentuch selbst auf und jagt das Kind, das seine Zeit verschlafen hat, unter Schlägen einmal herum und schickt es als «Faules Ei» in die Mitte.

Es geht hier um das Selbstständigwerden und Lösen aus der Verbundenheit mit der Umwelt, in der sich das Kind zwischen dem 9. und 10. Lebensjahr befindet. Es wird durch ein solches Spiel zur eigenen Initiative aufgerufen, denn es muss von sich aus etwas wollen.

Schneider Stichelkopp

9–11 Jahre

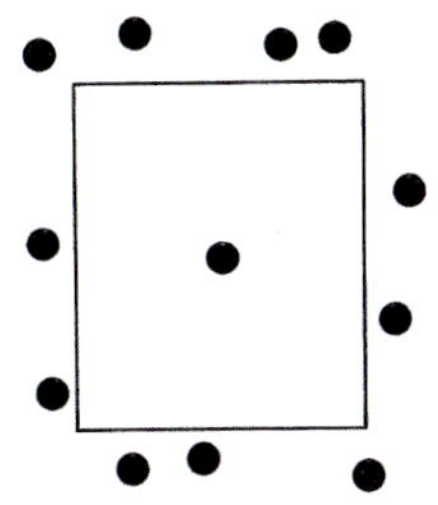

Der Schneider sitzt mit untergeschlagenen Beinen auf der Erde oder auf seinem Bock und tut so, als ob er an einem Rock näht. Das Zimmer wird durch vier Striche angedeutet. Eines der Kinder tritt an ihn heran und fragt ihn:

Schneider, was nähst du da?
Ich nähe einen Rock.
Wem gehört dieser Rock?
Er gehört dem Bürgermeister.
Warum gehört er dem Bürgermeister?
Weil er ihn bezahlt hat.
Warum hat er ihn bezahlt?
Weil er ein ehrlicher Mann ist.
Warum ist er ein ehrlicher Mann?
Das weiß ich nicht.
Wenn du es nicht weißt, dann bist du ein Dummkopf!

Nach diesen Worten springt der Schneider auf und versucht abzuschlagen, wen er nur kann, während von den Übrigen fortwährend gerufen wird: «Schneider, Schneider Stichelkopp, Schneider, Schneider Stichelkopp …» Wer gefangen wird, muss ausscheiden. Aber mehr als ein halbes Dutzend braucht der Schneider nicht zu fangen.

Der Schneider mit der spitzen Nadel und der scharfen Schere ist etwas, was zum Widerspruch reizt. Allein schon durch sein scheinbar monotones Tun und Antworten repräsentiert er etwas, was das Kind gerne aus der Ruhe bringen will. Die Kinder im 9. Lebensjahr sind oft recht gute Schauspieler, sie finden sich in die Rolle des Schneiders mit einer überraschenden Selbstverständlichkeit hinein. Dass die innere Verwandlungsfähigkeit durch Spiele solcher Art besonders geweckt werden kann, erhöht den Reiz des Bewegungsspieles noch um ein Beträchtliches.

Urbär

9–12 Jahre

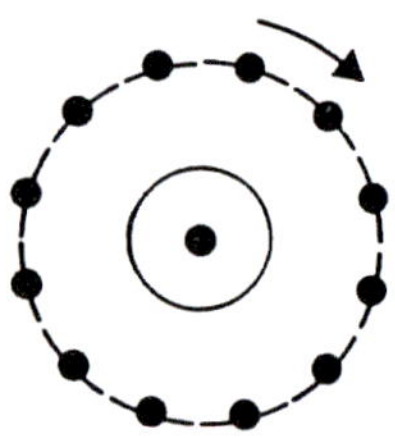

Der Urbär hat eine Höhle, die durch einige Striche angedeutet wird. Die Kinder bilden einen Kreis, fassen sich an und hüpfen im Seitgalopp um die Höhle herum. Dabei rufen sie:

Urbär, Urbär komm heraus,
Bist ja viel zu dumm,
Komm und fang uns, wenn du kannst,
Bist ja viel zu plump.

Nun springt der Urbär auf und versucht, ein Kind zu fangen. In dem Augenblick, in dem er ein Kind berührt, hat er seine Macht verloren. Nun muss auch das gefangene Kind ganz schnell in die Höhle zurück, denn die übrigen Spieler versuchen, die beiden «Bären» mit Schlägen auf das Hinterteil zu vertreiben. Sind sie drin, beginnt das Spiel wieder mit dem Spottvers usw. Ab jetzt müssen die Bären immer in Ketten zu zweien oder dreien jagen. Zerreißt eine Kette, können die Bären wieder in die Höhle getrieben werden. Sieger im Spiel ist der, der als Letzter frei bleibt. Er kann nicht mehr gefangen werden.

Im 9. Lebensjahr beginnt das Kind, seinen Körper anders als vorher zu empfinden. Es entdeckt, dass man auch faul und träge sein kann. Das Ursymbol dafür ist der Bär. Ihn versteht das Kind in diesem Alter sehr gut. Man darf sich vom Bären nicht fangen lassen, sonst ist man nicht mehr frei. Wem es gelungen ist, als Letzter übrig zu bleiben, über den haben die Bären keine Macht. Darin spricht sich eine alte Weisheit aus: «Man muss den Verlockungen des Lebens so lange standhalten, bis man stark genug ist, ihnen nicht zu verfallen.»

Müller und Esel

9–11 Jahre

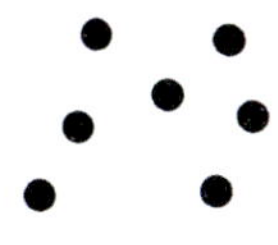

Müller: Esel, wo kommst du her?
Esel: Ich komme aus der Mühle.
Müller: Was hast du getan?
Esel: Ganz kleine Säcke getragen.
Müller: Was war in den Säcken?
Esel: Lauter Bücher.
Müller: Was stand in den Büchern drin?
Esel: Lauter Lieder.
Müller: Sing mir eines vor.
Esel: Vater hat mir noch keins beigebracht.
Müller: Gib mir mal die Peitsche her.
Esel: Wozu denn?
Müller: Dem Esel eins übers Fell zu ziehen.
Esel: Welchen Esel willst du schlagen?
Müller: Dich!
Esel: Mich kriegst du nicht.

Wenn das Zwiegespräch zu Ende ist, läuft der Müller hinter allen übrigen Spielern her, und wenn er eine Anzahl gefangen hat, beginnt ein neues Spiel mit zwei anderen Sprechern.

In jedem Kind steckt in diesem Alter ein kleiner Eulenspiegel, die erwachende Intelligenz will ausgespielt werden, und es bereitet das allergrößte Vergnügen, sie «an den Mann» zu bringen.

Fährmann

9–11 Jahre
1 Brett («Ruder»)

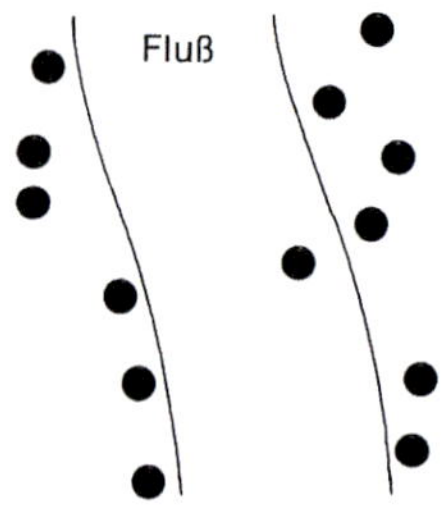

Zwei Striche deuten den Fluss an. Am Ufer sitzt der Fährmann in seinem Boot, er kann aber nicht auf die andere Seite, weil man ihm sein Ruder weggenommen hat. Die Spieler dürfen an Land nicht abgeschlagen werden. Der Fährmann versucht, sein Ruder, das von einer Hand in die andere wechselt, durch Abschlag des Spielers, der es gerade in der Hand hat, zurückzubekommen. Gelingt ihm dies, dann hat er das Spiel gewonnen. Wer sonst abgeschlagen wird, muss dem Fährmann helfen. Das Spiel beginnt mit folgendem Spottvers:

Fährmann sitzt in seinem Kahn,
Weil er nicht mehr rudern kann,
Denn das Ruder haben wir,
Fährmann, Fährmann, hol es dir.

Im 9. Lebensjahr genügen wenige Mittel, um die Fantasie des Kindes zu beleben. Dies geschieht umso besser, je mehr die Beziehung zu einer urbildhaften Gestalt, wie der Fährmann es ist, hergestellt wird.

Böckchen, Böckchen, schiele nicht

9–11 Jahre

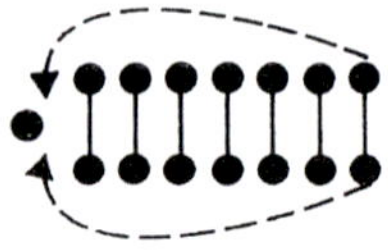

Die Kinder fassen sich zu zweien an und stehen hintereinander. Vor den Paaren steht das Böckchen. Die Kinder sagen folgenden Spruch:

Böckchen, Böckchen, schiele nicht,
Guck uns nicht ins Angesicht,
Eins, zwei, drei, eins, zwei, drei,
Gleich sind wir an dir vorbei.

Dieser Spruch kann ein oder mehrere Male gesprochen werden. Während dieser Zeit kommt das letzte Paar rechts und links vor und versucht, sich vor dem Böckchen wieder zu vereinigen. Wird einer abgeschlagen, dann muss er als neues Böckchen an die Spitze gehen, während das alte Böckchen mit dem anderen Spieler ein neues Paar bildet.

Es macht den Kindern großen Spaß, immer wieder den Spruch zu sagen und zu verfolgen, wie es den beiden geht, die sich getrennt haben und wieder zusammenkommen müssen. Das Böckchen, das sie auseinanderbringen möchte, hat etwas von der Streitlust an sich, die in diesem Alter zu erwachen beginnt.

Fische fangen

9–11 Jahre
Stock mit Schnur
Tennisring

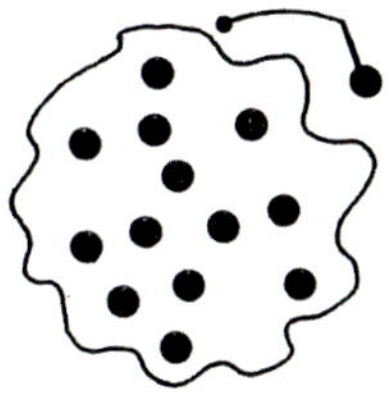

Ein Kreis mit allerlei Ausbuchtungen ist der See. Der Fischer hält seine Angel bereit, einen Stock mit einer Schnur daran, die am Ende durch einen Tennisring oder sonst etwas beschwert ist. Er geht am See entlang und spricht:

Wenn ich zu dem Weiher geh
Und die blanken Fischlein seh,
Nehm ich meine Schnur, und dann
Fang ich, was ich fangen kann.
Eins, zwei, drei,
Der Fischer wirft sein Blei.

Nach diesen Worten schleudert er die Schnur knapp über den Boden und versucht, eines der Kinder im Kreis an den Füßen zu treffen. Wer getroffen wird, muss in den «Korb». Ist der Korb voll, beispielsweise wenn mehr als die Hälfte der «Fische» gefangen sind, dann hat der Fischer seinen Fang für dieses Mal beendet und ein anderer kommt dran.

Ohne die fantasievolle Andeutung ist das Spiel nur halb so viel wert, kommt es doch nicht so sehr auf das Hüpfen an, sondern auf die innere Bewegung, die Angst, die Freude, die Verwandlung in einen Fisch.

Ritter Kuno

9–10 Jahre

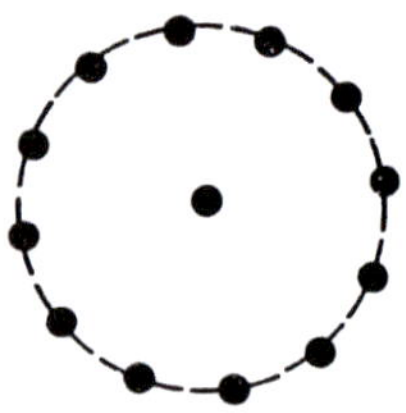

Die Kinder stehen im Kreis und fassen sich an. In der Mitte steht der Ritter Kuno, ein ziemlich garstiger Geselle. Mit folgendem Spottvers wird er verhöhnt:

Ritter Kuno ohne Land,
Bist der Köchin fortgerannt,
Kriegst statt Schinken Wackerstein,
Renn dir nicht den Schädel ein.

Nachdem dieses gesagt worden ist, versucht Kuno auszubrechen, aber die Kinder halten fest und lassen ihn nicht durch, denn sie wissen, dass es zu ihrem Nachteil sein würde. Gelingt es ihm, aus dem Kreis herauszukommen, dann kann er alle abschlagen. Es gibt kein Freimal. Wer abgeschlagen ist, muss helfen, die anderen zu fangen. Der Letzte darf einen neuen Ritter bestimmen, auch sich selbst.

Kuno stellt gewissermaßen alles Unbeherrschte dar, das nur dann ungefährlich ist, wenn es in die Gemeinschaft eingegliedert werden kann. Das ist in diesem Falle der Kreis. Kann sich «Kuno» aber ungehemmt entfalten, dann bringt er den Einzelnen in ein Abhängigkeitsverhältnis zu ihm. Die Kinder haben ein Gefühl für diese Tatsachen und wissen genau, was es mit dem Kuno auf sich hat. Deshalb setzen sie alles daran, das er nicht hinauskommt.

König Langohr

9–10 Jahre
1 Topf

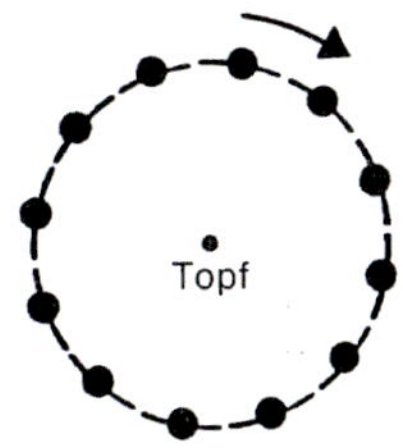

In der Mitte des Platzes befindet sich ein umgestülpter Kochtopf. Einer der Spieler sitzt darauf, während die anderen um ihn herumtanzen und folgenden Spruch sagen:

König Langohr, Suppentopf,
Hast ja einen Eselskopf,
Komm doch her und hol uns ein,
Brauchst dann nicht mehr Esel sein.

Wird es dem Esel zu bunt, dann springt er auf und versucht, jemanden abzuschlagen. Gelingt ihm das, dann muss ihn der Abgeschlagene auf seinen Buckel nehmen und zum Topf tragen. Mit dem neuen Esel wird das Spiel wiederholt.

König Langohr ist der gutmütige Tölpel, der sich immer wieder übers Ohr hauen lässt, dem aber doch einmal der Geduldsfaden reißt. Hat er einen seiner Spotter abgeschlagen, dann ist der Bann gebrochen. Den umgekehrten Suppentopf, an dem er so lange hing, überlässt er einem anderen, nachdem er gezeigt hat, dass auch er etwas kann.

Es ist manchmal sehr lustig, zu beobachten, mit welchem Triumph der vorher Verspottete sich auf den Rücken des Bezwungenen schwingt, um ihn an den Ort seiner Schande zu treiben, wo die Rollen getauscht werden.

Buttfisch, komm wieder

9–10 Jahre

Eines der Kinder hält sich den Arm vor das Gesicht und lehnt sich an einen Baum oder an eine Hauswand. Ein anderes klopft ihm dreimal auf den Rücken und ruft dabei: «Tick, tick, tick, wo soll der hin?» Der Gefragte nennt eine Stelle, zum Beispiel an die Ecke, an die Tür, an den Baum. Wenn alle ihren Platz haben, darf sich der zur

Wand gekehrte Spieler umdrehen und mit lauter Stimme rufen: «Buttfisch, komm wieder!» Jetzt kommen alle, so schnell sie können, zum Mal zurück. Wer zuerst die Wand berührt, sagt: «Tick, tick, tick.» Er ist der neue Frager. Wer zuletzt kommt, muss sich mit dem Gesicht an die Wand stellen.

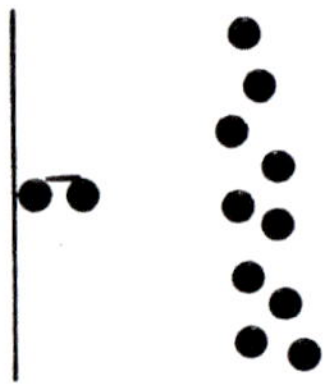

Dieses Mal geht es darum, der Erste zu sein, um so die Regie übernehmen zu können. Der Letzte stellt das blinde Fatum dar, seine Rolle hat etwas Orakelhaftes, denn jeder muss an den Ort, den er nennt. Mit wenigen Kunstgriffen wird dadurch eine Stimmung der Erwartung und des Geheimnisvollen geschaffen, was der kindlichen Psyche sehr wohltut.

Runzelpeter

9–10 Jahre
etwas zum Sitzen

Einer der Spieler sitzt auf irgendeinem Gegenstand. Er ist der Runzelpeter, dessen Blick alles Leben erstarren lässt. Um ihn herum befinden sich in 10 bis 15 Meter Entfernung die Übrigen. Alles blickt voller Erwartung zu ihm hin. Er tut, als ob er schläft, dann aber hebt er langsam den Kopf und spricht:

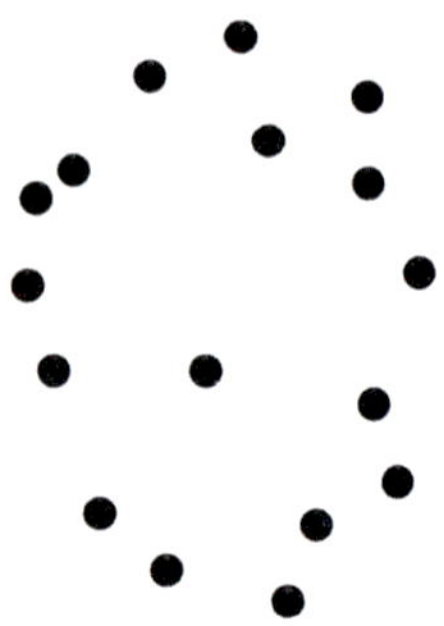

Die Sonne scheint, es fällt der Schnee,
Ich sage komm und sage steh,
Denn wer sich rührt, der darf nicht gehn
Und muss am selben Orte stehen.

Nach diesen Worten beginnt das Spiel: Jeder versucht, hinter dem Rücken des Runzelpeters dicht an ihn heranzukommen und seine Macht durch einen Schlag auf den Rücken zu brechen. Wird er beim Vorangehen ertappt, dann sagt der Runzelpeter mit lauter Stimme: «Justus (oder Lilli) steh!» Der Betreffende wird dann zur Salzsäule und muss am gleichen Fleck verharren, bis das Spiel zu Ende ist.

Der Blick des Runzelpeters lähmt die Bewegung. Er hat die Macht über alles, was sich rührt und regt. Der Runzelpeter ist keine reale Erscheinung, sondern ein Symbol für eine Kraft, die der Mensch später in sich entdeckt, den reinen Verstand. Wo dieser allein zur Geltung kommt, werden Leben und Fortschritt gelähmt.

Karsten Steuermann

9–10 Jahre
1 Brett / 1 Stock

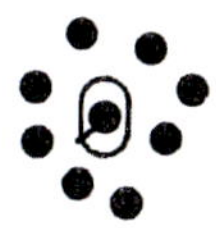

Ein Schiff wird durch eine Planke, also ein einfaches Brett, dargestellt, auf dem der Steuermann steht. Er hat einen Stock in der Hand und versucht, sich damit ein Stück voranzuschieben. Das wird ihm allerdings kaum gelingen. Die übrigen Mitspieler stimmen daraufhin folgenden Spottvers an:

Karsten, Karsten Steuermann,
Hast ein Schiff und kommst nicht an,
Sitzt auf Grund und kommst nicht weg,
Karsten, Karsten, sitzt im Dreck.

Wer durch Abschlag mit dem Stock, dessen Ende den Boden nicht verlassen darf, getroffen wird, muss den Verhöhnten ablösen. Verlässt Karsten sein Schiff, dann versuchen die anderen, es zu entführen, das heißt aus einem Kreis, der den See darstellt, herauszuziehen.

Der Fantasie des Kindes genügt ein einfaches Brett, das ihm ein ganzes Schiff ersetzt. Darüber hinaus sollte nicht vergessen werden, dass jeder sein Lebensschifflein zu steuern hat und danach trachten muss, voranzukommen. Geht es einmal nicht weiter, dann kommen große und kleine Schwierigkeiten – man muss alles daransetzen, um ihrer Herr zu werden.

Mahle, mahle, Müller Max

9–10 Jahre
2 Bretter

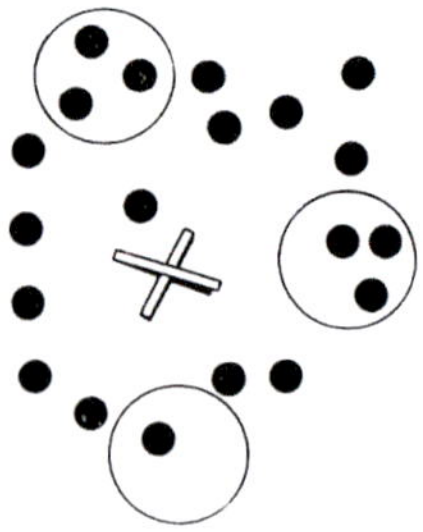

Die Flügel einer Mühle werden durch zwei Bretter angedeutet, die quer übereinander liegen. In einiger Entfernung davon tut der Müller so, als ob er schläft. Die anderen aber klappern mit den beiden Brettern und rufen dabei:

Mahle, mahle, Müller Max
Deine Mühle hat 'nen Knax,
Klappert wie ein alter Gaul,
Denn der Müller Max ist faul.

Der Müller erwacht durch den Lärm, steht auf und versucht abzuschlagen, wer in seiner Nähe ist. Es gibt drei Freimale, Kreise von etwa drei Meter Durchmesser. Wer abgeschlagen ist, hat ebenfalls Schlagrecht und muss die Male bewachen, darf aber selbst nicht hinein. Schließlich sind so viele Wächter da, dass sich keiner mehr herauswagt und der Müller seine Ruhe hat.

Der faule Müller ist den Kindern ein Dorn im Auge, denn sie lieben das unermüdlich Tätige noch über alles. Aber im Verlauf des Spieles müssen sie erleben, dass einer nach dem anderen in den Dienst des Gegenparts gelangt, womit die eigene Aktivität eingeschränkt wird. Das ist der Lauf der Welt. Groß ist die Freude der Kinder allerdings, wenn sie sich diesem Zugriff entziehen können.

Bauer Kohlstrunk

9–10 Jahre
einige Steine

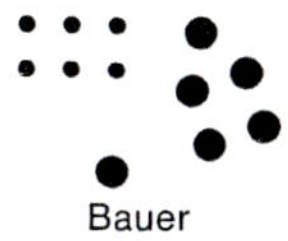

Ein paar Steine stellen die Rüben dar, die der Bauer Kohlstrunk liebevoll betrachtet. Er wird durch folgenden Spottvers geärgert:

Bauer Kohlstrunk, deine Rüben
Sind schon wieder klein geblieben,
Wachsen nicht auf deinem Mist,
Weil du Bauer Kohlstrunk bist.

Der Bauer läuft hinter den Kindern her, und wer mit drei Schlägen gefangen wird, muss auf den Acker und sich als Rübe dort hinhocken. Es gibt kein Freimal. Schließlich sind alle gefangen. Zum Schluss sagt der Bauer:

O wie schön, o wie schön,
Sind die Rüben anzusehn,
Alle sind nach meinem Sinn,
Weil ich Bauer Kohlstrunk bin.

Es macht den Kindern außerordentlich viel Spaß, zu sehen, wie ihresgleichen in Rüben verwandelt werden – solange man nicht selbst gefangen wird. Man strengt sich also tüchtig an, und das ist schon ein großer Gewinn.

Bäcker Bullerjan

9–10 Jahre
Steine

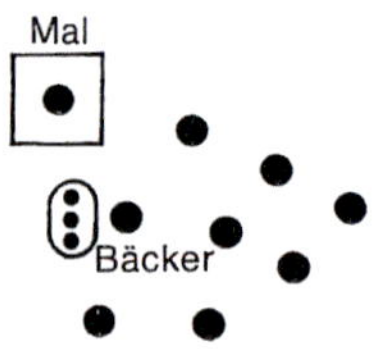

Ein Backofen wird in irgendeiner Weise angedeutet, ein paar Steine darin sind die Brötchen. Während der Bäcker sie herausholt, stimmen die Kinder folgenden Spottvers an:

Bäcker, Bäcker Bullerjan,
Deine Brötchen brennen an,
Hol sie raus und iss sie auf,
Glaube nicht, dass ich sie kauf.

Wer abgeschlagen wird, muss in ein Gefangenenmal. Der Bäcker muss aber aufpassen, dass ihm inzwischen nicht seine Brötchen gestohlen werden. Es darf immer nur eines mitgenommen werden. Sind sie alle weg, hat er verloren. Ist aber noch eines drin, dann kann er durch das Abschlagen der Diebe, die ihre Beute wieder hergeben müssen, um ihre Freiheit trotz des Abschlags zu behalten, sein Hab und Gut wiederbekommen. Sind mehr als die Hälfte der Mitspieler abgeschlagen, dann hat er gewonnen.

Infolge seines bewegten und realistischen Spielcharakters ist die vorliegende Spielform bei den Kindern sehr beliebt. Es gehört von beiden Seiten sehr viel Geschick dazu, es für sich zu entscheiden.

Schuster Streifenpech

9–10 Jahre

Der Schuster klopft mit seinem Hammer und tut so, als ob er einen Schuh besohlt, flickt oder näht. Die anderen ärgern ihn mit folgendem Spottvers:

Schuster, Schuster Streifenpech,
Alle Kinder laufen weg,
Schuster, fass uns bloß nicht an,
Sonst bleibt einer kleben dran.

Wird es ihm zu bunt, dann springt der Schuster auf und fängt durch Abschlag, wen er erreichen kann. Jeder Gefangene muss mit ihm laufen, bis die Kette so lang ist, dass insgesamt sechs daran hängen. Damit ist das Spiel zu Ende. Reißt die Kette vorher ab, dann kann der Schuster und sein Gefolge in sein Haus geprügelt werden.

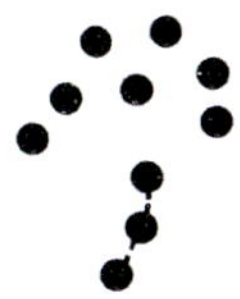

Mit jedem Spieler, der die Kette um ein Glied vermehrt, wird es schwerer, noch einen abzuschlagen. Der Schuster stellt in diesem Zusammenhang eine Seelenqualität dar, der es an der notwendigen Frische fehlt. Er kommt von sich selbst nicht los und wer ihm zu nahe kommt, wird genauso. Es bereitet den Kindern großes Vergnügen, die an der Kette Hängenden tüchtig zu verspotten, worüber diese allerdings nicht allzu sehr erbaut sind. Aber darin liegt gerade der besondere Anreiz zu diesem Spiel.

Vier Räuber

9–11 Jahre

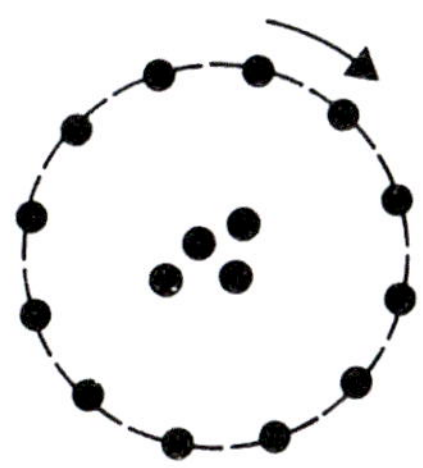

Ach, wie ist die Welt so schön,
Wenn wir so spazieren gehn,
Immer lustig und vergnügt,
Weil uns keiner fängt und kriegt.
Die Uhr schlägt eins,
Die Uhr schlägt zwei,
Die Uhr schlägt drei, usw. bis zwölf.

Während sie das sagen, fassen sich die Kinder an und tanzen im Kreis herum. Die Räuber hocken in der Mitte, springen bei zwölf auf und versuchen, möglichst viele abzuschlagen, bis die Kinder ein vorher ausgemachtes Freimal erreicht haben. Das Spiel wird so lange wiederholt, bis die Räuber alle gefangen haben.

Die Räuber sind etwas, was dem Kind zunächst noch fremd ist, denn ihr Sinnen und Trachten ist ganz auf Beute und Besitz ausgerichtet. Die im Kreis herumtanzenden Kinder haben aber noch ein Verhältnis zum Selbstlosen. Wenn die Zeit abgelaufen ist, kommen die Räuber, und keinem gelingt es auf die Dauer, sich ihrem Zugriff zu entziehen. Das Zählen bis zwölf hat etwas ungemein Spannendes und Aufregendes.

Herr der Welt

9–11 Jahre
1 Fahne

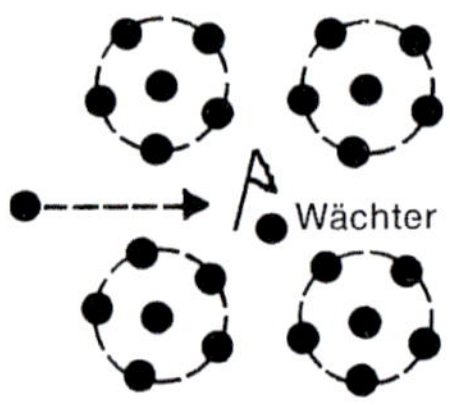

Die Kinder teilen sich in vier gleiche Gruppen und bilden durch Anfassen ebenso viele Kreise. In der Mitte steht eine Fahne. In jedem Kreis befindet sich ein Kind. Ein fünftes ist übrig und hat keinen Kreis. Die Fahne wird von einem Wächter bewacht, der die Aufgabe hat, das fünfte Kind zu fangen, er muss aber aufpassen, dass dieses nicht seine Fahne erreicht. Betritt das fünfte Kind einen Kreis, dann muss das darin befindliche sofort Platz machen und selbst hinausgehen. Der Wächter hat gewonnen, wenn er das draußen befindliche Kind abschlägt.

Es ist gut, die Kinder von Zeit zu Zeit zusammenzufassen und eine Art kleines Schauspiel mit wenigen Akteuren vor ihren Augen zu inszenieren. Wer die mittlere Fahne zu fassen bekommt, ist Herr der Welt. Die vier Spieler in den Kreisen sind Herren eines Königreiches. Das fünfte Kind, das draußen steht, ist weniger und doch mehr als die vier, denn es kann Herr der Welt werden, obwohl es gar nichts besitzt. Die vier Könige müssen in ihrem Reich bleiben, bis sie abgelöst werden. Wenn man alles erreichen will, muss man vorher seine Sache auf das Nichts einstellen. Diese einfache Moral sollte nicht ausgesprochen, aber durch das Spiel selber den Kindern recht deutlich vor Augen geführt werden.

Schneidezeck

Das einfache Fangen mit Abschlagen wird dadurch erschwert, dass immer derjenige, der zwischen Fänger und Verfolgten durchläuft, von dem Ersteren weiter verfolgt werden muss.

9–12 Jahre

Dieses Spiel regt in einer ganz besonderen Weise zur Initiative an, und es ist so einfach, dass sich oft eine Möglichkeit findet, es zu spielen.

Bruder hilf

Eines der Kinder versucht, die anderen zu fangen. Wer einen anderen anfasst, kann nicht abgeschlagen werden.

9–12 Jahre

Es fördert den Gemeinschaftssinn und bringt die Kinder zueinander, wenn man ihnen Gelegenheit gibt, dem anderen zu helfen.

Dritten abschlagen

Zwei Kinder stehen immer hintereinander, alle zusammen bilden einen Kreis. Eine Zweiergruppe wird herausgenommen, einer ist der Läufer, der andere Fänger. Stellt sich der Läufer vor ein Paar, dann muss der Letzte weglaufen. Wird er mit Abschlag gefangen, dann geht es umgekehrt weiter.

9–12 Jahre

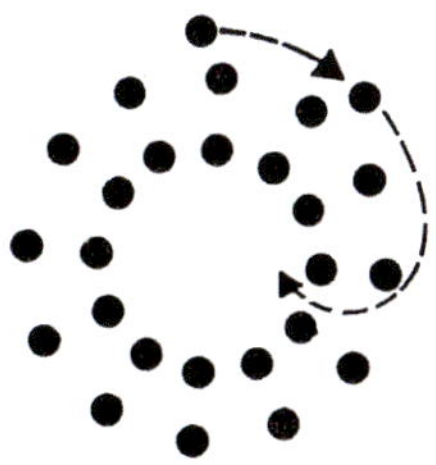

Mit einer plötzlich veränderten Situation fertig zu werden, ist der eigentliche pädagogische Wert dieses und des folgenden Spiels, die im 9. Lebensjahr nicht versäumt werden sollten.

Ziegen kaufen

9–12 Jahre

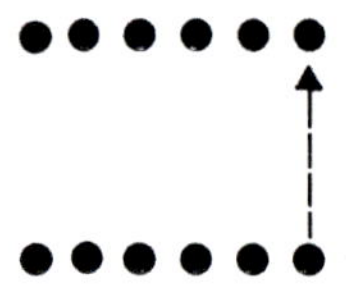

Zwei gleich große Parteien stehen an den Seiten des Spielfeldes (ca. 15 bis 20 Meter). Wechselweise geht ein Spieler als «Käufer» (genaue Reihenfolge!) über das Spielfeld zur anderen Partei zum «Ziegenkauf». Alle Spieler stehen an der Spielfeldgrenze, die linken Hände brusthoch nach vorn gestreckt (Handflächen nach oben). Die rechten Hände sind kopfhoch erhoben zum Abschlagen. Nun macht der «Käufer» drei Schläge auf die linken Hände der «Ziegen». Nach dem dritten Schlag rennt er zu seiner Partei zurück. Der Spieler, der den dritten Schlag erhalten hat, versucht nun, den zurücklaufenden «Käufer» abzuschlagen. Gelingt ihm dies, so ist der «Käufer» die «Ziege», gelingt es ihm nicht, folgt er als «Ziege» seinem Herrn. Die Ziegen stehen hinter ihrem «Herren», der sie gefangen hat. Wird dieser im Laufe des Spieles selbst gefangen, sind all seine Ziegen wieder frei.

Netzfangen

9–12 Jahre

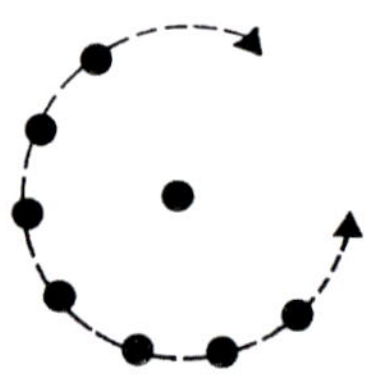

Zwölf bis fünfzehn Kinder bilden das große Netz, die übrigen sind die Fische, welche gefangen werden müssen. Gelingt es den beiden Endspielern, das Netz zu schließen und einen geschlossenen Kreis um einen oder mehrere Fische zu machen, dann sind diese gefangen.

Beim Anblick des großen Netzes bekommen manche Kinder eine gewisse Furcht, die tief im Unterbewusstsein schlummert. Sie wollen sich nicht in den Maschen verstricken oder rundum eingeschlossen werden. Das Umzingeltwerden ist ihnen unbehaglich – sie wollen sich lieber frei entfalten.

Wechselt die Bäumchen, eins, zwei, drei

9–11 Jahre
Gegenstände
zum Markieren

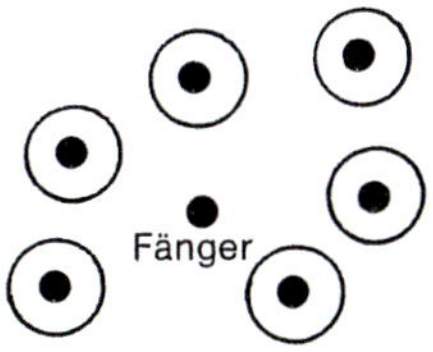

Jedes Kind steht in einem kleinen Kreis, seinem Haus, nur der Fänger steht außerhalb. Er klatscht dreimal in die Hände und ruft dabei:

Wechselt die Bäumchen, eins, zwei, drei!

Daraufhin müssen die alten Häuser verlassen werden, und jedes Kind versucht, ein frei gewordenes neues Haus zu erreichen. Wer zuerst ein solches betreten hat, hat das Vorrecht. Es gelingt selbstverständlich nicht allen Kindern sogleich, sich eine neue Wohnung zu beschaffen. Diese Augenblicke nutzt der Fänger aus, um so viel wie möglich abzuschlagen. Wer abgeschlagen ist, muss so lange draußen warten, bis ein neues Spiel beginnt. Die Häuser der Abgeschlagenen werden vom Fänger besetzt, der sie mit irgendeinem Gegenstand belegt. Der Letzte darf neuer Fänger sein.

Bis zum 9. Lebensjahr haben viele Kinder das Verlangen nach einer «nesthaften Geborgenheit». Erst wenn sie die notwendige Sicherheit entwickelt haben, suchen sie das Abenteuer. Um diese Zeit muss auch das vorliegende Spiel gespielt werden, denn es gibt dem Kind die Möglichkeit, Impulse zu entwickeln, die im Sinne seiner Fortentwicklung wirken.

Einhorn

9–11 Jahre
1 Gerte

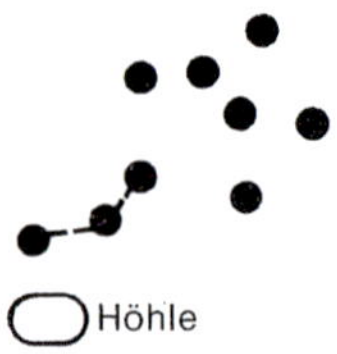

In einer Ecke des Spielplatzes haust das Einhorn, es hat eine leichte Gerte, die das Horn darstellen soll. Zu Beginn des Spieles tut es so, als ob es schläft, dabei schnarcht es, so laut es kann. Die übrigen Mitspieler necken das Einhorn mit folgendem Spruch:

Einhorn Menemakel,
Mach nicht so 'n Spektakel,
Holschentrab, Holschentrab,
Komm doch her und schlag uns ab.

Das Einhorn versucht, die Spottenden abzuschlagen. Wer berührt wird, muss das Einhorn mit einer Hand anfassen, jeder nachfolgende macht die Kette länger. Reißt die Kette ab, dann lassen alle schnell los und laufen zur Höhle, um nicht geschlagen zu werden, denn nur, wenn das Einhorn ganz ist, hat es Gewalt über die anderen. Man kann vorher beschließen, ob alle oder nur eine bestimmte Anzahl gefangen werden müssen.

Man kann den Kindern erzählen, dass das Einhorn mit seinem langen Horn recht böse ist, jeden mit seinem langen Horn aufspießen will und immer mehr haben möchte. Es ist eine Art Nimmersatt. Aber je mehr es fängt, umso unbeweglicher wird es. Diese Tatsache steht sehr anschaulich vor den Kindern und macht offenbar, dass man durchaus etwas einbüßen kann, wenn man etwas gewinnt.

Guten Morgen, Herr Nachbar

9–11 Jahre

Die Kinder stehen im Kreis und fassen sich an. Eines steht außerhalb, es läuft hinter den anderen vorbei und gibt irgendeinem Kind einen Schlag auf den Rücken. Dieses läuft entgegengesetzt herum, bis sich beide treffen. Dann bleiben beide stehen und geben sich die Hand, wobei das abgeschlagene Kind sagt: «Guten Morgen, Herr

Nachbar, wie geht's, wie steht's? Auf Wiedersehen!» Nach diesen Worten laufen beide in der alten Richtung weiter. Wer zuerst in die Lücke gelangt, hat seinen Platz, während der andere sich weiter wie vorher darum bemühen muss.

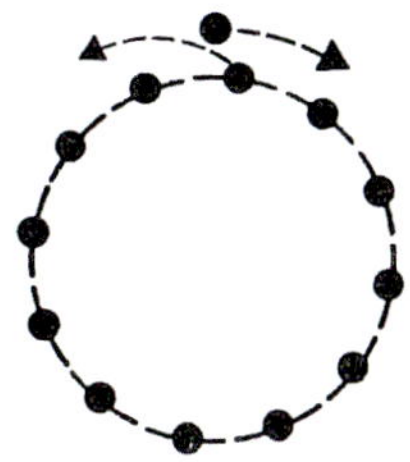

Wichtig ist bei diesem Spiel die kleine Pause der Besinnlichkeit, wenn die beiden Läufer zusammenkommen und sprechen müssen. Dieser kurze Augenblick stärkt das Selbstbewusstsein, weil das Kind dazu angehalten wird, für einen Moment zu sich selbst zu kommen.

Kette schmieden

9–12 Jahre

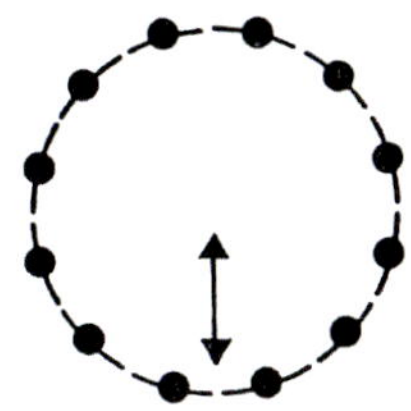

Zehn bis zwanzig Kinder fassen sich an und sprechen folgenden Spruch, dabei werden acht kleine Schritte nach vorn gemacht:

Eins, zwei, drei, ich gehe vor
Durch das große Scheunentor.

Dann werden mit folgendem Spruch acht große schnelle Schritte rückwärts gemacht:

Laufe rückwärts dann bis acht,
In die Hölle, wenn es kracht.

Wer loslässt, muss ausscheiden. Die Kette hält, wenn sie dreimal nacheinander nicht gerissen ist.

Vom 9. bis 12. Lebensjahr wird dieses Spiel mit großem Einsatz gespielt. Es ist eine Art Probe, und wer diese bestanden hat, kann stolz darauf sein.

10. Lebensjahr

Die Hexe von Babylon

10–11 Jahre

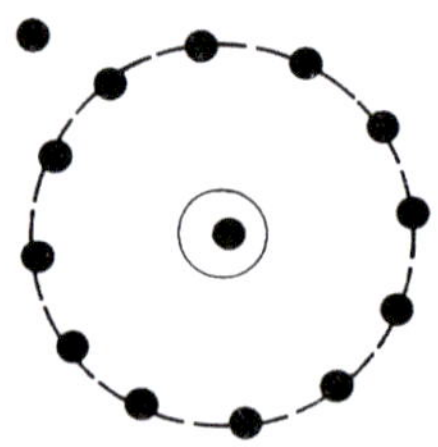

Die Kinder stehen im Kreis und fassen sich an. Die Hexe von Babylon hockt in der Mitte und hat einen kleinen Kreis um sich herum gezogen. Ihr Gegenspieler ist der Kasper Frohgemut, der sich außerhalb des großen Kreises befindet. Die Hexe von Babylon beginnt mit folgendem Spruch:

Ich bin die Hexe von Babylon,
Mich kennen alle Kinder schon,
Ich mache alle Türen zu,
Dann hab ich endlich meine Ruh,
Will zählen meine Steinerlein,
Drum muss ich ganz alleine sein.

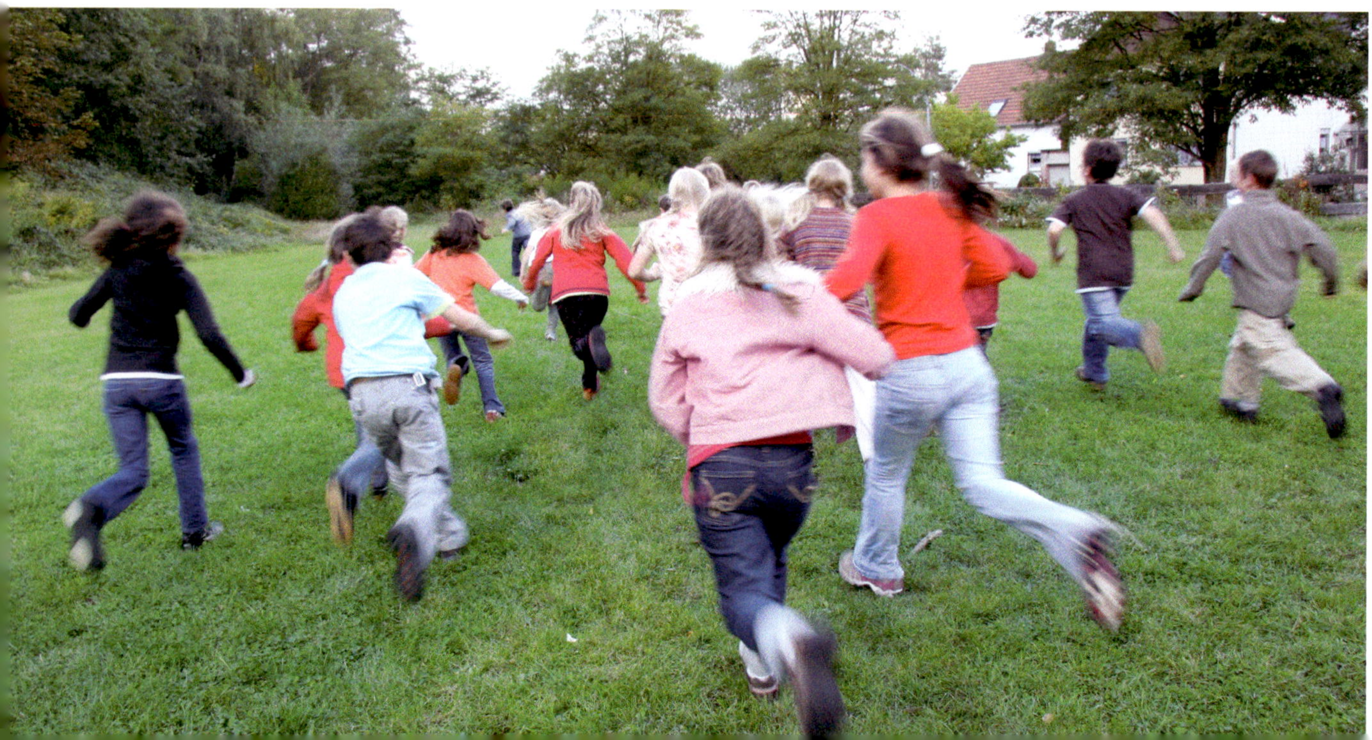

Sie nimmt ein paar Steine in die Hand und prüft sie, als ob es lauter kostbare Edelsteine wären. Nachdem sie das getan hat, kommt der Kasper Frohgemut und sagt:

	Hexe von Babylon, wie spät ist es?
Hexe:	Es ist noch Zeit,
	Drei Stunden vor der Ewigkeit.
Kasper:	Hexe von Babylon, wie spät ist es?
Hexe:	Es ist noch Zeit,
	Zwei Stunden vor der Ewigkeit.
Kasper:	Hexe von Babylon, wie spät ist es?
Hexe:	Lass das sein,
	Kommt keiner rein,
	Auch du kommst nicht,
	Du krummer Wicht.
Kasper:	Der Kasper kommt, verlass dich drauf,
	Und er macht alle Türen auf.

Jetzt gilt folgende Regel: Der Kasper darf die Hexe abschlagen, wenn er von außen kommt und diese nicht in ihrem Kreis ist. Die Hexe darf den Kasper abschlagen, sobald sie gewahr wird, dass dieser von außen in den Kreis hereinkommt, sie muss sich aber vorher in ihrem Kreis befinden. Die Aufgabe des Kaspers ist es, unter den Händen der Kinder, die den großen Kreis bilden, durchzuschlüpfen, an drei Kindern vorbeizulaufen und dann die Fassung des dritten und vierten zu lösen. Damit hat er eine Tür geöffnet. Über den äußeren Kreis hinaus darf die Hexe den Kasper nicht verfolgen. Hat der Kasper alle Türen von innen aufgemacht, dann sind alle frei. Er hat aber auch gewonnen, wenn er den inneren Kreis betritt, der von der Hexe bewacht wird und in dem sie ihre Schätze versteckt hält. Gelingt es der Hexe, den Kasper abzuschlagen, dann hat sie gewonnen.

Man kann den Kindern nicht sagen, dass alles Leben erstarren müsste, wenn die Welt nur von Maß, Zahl und Gewicht beherrscht würde. Was aber dann aus den

Menschen würde, wird quasi durch die Hexe veranschaulicht. Man kann durch Spiele wie dieses eine solche Wahrheit anschaulich machen und im erlebenden Tun nahebringen. Im 10. Lebensjahr ist das Kind für Probleme solcher Art außerordentlich aufgeschlossen.

Waldkönig

9–10 Jahre

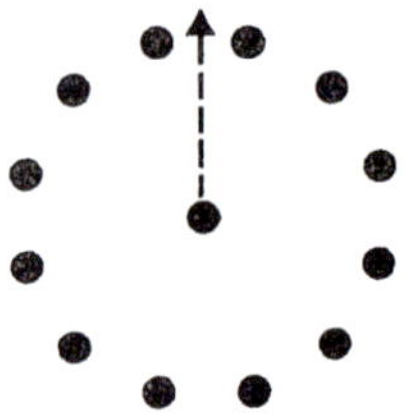

Die Kinder bilden einen Kreis, stehen aber so, dass man gut an zwei nebeneinander stehenden vorbei kann. In der Mitte befindet sich der Waldkönig, der den Kreis verlassen und wieder betreten muss. Läuft er zwischen zwei Spielern hindurch nach außen, dann müssen diese ihn verfolgen und auf alle Fälle verhindern, dass er wieder in den Kreis hinein kann, denn sonst sind sie seine Diener.

Der Waldkönig will natürlich so viele Spieler wie möglich zu seinen Dienern machen. Wird er abgeschlagen, dann sind alle wieder frei und es beginnt ein neues Spiel.

Es ist leichter, etwas zu verlassen oder aufzugeben, als sich etwas Neues zu erobern. In dieser Situation befindet sich das Kind etwa im 9. bis 10. Lebensjahr. Es verlässt den Bereich seiner seelischen Geborgenheit und strebt in die Welt. Das vorliegende Spiel rechnet mit einer solchen Disposition und gibt ihm daher die Möglichkeit, in einer gesunden Weise mit sich fertig zu werden.

Geisterkönig

10–11 Jahre

Teilnehmerzahl nicht mehr als etwa ein Dutzend. Alle fassen sich an. Der Geisterkönig steht in der Mitte. Er beginnt zu zählen: «Eins, zwei, drei …» bis zehn und spricht dann weiter: «Alle Kinder müssen schlafen gehn.» Jetzt hocken sich alle nieder und halten die Hände vor die Augen. Der Geisterkönig geht fortwährend um den Kreis herum und spricht dabei:

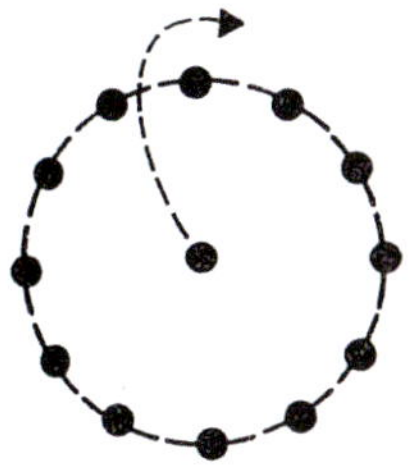

Die Sonne scheint um Mitternacht,
Der Geisterkönig ist erwacht,
Komm mit, komm mit und reih dich ein,
Darfst aber nicht der Letzte sein.

Bei «Komm mit, komm mit und reih dich ein» holt sich der Geisterkönig seine Getreuen, indem er einen oder mehrere an der Schulter berührt. Die Betreffenden erheben sich und gehen so leise wie nur möglich hinter ihm her. Der Spruch wird so lange wiederholt, bis der Geisterkönig alle in sein Gefolge eingereiht hat, nur der Letzte sitzt noch und schläft. Er muss nun allein aufwachen. Tut er dies, ist er der neue Geisterkönig. Sonst sagt der Geisterkönig für ihn den Spruch noch dreimal, und schläft der Betreffende jetzt noch immer, dann rufen alte laut:

Schlafe, altes Murmeltier,
Alle andern sind schon hier,
Wärst du richtig aufgewacht,
Wärst du König über Nacht.

Dann beginnt ein lustiges Fangenspielen, Fänger ist der Letzte, der so lange ausgelacht wird, bis er einen abgeschlagen hat. Dann wird ein neuer Geisterkönig bestimmt. Es ist darauf zu achten, dass keines der Kinder aufblickt, ehe es vom Geisterkönig berührt wird. Wer vorzeitig die Augen aufmacht, wird von ihm fortgeschickt.

Man muss warten können, aber auch wissen, wann man zur rechten Zeit etwas zu tun hat. Nicht zu früh und nicht zu spät etwas tun, das ist eine Kunst, die auch dem Erwachsenen nicht ganz leicht fällt. Im 10. Lebensjahr ist das Kind gerade alt genug, einen solchen Impuls aufzunehmen. Mädchen können das im Allgemeinen besser als Jungen, aber beide sind mit großer Erwartung bei diesem Spiel.

Wassermann

10–12 Jahre

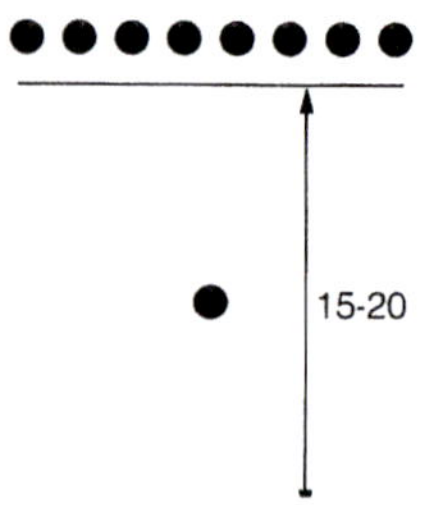

Zwei gerade Striche, 15 bis 20 Meter voneinander entfernt, markieren den Fluss. Die Kinder stehen an einem Ufer. In der Mitte bewegt sich der Wassermann und ruft:

Ich bin der wilde Wassermann,
Und fange, wen ich fangen kann,
Lauft, lauft, lauft.

Jetzt eilen alle Kinder hinüber. Wer abgeschlagen wird, hockt sich nieder, er ist in einen Kieselstein verwandelt worden und liegt nun tief unten im Flussbett. Das gleiche Schicksal erleidet derjenige, der nur einen Schritt zurück geht. Jedes Mal sagt der Wassermann seinen Spruch, und jedes Mal wechseln die Kinder das Ufer. Wenn ein Dutzend von ihnen abgeschlagen worden ist, hat der Wassermann die Partie gewonnen. Gelingt es jedoch den Kindern, einmal die andere Seite zu erreichen, ohne dass eines von ihnen gefangen wird, dann sind alle, die bis dahin verzaubert worden sind, frei, und der Wassermann hat verloren.

Den Kindern fällt es nicht schwer, sich einen richtigen Fluss vorzustellen. Auch der Wassermann wird durchaus als seelische Realität empfunden. Dass man von einem Ufer zum anderen im steten Wechsel sich hin und her bewegen muss, ist dem Kind innerlich vertraut, denn alle organischen Prozesse enthalten ja diese Polarität. Einatmen und Ausatmen, Schlafen und Wachen, Tag und Nacht, Sommer und Winter, in solchen Gegensätzen bewegt sich das Leben. Aber es gibt auch Kräfte, die dem gesunden Wechsel entgegenstehen, ja stehen müssen.

Siebenschläfer

10–13 Jahre
1 Turnmatte

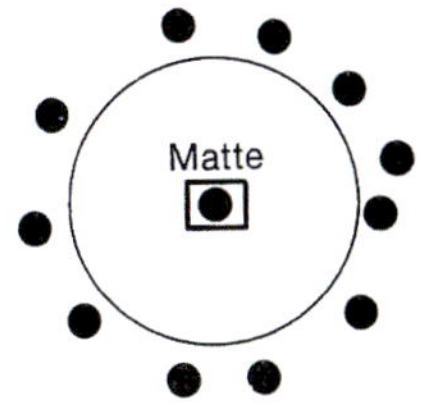

Der Siebenschläfer liegt auf einer alten Matte, sein Reich ist abgegrenzt durch einen Kreis von sechs bis acht Meter Durchmesser. Die Kinder versuchen, die Matte des Siebenschläfers aus dem Kreis herauszuziehen. Er kann alle abschlagen, die sich im Kreis befinden. Hat man ihm die Matte ein Stück weggezogen, dann springt er auf und versucht abzuschlagen, wer in seiner Reichweite ist. Dann bringt er die Matte wieder in die Mitte des Kreises. Die anderen versuchen, ihn daran zu hindern, müssen aber aufpassen, dass er sie nicht zu fassen bekommt. Gelingt es ihnen, die Matte aus dem Kreis herauszuziehen, dann ist das Spiel zu Ende.

Das natürliche, gesunde Kind ist aktiv, es liebt die Tätigkeit als solche und verabscheut die Passivität. Tätigkeit ist sein Lebensinhalt. Der Faule hat keinen rechten Platz in seiner Sphäre, daher muss er gestört und aufgescheucht werden. Die Matte, auf der er sich ausruhen kann, also seine eigentliche Lebensgrundlage, soll ihm entzogen werden.

Mützendieb

ab 10 Jahre
1 Pudelmütze
1 Stock

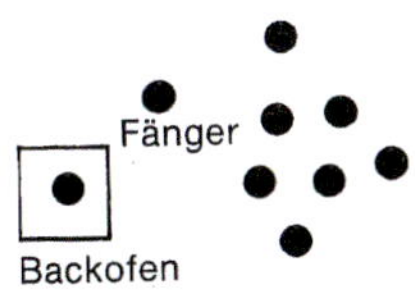

Einer der Mitspielenden trägt eine Pudelmütze. Er schlägt ab, so viel er kann, und schickt seine Gefangenen in den «Backofen». Wird ihm die Mütze vom Kopf genommen, ohne dass der Dieb vorher von ihm berührt wurde, sind alle Gefangenen wieder frei. Der neue Besitzer der Mütze löst den alten ab. Gewonnen hat derjenige, dem es gelingt, alle Übrigen in den Ofen zu werfen. Der Fänger hat einen kleinen Stock zum Abschlagen.

Die Mütze als Zeichen der Macht setzt voraus, dass man auch die notwendige Um- und Übersicht hat. Man muss einfach alles überschauen, sonst verdient man diese Macht nicht.

Wackermann, wehr dich

ab 9 Jahre
1 dicker Strick,
6–7 Meter lang

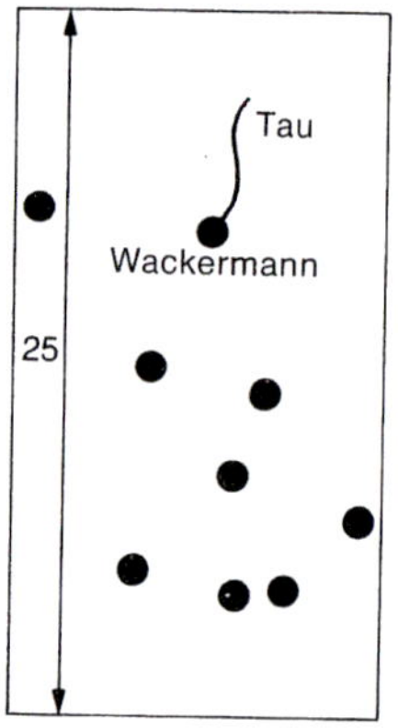

Ein gewöhnlicher Platz von mindestens 25 Meter Länge. Einer der Spieler muss den Platz überqueren. Er hat einen dicken Strick in den Händen, dessen freies Ende über die Schulter gelegt ist und noch etwa fünf Meter nachschleppt. Die Kinder dürfen mit den Füßen darauf treten, ihn aber nicht festhalten. Will der Wackermann sein Ziel erreichen, muss er sich umdrehen und sie verscheuchen. Wer abgeschlagen ist, muss ausscheiden. In einer festgelegten Zeit muss es dem Wackermann gelungen sein, den Platz zu überqueren, sonst hat er sein Ziel nicht erreicht.

Keiner entrinnt seiner Vergangenheit, auch Wackermann nicht. Vieles, was von gestern ist, durchkreuzt seine Zukunftsabsichten, aber er muss damit fertig werden und sich nicht von seinem Ziel abbringen lassen. Vom 9. bis 13. Lebensjahr hat dieses Spiel eine nicht zu unterschätzende Bedeutung, es kann aber auch von älteren Schülern gespielt werden.

Vogelscheuche

10–12 Jahre
1 Hut
1 Sprungständer

Alle Spieler fassen sich an und bilden einen Kreis. In der Mitte steht ein Sprungständer mit einem alten Hut darauf. Es wird kräftig gezogen. Wer den Ständer berührt, muss den Hut aufsetzen und versuchen, die anderen abzuschlagen, die sofort das Weite suchen.

Solange der Spieler mit dem Hut (die Vogelscheuche) den Ständer berührt, kann keiner zurückkehren. Sobald er ihn aber loslässt, können sich die anderen durch Berühren des Ständers retten. Ein anderes Freimal gibt es nicht. Die Vogelscheuche versucht, möglichst viele Spieler abzuschlagen. Sind alle Spieler am Freimal oder abgeschlagen, beginnt ein neues Spiel.

Wer so ungeschickt ist, dass er die Vogelscheuche berührt, muss deren Funktion übernehmen, d.h. er muss das Feld von ungebetenen Gästen freihalten. Den Kindern macht es großen Spaß, als Stare, Drosseln oder Spatzen die Vogelscheuche zu ärgern und schließlich durch Berühren des Ständers unter Beweis zu stellen, dass sie stärker sind.

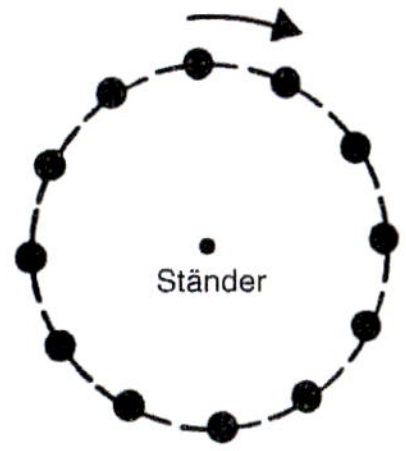

Vogel fliege und komm wieder

10–12 Jahre
1 Tennisring

Einer der Mitspielenden ruft mit lauter Stimme: «Vogel fliege und komm wieder!» Mit diesen Worten wirft er einen Tennisring möglichst weit fort. Die anderen laufen hinterher. Wer ihn bekommt, sagt wieder, indem er den Ring fortwirft: «Vogel fliege und komm wieder!» Wer geworfen hat, braucht nicht mehr zu laufen. Ist schließlich nur noch ein Werfer und ein Läufer übrig, dann sagt der Werfer: «Vogel fliege und fang mich!» Dann muss der Letzte hinter dem Ring herlaufen, ihn auf den Kopf legen und, ohne ihn fallen zu lassen, einen anderen Spieler abschlagen. Gelingt ihm das, dann beginnt ein neues Spiel.

Während alle anderen den Ring weitergeben durften, bleibt es am Letzten haften. Er muss nun ganz besonders geschickt sein, um davon loszukommen. Oft dauert es ziemlich lange, bis ihm ein Abschlag gelingt, und nicht selten fällt ihm der Ring vom Kopf; dann muss er ihn wieder auflegen und darf während dieser Zeit keinen abschlagen. Die anderen hänseln ihn ständig, aber er kann es ihnen nicht so heimzahlen, wie er es wohl möchte. Diese Diskrepanz gibt dem Spiel eine eigene Note und verursacht viel Heiterkeit.

Karnack, komm

10–11 Jahre
1 Bock

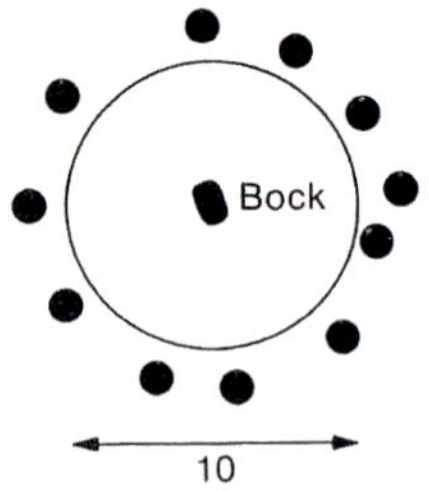

In der Mitte eines Kreises von zehn Meter Durchmesser steht ein Bock, unter dem ein Spieler kauert. Es ist Karnack, der Zwerg, der seine Schätze, darunter eine Krone, bewacht. Wer sich auf den Bock setzt, ohne vorher abgeschlagen zu werden, ist König. Karnack hat nur innerhalb des Kreises Schlagrecht Die Abgeschlagenen müssen ausscheiden und so lange warten, bis es einem gelingt, auf den Bock zu springen. Dann wird ein anderer Spieler zum Wächter bestimmt. Am Anfang gehen die Mitspielenden im Kreis herum und sprechen folgenden Spottvers:

Karnack, komm und wasche dich,
Böser Zwerg, und hasche mich,
Sitze ich auf deinem Thron,
Hole ich mir meinen Lohn.

Mut und Besonnenheit, aber auch eine gewisse Geschicklichkeit und Übersicht gehören dazu, dieses Spiel durchzuführen. Aus diesem Grunde passt es gut in das 10. Lebensjahr, wo das Kind auch im Spiel eine Aufgabe lösen oder eine Probe bestehen will. Das aufkeimende Gefühl der Selbstständigkeit wird mächtig angespornt, wenn es gilt, sich auf einen Thron zu setzen, um Macht und Reichtum zu gewinnen.

11. Lebensjahr

Wer erlöst mich?

11–13 Jahre
1 Sprungständer

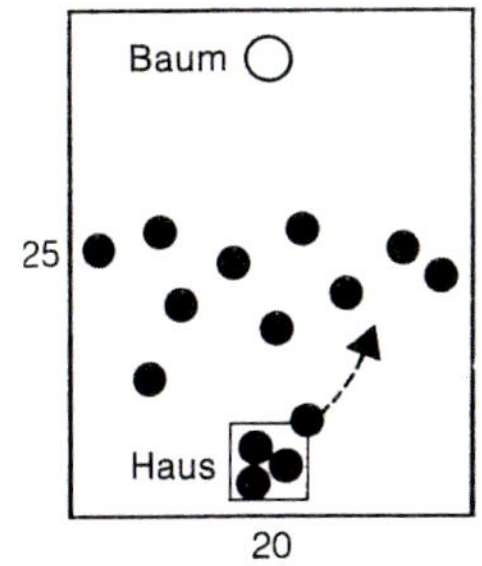

An einem Ende eines Spielfeldes von 20 x 25 Metern ist ein Viereck, am anderen steht ein Sprungständer (Raum). Am Rand ist ein Gefängnis. Einige Spieler sind Fänger und befinden sich im Feld, die anderen sind Läufer und sind im Viereck. Das Viereck ist ein Haus, in dem es sich herrlich wohnen lässt. Eine Bedingung aber ist daran geknüpft: Einmal im Jahr muss man das Haus verlassen und den Baum aufsuchen, dessen Früchte einen jung erhalten. Der Weg dahin ist ungefährlich, der Rückweg aber umso schwieriger, denn jetzt können die Fänger ihr Spiel treiben. Wer von ihnen abgeschlagen wird, muss ins Gefängnis. Wem es gelingt, ungehindert zurückzukehren, der hat ein Leben. Er muss es aber sofort abgeben, wenn einer seiner Brüder im Gefängnis sitzt. Zusammen mit den Befreiten nimmt er am Spiel wieder teil.

Folgende Grundregel ist zu beachten: Keiner der Läufer darf einen Schritt rückwärts tun, sonst ist er ein Gefangener. Das Spiel geht so lange weiter, bis die Fänger eine vorher festgelegte Anzahl von Gefangenen gemacht haben.

Bei diesem Spiel sind die Kinder am glücklichsten, wenn sie jemanden erlösen dürfen. Dieser Aspekt scheint der wichtigste zu sein. Man lebt nicht für sich und um seines Vorteils willen, und wenn man erlebt hat, wie kindliches Tun ganz zentrale Kräfte im Menschen wachrufen kann, wird man kaum noch bezweifeln, dass es nicht in erster Linie auf Kraft und Geschicklichkeit ankommt, sondern auf den seelischen Impuls, der beides auslöst. Hat man dieses einmal begriffen, dann weiß man auch, wo man beginnen muss, um den jungen Menschen lebenstüchtig und stark zu machen.

Räuber und Prinzessin

ab 11 Jahre
Stange mit Fähnchen

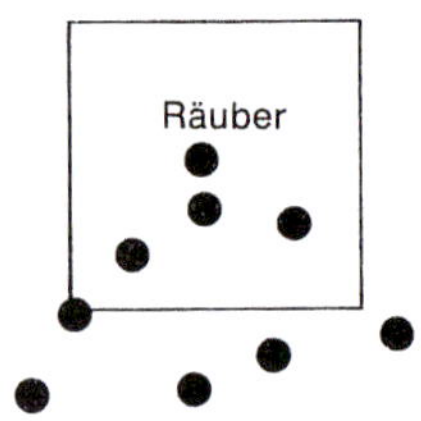

Wir alle erinnern uns daran, mit welcher Leidenschaft wir dieses Spiel betrieben haben. Es gehört zum ewigen Bestand einer frohen Jugend und ist dabei so einfach. Die Räuber markieren ihre Höhle durch ein geräumiges Viereck. Die Prinzessinnen bewohnen ein Schloss und zeichnen auf der anderen Seite des Spielplatzes einen Kreis von etwa 20 Meter Durchmesser. Aufgabe der Räuber ist es, eine Fahne zu berühren, die in der Mitte des Kreises steht und nur von einer einzigen Spielerin bewacht wird, die die Räuber im Kreis abschlagen darf. Die anderen Spielerinnen müssen den Kreis verteidigen. Sie können zwar in ihn hinein, dürfen dort aber keinen Räuber abschlagen. Jeder Räuber kann durch einfachen Abschlag außer Gefecht gesetzt werden, nur in seiner Höhle ist er sicher. Die Prinzessinnen haben das Spiel gewonnen, wenn es ihnen gelingt, eine vorher festgelegte Anzahl von Räubern festzunehmen. Sie haben es verloren, wenn einer der Räuber bis zur Fahne vordringt.

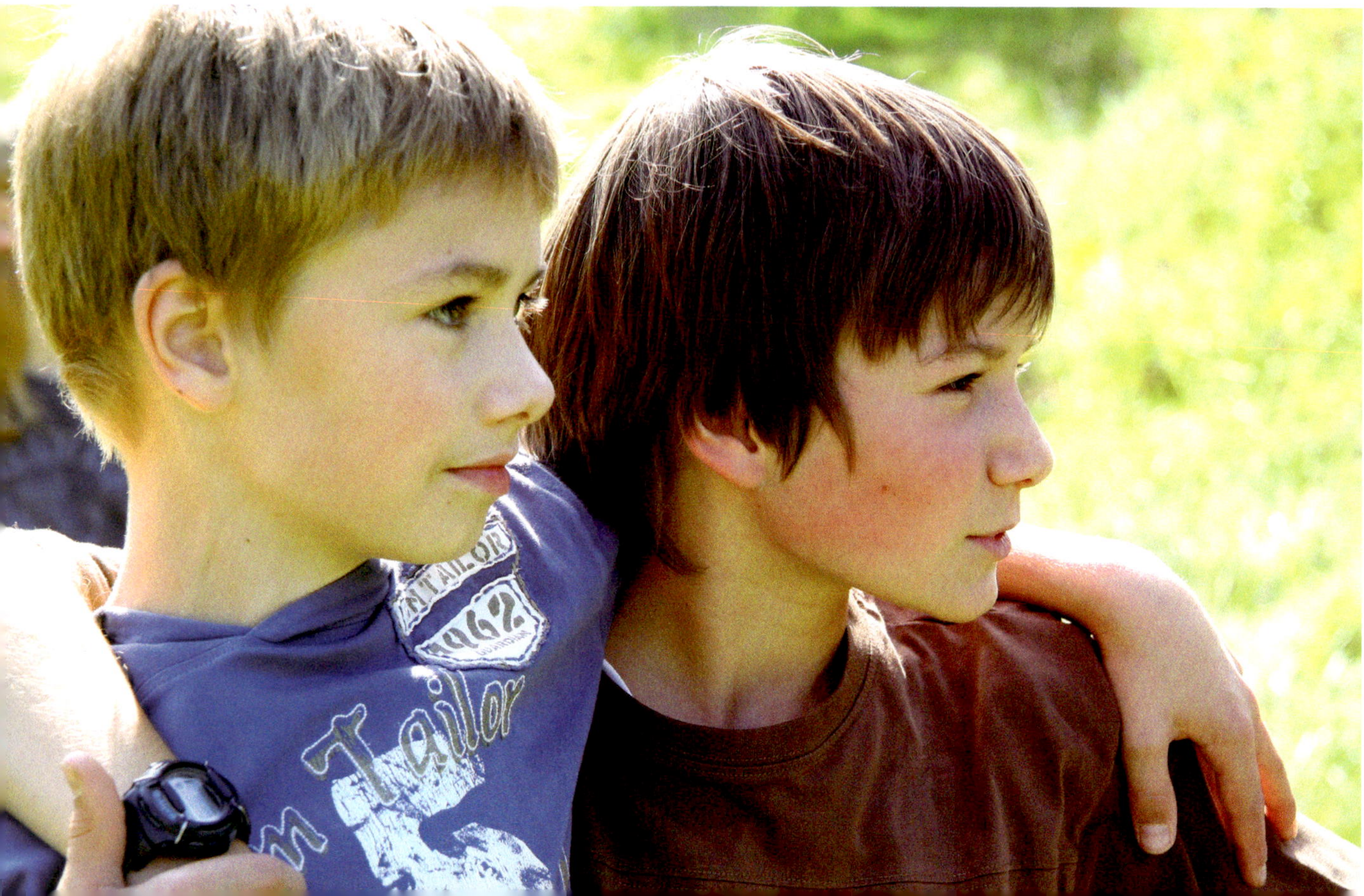

Die Räuber stoßen gegen das Zentrum vor, den Prinzessinnen gehört der Umkreis. Aus dieser Dynamik erwächst das Spiel und entstehen die Spielcharaktere, je nachdem, auf welcher Seite man sich befindet. Zentrum oder Peripherie, männliches Prinzip oder weibliches, Erde oder Kosmos, beide gehören zusammen, beide stehen in einem Verhältnis zueinander, und das vorliegende Spiel bringt die Wesensart dieser beiden Prinzipien in einer wunderbaren Einfachheit zur Darstellung. Im 11. Lebensjahr hat das Kind ein ganz besonderes Verhältnis zu dieser Kräftekonstellation. Man sollte dieses Spiel daher oft und ausgiebig spielen.

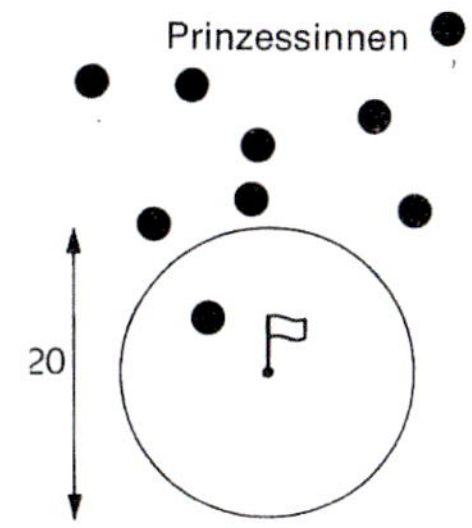

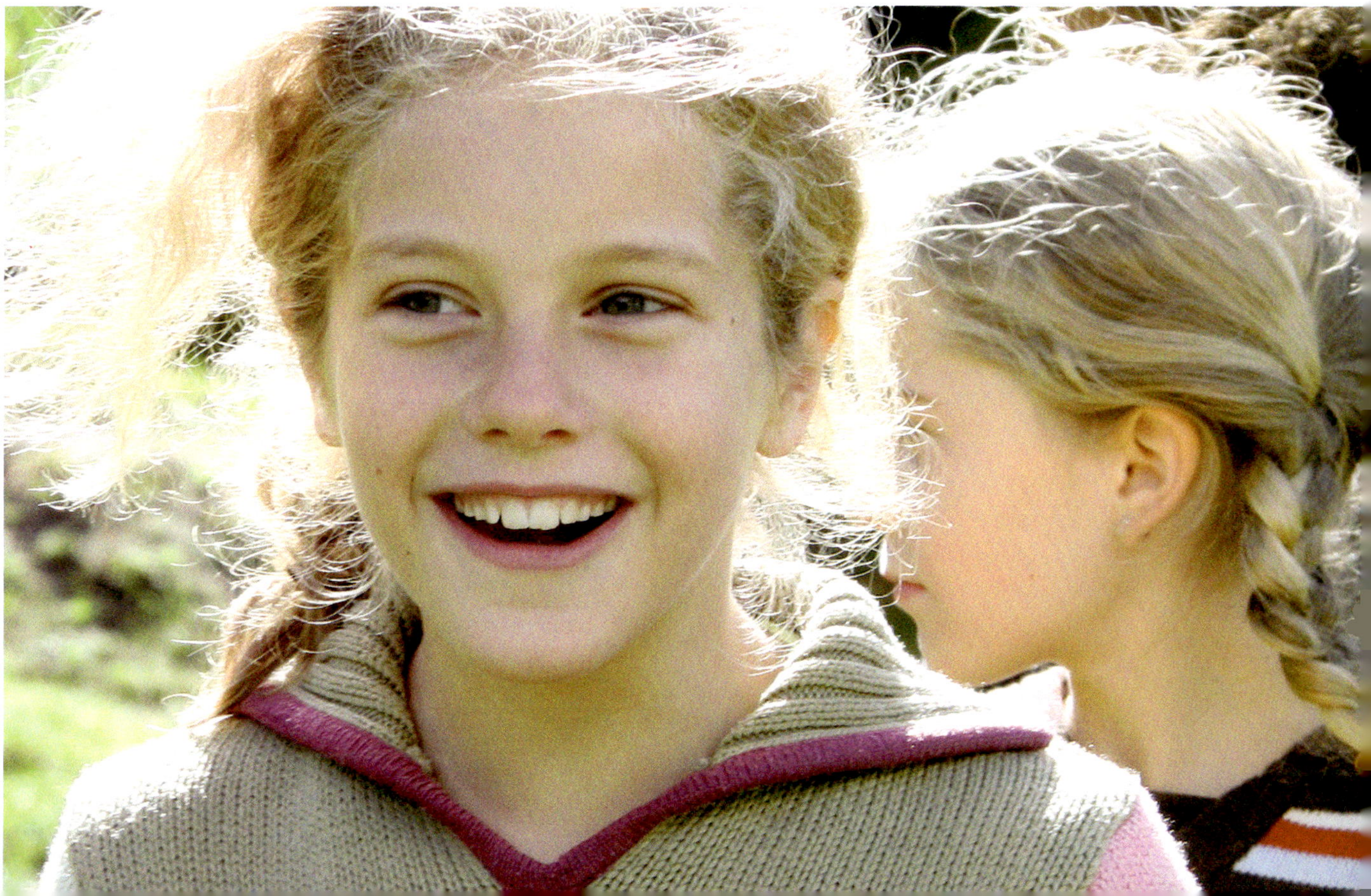

Bauernfänger

11–13 Jahre
Zipfelmütze

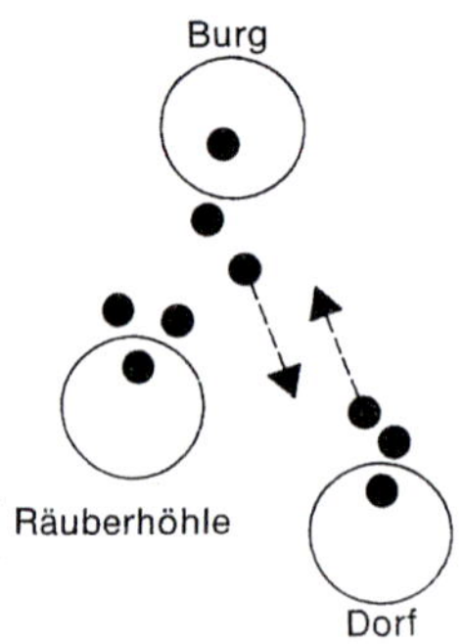

Räuber (mit einer Zipfelmütze), Ritter (auf dem Pferd, d.h. Huckepack) und Bauern sind die Akteure dieses Spieles. Die Bauern sind wehrlos, sie können von den Räubern gefangen werden, aber die Ritter helfen ihnen. Es sind drei Male notwendig: eine Burg, ein Dorf und eine Räuberhöhle. Der Weg der Bauern führt zur Burg, der Weg der Ritter zum Dorf, aber die Räuber lauern ihnen unterwegs auf und überfallen die Bauern. Wer abgeschlagen wird, muss in die Höhle. Die Ritter können den Räubern die Zipfelmütze wegnehmen und sie damit unschädlich machen, aber nur, wenn sie beritten sind. Auf- und absitzen können sie nur in der Burg, müssen sie im Feld absitzen, sind sie gefangen. Ein Räuber zählt so viel wie zwei Bauern. Sind entweder fünf Räuber oder zehn Bauern gefangen, dann ist das Spiel zu Ende. Es empfiehlt sich, nach jedem Spiel die Rollen zu tauschen.

Es ist etwas sehr Verschiedenes, ob man als Ritter, als Räuber oder als Bauer in der Welt steht: einmal mehr von oben herab, mehr bestimmend und Direktive ausstrahlend, einmal wild und chaotisch oder dienend und brav. Im Spiel in diese drei Seelenstimmungen einzutauchen und sich je nach der Rolle, die man spielt, zu verwandeln, kann für Kinder im 11. Lebensjahr von großer Bedeutung sein, denn erst von diesem Alter an beginnen im jungen Menschen Denken, Wollen und Fühlen als Kräfte des eigenen Innern bewusst zu werden.

Krähenkönig

In einem Kreis von zehn Meter Durchmesser liegen eine Anzahl Gegenstände. Zwei Spieler befinden sich im Kreis. Jeder hat ein Band um die Stirn und am Hinterkopf eine Feder. Die beiden beobachten sich scharf, denn jeder ist darauf bedacht, möglichst viele Gegenstände aufzuheben. Wenn sich einer danach bückt, muss er aufpassen, dass ihm nicht die Feder weggenommen wird, sonst hat er verloren. Es gewinnt, wer die meisten Gegenstände in seinen Besitz bringen kann.

Es kommt auf scharfes Beobachten und schnelles Zupacken an. Beides sind Eigenschaften, die im 11. Lebensjahr eine Rolle spielen, denn jetzt erwacht das Kind für seine Umgebung und entwickelt einen gesunden Egoismus, der durch Spiele solcher Art in einer heiteren Weise ausgelebt werden kann.

11–13 Jahre
div. Gegenstände
2 Stirnbänder
2 Federn

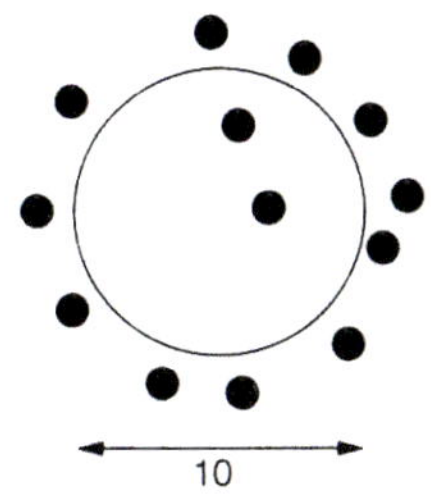

Sultansschlacht

Zwei Parteien stehen sich in einer Entfernung von 20 Metern gegenüber. Jede Partei hat einen Sultan gewählt, der durch ein um den Kopf gewickeltes Tuch kenntlich gemacht wird. Gelingt es dem Sultan einer Partei, über die feindliche Mallinie zu gelangen, ohne dass ihm sein Turban vorher abgenommen wird, dann hat die betreffende Partei gewonnen.

Ehe nicht der Sinn für persönliche Verantwortung im Kind wach geworden ist, hat es keinen Zweck, dieses Spiel zu betreiben. In der Spanne zwischen dem 11. und 12. Lebensjahr aber sollte es nicht fehlen, denn es verbindet zwei wesentliche Momente: den kämpferischen Einsatz des Einzelnen und die Bereitschaft, etwas, was mehr ist als man selbst, zu verteidigen. Der Spieler darf sich also nicht allzu sehr in der Aggression verlieren, sondern muss auch darauf bedacht sein, eine Beschützerrolle zu übernehmen; dadurch lernt er, sich für etwas einzusetzen, ohne sich zu verlieren.

11–12 Jahre
2 Tücher

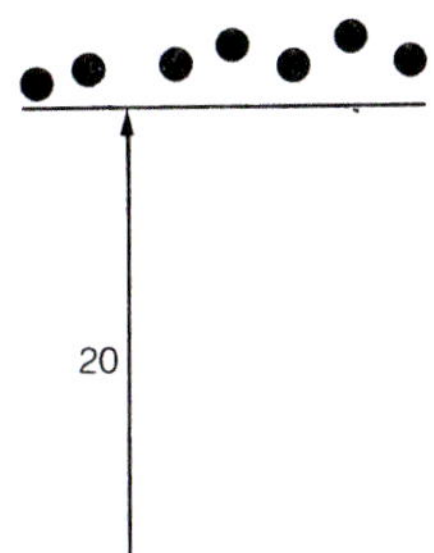

Läufer und Fänger

11–13 Jahre
2 Spieler

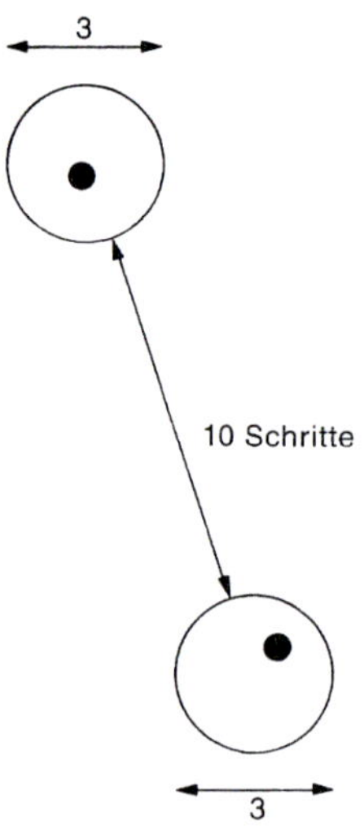

Zwei Kreise von etwa drei Meter Durchmesser sind zehn Schritte voneinander entfernt. In dem einen befindet sich der Fänger, in dem anderen der Läufer. Der Läufer hat die Aufgabe, den Kreis des Fängers zu besetzen, wenn dieser draußen ist. Der Fänger muss seinen Gegner abschlagen, wenn er gewinnen will. Zieht der Läufer sich in seinen Kreis zurück, dann muss der Fänger das Gleiche tun.

Dieses Spiel muss mit Witz und Geistesgegenwart betrieben werden. Man sollte es als heitere Einlage bei passender Gelegenheit herausstellen.

Zauberzeck

Ein Platz von mindestens 20 x 30 Metern. Jeder vierte Spieler bekommt einen nicht zu langen Zweig, das sind die Zauberer. Die Zauberer versammeln sich in der Mitte und machen allerlei Hokuspokus. Dann laufen sie auseinander und versuchen, die anderen mit ihrem Stöckchen zu berühren. Die Verzauberten müssen sich hinhocken. Sie können aber von einem Freien durch Abschlag erlöst werden. Innerhalb einer festgelegten Zeit müssen die Zauberer alle verbannt haben, sonst haben die anderen gewonnen.

11–13 Jahre
kurze Zweige

Im 11. Lebensjahr lesen die Kinder außerordentlich gern Geschichten von Zauberern. Diese magischen Welten, in denen Dinge verzaubert werden können, fesseln durch ihre fantasievollen Gestalten, aber auch durch den Kampf von Gut und Böse. Allein lassen sich solche Kämpfe kaum bestehen – durch gegenseitige Hilfe aber kann es gelingen.

Drachenspiel

11–12 Jahre

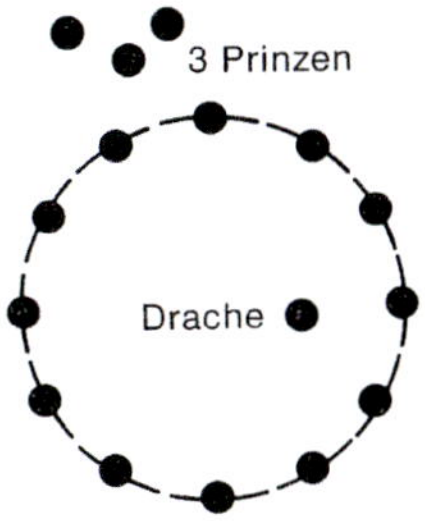

Die Spieler fassen sich an und bilden einen Kreis. Vier von ihnen sind ausgewählt worden, davon ist einer der Drache. Die anderen sind die drei Prinzen oder die drei Brüder. Sie befinden sich außerhalb des Kreises und müssen versuchen, durch drei verschiedene «Türen» hineinzugelangen und durch Händegeben einen Kreis zu bilden. Gelingt es dem Drachen, innerhalb des Kreises einen abzuschlagen, dann hat er das Spiel gewonnen.

Ein altes Motiv klingt hier an, die Dreiheit in der Einheit. Wir denken an Körper, Seele und Geist. Wenn diese drei Prinzipien im Sinne einer gesunden Ordnung zusammenwirken, müssen die Gegenkräfte das Feld räumen.

Ballkönig

11–13 Jahre
1 Ball

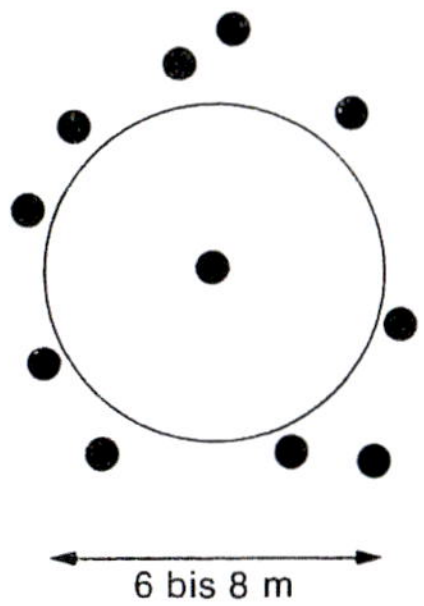

In einem Kreis von sechs bis acht Meter Durchmesser steht ein Spieler. Die anderen stehen außen um den Kreis herum und versuchen, den Mittelspieler mit einem Ball zu treffen. Er kann ausweichen oder fangen. Hat er gefangen, dann ist der Werfer sein Gefangener. Er muss so lange ausscheiden, wie der Mittelspieler an der Reihe ist. Wird dieser getroffen, dann beginnt derjenige, dem der Abschuss gelungen ist, ein neues Spiel. Wer die meisten Bälle gefangen hat, hat die meisten Gefangenen gemacht und wird am Schluss zum Ballkönig erklärt.

Für das Kind ist es etwas Ähnliches, unter Kameraden in den Mittelpunkt gestellt zu werden, wie später im Leben für den Erwachsenen, wenn er in den Mittelpunkt der Öffentlichkeit gestellt wird. Hier und dort ist man Angriffen ausgesetzt, und man muss sich behaupten, indem man dasjenige, was auf einen zukommt, mit sicherem Zugriff unter die eigene Kontrolle bekommt. Das, was einem sonst schaden könnte, wird so zu einem Gewinn. Diese alte Lebensweisheit spricht aus diesem Spielgedanken.

Meisterdieb

11–13 Jahre
1 Tuch

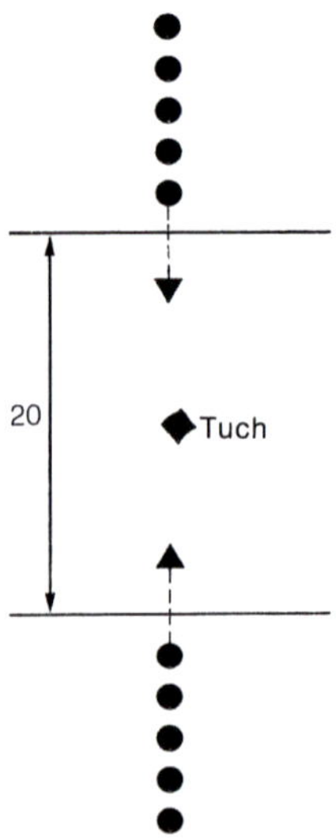

Zwei Reihen von Spielern stehen etwa 20 Meter voneinander entfernt. In der Mitte liegt ein Tuch. Die beiden ersten jeder Reihe treten bis auf einen Schritt an das Tuch heran und warten auf das Zeichen des Schiedsrichters. Wer das Tuch als Erster berührt, muss es nehmen und über die eigene Linie bringen; wird er dabei von seinem Gegner abgeschlagen, gehört diesem das Tuch. Man kann seinen Gegner täuschen und absichtlich vorbeigreifen, es gibt eine ganze Menge Tricks und Täuschungsmanöver. Jeder macht es anders, aber einer wird immer das Nachsehen haben. Es ist für alle sehr interessant, wie jeder Spieler es anstellt, zu seinem Vorteil zu gelangen.

Um das 11. Lebensjahr erwacht im Kind ein natürlicher Egoismus, es wird berechnend, listig, verschlagen und schlau. Dies alles paart sich mit einer innerlichen Beweglichkeit und Anpassungsfähigkeit, die man als merkurial bezeichnen könnte. Merkur gilt unter anderem als Gott der Diebe. Letztlich aber ist er der Regler von Kräften, die in Übereinstimmung mit dem Lebensstrom ein gesundes Selbstempfinden erzeugen. Gesund sind nämlich durchaus auch Gelüste, die mit körperlichen Bedürfnissen zu tun haben, also mit Essen, Trinken usw. Das gesunde Kind soll daher mit Freude und wirklichem Interesse um sein Wohlergehen besorgt sein. Es steckt in ihm schon ein kleiner Meisterdieb, einer, der auf seine natürlichen Vorteile bedacht ist. Ein Spiel wie das vorliegende gibt dem Kind die Gelegenheit, verschiedene Möglichkeiten und Kniffe spielerisch auszuprobieren.

Dreiländerspiel

11–13 Jahre
Bänder in 3 Farben

Drei Parteien von gleicher Spielstärke werden durch Binden deutlich gekennzeichnet und haben an verschiedenen Ecken eines nicht zu kleinen Platzes ihr Mal. Nennen wir die drei Parteien nach den Farben ihrer Binden die rote, die grüne und die blaue Partei. Es gilt folgende Regel: Rot schlägt grün, grün schlägt blau, blau schlägt rot. Jede

Partei nimmt die Gefangenen zu sich ins Lager. Wer zuerst sechs Gefangene gemacht hat, hat ein Spiel gewonnen. Dann werden die Male gewechselt und ein neues Spiel beginnt. Jede Partei zählt die Anzahl der gewonnenen Spiele.

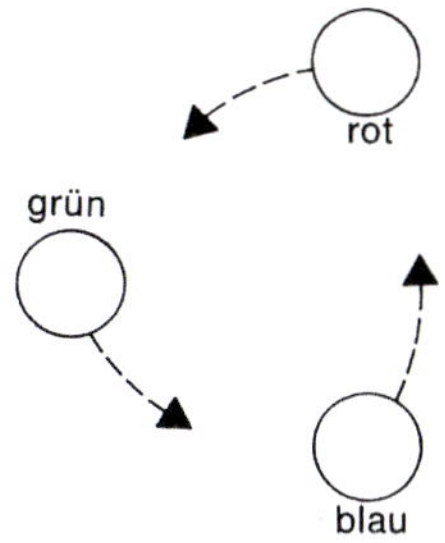

Vor dem 11. Lebensjahr ist das Kind noch viel zu sehr in sich versponnen, als dass es mit derart komplizierten Verhältnissen fertig werden könnte, wie sie in diesem Spiel geboten sind. Aber mit dem Erwachen des eigenen Denkens beginnt es, Situationen zu durchschauen, die kompliziert und vielgestaltig sind. Gerade dieses Spiel verlangt eine ganze Menge. Der Spieler muss in dreifacher Weise die Aktionen auf dem Spielfeld aufnehmen, verstehen und sich danach einrichten. Dieser Vielschichtigkeit sind manche Kinder am Anfang nicht gewachsen, aber es tut ihnen außerordentlich gut, Derartiges eine Zeit lang mitgemacht zu haben, besonders in einem Alter, wo es noch nicht zu spät ist, einer gewissen Eingleisigkeit erfolgreich zu begegnen.

Zentaurspiel

11–13 Jahre

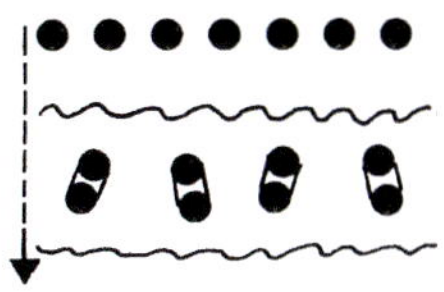

Ein Fluss wird durch zwei Striche angedeutet. Eine Anzahl Zentauren tummeln sich darin, seltsame Wesen – halb Mensch, halb Pferd. Jedes wird durch zwei Kinder dargestellt, von denen eines das andere so um die Hüfte fasst, dass die Hände vorn gefaltet werden. Es darf auf keinen Fall loslassen, sonst ist es «tot». Alle übrigen Spieler sind zunächst auf einer Seite, dann müssen sie auf die andere Seite des Flusses, dürfen sich aber nicht abschlagen lassen. Wer fünfmal den Fluss durchquert hat, ist frei. Werden zehn Spieler abgeschlagen, dann haben die Zentauren gewonnen, sind vorher fünf Spieler frei, dann haben die Zentauren verloren.

Das Wesen des Zentauren besteht darin, dass es nur zu einem Teil die Senkrechte beherrscht, der andere Teil seines Wesens ist noch an die Waagerechte gebunden. Ihm fehlt also das Gefühl des Aufrechten als totales Körpererlebnis. Das Kind empfindet in einem bestimmten Alter eine Verwandtschaft zu diesen Fabelwesen, es lebt in einer seelischen Sphäre, für die das Bild des Zentauren eine Art Symbol ist. Ein Teil seines Wesens lebt schon im Verstand, ein anderer träumt noch in bewegten Bildern. Begegnet das Kind im Spiel diesen Wesen, dann begegnet es im Grunde sich selbst und erwacht daran.

Freilaufen

11–13 Jahre
1 Bohne

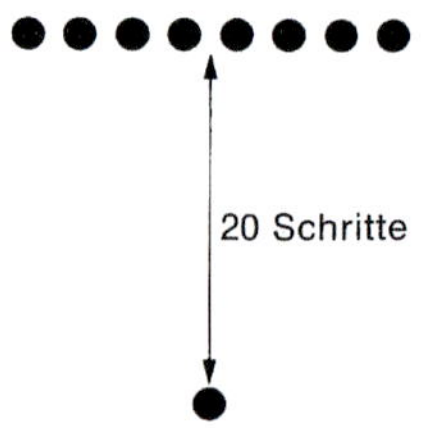

Die Mitspielenden stehen bis auf einen nebeneinander. Dieser ist der Herr, die anderen sind die Knechte. Alle Knechte halten die Hände hinter dem Rücken, denn der Herr geht hinter ihnen vorbei und legt irgendeinem eine weiße Bohne in die Hand. Dann geht der Herr nach vorn. Ist er zwanzig Schritte von der Reihe entfernt, ruft er laut:

Bohne, Bohne, eins, zwei, drei,
Komm zu mir, und du bist frei.

Der Spieler, welcher die Bohne hat, kann nun sofort weglaufen und dem Herrn die Bohne bringen. Er kann sich aber auch verstellen und so tun, als hätte er die Bohne nicht. Jedenfalls muss er aufpassen, dass er von den anderen nicht abgeschlagen wird, denn alle sind hinter ihm her und wollen verhindern, dass er dem Herrn die Bohne übergibt. Schlägt jemand einen Falschen ab, scheidet er aus. Nach einem missglückten Versuch bekommt ein anderer die Bohne.

Wenn dieses Spiel richtig gespielt wird, gehört es zu den spannendsten Spielen überhaupt. Es muss allerdings mit einem gewissen Zeremoniell durchgeführt und ganz aus der Spielidee heraus erlebt werden.

Dreimal herum

11–13 Jahre

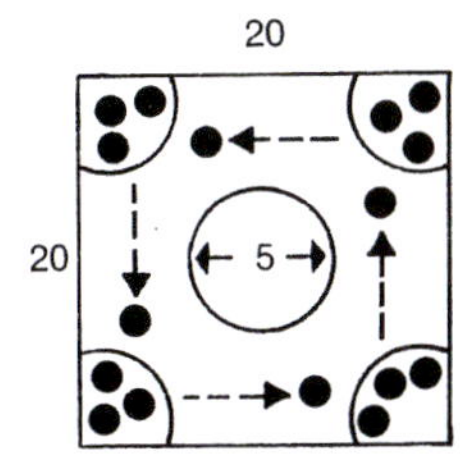

An jeder Ecke eines Vierecks von 20 x 20 Metern befindet sich ein Freimal, in der Mitte wird ein Kreis von fünf Meter Durchmesser gezogen. Die Spieler werden gleichmäßig auf die vier Male verteilt und haben die Aufgabe, in entgegengesetzter Richtung des Uhrzeigers von Mal zu Mal zu laufen. Wer zuerst dreimal herum ist, ohne von den vier Wächtern, die vor den Malen stehen, abgeschlagen zu werden, hat gewonnen. Jeder Gefangene muss in den Kreis. Die vier Wächter dürfen den Kreis nicht betreten.

Dass man nicht stehen bleiben darf, sondern weiterkommen muss, ist für das Kind vor dem 10. Lebensjahr noch nicht aktuell. Danach aber erwacht das Gefühl dafür sehr stark in ihm.

Zaubertopf

11–13 Jahre
1 Topf / 1 Stein

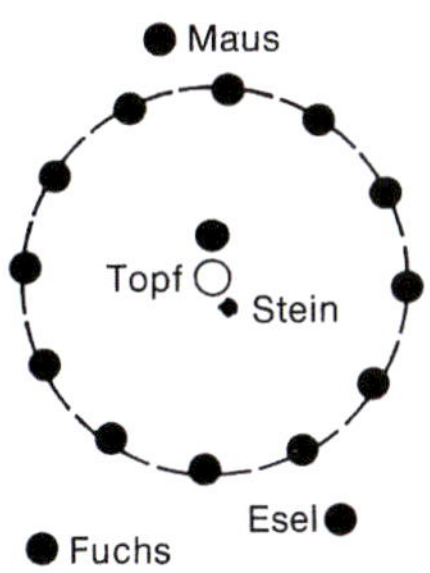

In der Mitte eines von den Kindern gebildeten Kreises liegt ein umgestülpter Topf, daneben liegt ein faustdicker Stein. Topf und Stein werden von einem davorhockenden Spieler, dem Zwerg, bewacht. Außerhalb des Kreises befinden sich drei Tiere: ein Fuchs, ein Esel und eine Maus. Alle drei wollen das haben, was sich unter dem Topf befindet. Sie müssen aber zu diesem Zweck mit dem Stein fünfmal auf den Topf schlagen. Der Zwerg zählt die Schläge. Nun gilt aber folgende Regel: Der Esel schlägt den Fuchs, der Fuchs frisst die Maus, die Maus erschreckt den Esel. Außerhalb des Kreises sind alle in Sicherheit, innerhalb desselben aber muss jeder aufpassen, dass er nicht von dem, der das Schlagrecht hat, berührt wird. Wer fünfmal auf den Topf schlägt, bekommt den Wunschring, der unter dem Topf liegt.

Der ganzen Anlage nach gehört das Spiel in das 11. Lebensjahr. Es fordert sehr viel Geistesgegenwart, Spielwitz und Geschicklichkeit. In seiner Problemstellung wird es vom Elfjährigen, auch durch die gewählten Figuren, voll erfasst.

Leibwächterspiel

11–13 Jahre

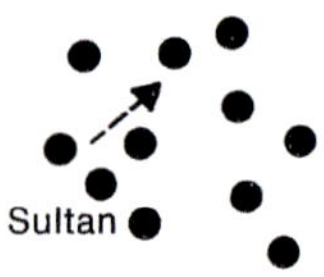

Ein Sultan hat drei Leibwächter, die sein Leben schützen müssen. Er selbst darf sich nicht verteidigen. Die Räuber wollen ihn fangen, um Lösegeld zu erpressen. Gelingt es dem Sultan, seine Stadt (das Spielfeld) zu durchqueren, ohne berührt zu werden, hat er das Spiel gewonnen. Die Räuber, die von seinen Leibwächtern abgeschlagen werden, müssen ausscheiden. Wird der Sultan abgeschlagen, dann wird der sein Nachfolger, dem dies gelungen ist. Er darf sich dann seine Leibwächter selbst aussuchen.

Es empfiehlt sich, dieses Spiel durch eine farbige Erzählung auszuschmücken.

Pudelspiel

11–13 Jahre

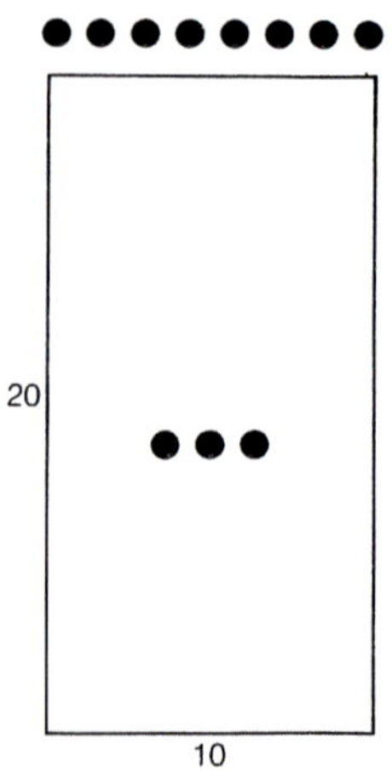

Hinter einem Feld von 10 x 20 Metern befinden sich die Spieler an der einen Schmalseite, bis auf drei, die im Feld sind und versuchen, die anderen abzuschlagen. Die Läufer laufen quer durch das Feld auf die andere Seite und sind dann frei. Die Abgeschlagenen müssen sich hinhocken (Pudel). Aufgabe der freien Spieler ist es, die Pudel durch einfachen Abschlag zu erlösen. Sie können dabei zur alten Linie zurück, wenn sie in Gefahr sind, selbst abgeschlagen zu werden. Zum Schluss müssen alle Spieler hinter der anderen Linie sein. Sind keine abgeschlagen oder alle wieder erlöst worden, dann haben die Läufer den Durchgang gewonnen. Ist dieses nicht der Fall, dann haben, nach einer bestimmten Zeit, die Fänger gewonnen. Nach jedem Durchgang werden drei neue Feldspieler bestimmt.

Für das 11. Lebensjahr ist dieses Spiel wie geschaffen, denn es bietet dadurch einen besonderen Anreiz, dass die Pudel ja erlöst werden müssen. Fantasie und Findigkeit werden angeregt sowie Wagemut und Klugheit benötigt. Die Freude der Kinder ist groß, wenn sie endlich erreicht haben, dass alle wieder beieinander sind.

Höhlenbär

ab 11 Jahre
1 Bock
1 Medizinball
kleinere Bälle

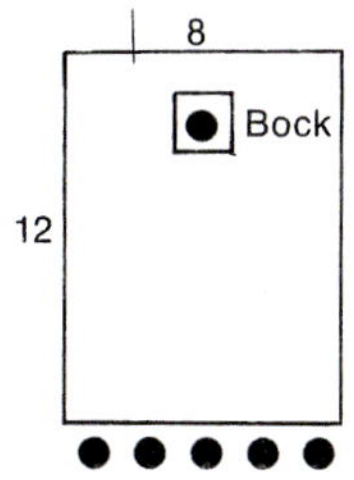

In einem Rechteck von 8 x 12 Metern steht ein Bock. Er befindet sich in der Nähe der einen Schmalseite. Auf ihm liegt ein Medizinball. Unter dem Bock sitzt der Höhlenbär. Die Spieler stehen hinter der anderen Schmalseite. Sie versuchen der Reihe nach, den Medizinball mit einem kleineren Ball herunterzuwerfen. Ist dieses geschehen, versuchen alle, die bis dahin geworfen, aber nicht getroffen haben, die andere Schmalseite zu erreichen.

Der Höhlenbär versucht nun, so schnell wie möglich den Medizinball wieder auf den Bock zu legen und abzuschlagen, wen er erreichen kann. Wer von ihm berührt wird, muss ausscheiden. Die anderen gehen außen herum zur Wurflinie zurück und zählen ihre Wege. Der Letzte darf so oft werfen, bis er getroffen hat. Schließlich wird der Höhlenbär alle abgeschlagen haben. Wer am häufigsten das Bärenfeld durchquert hat, ist Sieger.

Dieses Spiel muss mit Fantasie gespielt werden. Der Höhlenbär bewacht gleichsam einen Schatz, dem seine ganze Liebe und Aufmerksamkeit gilt. Dieser ist sein Idol, für das er lebt und stirbt. Gelingt es einem Spieler, dieses ins Wanken zu bringen, dann gerät der Höhlenbär in Angst und Zorn. Auf der anderen Seite ist die Schadenfreude groß. Einen wirklichen pädagogischen Wert hat das Spiel erst dann, wenn durch die Fantasie des Kindes eine echte Dramatik entsteht.

Turmbrecher

11–13 Jahre
3 Holzwürfel
7 Wurfgeschosse

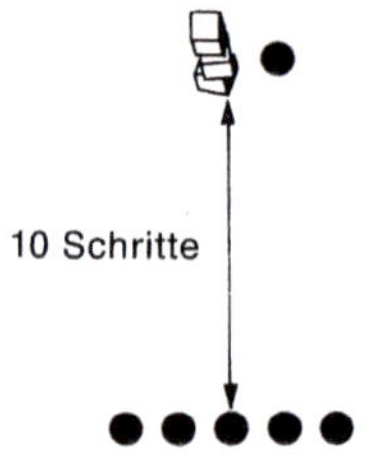

Sieben Angreifer sind mit Wurfgeschossen beliebiger Art (Tennisringen, Hölzern usw.) ausgestattet und versuchen der Reihe nach, einen etwa zehn Schritt entfernten Turm aus drei Holzwürfeln von etwa zehn Zentimeter Kantenlänge zum Einsturz zu bringen, der von einem Wächter bewacht wird. Gelingt es den Werfern, ihr Geschoss zurückzuholen, ehe der Wächter mit dem Aufbau des Turmes fertig ist und sie abschlagen kann, dann haben sie einen Sturmlauf erfolgreich bestanden. Wer abgeschlagen wird, darf seinen Lauf nicht zählen. Wird der Turm bei einem Durchgang von allen Angreifern verfehlt, dann beginnt ein neues Spiel mit einem neuen Wächter. Die Reihenfolge wird vorher festgelegt. Jeder Werfer muss beim Treffer laufen und mit ihm diejenigen, die vor ihm an der Reihe waren, aber vorbeigeworfen haben. Wer zum Schluss die meisten Läufe hat, ist Sieger.

Eine beliebte Form des Spiels ist das Schleudern eines Tennisringes gegen den Turm mithilfe eines Stockes am Boden entlang. Es werden allerdings glatte Böden dafür benötigt.

Der Charakter des Geschicklichkeitsspieles ist unverkennbar, aber ebenso ein persönlicher Einschlag. Der Turm soll zum Einsturz gebracht werden, und zugleich muss auch der Wächter überwunden werden. Hier stehen sich zwei Prinzipien gegenüber. Aus einer erwachenden Selbstständigkeit heraus fühlt sich das Kind veranlasst, die alte Form zu zerstören, damit es aus eigener Kraft etwas unternehmen kann.

Jägerball

11–13 Jahre
10 bis 15 Spieler
1 Ball

Zehn bis fünfzehn Spieler gehören zu einer Partei. Das Feld ist ein Quadrat von etwa 25 x 25 Metern. Einer ist der Jäger. Er darf sich vier Gehilfen aussuchen, Diese müssen ihm den Ball immer so zuwerfen, dass er das Wild gut treffen kann. Jedes Kind darf vorher sagen, welches Tier es sein will. Vor jedem Wurf muss der Ball gefangen werden. Das Laufen mit dem Ball ist verboten. Wer getroffen ist, scheidet aus. Der Letzte darf nicht abgeworfen werden, er hat das Spiel gewonnen.

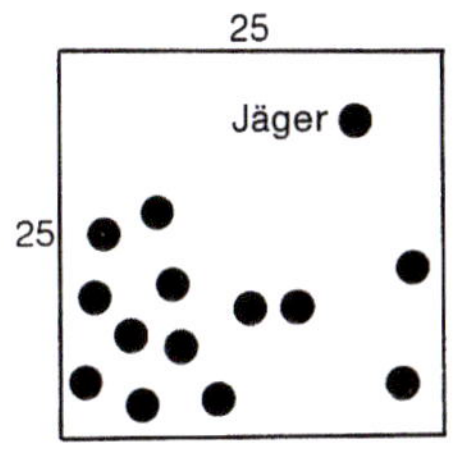

Die Jägerballspiele haben für das 11. Lebensjahr eine besondere Bedeutung, denn sie helfen, jenen Umschwung vom Bildhaften zum Gegenständlichen einzuleiten, der jetzt notwendig erfolgen muss. Sinnesschärfe und Genauigkeit kennt das Kind vor dem 11. Lebensjahr noch kaum. Mit dem Erwachen des Intellekts aber will es die Einstellung zum Detail. Es lenkt seinen Blick auf die Einzelheit und will sie gedanklich bestimmen. Dasselbe tut es, nun aber mit dem ganzen Menschen, wenn es den Gegner ins Auge fasst, um ihn abzuwerfen.

Sautreiben

11–13 Jahre
8 Spieler
8 Knüppel
1 Stoffball

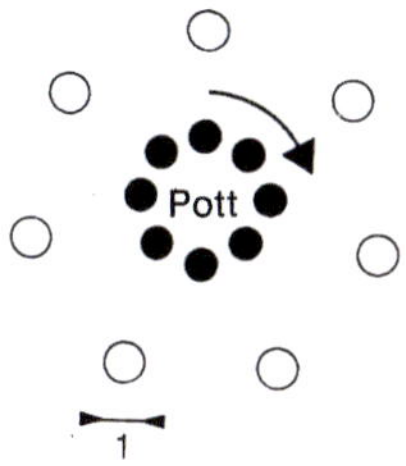

Die Sau ist ein Stoffball von etwa zehn Zentimeter Durchmesser. Dieser liegt in einer Vertiefung oder einem Kreis, dem Pott. Acht Spieler halten einen Knüppel in den Kreis und gehen herum. Jeder passt auf, was der Erste tut, denn dieser darf die Sau aus dem Loch schlagen. Dann versuchen alle, eines der sieben Häuser zu besetzen, die sieben Schritte vom Pott entfernt rundherum angebracht sind. Jedes Haus besteht aus einem Kreis von einem Meter Durchmesser. Da es aber acht Spieler sind, bleibt einer übrig, das ist der Sautreiber. Seine Aufgabe ist es, die Sau wieder in den Pott zu bekommen. Die anderen versuchen alles, um das zu verhindern. sie müssen aber aufpassen, dass der Sauhirte nicht ihr eigenes Haus besetzt, wenn sie draußen sind. Wer kein Haus mehr hat, ist Sauhirte. Gelingt es schließlich einem, die Sau in die Mitte zu treiben, dann hat er gewonnen.

Hier werden wir an ein altes Märchenmotiv erinnert, den Sauhirten, der später König wird, nachdem es ihm gelungen ist, die Prinzessin zu erlösen. Der Ursprung dieses Spiels geht in das Altertum und wird kaum zu ermitteln sein. Sicher aber ist ein solches Spiel nicht irgendwie erdacht, sondern weisheitsvoll konzipiert worden.

Der wilde Jäger

11–13 Jahre
10 bis 15 Spieler
1 Ball

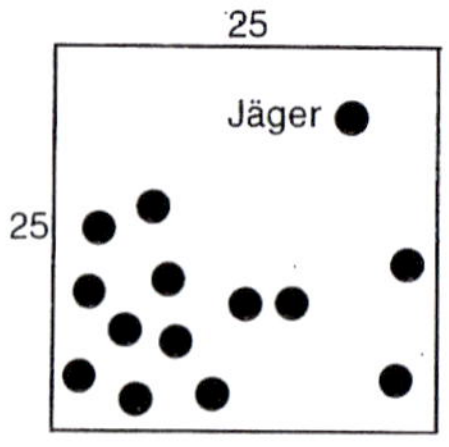

Der wilde Jäger hat eine Anzahl Knechte, die ihm seine Zauberkugel (Ball) zuwerfen. Wer von dieser getroffen wird, muss sich an der Stelle hinhocken, wo ihn das Schicksal ereilt hat. Gelingt es aber einem besonders Mutigen und Tapferen, diese Kugel zu fangen, dann ist der ganze Spuk vorbei, und die anderen sind erlöst. Die Knechte dürfen nicht abwerfen, sondern müssen ihrem Herrn und Meister den Ball zuspielen. Vor jedem Wurf muss der Ball gefangen werden.

Viele Kinder verlernen es nie, einen unbewussten Schrecken zu empfinden, wenn ein etwas schärfer geworfener Ball auf sie zukommt. Statt dem Verhängnis mutig ins Auge zu sehen, ziehen sie den Kopf ein und fügen sich dem unvermeidlichen Schicksal. Dadurch, dass der Mut hier in diesem Falle belohnt wird, dass die Getroffenen erlöst werden und der Bann verschwindet, fühlt sich doch manches Kind aufgerufen, etwas zu wagen. Das Ansprechen der Mutkräfte in dieser fantasievollen Weise hat gegen Ende des 11. Lebensjahres eine Bedeutung.

Schwarz auf weiß

11–13 Jahre
15 Spieler
14 weiße
Taschentücher

Fünfzehn Spieler befinden sich in einem Feld von 25 x 25 Metern. Alle bis auf einen haben weiße Taschentücher um den Oberarm. Das sind die Weißen. Der Schwarze, der Spieler ohne Armbinde, geht in die Mitte des Spielfeldes, wirft einen Ball in die Höhe und fängt ihn. Seine Aufgabe ist es, die anderen abzutreffen. Ist er allein, dann darf er sich nur dann von seinem Platz fortbewegen, wenn der Ball in der Luft ist. Hat er ihn dann gefangen, darf er abwerfen.

Wenn einer getroffen ist, löst er die Binde ab und gehört damit zu den Schwarzen. Die Letzteren spielen sich den Ball zu und versuchen, durch Abwurf der Weißen ihre Zahl immer mehr zu vergrößern, bis schließlich keiner mehr übrig bleibt. Allerdings muss dies in einer vorher festgesetzten Zeit, etwa zehn Minuten, geschehen. Wer nach Ablauf dieser Frist noch zu den Weißen gehört, hat gewonnen.

Diese Form des Jägerballspiels ist für alle, die zu der weißen Partei gehören, sehr spannend und aufregend, denn jeder möchte nach Ablauf der zehn Minuten noch zu denen gehören, die unbesiegt sind. Wer vorher abgeworfen wurde, setzt dagegen seinen ganzen Ehrgeiz daran, zu erreichen, dass möglichst viele sein eigenes Schicksal teilen.

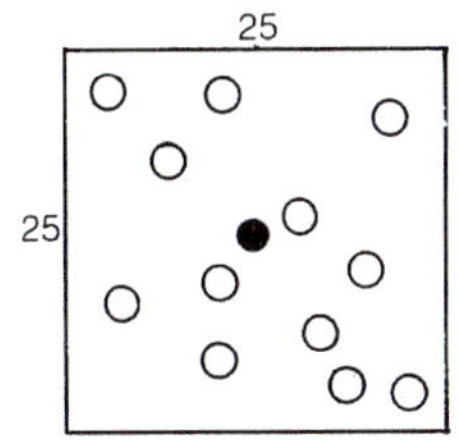

Fuchsjagd

11–13 Jahre
12 bis 16 Spieler
6 bis 8 weiße Taschentücher

Zwei Parteien von sechs bis acht Spielern befinden sich in einem Spielfeld von 25 x 25 Metern. Die eine Partei hat weiße Armbinden und ist damit als Jäger gekennzeichnet, die anderen sind die Füchse. Die Ersteren zählen jeden Treffer, die Letzteren jeden Fehlwurf. Die Partei, die als Erste zehnmal erfolgreich war, hat gewonnen. Dann werden die Rollen getauscht. Vor jedem Treffer muss der Ball gefangen werden. Das Laufen mit dem Ball ist verboten.

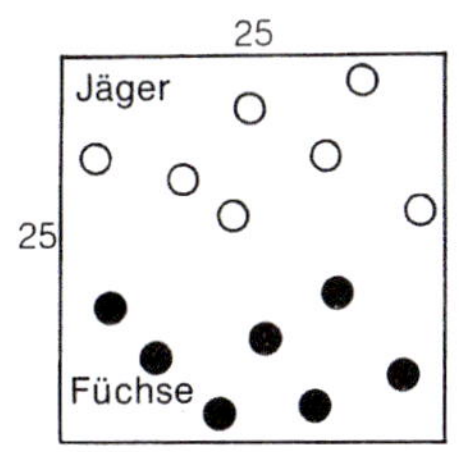

Dieses Spiel setzt schon große Fertigkeiten voraus. Neben dem geschickten Zuspiel über das ganze Feld ist das Ausweichen von entscheidender Bedeutung. Es erzieht zu einem schnellen Erfassen der Situationen und damit zu einer Einstellung auf den Gegner, die in hohem Maße individualisierend wirkt. Weiß man, dass der Gegner einen schlecht oder kaum zu treffen vermag, dann hat man auch keine Angst mehr vor ihm und gewinnt dadurch an Freiheit und Selbstständigkeit.

Nachtwanderer

ab 11 Jahre
Turnhalle mit vielen Geräten

Für dieses Spiel braucht man eine Halle und viele Geräte, die kreuz und quer durcheinanderstehen. Es können beliebig viele Kinder beschäftigt werden. Eines ist der Wanderer. Dieser geht von einem Ende der Turnhalle zum anderen, und während dieser Zeit rührt sich kein Kind vom Fleck. Der Wanderer spricht zu dem einen oder anderen und sagt ihm beispielsweise: «Das ist aber eine schöne Tanne», oder «… ein bunter Vogel», «… eine Blume», «… ein Schmetterling» oder dergleichen. Jedes Kind ist für ihn ein Stück Natur. Wenn sich jemand während dieser Phase des Spieles bewegt oder lacht, muss er ausscheiden. Endlich kann der Wanderer nicht mehr weiter, denn die Turnhalle ist durchquert. Jetzt muss er umkehren. Von diesem Augenblick an wird es Nacht. Nun werden aus den Kindern Kobolde, Trolle, Elfen usw., die allerlei seltsame Bewegungen machen und den Nachtwanderer zu erschrecken suchen. Er will ihrer habhaft werden, aber das gelingt ihm kaum, denn nur, wer mit seinen Füßen die Erde berührt, kann abgeschlagen werden. Wer also auf eine Matte springt, sich auf ein Sprungbrett stellt, am Reck hängt, ein Stück die Kletterstange hinaufklettert o.Ä., ist tabu. Sind sechs gefangen, ist das Spiel zu Ende. Es ist strikt darauf zu achten, dass während der ganzen Zeit absolutes Stillschweigen gewahrt bleibt.

Der Tag gehört der äußeren, die Nacht der inneren Wirklichkeit, dem Reich der Fantasie, der Träume, der Seele oder des Geistes, wie auch immer man diese Bereiche bezeichnen möchte. Die Kinder empfinden es als richtig, dass da, wo vorher Blumen waren, später Elfen, Trolle usw. auftreten. Die kindliche Fantasie erlaubt sich solche Sprünge nach dem Gesetz einer beweglichen Metamorphose, die alles Geschaffene umspannt und innerlich durchdringt. Im Zentrum unseres Wesens sind wir ja mit allem verbunden.

12. Lebensjahr

Barlauf

ab 12 Jahre
2 Grenzstangen

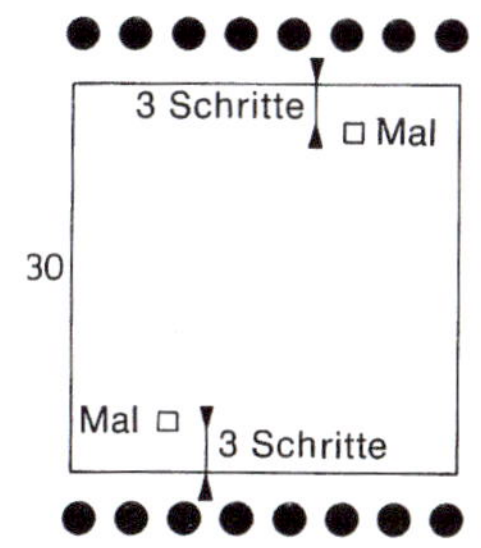

Ein Spielfeld von 30 x 30 Metern. Hinter zwei gegenüberliegenden Seiten stehen die beiden sich bekämpfenden Parteien. Eine Partei hat Lockrecht, d.h. einige laufen zuerst ins Feld. Wer später ins Feld läuft, hat Schlagrecht. Wer abgeschlagen wird, muss ans feindliche Mal, das durch einen Stein oder sonstwie markiert wird und sich etwa drei Schritte vor der Grundlinie befindet. Sind drei Spieler einer Partei gefangen, ist ein Spiel beendet. Die beiden Parteien wechseln die Spielfeldhälften und ein neues Spiel beginnt.

Folgende Regeln sind zu beachten: Gefangene Spieler bilden eine Kette und können durch einfaches Berühren erlöst werden. Bei jeder Spielunterbrechung gehen sofort alle Spieler zur eigenen Grundlinie zurück. Die Partei, welche einen Vorteil durch Gefangennahme eines Gegners oder Erlösen eines Gefangenen erkämpft hat, hat Lockrecht.

Barlauf ist das Laufspiel schlechthin. Es verhilft dem Schüler, sich in einer möglichst zweckmäßigen, zielbewussten und erfolgreichen Weise zu bewegen. Die erforderliche Geschicklichkeit und Wendigkeit lassen das Kind in einer gesunden Weise von seinem Körper Besitz ergreifen.

Himmel und Erde

ab 10 Jahren
1 Ball / 1 Seil

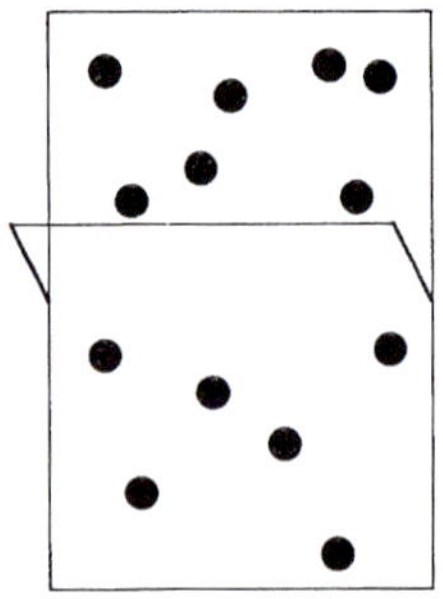

Ein Ball wird über eine Leine geworfen, die so hoch sein muss, dass der beste Springer unter den Mitspielenden sie gerade noch mit den Fingern berühren kann. Die Gegenspieler auf der anderen Seite müssen den Ball fangen und wieder zurückwerfen. Die Größe der beiden Spielfeldhälften richtet sich nach der Anzahl der Spieler. Im Gegensatz zu der allgemein üblichen Spielweise, die unter dem Namen «Ball über die Schnur» bekannt ist, wird hier nicht nach Punkten gezählt. Wer einen Fehler macht, muss ausscheiden. Ist eine Partei so dezimiert, dass nur noch ein Spieler da ist, kann dieser das Spiel unentschieden gestalten und damit seine Partei retten, wenn er dreimal hintereinander den Ball fängt. Außerdem gelten noch folgende Regeln: Es muss immer derjenige fangen, der am günstigsten zum Ball steht; tut er dies nicht, dann muss er das Spielfeld verlassen, falls sein Ball zu Boden geht. Fehler sind außerdem noch das Berühren der Schnur, das Werfen unterhalb der Schnur sowie ein Ausball.

Wir haben es bei diesem Spiel mit einer Urform des Ballspieles überhaupt zu tun. Das Hin und Her erinnert zudem an das Aus- und Einatmen oder an rhythmische Prozesse schlechthin. Es übt daher eine beruhigende Wirkung auf den Schüler aus. Hat man eine sehr unruhige oder gar chaotische Gruppe vor sich, dann sollte man dieses Spiel spielen. Die Wirkung ist überzeugend. Hier darf aus der Erfahrung heraus hinzugefügt werden, dass im 12. und 13. Lebensjahr das Bedürfnis nach dieser Art der Betätigung groß ist. Das liegt einerseits an der harmonisierenden Wirkung dieses Spiels, zum anderen aber auch an seiner Konzeption, denn jeder möchte allzu gern einmal der Letzte sein, um eventuell seine Partei durch dreimaliges Fangen zu retten oder gar durch Ausspielen der Gegner ihr noch zum Sieg zu verhelfen. Im 12. und 13. Lebensjahr will das Kind Anerkennung auch durch körperliche Geschicklichkeit erringen. Dieser Tendenz kommt das vorliegende Spiel sehr entgegen. Es hat seine größte Wirkung, wenn man es im 12. Lebensjahr beginnen lässt, dann aber im Verlauf des 13. Lebensjahres durch Erhöhung der Schwierigkeiten (Fangen mit einer Hand, direktes Zurückschlagen) zu einer gewissen Artistik steigert.

Völkerball

Zwei Parteien haben die Aufgabe, sich in benachbarten Feldern gegenseitig abzuwerfen. Ein Hintermann sorgt dafür, dass der Ball für die eigene Partei immer wieder zurückkommt. Wer abgeworfen wird, muss zum Hintermann. Durch Abwerfen eines Gegners kann er wieder ins Spielfeld. Sind alle Spieler einer Partei abgeworfen, tritt der Hintermann, auch toter Mann genannt, in Funktion. Er hat drei Leben.

ab 12 Jahre
1 Ball

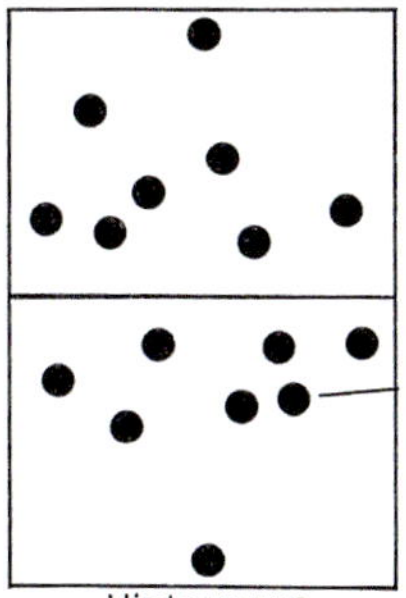

Nicht umsonst ist Völkerball eines der bekanntesten und beliebtesten Spiele für Jungen und Mädchen zwischen dem 11. und 13. Lebensjahr. In diesem Alter beginnt der Mensch, sich mit seiner Umwelt, vor allem aber mit dem persönlichen Gegner auseinanderzusetzen. Er will sich mit seinesgleichen messen. Der Sinn für den Menschen und das Menschliche ist erwacht. Was daher vom Gegner auf ihn zukommt, ist interessant, es ist ein Problem, mit dem er fertig werden muss, zu dem er die richtige Einstellung finden muss. Fängt er den Ball, dann ist es gut, fängt er ihn nicht, dann hat er versagt und der andere ist stärker als er. Im 11. Lebensjahr überwiegt manchmal noch etwas die Angst vor dem Ball, im 13. die Freude am Abwerfen. Daran zeigt sich ein Stück gesunder Entwicklung.

Luftball

Jeder Spieler hat einen leichten Plastikball und muss ihn so lange wie möglich in dauernder Bewegung halten, ohne dass er den Boden berührt. Man kann den ganzen Körper zu Hilfe nehmen, Arme und Beine, Kopf und Schulter. Wer den Ball am längsten in Bewegung halten kann, ist König dieser Disziplin.

ab 12 Jahre
entsprechende Anzahl leichter Bälle

Jeder, der mit seinen Schülern dieses Experiment einmal gemacht hat, wird überrascht sein, wie schlecht dieses Spiel anfänglich geht. Die meisten haben zunächst überhaupt keine Einstellung dazu. Es ist eine Eigenart der heutigen Jugend, in ihrem

Körper wie in einem Gehäuse zu stecken. Viele sind mit neun oder zehn Jahren schon Miniaturausgaben von fertigen Erwachsenen mit bestimmten Gewohnheiten, die sich kaum noch verändern. Dadurch aber wird der Lebenskreis des heranwachsenden Menschen ungeheuer eingeschnürt, denn jede Situation sollte das Kind veranlassen, eine ganz spezielle Einstellung dazu zu finden. Ein Ball in der Luft ist etwas anderes als ein Ball am Boden oder einer, den man fängt und wieder fortwirft. Das Verhältnis zur Welt ist ganz einfach ein verschiedenes, je nachdem, was man tut. Zwischen dem 7. und 14. Lebensjahr ist das Kind soweit, diese Verschiedenartigkeit in sich aufzunehmen.

Ballschießen

ab 12 Jahre
1 großer Ball
(gut springend)
div. kleine Bälle

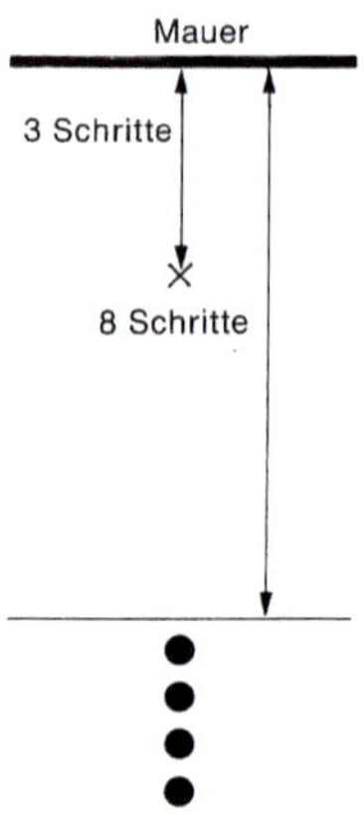

Drei Schritte von einer Wand entfernt wird ein Zeichen gemacht. Etwa acht Schritte entfernt und parallel zur Wand wird eine Linie gezogen. Hinter der Linie stehen die Spieler, die der Reihe nach versuchen, einen möglichst großen und gut springenden Ball, der mit voller Wucht senkrecht auf den markierten Punkt geworfen wird, mit einem kleineren Ball in der Luft zu treffen. Der Spieler, der den Ball zu Boden wirft, muss jeweils in die Hocke gehen. Nachdem alle einmal geworfen haben, kommt der nächste Spieler dran, um den Prellball in die Höhe zu befördern. Wer die meisten Treffer hat, ist Sieger.

Das Treffen eines beweglichen Zieles erfordert höchste Aktivität. Man muss innerlich mit dem steigenden und fallenden Ball mitgehen und seine Dynamik erleben, sonst gewinnt man keine Einstellung zum Zielobjekt. Der geeignete Treffpunkt ist der Moment, in dem der Prellball seine höchste Höhe erreicht hat. In diesem Augenblick befindet er sich gleichsam in der Schwebe. Auftrieb und Schwerkraft halten sich die Waage. Im 12. Lebensjahr kann es für das Kind etwas bedeuten, ein solches Phänomen zu erleben und zu verstehen.

Glückskugelspiel

12–13 Jahre
ca. 20 Spieler
5 (Tennis-)Bälle

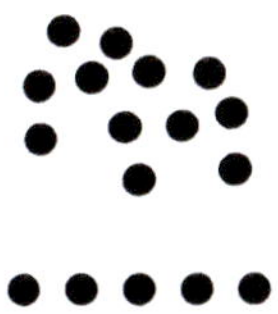

Von etwa zwanzig Mitspielenden werden fünf als Fänger bestimmt. Ihre Aufgabe ist es, die Übrigen durch Abschlag mattzusetzen. Ein Freimal gibt es nicht, aber unter die Weglaufenden werden fünf «Glückskugeln» (Bälle) verteilt; wer eine solche in der Hand hält, kann nicht abgeschlagen werden. Ist jemand in Gefahr, dann wird ihm die Glückskugel zugeworfen. Normalerweise bleiben zum Schluss noch die fünf übrig, die einen Ball haben. Sie sind die neuen Fänger.

Wenn man in Bedrängnis ist, dann hat man bei diesem Spiel die Möglichkeit, gleichsam Hilfe «von oben» zu empfangen, vorausgesetzt, man ist geschickt genug, den zugespielten Ball auch wirklich zu fangen. Das ist, wenn man von seinen Verfolgern hart bedrängt wird, nicht immer ganz einfach. Im 12. Lebensjahr kann ein solches Spiel viel dazu beitragen, dem Kind die notwendige Übersicht zu geben, nach der es jetzt verlangt.

Indisch-Kriegen

ab 12 Jahre

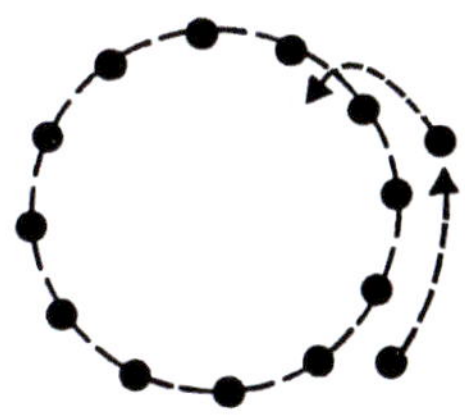

Bis auf zwei stehen alle Kinder im Kreis und fassen sich an. Einer von den beiden muss den anderen abschlagen. Es gilt folgende Regel: Der Läufer darf den Kreis verlassen und wieder hinein, wie es ihm gefällt. Der Fänger darf nur hinaus; will er in den Kreis hinein, dann muss er einem Kreisspieler einen Schlag auf den Rücken geben, damit jener die Verfolgung an seiner Stelle aufnimmt. Er selbst nimmt den frei gewordenen Platz ein. Wird der Läufer abgeschlagen, dann wechseln Fänger und Läufer die Rollen.

Durch das Ablösen bekommt dieses Spiel eine frische Note. Man muss als Kreisspieler gut aufpassen und stets im Bilde sein. Diese Wachheit ist im 12. Lebensjahr gerade das Richtige, denn jetzt muss das Kind lernen, sich den räumlichen Verhältnissen ganz anzupassen.

Die feindlichen Brüder

12–13 Jahre
2 Spieler
1 Seil (2 m lang)
2 Körbe
10 bis 15 Gegenstände

Die zwei feindlichen Brüder sind durch einen Strick, etwa zwei Meter lang, den sie in einer Hand halten, miteinander verbunden. Jeder hat einen Korb in der freien Hand. Auf dem Boden liegen zehn bis fünfzehn Bälle oder Tennisringe, es können auch andere Gegenstände sein, die sie in die Körbe tun müssen. Zu diesem Zweck müssen sie diese auf den Boden stellen, um eine Hand freizubekommen. Hat der eine das getan, dann zieht der andere natürlich in eine andere Richtung, denn schließlich möchte auch er seinen Korb füllen. Es gibt die komischsten Situationen. Das Spiel ist aus, wenn alle Gegenstände in den Körben sind. Sieger ist, wer die meisten hat.

Alle Ring-, Zieh- und Schiebekämpfe wirken auf das Ego und stärken das Selbstgefühl. Sie sind nicht zu entbehren, denn der heranwachsende Mensch muss seine Eigenheit voll entwickeln, er soll auch auf seinen Vorteil bedacht sein. Dass es aber auch Situationen geben kann, in denen dies zu Lächerlichkeiten und zum Spott führt, weil ein gewisses Maß überschritten wird, kann zur Freude aller Zuschauer hier demonstriert werden. Die persönliche Habsucht wird bloßgestellt. Das Ziehen und Zerren, Wollen und nicht Können, besonders wenn es mit einer gewissen Verbissenheit praktiziert wird, wirkt auf alle Umstehenden im höchsten Maße belustigend. Es ist ein Unterschied, ob man seine Kräfte in den Dienst der gemeinen Habsucht stellt oder in echter Art darum bemüht ist, Mut, Kraft und Geschicklichkeit um ihrer selbst willen zu erwerben. Es empfiehlt sich, Spiele wie dieses nach einer anstrengenden Arbeit folgen zu lassen.

Hänschen, fall nicht

12–13 Jahre
1 Stange
1 Stoff als Puppe
viele Gegenstände

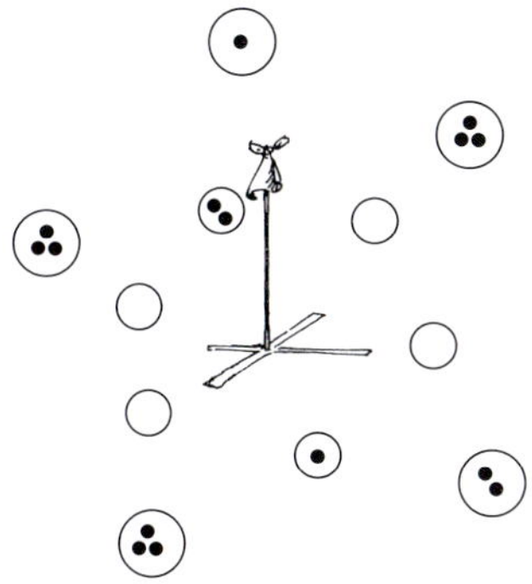

Hänschen ist eine Puppe, die aus einem einfachen Stück Stoff besteht, das an einer Stange befestigt ist. Man zeichnet auf den Boden ein Kreuz und stellt die Stange genau auf den Schnittpunkt. Einer der Spieler muss sie senkrecht halten, die anderen stehen rund herum. Nun hat aber jeder Spieler zwei kleine Kreise, von denen sich der eine drei Meter und der andere sechs Meter von der Stange entfernt befindet. Im äußeren Kreis liegen ein Dutzend Gegenstände, die so schnell wie möglich in den kleineren Kreis gebracht werden müssen. Es kann fortwährend gelaufen, aber nur ein Gegenstand darf jedes Mal mitgenommen werden. Nachdem der Standspieler ausgelost worden ist und alle außer ihm ihren inneren Kreis bezogen haben, ruft der Erstere z.B.: «Phillipp, fall nicht!» Nach diesen Worten lässt er die Stange los und läuft zu seinem äußeren Kreis, um den Gegenstand nach innen zu bringen. Der Gerufene läuft schleunigst an die fallende Stange, fängt sie auf, bringt sie in die Senkrechte und nennt einen anderen Namen. Wer die Stange fallen lässt, muss laut «halt» rufen, dann bleiben alle stehen, und der Betreffende bekommt zur Strafe drei neue Gegenstände in den äußeren Kreis gelegt. Dann richtet er die Stange auf, und das Spiel geht weiter wie vorher. Gewonnen hat derjenige, der zuerst alle Gegenstände in seinem inneren Kreis hat.

In jedem Kinde steckt der gesunde Ehrgeiz, der Erste, der Beste, der Schnellste und Geschickteste zu sein. Dieser Tendenz wirkt aber eine andere entgegen, nennen wir sie das Pflichtbewusstsein. Mit zwölf Jahren erst kann man damit rechnen, vorher ist das Kind noch zu wenig in sich gefestigt. Der fallende Stock, an den man immer denken muss, der ja nicht fallen darf, sondern stets in die aufrechte Lage gebracht werden muss, steht als etwas Zentrales und Wichtiges den eigenen Absichten, die auf persönliche Vorteile ausgerichtet sind, im Wege. Aber gerade dieses Motiv, immer wieder auf etwas Zentrales achtgeben zu müssen, stärkt und wirkt kräftigend auf das Gesamtempfinden zurück.

Tretballzeck

12–14 Jahre
ca. 16 Spieler
1 Ball

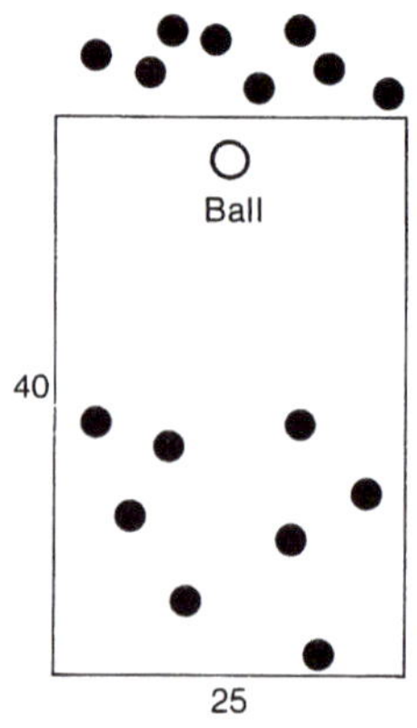

Hinter der Schmalseite eines Feldes von 25 x 40 Metern stehen acht Spieler. Einer von ihnen legt sich den Ball zurecht, geht einige Schritte zurück und befördert ihn dann mit einem kräftigen Fußtritt so weit wie möglich. Sobald er den Ball weggeschossen hat, dürfen seine Mitspieler und er ins Feld laufen und versuchen, die acht Spieler der Gegenpartei abzuschlagen. Jene müssen den Ball so schnell wie möglich über die Mallinie zurückwerfen. In diesem Augenblick pfeift der Schiedsrichter. Wer bis dahin abgeschlagen war, verliert einen Punkt an den Gegner. Dann beginnt ein neues Spiel und der Nächste kommt mit dem Schießen dran. Die Parteien wechseln, wenn die Feldpartei den Ball über die Linie zurückwerfen kann, ehe einer abgeschlagen worden ist. Sämtliche Abschläge einer Partei werden zusammengezählt.

Es kann, vom Pädagogischen her gesehen, nicht der geringste Zweifel darüber bestehen, dass der Fußtritt als solcher im seelischen Bereich Wirkungen auslöst, die ein Entfesseln der Leidenschaften zumindest begünstigen. Aber dies braucht nicht unbedingt etwas Schädliches zu sein. Es gibt eine Entwicklungsphase, ungefähr um das 12. Lebensjahr, da hat der Junge das Bedürfnis, einmal kräftig mit den Füßen loszuschlagen. Es hängt dies mit dem Erwachen des Intellekts zusammen. Kopf und Wille stehen im ursächlichsten Zusammenhang miteinander. Das Denken erzeugt Gegenwirkungen auf der Seite des Willens. Fängt der junge Mensch an zu denken, will er auch seine Füße spüren. Dieser Richtung kommt das vorliegende Spiel entgegen.

Darüber hinaus ist die Konzeption des Spieles überaus sinnvoll, denn während die eine Partei durch den Fußtritt tatsächlich wie entfesselt sich auf die andere stürzt und sie abschlagen will, versucht die andere, das Unheil möglichst rasch zu bannen und entweder wegzulaufen oder den Ball über die Mallinie zurückzuwerfen.

Damit bekommt das Spiel etwas wie ein inneres Gleichgewicht. Angriff und Verteidigung stehen in einem solchen Verhältnis zueinander, dass gute Spielmöglichkeiten sich entwickeln können.

Kreishockey

ab 12 Jahre
14 Spieler
14 Hockeyschläger
1 Hockeykugel

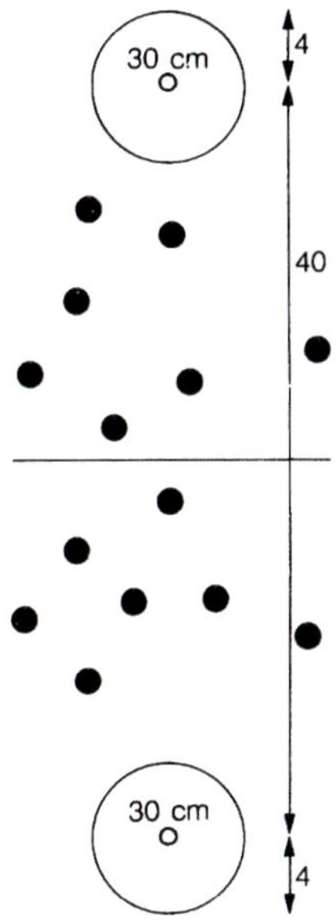

In einem Abstand von etwa 40 Metern werden zwei Löcher ausgehoben, die einen Durchmesser von 30 Zentimetern und eine Tiefe von 10 Zentimetern haben. Mit vier Meter Radius wird um jedes Loch ein Kreis gezogen. Zwei Parteien von je sieben Spielern nehmen in ihrer Hälfte Aufstellung. Nach dem Bully versucht jede Partei, sich die Kugel zuzuspielen und in das gegnerische Loch zu befördern. Keiner darf den Kreis betreten. Erst wenn die Kugel im Kreis liegen bleibt, darf ein Hinterspieler hinein und sie wieder ins Spiel bringen. Wird eine Kugel ins Loch gespielt, dann zählt das als Treffer. Man sollte den Schülern gleich klarmachen, dass es nicht um Tore, sondern um Treffer geht.

Das Hockeyspiel taucht schon im Altertum auf. Die Spielregeln kennen wir allerdings nicht. Nach dem «großen Vorbild» des Fußballspiels hat man auch das Spiel mit den krummen Stöcken mit Toren versehen. Aber weil dies für den Schlussspieler gefährlich werden kann, sah man sich gezwungen, ihn zu panzern. Ein Spiel, das mit solchen Gefahren verbunden ist, gehört nicht in die Jugendarbeit. Es wäre aber schade, wenn unsere Kinder darauf verzichten sollten, einer Beschäftigung nachzugehen, die in einer ganz hervorragenden Weise geeignet ist, die Geschicklichkeit auszubilden.

Man muss das Spiel entschärfen, und das geschieht durch die Kreise und durch die Vertiefungen. Der Spielcharakter wird dadurch ein völlig anderer. Den Abschluss bildet kein rücksichtsloser, hart geschlagener Torschuss, sondern ein behutsames Führen des Balles, der nur so viel Fahrt mitbekommen darf, dass er im Zentrum liegen bleibt.

Abgesehen von rein pädagogischen Erwägungen scheint es viel sinnvoller, dass die Kugel, nachdem vorher um sie gekämpft worden ist, endlich doch einen Platz finden muss, an dem sie als ruhender Pol liegen bleiben kann. Die Seele des Kindes weiß mit einem solchen Bild etwas anzufangen.

Wurfball

12–14 Jahre
16 Spieler
1 Sprungständer
1 Fangnetz / 1 Ball

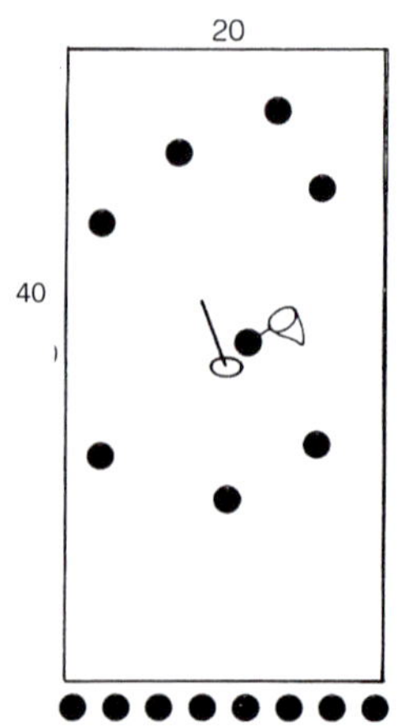

In einem Spielfeld von 20 x 40 Metern befindet sich ein Sprungständer. Hinter diesem steht ein Spieler mit einem Fangnetz. Zu seiner Partei gehören noch sieben andere, die über das Spielfeld verteilt werden. Die Gegenpartei besteht aus ebenso vielen Spielern und nimmt hinter der einen Schmalseite Aufstellung. Es wird der Reihe nach geworfen, wobei jeder versuchen muss, die Stange zu treffen. Gelingt dies einem Spieler, dann kann er den Wurf sooft wiederholen, wie er einen Treffer erzielt. Wer daneben wirft, muss sich das Wurfrecht zu einem neuen Wurf mit einem Lauf durch das Spielfeld zur anderen Seite und zurück erkämpfen. Die gegnerische Partei versucht, den Läufer innerhalb des Feldes abzuwerfen, kann dies aber nur, wenn der Ball mit dem Fangnetz vorher gefangen worden ist. Ist das nicht der Fall, bekommt er das Wurfrecht sozusagen geschenkt. Mit dem Ball darf nicht gelaufen werden. Ist ein Spieler abgeworfen, wechseln die Parteien. Nur die Treffer werden gezählt. Sieger ist, wer die meisten hat.

Dieses Spiel hat den Vorzug, dass das Zielen, Werfen, Treffen und Fangen im Mittelpunkt stehen, was sich in einer günstigen Weise auf das Selbstgefühl auswirkt. Man muss einmal erlebt haben, wie befriedigt ein Schüler ist, wenn er die Stange ein oder gar mehrere Male hintereinander getroffen hat. Dass man den Fehlwurf durch einen Lauf wieder gutmachen muss, entspricht einer gesunden Spiellogik, ebenso aber auch, dass man das aufzugreifen hat, was einem zugespielt wird. Lässt daher der Spieler mit dem Fangnetz den Ball durchgehen, dann hat er für sich und seine Mitspieler eine Chance verpasst. Man sollte den Kindern im 12. Lebensjahr Gelegenheit geben, dieses Spiel so lange zu betreiben, bis der Wille, einen Treffer zu erzielen wirklich spürbar ist. Man wird dann bemerken, dass die Einstellung zum Objekt willenshaft und gerichtet wurde. Damit aber ist auch das Verhältnis des Kindes zur Umwelt direkter geworden.

Springball

12–14 Jahre
6 bis 8 Spieler
1 leichter Ball

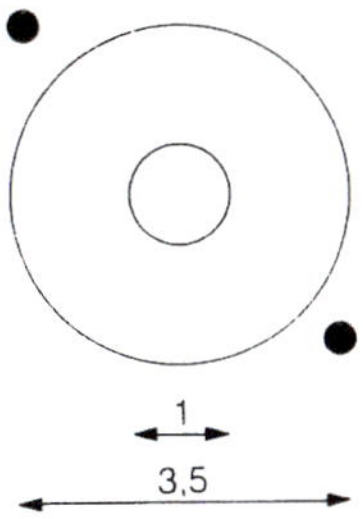

Teilnehmerzahl: 6 bis 8. Ein leichter Plastikball, möglichst glatter Boden und zwei Kreise in konzentrischer Anordnung von einem Meter und 3,50 Meter Durchmesser. Es stehen sich immer zwei Spieler gegenüber, deren Aufgabe ist es, den Ball mit der offenen Hand im kleinen Kreis zum Aufprallen zu bringen, der Gegner tut dasselbe. Der erste Ball wird geworfen und dem Gegner zugespielt, die nächsten Bälle werden platziert. Ungültig sind alle Bälle, die mehr als einmal im Mittelkreis aufkommen, oder solche, die über den äußeren Kreis hinausspringen. Nach dem Aufprallen in der Mitte kann der Ball sofort wieder zurückgespielt werden, er muss es aber nach einmaligem Aufprallen zwischen den Kreisen. Wer einen Fehler macht, scheidet aus und lässt den Nächsten dran. Der Sieger hat Angabe. Wer die meisten Siege hat, hat gewonnen.

Vom 12. Lebensjahr an spielen Jungen und Mädchen dieses Spiel sehr gerne. Es ist ein reines Geschicklichkeitsspiel, das technisch gesehen keine besonderen Ansprüche stellt. Vom 12. Lebensjahr an gewinnt der Mensch ein persönliches Verhältnis zur Erde, zum Boden, auf dem ersteht, und zu sich selbst. Sein Denken bekommt einen Zug ins Nützliche, Praktische, Reale. Dieser Tendenz kommt das Spiel entgegen, denn der Ball muss ja immer wieder bewusst in den zentralen Kreis hineingespielt, d.h. gelenkt und unter Kontrolle gehalten werden.

Ringhockey

ab 12 Jahre
10 Spieler
10 Stöcke
1 Tennisring

Zwei Mannschaften zu je fünf Spielern. Jeder hat einen Stock, der an beiden Enden stumpf sein muss. Ein Tennisring und ein Spielfeld mit glattem Boden, etwa 10 x 25 Meter, sind notwendig. An beiden Enden des Spielfeldes sind zwei konzentrische Kreise angebracht von 0,5 und 3 Meter Durchmesser. Jede Partei muss sich den Ring so zuspielen, dass er zuletzt im kleinen Kreis der gegnerischen Hälfte liegen bleibt.

Die Kreise dürfen nur dann von einem Spieler der eigenen Partei betreten werden, wenn der Ring darin zu Ruhe gekommen ist. Wird ein Treffer erzielt, dann wird der Ring vom größeren Kreis aus wieder ins Spiel gebracht.

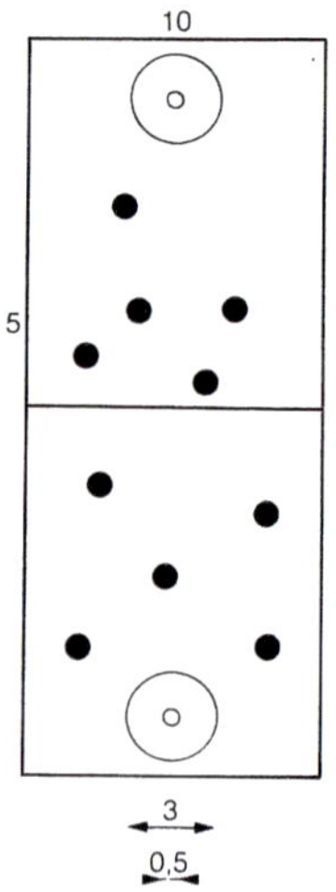

Die Technik dieses Spiels ist sehr einfach. Man läuft mit dem Tennisring am Boden geschickt an den Gegenspielern vorbei und spielt den Ring so zu, dass er möglichst zu einem der Mitspielenden der eigenen Partei gelangt. Da das Führen und Zuspielen des Ringes keine besonderen Schwierigkeiten bereitet, ist die geschickte Laufarbeit entscheidend. Geschicklichkeit und geschmeidige Bewegungsführung können in einem erstaunlichen Umfang erworben werden, wenn das Spiel genügend oft betrieben wird. Eine natürliche Pause und damit ein beruhigendes und harmonisierendes Moment tritt immer dann ein, wenn einer der Spieler an den großen Kreis gelangt ist und jetzt mit großer Behutsamkeit verfahren muss, denn er muss ja dem Ring genau die Fahrt geben, die notwendig ist, damit er im kleinen Kreis zur Ruhe kommt.

Eishockey

ab 12 Jahre
krumme Stöcke
1 Holzklötzchen
Schlittschuhe

Ein krummer Stock, ein Stückchen Holz und Schlittschuhe, mehr ist nicht notwendig, um sich auf dem Eis nach Herzenslust zu tummeln. Einen Torwart braucht man nicht. Die zwei Steine, Mützen oder Mäntel, die das Tor markieren, werden von demjenigen bewacht, der gerade in der Nähe ist. Das Holz darf nicht in das Tor geschossen, sondern muss mit dem Stock hineingespielt werden.

So wenig das Torhüterspiel auch sonst zu empfehlen ist, so sehr ist es hier zu befürworten. Ein Stückchen Holz am Gegner vorbei durch zwei markierte Punkte hindurchzuspielen, erfordert in diesem Falle so viel Geschick und ist außerdem so vielen unberechenbaren Zufällen ausgesetzt, dass es immer eine Menge Aufregungen und Überraschungen gibt. Das 10. bis 13. Lebensjahr ist das beste Alter dafür. In dieser

Zeit hat alles noch Grazie und Fantasie. Später kann das Eishockeyspiel sehr brutal werden und ist tunlichst zu vermeiden. In einer Zeit, da das Kind mit seiner Körperlichkeit ein Verhältnis zur Welt herzustellen versucht, kann es ungemein belebend und im besten Sinne erzieherisch für die Gesamtverfassung sein, wenn es lernt, sich auf der glatten Eisfläche zu behaupten.

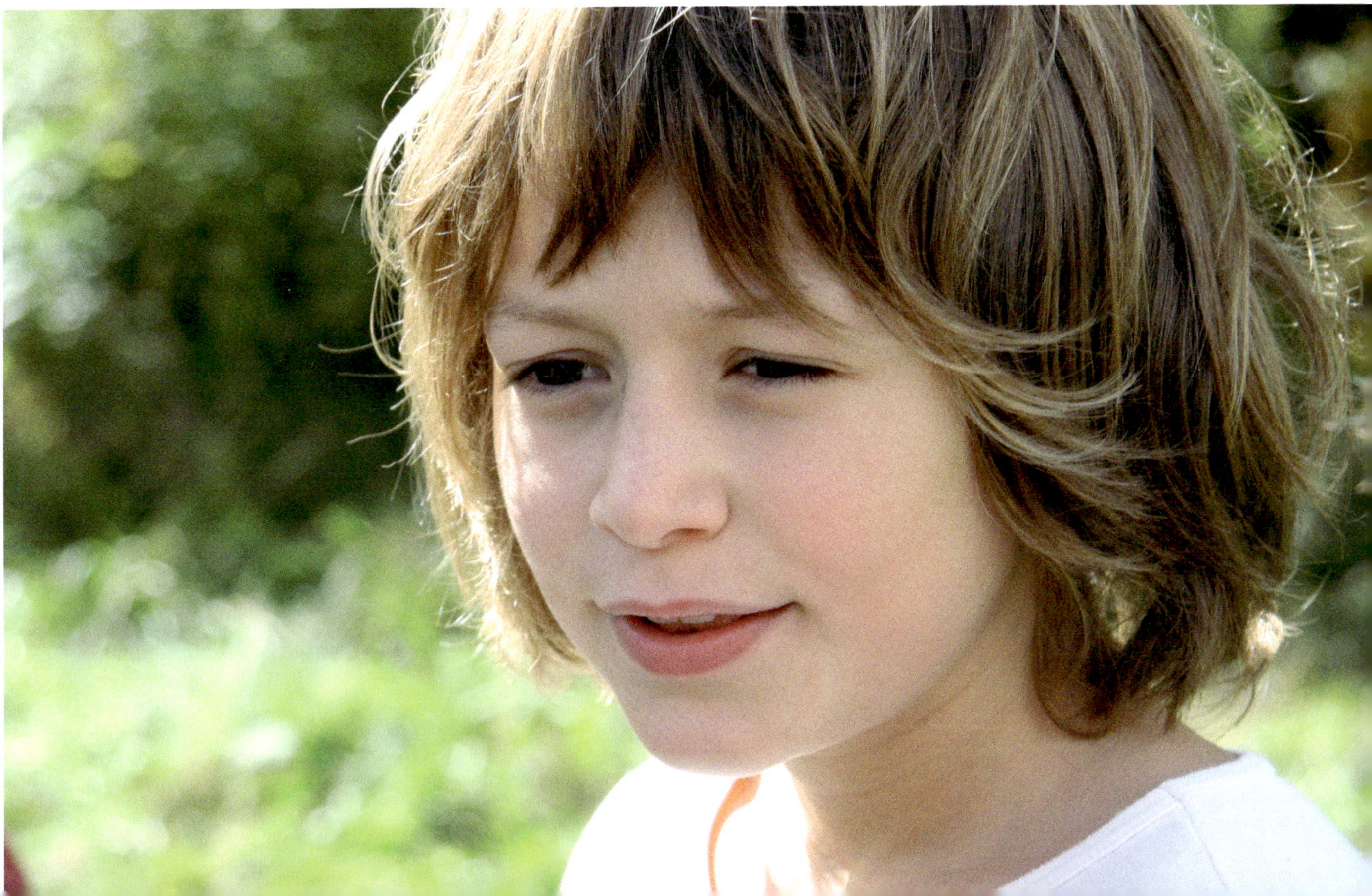

13. Lebensjahr

Brennball

ab 13 Jahre
12 bis 16 Spieler
1 leichter Ball
1 Sprungbrett

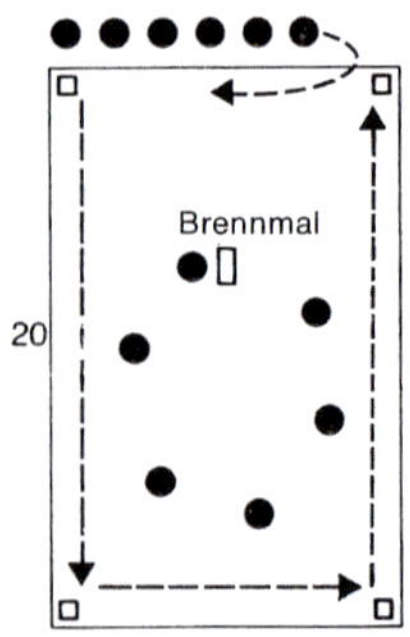

Wir sind gewohnt, das Brennballspiel im Freien zu spielen, gewöhnlich mit Schlagball und Schlagholz über gewisse Entfernungen. Man kann es aber auch in relativ kleinen Räumen betreiben. Dazu braucht man einen leichten Plastikball, ein Spielfeld von nicht mehr als 20 Meter Länge und ein Sprungbrett. Die beiden Parteien bestehen aus sechs bis acht Spielern. Das Brennmal (Sprungbrett) ist ungefähr sechs Meter von der Basis entfernt. Die Freimale befinden sich an den Ecken des Spielfelds. Es wird ausgelost, welche Partei zu laufen hat und welche sich irn Feld befindet. Jeder Läufer wirft sich den Ball selbst ein, indem er ihn senkrecht fallen lässt und nach dem Aufprallen mit der Faust in das Feld befördert. Misslingt der erste Schlag, dann darf er wiederholt werden, misslingt auch der zweite, dann ist der Schläger «verbrannt» und scheidet aus. Alle Spieler der Feldpartei werfen den Ball so schnell wie möglich zum Brenner, der ihn auf das Brett wirft. Wer sich in diesem Augenblick im Feld und nicht im Freimal befindet, ist verbrannt und scheidet aus. Eine Partei ist ausgehungert, wenn kein Spieler mehr an der Grundlinie ist. Jedes Herumkommen wird gezählt. Gelingt es einem Schläger, mit seinem Ball eine ganze Runde zu machen, dann sind alle bis dahin Verbrannten frei und können wieder mitspielen.

Zwischen dem 12. und 14. Lebensjahr ist das Brennballspiel ganz besonders wertvoll, weil es Impulse anregt, die sonst im Gefühlsleben leicht verschlafen werden können. Mancher Jugendliche entwickelt die Tendenz, eine eigene Gefühlswelt aufzubauen, die in keinem Verhältnis zur äußeren Wirklichkeit steht. In dieser Phase der Entwicklung ist es gut, einen gewissen Einsatz zu verlangen, der in einer bestimmten Zeit erfolgen muss, damit ein festgelegtes Ziel erreicht werden kann.

Schlagball

Ein rechteckiges Feld von etwa 50 Meter Länge wird gezeichnet. Zwei Malstangen, fünf Meter auseinanderstehend, werden sechs Meter vom hinteren Ende des Spielfeldes entfernt aufgestellt. Die Wurfpartei schlägt den Ball mit einem Schlagholz ins Feld. Wer geschlagen hat, muss einen Lauf zu den Malstangen und zurück machen. Neues Schlagrecht erhält man nach einem Lauf. Die Läufe einer Partei werden zusammengezählt. Die Feldpartei versucht, den Läufer abzuwerfen. Mit dem Ball darf aber nicht gelaufen werden. Wird der Ball hinter die Grundlinie geworfen, müssen die Läufer stehen bleiben. Bei jedem Treffer ist Malwechsel. Treffen und Fangen mit einer Hand werden auch als Punkte gewertet. Die Schlagfolge wird festgelegt. Wer danebenschlägt, kann bei einem günstigen Schlag mitlaufen.

ab 13 Jahre
min. 12 Spieler
2 Malstangen
1 Schlagball
(aus Leder)
1 Schlagholz

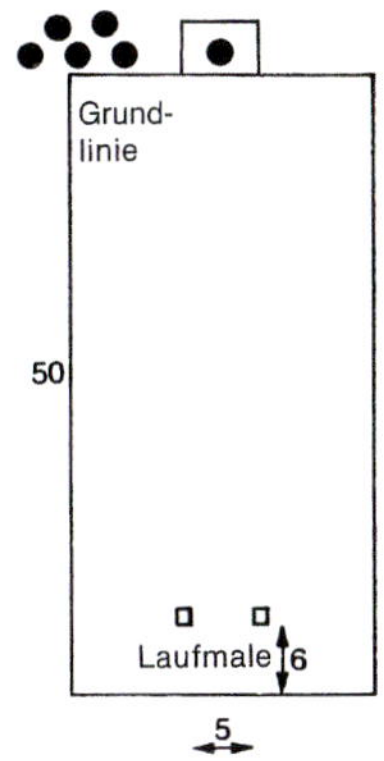

Von einsichtigen Pädagogen ist immer wieder festgestellt worden, dass die erzieherische Bedeutung des Schlagballspiels nicht hoch genug veranschlagt werden kann. Das Schlagen, Fangen, Werfen, Ausweichen, das Einordnen in die Mannschaft, nicht zuletzt aber auch der Lauf und der damit verbundene persönliche Einsatz, ein Ziel unter Gefahren zu erreichen, das alles vermittelt Persönlichkeitswerte, auf die eine gesunde Erziehung einfach nicht verzichten kann. Ein Weitschlag oder eine «Kerze», das Fangen des Balles über eine weite Distanz, geschicktes Einkreisen, aber auch ein enttäuschender Querwurf bewirken eine Erlebnisspanne, die kaum ein anderes Spiel in solcher Differenzierung und Vielschichtigkeit erzeugen kann.

Dass das Schlagballspiel heute in Vergessenheit geraten ist, liegt aber keineswegs an der Jugend, die es erfahrungsgemäß genauso gern spielt wie früher, sondern einzig und allein an den Erziehern, die seinen pädagogischen Wert nicht richtig einschätzen.

Korbball

ab 13 Jahre
10 bis 14 Spieler
2 Sprungständer
mit Körben
(2,50 m hoch)
1 Ball

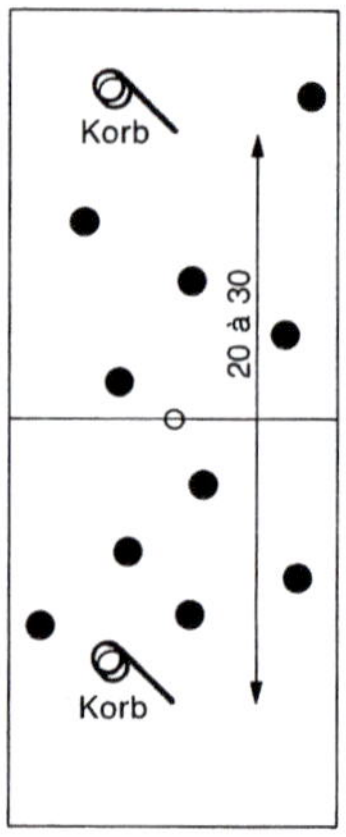

Das Korbballspiel, wie es hier beschrieben wird, unterscheidet sich in einigen Punkten von den üblichen Spielformen, die sich in mancher Hinsicht als zu unpraktisch oder zu kompliziert erwiesen haben. Es gibt keine Kreise um die Korbballständer und keine Bretter hinter den Körben, wie etwa beim Basketballspiel. Zwei Sprungständer von 2,50 Meter Höhe und oben daraufgesetztem Korbgestell werden 20 bis 30 Meter auseinandergestellt. Das Spielfeld muss nach allen Seiten abgegrenzt sein und so viel Spielraum lassen, dass man von allen Seiten an die Körbe heran kann. Die beiden Parteien von je fünf bis sieben Spielern beginnen so, dass der Schiedsrichter mit dem Ball in die Mitte geht, während jeder Spieler den Korbballständer seiner Partei mit der Hand anfasst. Wirft der Schiedsrichter den Ball auf den Boden, dann dürfen die Spieler loslaufen und versuchen, ihn in ihren Besitz zu bekommen. Jeder Ballspieler darf drei Schritte mit dem Ball laufen, muss ihn dann aber abgeben oder auf dem Boden aufprallen lassen. Der Ball darf nicht aus der Hand geschlagen werden. Wird ein Ständer während des Korbwurfs von einem Verteidiger bewegt, dann gilt auch ein misslungener Wurf als Treffer. Jedes körperliche Spiel wird durch einen Freiwurf für die betreffende Partei geahndet. Nach einem geglückten Korbwurf beginnt man wie zu Anfang.

Voraussetzung für die einwandfreie Durchführung dieses Spieles ist die genügende Höhe des Korbrandes. Selbst die größten Spieler sollten noch Mühe haben, den Ball richtig in den Korb zu bekommen. Im Übrigen sollte man darauf bedacht sein, dieses schöne Geschicklichkeitsspiel so einfach zu spielen, wie es nur irgendmöglich ist. Die Erwartung des Schülers ist immer groß, wenn er den Ball zum Korb hinwirft. Gelingt ein solcher Wurf, dann ist er tief befriedigt. Dieser Moment der Erwartung und auch der Enttäuschung gibt dem Spiel seine eigentlich pädagogische Note. Bei älteren Schülern kann man die Ballbeherrschung dadurch steigern, dass man fortwährendes Aufprallen des Balles, ähnlich wie beim Basketballspiel, zur Bedingung jeden Raumgewinnes macht.

Fangreifenlauf

Zwei Sprungständer, verbunden durch eine Schnur in mindestens zwei Meter Höhe, teilen ein Spielfeld in zwei Quadrate von etwa 8 x 8 Metern. In jeder Spielfeldhälfte befindet sich ein Spieler. Der erste hat einen Tennisring in der Hand, wirft ihn über die Leine und versucht, während dieser Zeit die gegnerische Hälfte zu durchqueren. Der zweite versucht, den Ring zu fangen und, nachdem er das getan hat, den durch sein Feld Laufenden abzuschlagen. Jeder Abgeschlagene übernimmt seine Rolle. Eine Gruppe von sechs bis acht Spielern wechselt in einer bestimmten Reihenfolge. Gewonnen hat derjenige, der am Ende die meisten Durchläufe erzielt hat. Hochwürfe sind verboten.

13–14 Jahre
6 bis 8 Spieler
2 Sprungständer
1 Seil
1 Tennisring

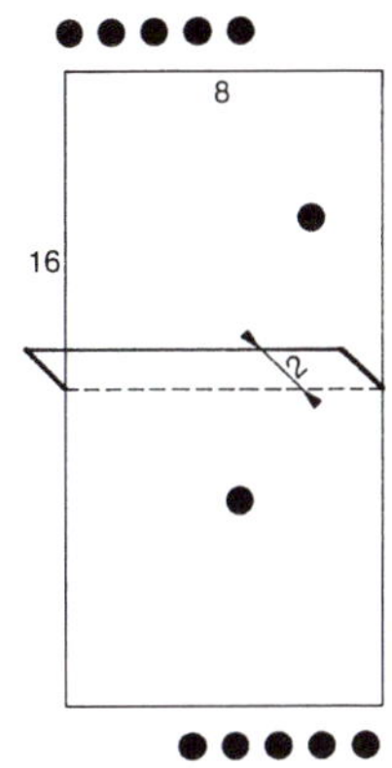

Durch ein geschicktes Werfen des Ringes bereitet man seinen Durchlauf vor. Wer seinen Weg schlecht vorbereitet hat, wird kaum durchkommen. Diese Lebensmaxime im Spiel erlebt zu haben, ist für den Heranwachsenden im 13. Lebensjahr nicht ohne Bedeutung.

Der schnelle Fritz

Etwa fünf Schritte von einem Kreis mit vier Meter Durchmesser entfernt steht ein Sprungständer. Die Spieler werfen der Reihe nach einen Ball innerhalb des Kreises mit voller Wucht auf den Boden, laufen um den Ständer und zurück und müssen den Ball noch springend in die Hand bekommen. Von einem Schiedsrichter ist inzwischen die Anzahl der «Hüpfer» gezählt worden. Bekommt der Läufer seinen Ball nicht mehr «hüpfend» in die Hand, dann muss er ausscheiden. Das Gleiche gilt für den Fall, dass der Ball den Kreis verlässt, ehe der Läufer ihn wieder erreicht hat. Es werden fünf oder mehr Durchgänge vereinbart. Wer dann die geringste Zahl der Hupfer hat, hat gewonnen. Jeder Hupfer zählt ein Jahr, wer die meisten hat, der ist Großvater.

13–14 Jahre
1 Sprungständer
1 gut springender Ball

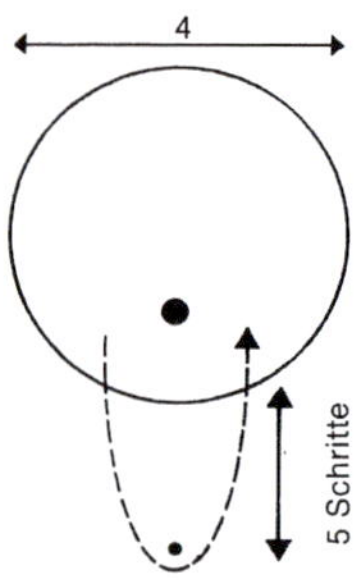

In diesem Spiel begegnet man gewissermaßen seiner eigenen Tat. Hat man nicht genug Kraft in sie hineingelegt, dann bleibt auch nicht mehr viel von ihr übrig, wenn man zurückkehrt. Aber die Kraft allein tut es nicht. Schnelligkeit und Geschicklichkeit gehören zum Ausnutzen der Situation noch dazu, damit sie zum Erfolg führt. Erst im 13. Lebensjahr beginnt der Schüler ein solches Verhältnis zum eigenen Tun zu entwickeln, weil er sich ab diesem Zeitpunkt in einem genügend starken Maß abgrenzen kann und deshalb in ihm das Bedürfnis entsteht, sich individuell entfalten zu wollen. Ein Spiel wie dieses kann die natürliche Entwicklungstendenz in einer förderlichen Weise zum Bewusstsein bringen.

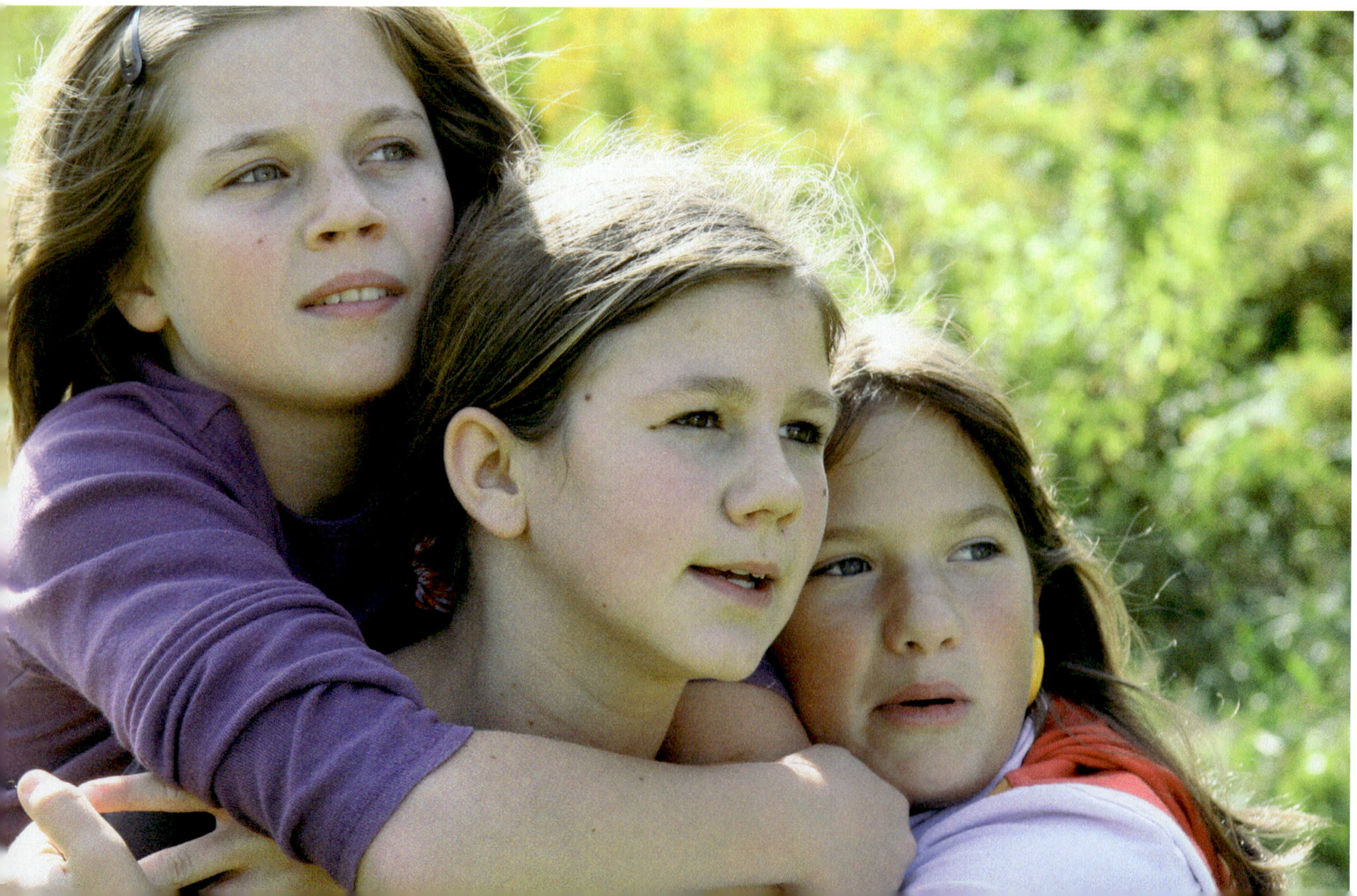

14. Lebensjahr und älter

Raufball

14–16 Jahre
8 bis 12 Spieler
1 Medizinball

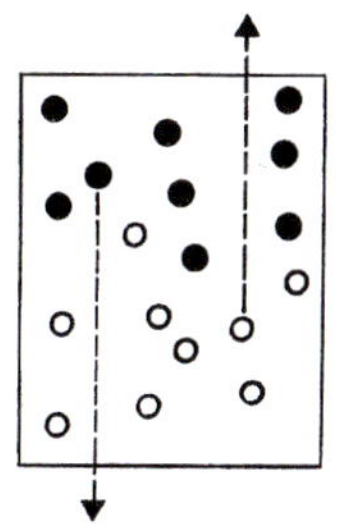

Zwei Mannschaften von vier bis sechs Spielern stehen einander gegenüber. Jeder versucht, einen Medizinball über die Schmalseite des gegnerischen Feldes zu tragen. Der Ball darf in keinem Fall nach vorn, sondern stets nur zur Seite oder nach rückwärts zugespielt werden. Kommt es zu einem Knäuel, dann pfeift der Schiedsrichter ab und die Partei, in deren Spielhälfte der Ball gerade ist, darf ihn wieder anspielen. Man darf den Gegner festhalten und ihm den Ball wegnehmen. Wer keinen Ball hat, darf nicht angegriffen werden.

Es geht bei diesem Spiel darum, dass etwas durch eine feindliche Zone hindurchgetragen werden muss. Man kann dieses Etwas als eine Art «Gruppenidol» bezeichnen, denn alle Spieler einer Partei sind daran interessiert, es durch die Gefahrenzone hindurch gleichsam in Sicherheit zu bringen.

Betrachtet man den 14- bis 15-Jährigen, dann kann einem bewusst werden, dass dieser innerlich für ein solches Spiel besonders geeignet ist. Die frei gewordene Gefühlswelt ist eine spannungsgeladene Zone, die mit Animositäten und unerlösten Gegensätzen erfüllt ist, aber unsichtbar und wie im Hintergrunde ist dennoch eine Kraft vorhanden, die das alles ausgleichen und in Ordnung bringen kann, das Ich. Dieses ist der innerste Besitz des Menschen. Ihn darf man nicht verlieren, ihn muss man schützen und abschirmen und so lange durchtragen, bis das Ich stark genug ist, selbst Ordnung zu schaffen. Dies tritt mit ca. 17 Jahren ein. Jetzt hat das Raufballspiel keine Bedeutung mehr, aber vorher kann es Entwicklungsimpulse auslösen, die für manchen jungen Menschen von großer Bedeutung sein können.

Treibball

14–16 Jahre
mehr als 16 Spieler
1 Ball

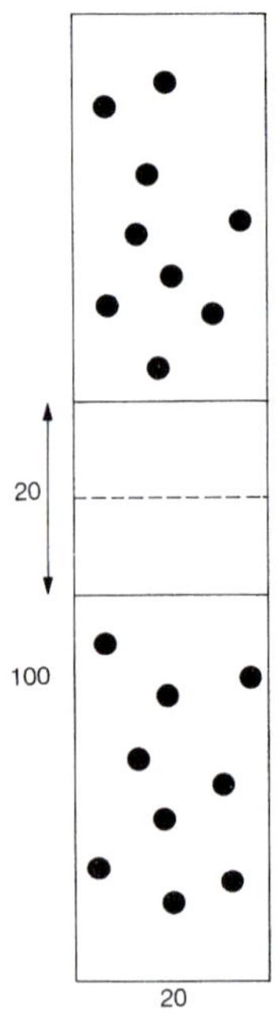

Dieses Spiel muss auf einem großen freien Platz gespielt werden, nicht allzu breit, aber ziemlich lang (20 x 100 Meter). Acht bis fünfzehn Spieler sind auf jeder Seite und verteilen sich in ihrer Spielhälfte. Ein Zwischenraum von etwa 20 Metern trennt die Vordersten. Durch das Los wird ermittelt, wer beginnen darf. Der erste Ball wird in die gegnerische Hälfte geworfen. Wird er gefangen, darf man drei Schritte nach vorn machen, dann wird der Ball wieder zurückgeworfen. Wird er aber nicht gefangen, dann gelten folgende Regeln: Zurückgeworfen wird der Ball von der Stelle, an der er zuerst von einem Spieler oder vom Boden berührt wird. Gewonnen hat die Partei, die den Ball über die gegnerische Spielhälfte hinauswirft.

Im 15. Lebensjahr empfiehlt es sich, dieses Spiel mit schweren Medizinbällen, die gestoßen werden müssen, spielen zu lassen. Im 16. Lebensjahr sollte man es mit einem Schleuderball spielen, das gilt allerdings nur für Jungs. Mädchen spielen das Treibballspiel am besten mit gewöhnlichen Handbällen aus dem Schockwurf, also einer dem Diskuswurf verwandten Wurfbewegung.

Es zeigt sich auf den ersten Blick, dass dieses Spiel etwas ungeheuer Großzügiges hat und entschieden allem Kleinlichen entgegenwirkt. Darin liegt auch seine pädagogische Bedeutung. Der junge Mensch geht aus sich heraus, aber, und das ist das Gute, er wird zugleich gewahr, dass einem Grenzen gesteckt sind. Der Maßlosigkeit des seelischen Begehrens, die in diesem Alter erwacht, wird gleichsam ein Riegel vorgeschoben. Gewiss, man holt tüchtig aus und wirft den Ball, so weit man kann, aber das steht in einem genauen Verhältnis zu den eigenen Kräften. Der seelische Impuls und die Wirklichkeit gehen nicht auseinander, wie es sonst leicht der Fall ist, sondern entsprechen den Verhältnissen des Raumes. Man kann dem jungen Menschen oft keinen größeren Gefallen tun, als ihn in dieser Weise sich «austoben» zu lassen, denn was an Angeberei und Überheblichkeit in einem bestimmten Alter zum Vorschein kommt, sind letzten Endes doch starke positive Kräfte, die nur in der rechten Weise mit der Wirklichkeit in Einklang gebracht werden müssen.

Prellball

Ein Spielfeld von 8 x 16 Metern wird durch eine in Kniehöhe angebrachte Leine in zwei gleiche Hälften geteilt. In jeder Spielfeldhälfte befinden sich drei bis acht Spieler. Der Ball wird zunächst in das eigene Spielfeld geworfen, damit er von dort aus über die Schnur in die gegnerische Hälfte springen kann. Drüben kann er von jedem Spieler einmal berührt werden. Zwischendurch darf der Ball einmal auf den Boden kommen. Der Letzte muss ihn nach dem Aufprallen im eigenen Feld dem Gegner zuspielen. Jeder Spieler kann auch den Ball sofort wieder zurückschicken. Er darf ihn gleich aus der Luft annehmen, muss aber stets die Regel beachten, dass der Ball erst im eigenen Feld aufkommen muss, bevor er zum Gegner fliegt. Außer beim Anwurf wird der Ball mit der flachen Hand geschlagen. Wer einen Fehler macht, scheidet aus, seine Partei bekommt den nächsten Anwurf. Befindet sich nur noch ein Spieler auf einer Seite, muss dieser innerhalb von drei Würfen ausgespielt sein, andernfalls ist das Spiel unentschieden.

ab 14 Jahre
6 bis 16 Spieler
1 Trennleine
1 Ball

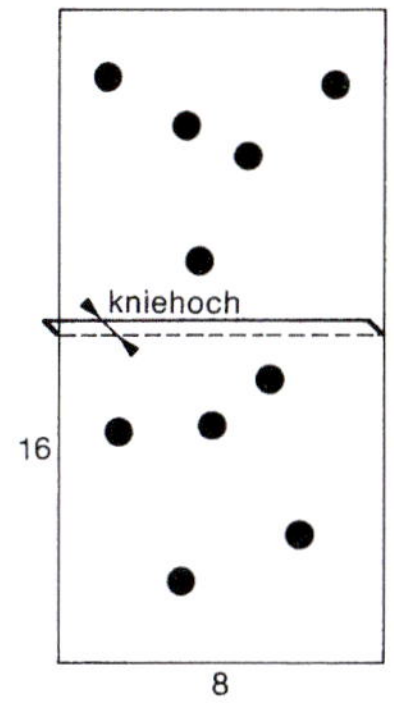

Das Prellballspiel ist, wie schon der Name sagt, stark auf den Boden hin orientiert. Man empfängt den Ball in der Bereitschaft, ihn sogleich auf den Boden zu prellen, entweder um ihn einem Mitspieler zuzuspielen oder um ihn nach dem Aufprallen im eigenen Feld über die Linie zu spielen. Hat man das Spiel eine längere Zeit betrieben, dann kann man feststellen, dass das dauernde Untenhalten des Balles geeignet ist, eine gewisse Sicherheit oder auch eine Art klärende Wirkung zu erzeugen. Man hält etwas, was auf einen zukommt und überwältigen will, in Schach. Die Spielidee ist darauf angelegt, den Ball stark unter Kontrolle zu halten. Gerade dieses aber kann in einem Alter von Wichtigkeit sein, wo tatsächlich die Wogen des Gefühls über dem jungen Menschen zusammenschlagen und ihn zu überwältigen drohen. Das ist in der Hauptsache zwischen dem 15. und 17. Lebensjahr der Fall. Für dieses Alter hat das vorliegende Spiel eine Aufgabe. Über die tatsächlich klärende Wirkung kann sich jeder überzeugen, der junge Menschen bei diesem Spiel etwas genauer beobachtet.

Volleyball (Flugball)

ab 16 Jahre
12 Spieler
1 Netz (Seil)
1 Ball

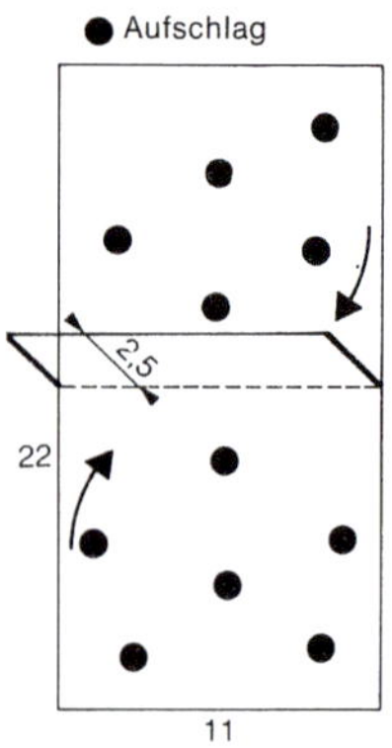

Ein Spielfeld von etwa 9 x 18 Metern wird durch ein Netz (Seil), das in 2,50 Meter Höhe angebracht ist, in zwei gleiche Hälften geteilt. Gespielt wird mit einem leichten Ball, der etwas größer sein muss als ein gewöhnlicher Handball. Zu jeder Mannschaft gehören sechs Spieler, von denen einer, hinter der Grundlinie des eigenen Feldes stehend, den Ball mit der flachen Hand über die Leine bzw. das Netz schlägt. Die gegnerische Mannschaft muss ihn mit einer oder zwei Händen zurückschlagen und darf ihn nicht auf den Boden fallen lassen. Auf jeder Seite darf der Ball dreimal geschlagen werden, dann muss er auf die andere Seite. Der erste und dritte Schlag darf durch denselben Spieler erfolgen. Bemerkenswert ist, dass nur die aufschlagende Partei Punkte machen kann. Macht sie einen Fehler, dann geht der Aufschlag an den Gegner, der so lange dranbleibt, wie er Vorteile erzielt. Gewonnen hat die Partei, die zuerst fünfzehn Punkte hat, sie muss aber mindestens zwei Punkte Vorsprung haben. Kommt eine Partei, nachdem der Gegner einen Fehler gemacht hat, wieder zum Aufschlag, dann ist nicht mehr der vorherige Aufschläger dran, sondern der nächstfolgende Spieler. Es wird, vom Standpunkt der Mannschaftsaufstellung gesehen, im Uhrzeigersinn gewechselt. Der Aufschlag erfolgt stets von der hinteren rechten Ecke.

Neben dem Basketballspiel ist Volleyball das verbreitetste Spiel überhaupt. Es ist im Gegensatz zum Prellballspiel, das auf die Erde hin orientiert ist, ein reines Luftspiel.

Im pädagogischen Zusammenhang spielt Volleyball eine Rolle für das 16. Lebensjahr, besonders für Jungen. Es kommt einer Tendenz des 16-Jährigen entgegen, einen gewissen Hang zur Schwere zu überwinden und sich nach oben, zur Höhe hin zu orientieren. Die große Leichtigkeit, Beweglichkeit und ein zu höchster Aufmerksamkeit drängendes Spannungsmoment machen dieses Spiel nicht nur in dieser Zeit wertvoll.

Faustball

Ein Spielfeld von etwa 20 x 50 Metern (es kann auch kleiner sein) wird durch eine zwei Meter hohe Schnur in gleiche Hälften geteilt. Auf jeder Seite befinden sich fünf Spieler. Der Ball darf dreimal geschlagen werden, nur einmal vom gleichen Spieler. Nach jedem Schlag darf er nur einmal den Boden berühren. Jeder Fehler zählt als Pluspunkt für die gegnerische Mannschaft. Der Aufschlag erfolgt innerhalb des Feldes in der Nähe der Leine. Nach jedem Fehler geht das Aufschlagrecht an die andere Mannschaft über. Gespielt wird zweimal 15 Minuten. Es wird nur mit der Faust geschlagen. Der Ball darf nicht zu klein und zu leicht sein.

ab 14 Jahre
10 Spieler
1 Seil
1 Ball

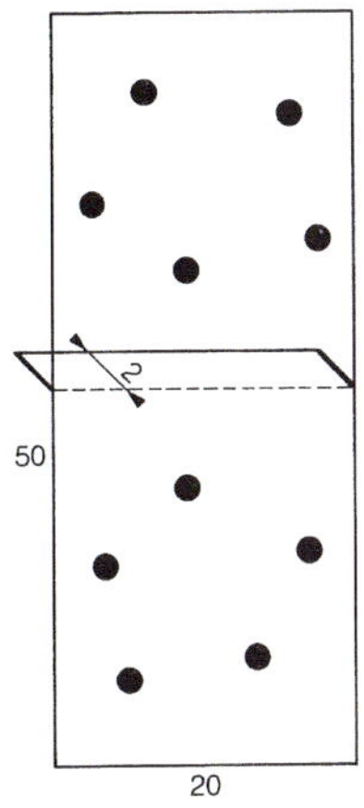

Im Gegensatz zu Prell- und Flugball hat das Faustballspiel Höhe und Tiefe oder Luft und Festigkeit. Um es praktisch zu betreiben, bedarf es aber einer gewissen Energie und Kraft. Es eignet sich daher eigentlich nur für ältere Schüler.

Faustball ist ein außerordentlich männliches Spiel, das einen bewussten Einsatz fordert. Die selbstbewusste Kraft und die überlegte Handlungsweise geben ihm seinen Charakter. Aus diesem Grunde kann es eine wertvolle Erziehungshilfe für den Jugendlichen zwischen 17 und 20 Jahren sein, der zur eigenen Selbstständigkeit erwacht ist und einen besonnenen, aber kraftvollen Einsatz innerhalb eines Spielgeschehens leisten will.

Teil 3

Wettlauf-, Zweikampf- und Ringkampfspiele, Geschicklichkeits-, Beschäftigungs- und Blindspiele

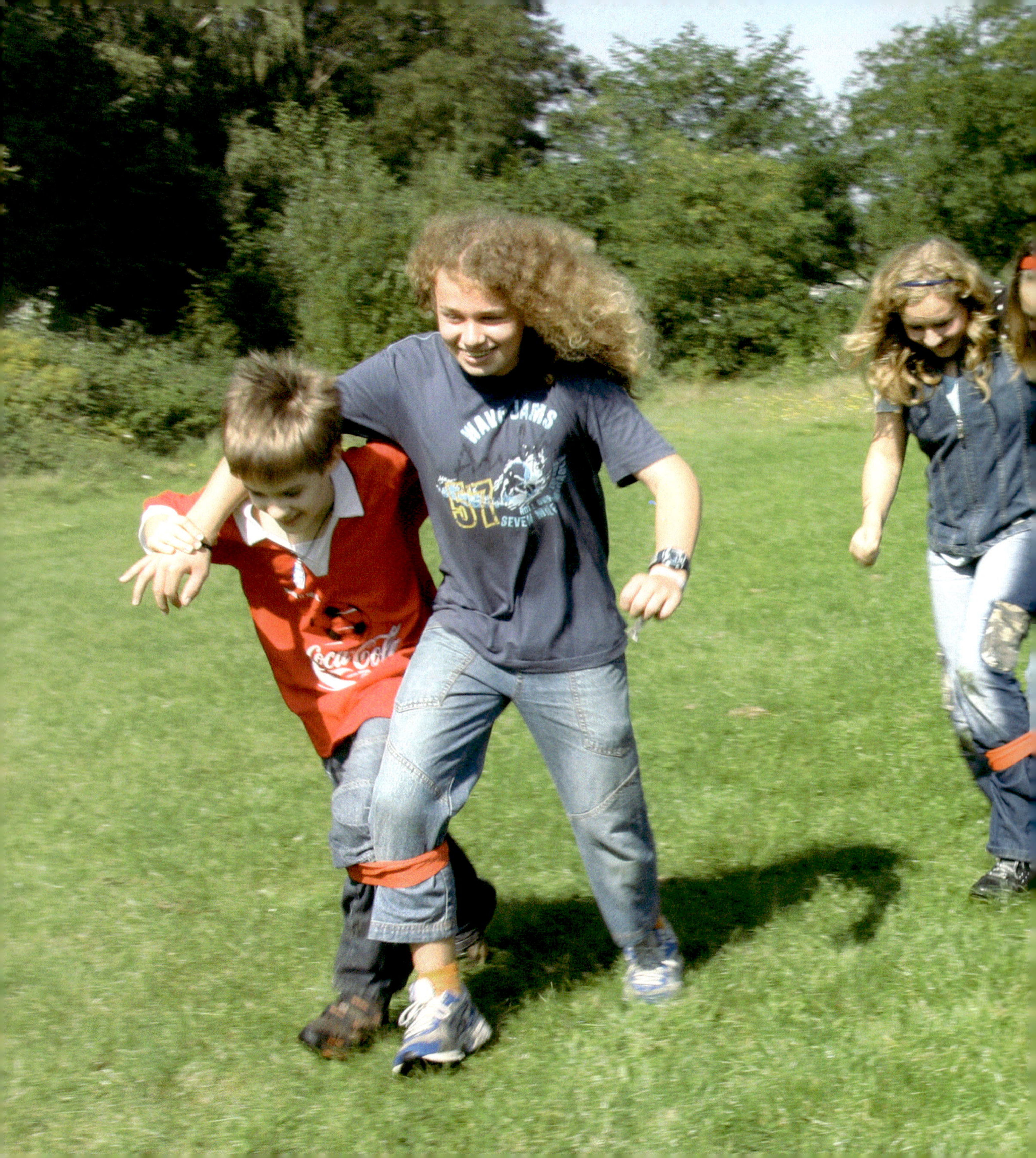

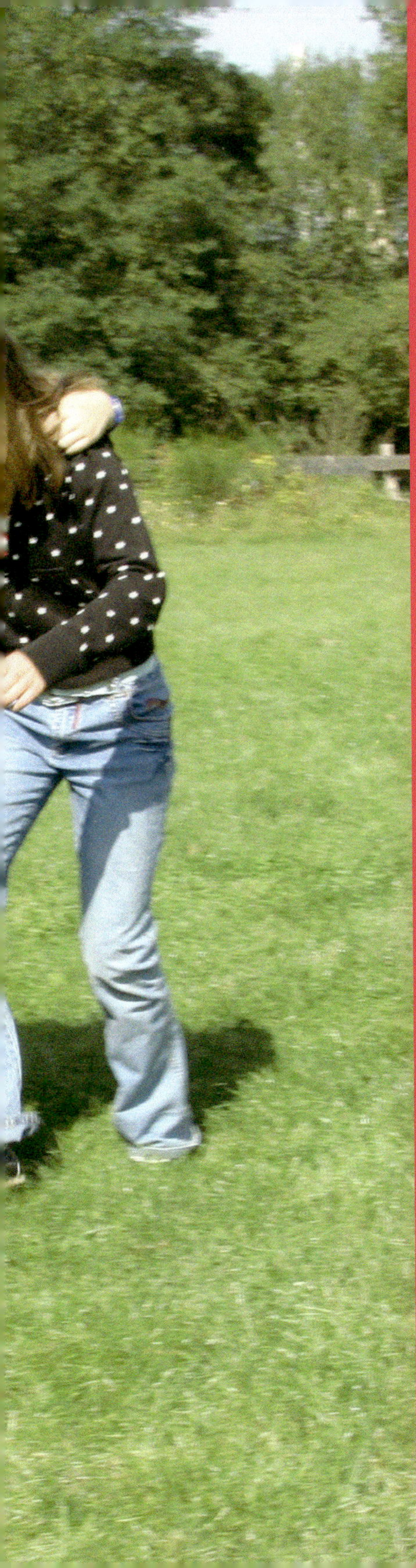

Hetzjagd
Brückenstafette
Wurfballstafette
Stehlaufstafette
Kuhhirtenlauf
Postenlauf
Tonnenwettlauf
Dreibeinlauf
Pendelstafette
Kehrumstafette
Kettenstafette
Langstreckenstafette
Laufbahnstafette
Nadelöhrstafette
Stelzenstafette
Kanisterstafette
Blechdosenstafette
Holüberstafette
Römisches Wagenrennen
Steckenpferdstafette
Windmühlenstafette

Wettlaufspiele

Wettlauf

Der Wettlauf ist als individualisierendes Mittel erst von den Griechen im vollen Umfang erkannt worden. In einem Zeitalter, wo es hauptsächlich darauf ankam, die Persönlichkeit zu entwickeln, konnte in der Tat kaum eine bessere Möglichkeit gefunden werden als der Lauf, um den Einzelnen anzuspornen und herauszustellen. Wir wissen, dass der Wettlauf auch die älteste der olympischen Übungen ist und ein ganzes Jahrtausend seine überragende Bedeutung beibehielt.

Zwischen dem Gehen, das mehr auf die Erde hin orientiert ist, und dem Springen, das mehr zur Höhe hin tendiert, nimmt der Lauf eine Mittelstellung ein. Jeder Läufer befindet sich in dieser Mitte – das Phänomen Lauf hat eben etwas zu tun mit dem Ausgleich zwischen oben und unten, schwer und leicht. Es ist daher etwas Gutes, wenn Kinder richtig, flüssig und schnell laufen können, denn der Bewegungsvorgang wirkt zurück auf das Gesamtempfinden. Man kann immer wieder die Feststellung machen, dass alle diejenigen Kinder gut und gern laufen, die im Besitz ihrer vollen Lebenskräfte sind.

Wird das Laufen so geübt, dass sein voller Bewegungscharakter zum Vorschein kommt, dann erlebt man ein wunderbares Zusammenspiel der Kräfte. Zwei Dinge halten sich dabei die Waage; das Erlebnis der Bewegung als allgemeines Prinzip und das spezielle Bedürfnis des Ego, Erster zu sein. Man kann es dem Einzelnen ermöglichen, auf der Basis des Laufens sich hervorzutun.

Das Kind steht im Verlauf seiner Entwicklung vor ähnlichen Problemen. Im 11. bis 12. Lebensjahr wird es von einem kräftigen Willensimpuls ergriffen, der stark egoistische Züge trägt. Es entdeckt seine Persönlichkeit und will sich mit seinesgleichen messen. Jetzt kann der Lauf dazu beitragen, dass sich das Kind in einer gesunden Weise individualisiert. Es ist gut und richtig, wenn es im Wettlauf darauf brennt, der Erste werden zu wollen, denn der Lauf als solcher hat etwas Harmonisierendes und

Belebendes an sich. Das Geheimnis einer solchen Bewegung besteht darin, dass Kraft, Rhythmus und Form so miteinander harmonisch verschmelzen. Durch solche Übungen wie das Laufen kann die Dynamik der Lebenskräfte wieder mehr oder weniger in die Bewegung hereingebracht werden. Wenn man bedenkt, wie wichtig es im zweiten Jahrsiebt ist, diese zu kräftigen, für den Menschen erlebbar zu machen, dann erscheint die Pflege des Laufes sowohl im Laufspiel wie im Wettlauf noch in einem besonderen Licht.

Was für den Wettlauf gilt, das gilt auch für den Stafettenlauf. Hier geht es allerdings nicht um den Egoismus des Einzelnen, sondern um den Egoismus der Gruppe. Das hat pädagogisch gesehen insofern manchmal sehr viel für sich, als es immer eine ganze Anzahl von Schülern gibt, die kein rechtes Verhältnis zum Lauf haben und unter ihrem Mangel an Bewegungsfreude auch leiden. Sie exponieren sich ungern, denn sie wissen, dass sie hier nichts erreichen können. Für diese Schüler ist der Stafettenlauf eine überaus gesunde Therapie. Denn innerhalb der Gruppe müssen sie sich tüchtig anstrengen, dafür sorgen schon die anderen, die zur gleichen Partei gehören. Nichts fürchten die Kinder mehr als den Spott und Tadel ihrer Altersgenossen, man wird also immer erleben, dass die Kinder sich besonders anstrengen, wenn viele Augen auf sie blicken, um zu loben oder zu tadeln.

Für alle Beteiligten ist der Staffellauf aber auch deshalb ein wertvolles Erziehungsmittel, weil das gute und das schlechte Laufbild deutlich sichtbar wird. Man freut sich, wenn einer ordentlich und richtig laufen kann, und ärgert sich, wenn es umgekehrt ist. Dieser praktische Anschauungsunterricht hebt das allgemeine Niveau, denn man will es ja den Guten nachmachen. Vor der Geschlechtsreife ist es tatsächlich so, dass die Kinder unglaublich bildungsfähig sind und leicht etwas vom Anschauen in die Gewohnheit übergeht.

Einen besonderen Raum innerhalb der Wettläufe nehmen die Hinderniswettläufe ein. Sie stellen den Schüler vor besondere Aufgaben und Situationen, die nicht einfach zu lösen sind. Die Schwierigkeiten können mannigfaltiger Art sein. Am schönsten ist wohl die Hürde als Hindernis, das in ganz bestimmten Schrittintervallen genommen werden kann. Es sind der Fantasie nach dieser Richtung hin keine Grenzen gesetzt. Man kann eben alles in den Lauf einschieben, was es gibt: klettern, springen, werfen, fangen, kriechen, balancieren, verkleiden, heben, tragen und befördern von Gegenständen usw. Je nach der Wahl der Gegenstände und der besonderen Umstände werden unterschiedliche Situationen erzeugt, die auch unterschiedliche Auswirkungen haben: Spannung, Heiterkeit, Komik oder Artistisches. Wer drankommt, ist der Akteur, der vor den Zuschauern seine Sache besonders gut machen muss.

Im Gegensatz zum reinen Lauf, der mehr als geistiges Urphänomen aufgefasst werden kann, wirkt diese Form des Wettlaufes mehr auf das Seelische. Man erlebt das Schicksal des Einzelnen mit, man fühlt mit ihm und atmet auf, wenn ihm etwas gelungen ist, hält die Luft an, wenn er versagt.

Beides hat für die Erziehung eine große Bedeutung. Im ersteren Falle folgt das Kind nur sich selbst, im letzteren ist es eingespannt in ein Netz von Notwendigkeiten, die es möglichst gut zu erfüllen hat. Wir können beim reinen Lauf sagen, er atmet etwas vom Wesen der Freiheit, der Hindernislauf hat etwas an sich von der Pflicht. Von dieser Perspektive aus gesehen ordnet sich beides in die pädagogischen Zusammenhänge ein.

Hetzjagd

ab 10 Jahre
2 Spieler oder
2 Spielergruppen
2 Sprungständer

Zwei Sprungständer werden etwa sechs Meter weit auseinander aufgestellt. An beiden steht ein Läufer, jeder versucht, den anderen einzuholen. Man kann auch Gruppen gegeneinander kämpfen lassen, dann aber vergrößert man den Abstand.

Für Schüler aller Altersklassen hat diese Form des Wettlaufs einen unerhörten Reiz. Gegenüber den fast unübersehbaren Variationen des Stafettenlaufs verdient diese Art des Umlaufs unbedingt den Vorzug. Das Jagen und Gejagtwerden ist ein uraltes Motiv. Wer nicht Schritt halten kann, ist der Unterliegende. Der Schnellere ist der Schrittmacher, er ist der Repräsentant für den Fortschritt schlechthin.

Je nach Altersstufe wird es notwendig sein, eine fantasiemäßige Beziehung zu dieser Grundform des Wettlaufes zu finden, eventuell kann man das Spiel ja mit Erzählungen aus dem Tierreich, dem Mythologischen usw. ergänzen.

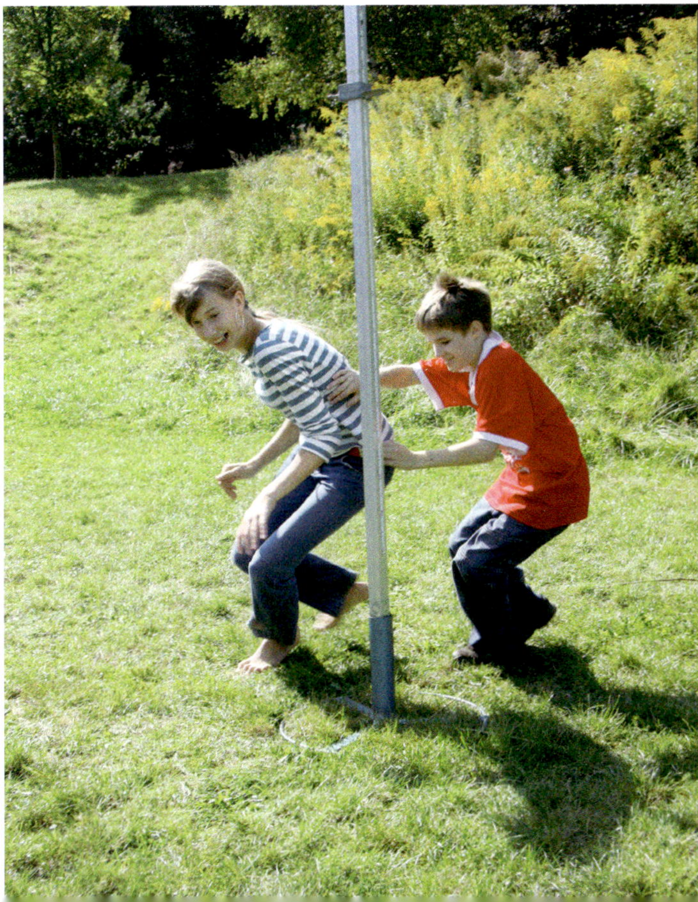

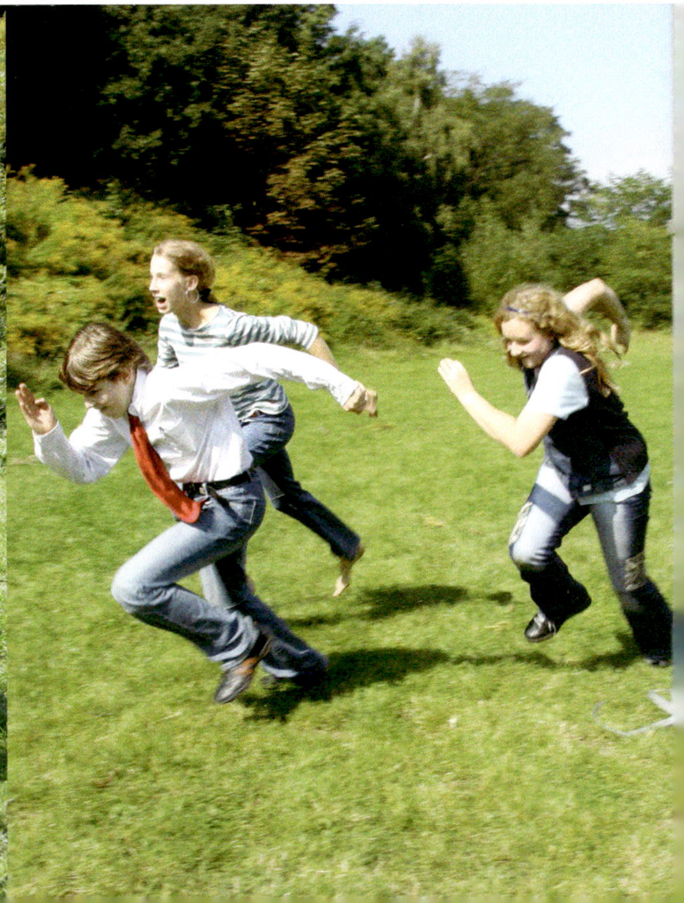

Brückenstafette

14–15 Jahre

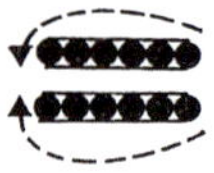

Zwei Gruppen von Spielern stehen gebückt hintereinander. Der Hintermann umfasst den Vordermann. Der Letzte muss über alle hinweg nach vorn. Sobald er den Boden berührt, ruft er mit lauter Stimme: «Los!» Dann kommt der Nächste an die Reihe. Die Partei, welche als Erste einmal durch ist, hat gewonnen.

Im 14. bis 15. Lebensjahr haben die Schüler es gern, wenn es ein wenig rau, aber lustig zugeht. Man will seine Kraft, seine Muskeln spüren, und wenn mal einer etwas härter zupackt, dann erhöht das zum Schluss doch die Freude.

Wurfballstafette

ab 13 Jahre
2 Schlagbälle

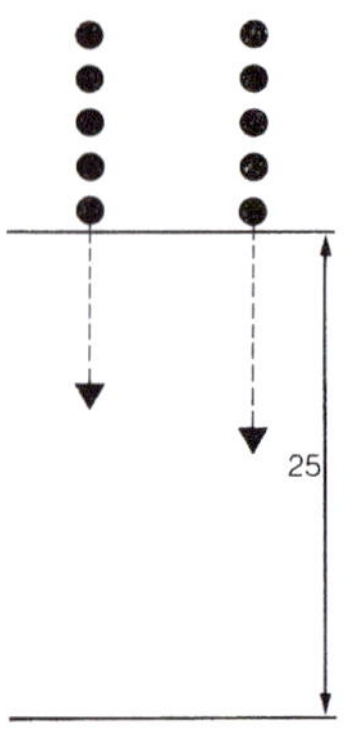

Zwei Parteien stehen nebeneinander hinter einer Linie. Parallel zu dieser ist in 25 Meter Abstand eine zweite gezogen. Auf das Zeichen des Schiedsrichters läuft der erste Spieler jeder Partei los und wirft, sobald er die gegenüberliegende Linie erreicht hat, einen Schlagball zu dem nächstfolgenden Spieler seiner Partei. Dieser muss versuchen, ihn hinter der Linie zu fangen oder sonst in die Hand zu bekommen, damit er wie sein Vorgänger zur anderen Seite laufen kann. Auch er wirft den Ball zurück. So geht es immer weiter, bis schließlich der Letzte drüben ist. Gewonnen hat die Partei, welche zuerst vollzählig auf der anderen Seite ist.

Durch diesen Wettlauf wird dem Schüler allerlei abverlangt, denn er muss sich nicht nur tüchtig anstrengen, sondern nach dem schnellen Lauf auch die notwendige Besonnenheit und Sicherheit aufbringen, um den Ball dem Nächsten richtig zuzuspielen. Diese Umstellung ist außerordentlich erzieherisch. Der Schüler ist nämlich gezwungen, dem höchsten Bewegungseinsatz eine kurze Pause folgen zu lassen, die ein inneres Abwägen ermöglicht. Erst dann kommt der Impuls des Werfens.

Stehaufstafette

ab 13 Jahre
Bälle

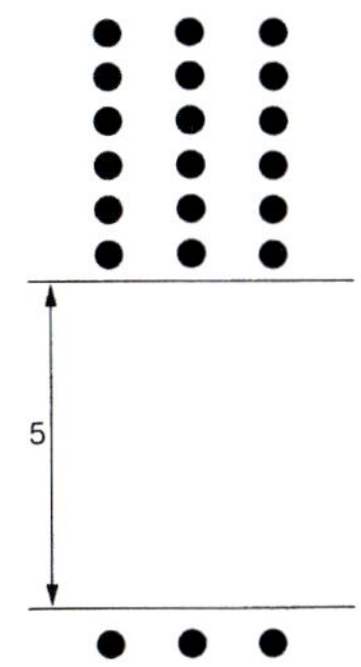

Zwei oder mehrere Parteien stehen in Reihen hintereinander. Jede befindet sich auf der gleichen Höhe. Vor jeder Partei steht in fünf Meter Abstand der Zuspieler mit einem Ball. Auf ein Zeichen wird dieser dem ersten Stehenden der eigenen Reihe zugeworfen. Der Fänger wirft zurück und setzt sich schnell auf den Boden, dann kommt der Zweite dran. Er macht es genauso. Nur der Letzte wirft den Ball nicht zurück, sondern läuft mit ihm nach vorn, während der bisherige Zuspieler sich vor die Reihe stellt. Er nimmt dessen Platz ein und spielt sofort wieder zu. Das Spiel geht so lange weiter, bis jeder einmal Zuspieler gewesen ist.

Der Wechsel im Zuspiel und Fangen, Hinsetzen, Aufstehen, Nach-vorne-Laufen und das Tauschen der Rollen hat etwas ungemein Anregendes. Da es sich um einen Wettkampf handelt, ist die Aufregung groß. Mancher Ball wird daher verpatzt. Ungewohnt ist ferner, dass der Ball immer über den eigenen Kopf hin und her geht. Das bringt noch ein erhöhtes Spannungsmoment hinzu. Trotz all dieser Faktoren enthält das Spiel durch das strikte Einhalten der Positionen ein starkes Formelement.

Kuhhirtenlauf

ab 12 Jahre
Stöcke / 3 Bälle
Fahne

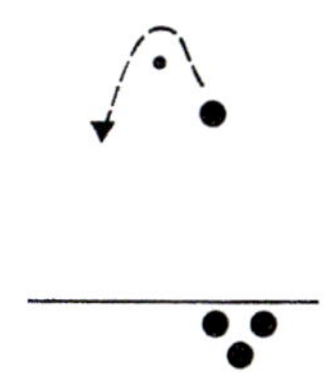

Zwei oder mehrere Spieler stehen hinter einer Linie. Der erste Spieler beginnt, mit einem Stock drei Bälle um eine zehn bis fünfzehn Schritt entfernt stehende Fahne zu dirigieren und zurückzuschlagen. Die Bälle müssen am Boden bleiben. Jeder Spieler kommt an die Reihe.

Bei diesem Spiel muss man zwar schnell reagieren, darf aber Ruhe und Kaltblütigkeit nicht außer Acht lassen. Jeder Schlag muss mit Besonnenheit geführt werden, obwohl höchste Eile geboten ist. Nichts ist leichter, als die Übersicht zu verlieren, aber das macht gerade den pädagogischen Wert dieser Übung aus.

Postenlauf

ab 12 Jahre
Gruppen von je 3 Spielern
Tennisringe

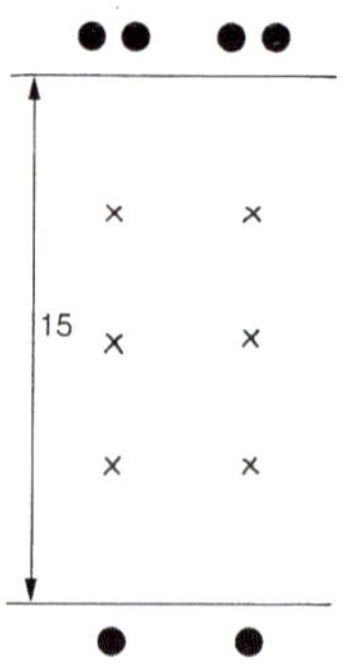

Je drei Spieler gehören immer zusammen, zwei davon befinden sich diesseits eines Striches, der dritte jenseits eines anderen, der parallel dazu im Abstand von 15 Metern gezogen wird. Es können beliebig viele Gruppen nebeneinander an diesem Spiel teilnehmen. Zwischen den beiden Linien müssen für jede Partei drei Markierungspunkte angebracht werden. Jede Dreiergruppe besitzt drei Tennisringe. Der erste Spieler jeder Gruppe hat die Aufgabe, mit einem Tennisring loszulaufen, ihn auf den ersten Markierungspunkt hinzulegen, weiterzulaufen und sich vom gegenüberstehenden Spieler seiner eigenen Partei beim Überschreiten der zweiten Linie durch Handschlag ablösen zu lassen. Dieser läuft nun zurück, hebt den Ring wieder auf und übergibt ihn dem dritten Spieler seiner Partei, der mit einem Ring in der Hand bereits auf ihn wartet. Nachdem er vom Ankommenden den Ring empfangen hat, läuft er los und legt seine Ringe auf die ersten beiden Markierungspunkte, läuft dann weiter und lässt sich wieder vom auf der anderen Seite Wartenden ablösen, der die beiden Ringe wieder aufhebt und sie dem bereits mit dem dritten Ring wartenden Mitspieler überreicht. Dieser besetzt die drei Male und lässt sich wieder ablösen. Jetzt werden die drei Ringe wieder zurückbefördert. Der an der ersten Linie Wartende braucht nun nur noch die drei Ringe in Empfang zu nehmen und zur anderen Seite durchzulaufen, um sie nebeneinander jenseits der zweiten Linie auf den Boden zu legen. Gewonnen hat diejenige Partei den Lauf, die als Erste die drei Ringe hinter der zweiten Linie niedergelegt hat.

Dieser Wettlauf ist außerordentlich spannend und interessant. Es ist in ihm etwas wie ein Entwicklungsgedanke vorhanden. Man soll nicht einfach additiv von einem Punkt zum anderen, sondern soll das Erreichte gleichsam auslöschen, ehe man weitergeht. Will man zu einer neuen Stufe gelangen, dann muss man das Alte noch einmal wiederholen. Prinzipien solcher Art findet man als Entwicklungsgesetze im Menschen selbst. In seiner dynamischen und doch ausgewogenen Art ist das vorliegende Spiel für das Kind im 12. Lebensjahr wie geschaffen.

Tonnenwettlauf

Hat man zwei oder mehrere Fässer zur Hand, dann kann man damit ein lustiges Wettlaufen veranstalten. Es führt im Allgemeinen zu ergötzlichen Zwischenfällen, besonders wenn das vom Kind angetriebene Fass einige Kurven zu machen hat.

ab 12 Jahre
2 oder mehr Fässer

Auch in der Stafette kann das Fass sehr zur Erheiterung beitragen. Neben der Schnelligkeit ist ein behutsames Bewegungsgeschick erforderlich, um gut weiterzukommen.

Dreibeinlauf

Zwei Läufer legen die inneren Arme um die Schultern des Nachbarn und lassen sich die benachbarten Beine unter dem Knie und eventuell auch über dem Knöchel zusammenbinden. Dann beginnt ein Wettlauf mit dem gegnerischen Paar. Es ist sehr lustig anzusehen und erfordert einiges Geschick, vor allem aber eine gute Einstellung zum Partner, um diesen Lauf mit der notwendigen Schnelligkeit durchzuführen.

10–12 Jahre

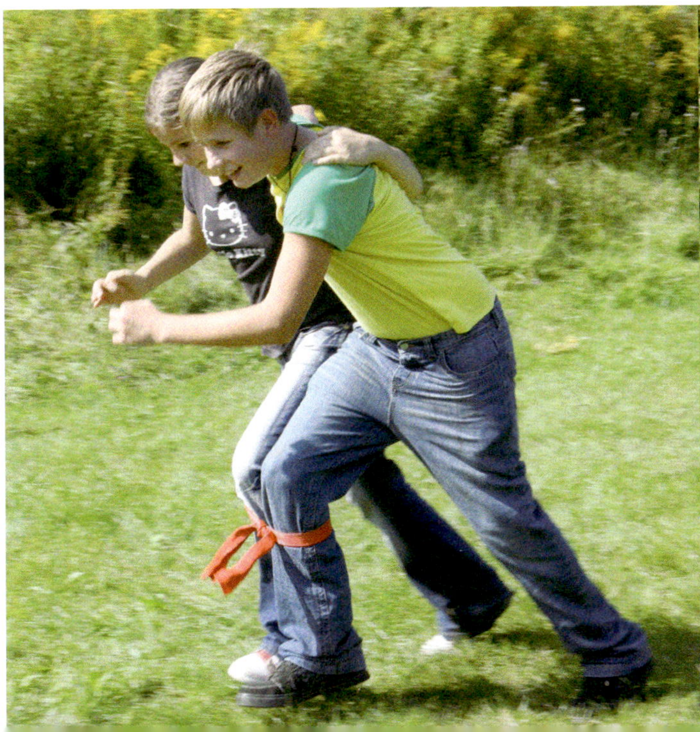

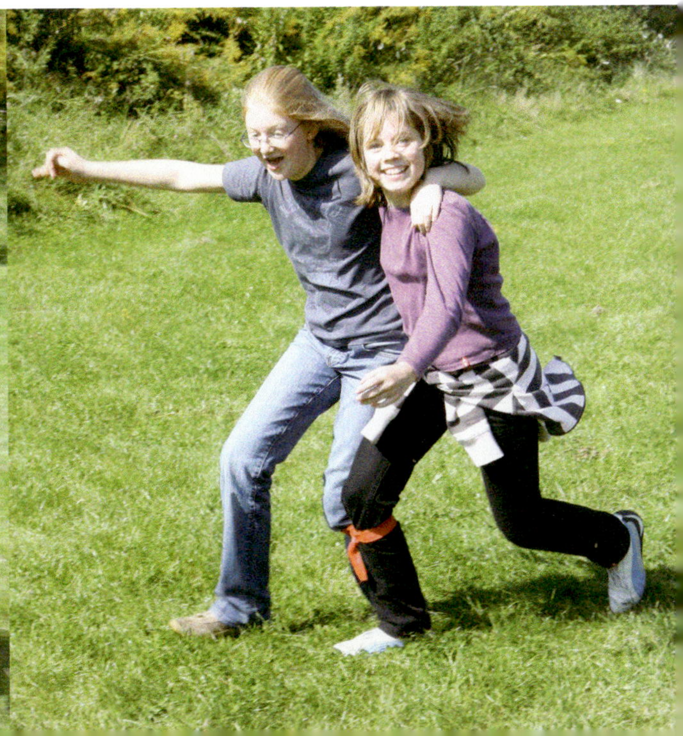

Pendelstafette

10–13 Jahre
Tennisringe

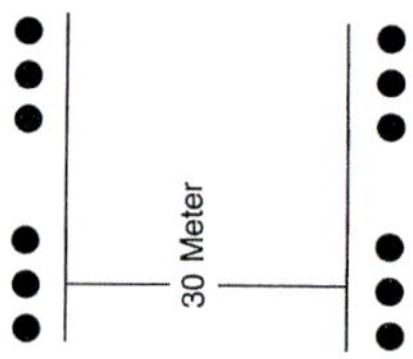

Über eine Distanz von etwa 30 Meter verteilen sich beide Parteien so, dass die Hälfte der Läufer jeder Partei hüben und drüben ist. Am zweckmäßigsten nimmt man einen roten und einen blauen Tennisring, der hin und her gebracht werden muss. Die Partei, der dieser Wechsel am schnellsten gelingt, ist fröhlicher Gewinner.

Kehrumstafette

ab 10 Jahre
Tennisring

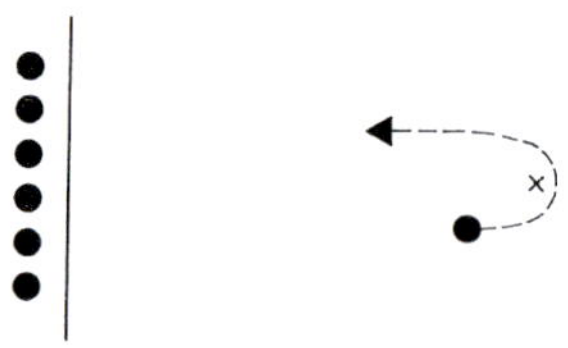

Jeder Läufer muss um eine 20 bis 30 Meter entfernte Wendemarke laufen und den Tennisring beim Erreichen der Startlinie dem Nächstfolgenden überreichen. Das Kunststück ist, dabei möglichst schnell und geschickt die Wendemarke zu nehmen.

Kettenstafette

ab 12 Jahre
Tennisring

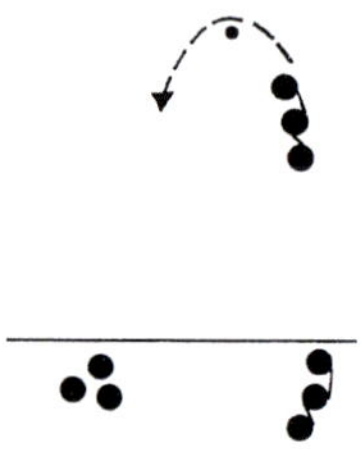

Jede Partei ist aufgegliedert in Teams von drei bis vier Läufern, die sich anfassen und um eine Wendemarke laufen müssen. Einer der äußeren Läufer übergibt den Tennisring beim Erreichen der Startlinie der nächstfolgenden Gruppe.

Es müssen bei dieser Stafette die schwächeren Schüler mitgezogen werden, und das ist manchmal recht förderlich, denn das Leben besteht ja nicht aus lauter Alleingängen.

Langstreckenstafette

ab 14 Jahre
Stäbe oder
Tennisringe

Eine längere Strecke wird in Teilabschnitte zerlegt. Am Ende einer jeden Teilstrecke warten die nächsten Läufer. Der Stab oder Tennisring soll auf diese Weise ein entferntes Ziel möglichst rasch erreichen.

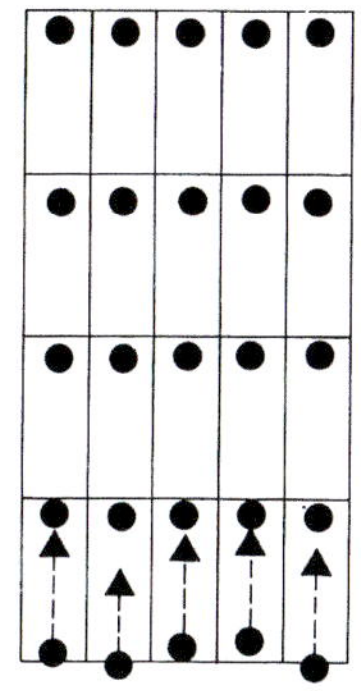

Diese ursprünglichste Form des Staffellaufes sollte von Zeit zu Zeit immer wieder betrieben werden, denn sie hat viel symbolischen Charakter. So wie Zeiten, Verhältnisse und Generationen einander ablösen, um etwas Wertvolles oder Wichtiges durchzutragen, wird hier ein Gegenstand unter Einsatz aller Kräfte von einem an den anderen weitergereicht, bis er schließlich da ist, wohin er gelangen soll.

Laufbahnstafette

ab 14 Jahre
Staffelstäbe

Es ist damit die übliche Rundenstafette auf Laufbahnen mit Staffelstab gemeint. Jede Person hat ihre eigene Bahn. Der Start der inneren Bahnen liegt entsprechend weiter zurück.

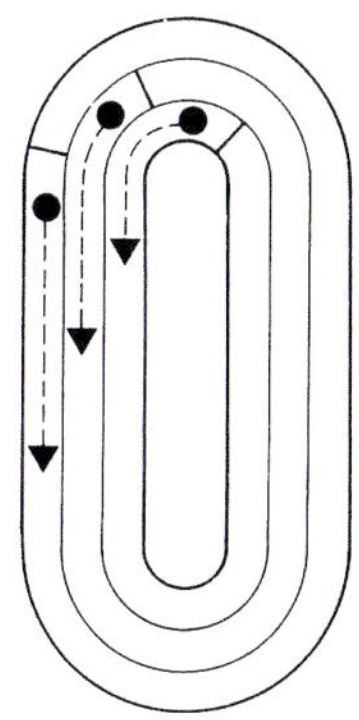

Dieser Staffellauf ist außerordentlich eindrucksvoll und spornt die Läufer zu höchstem Einsatz an. Er ist vor allem für größere Schüler sehr zu empfehlen.

Nadelöhrstafette

12–13 Jahre
Sprungständer

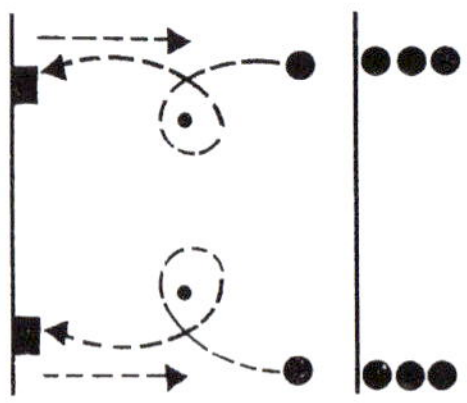

In der Mitte der Laufstrecke steht vor jeder Partei ein Sprungständer, am Ende derselben liegt ein fester Gegenstand. Aufgabe eines jeden Läufers ist es, um den Sprungständer herumzulaufen, den Gegenstand zu berühren und dann geradewegs zurückzulaufen, um sich ablösen zu lassen.

Diese Stafette ist sehr aufschlussreich, weil man beobachten kann, dass die geschickten und geschmeidigen Kinder sehr viel besser mit dem Hindernis fertig werden als die übrigen.

Stelzenstafette

ab 12 Jahre
Stelzen

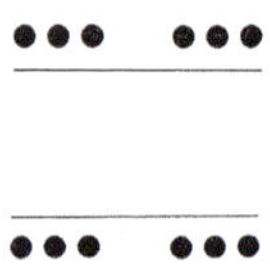

An die Stelle des Stabes oder Tennisringes sind die Stelzen getreten. Jede Partei ist in zwei gegenüberliegende Hälften gegliedert. Jeder läuft nur eine Bahn. Wer umkippt, muss sofort wieder aufsteigen. Es gilt: kein Raumgewinn ohne Stelzen.

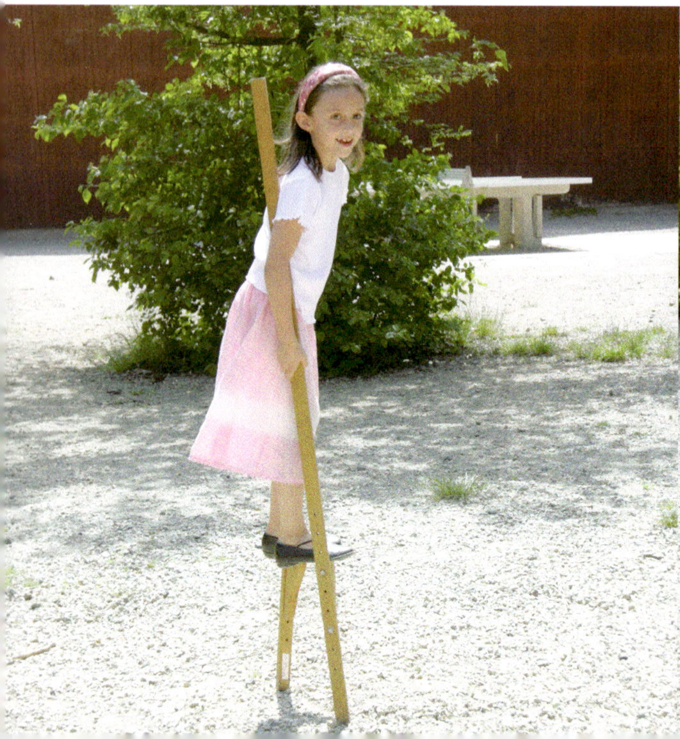

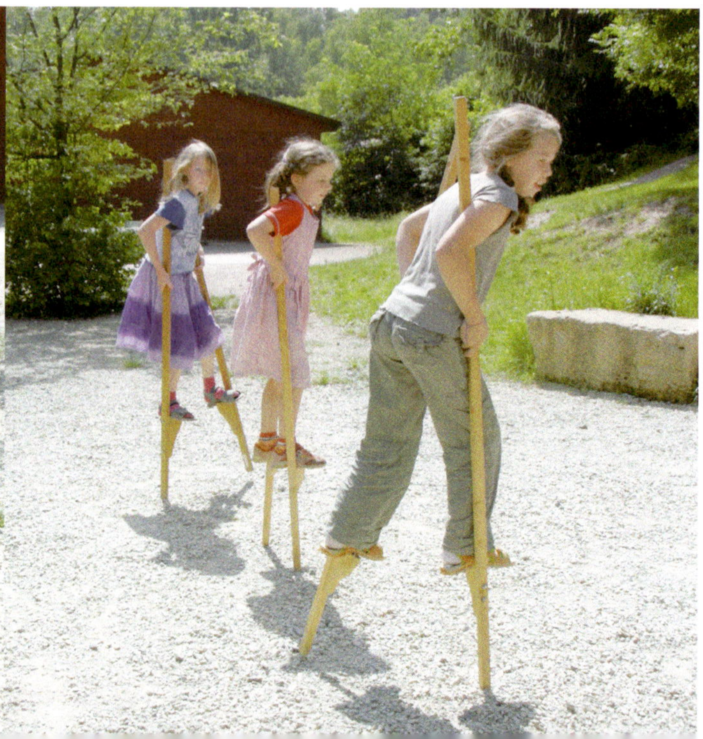

Kanisterstafette

ab 11 Jahre
Blechkanister

Jeder Läufer hat zwei Blechkanister, mit denen er vorwärtskommen muss, die Erde darf nicht berührt werden. Hier zeigt sich, wer praktisch veranlagt ist. Man kann auch Matten, Ziegelsteine, Bretter usw. verwenden.

Blechdosenstafette

11–13 Jahre
Blechdosen
Bindfaden

Man läuft auf zwei Blechdosen. Ein Bindfaden wird durch zwei Löcher in der Dose gezogen und verknotet. Die so entstandene Schlinge nimmt der Läufer in die Hand. Er muss hier einiges Gefühl und Gleichgewicht entwickeln, um die Blechdosen immer am Fuß zu behalten.

Holüberstafette

ab 13 Jahre

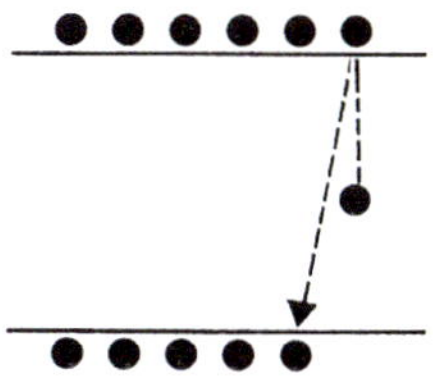

Die Parteien sind in sich halbiert und stehen einander gegenüber. Der Erste läuft los und holt einen von drüben auf seine Seite, dann scheidet er aus. Der Zweite, d.h. derjenige, den er mitgenommen hat, nimmt nun seinerseits einen mit zurück. Das geht so weiter, bis jeder das Feld zweimal durchlaufen hat (beim ersten und letzten Lauf wird kein zweiter Läufer mitgenommen).

Dieser Lauf hat einen gewissen sozialen Aspekt. Man kümmert sich um den anderen und holt ihn zu sich herüber. Vom 13. Lebensjahr an mögen die Schüler es sehr gern, auch diese Variante einmal durchzuspielen.

Römisches Wagenrennen

11–13 Jahre
Seile

Zwei fassen sich an und nehmen in die äußeren Hände die Enden eines Seils, dessen Mitte vom Wagenlenker gehalten wird; dann geht es über eine oder mehrere Runden eines abgesteckten Feldes. Zwei oder drei Teams starten nebeneinander.

Durch dieses Arrangement werden Ehrgeiz und Fantasie in einer besonderen Weise angesprochen.

Steckenpferdstafette

8–10 Jahre
Stöcke

Der Läufer nimmt einen längeren Stock zwischen die Beine und «reitet» damit los. Wer die zuvor festgelegte Ziellinie als Erster erreicht hat, ist der glorreiche Sieger.

Bis zum 10. Lebensjahr macht diese Art Stafette infolge ihres Bildcharakters den Kindern sehr viel Spaß.

Windmühlenstafette

7 Jahre
Papierwindmühle

Anstelle eines Holzstabs oder eines Tennisrings tritt eine aus Papier angefertigte Windmühle, die sich beim Laufen dreht.

Man muss bei der Übergabe sehr vorsichtig sein, damit die Windmühle nicht entzwei geht. Die Kinder im 7. Lebensjahr haben noch das echte Interesse an diesem lebendigen Spielvorgang.

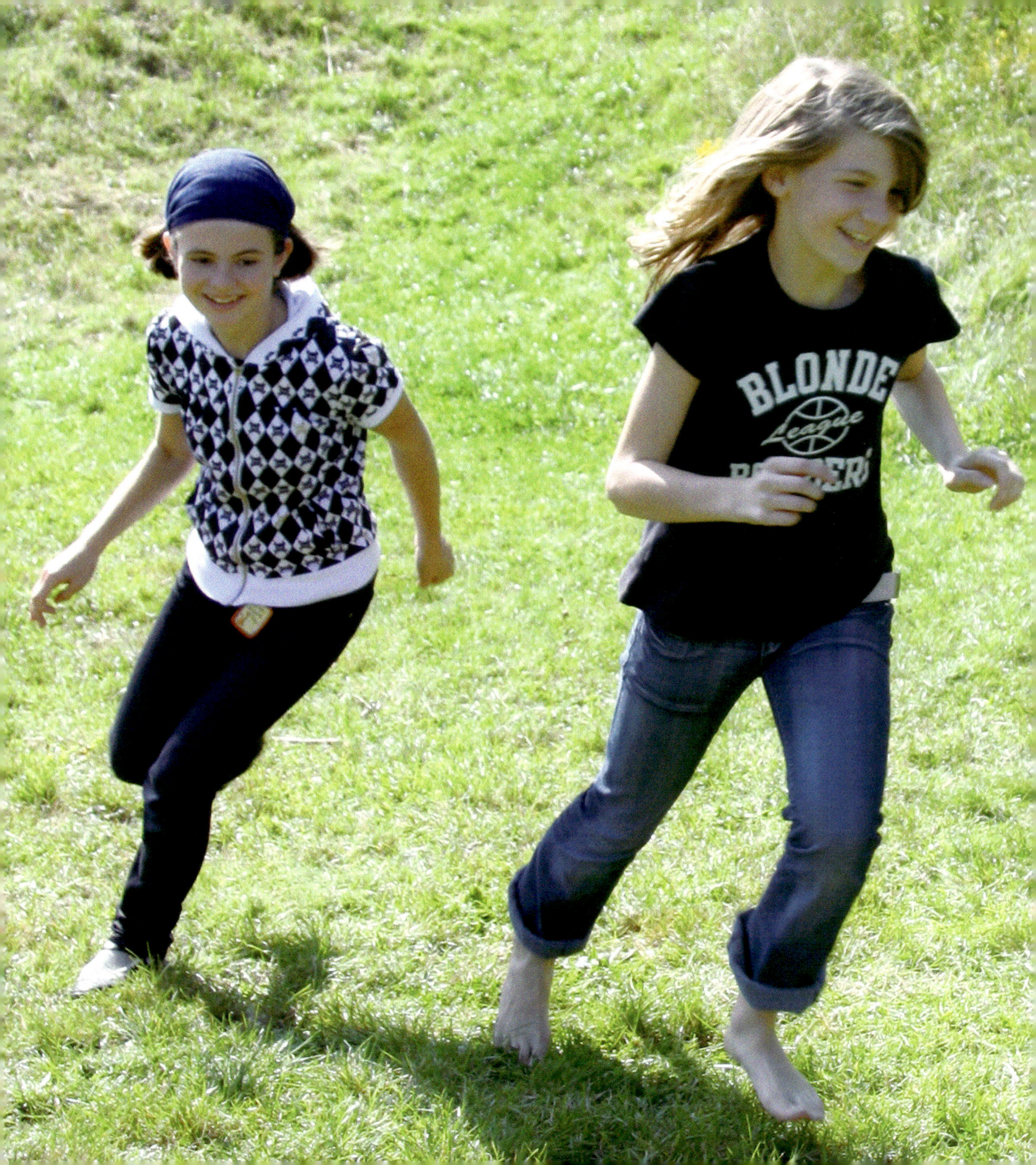
BLONDE
League

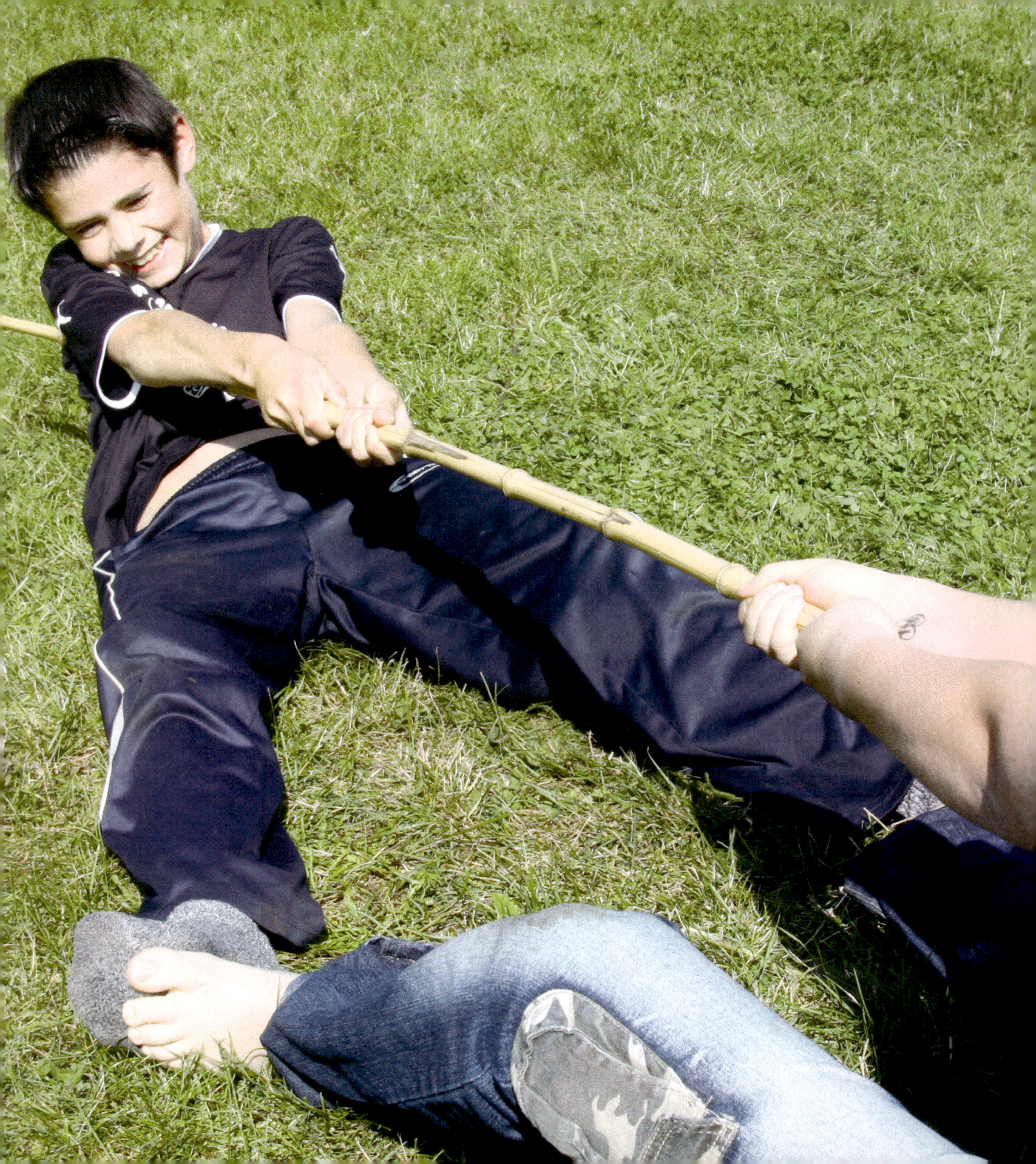

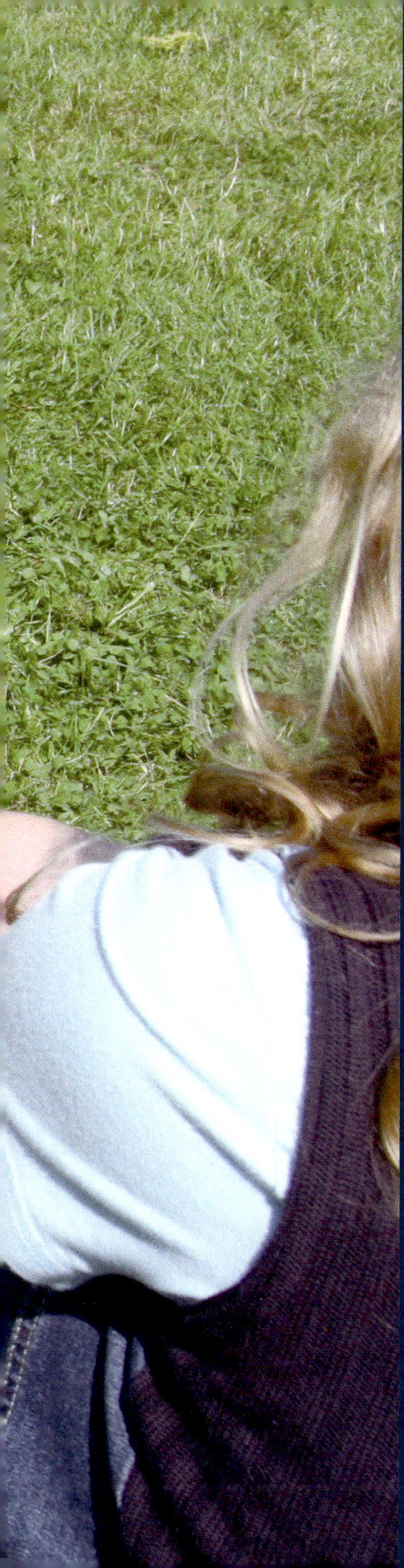

Grenzkampf
Kreisringen
Reiterkämpfe
Kriegsspiel
Wer wird König?
Häuserkampf
Hahnenduell
Ägyptischer Zweikampf
Kerzenkampf
...

Herr im Haus
Vierländerkampf
Wer kommt durch?
Kampf um das Zentrum
Durchbrechen
Raubritter
Heben und Werfen
Belagerungskampf
...

Zweikampf

Kleine Ringkampfspiele

Zweikampf

In jedem Menschen steckt der Drang, herrschen und befehlen zu wollen. Der Machtwille gehört zwar zu denjenigen Eigenschaften, die oft verdeckt sind und nur bei passender Gelegenheit zum Vorschein kommen, aber vorhanden ist er doch. Die Steigerung des Persönlichen führt unweigerlich dahin, das Ego immer mehr zu betonen und sich selbst in den Vordergrund zu stellen.

Im Kind ist anfangs von einer solchen Tendenz nicht viel zu verspüren. Erst mit neun Jahren etwa prägt sich das Persönliche stärker aus, und von da an hat man mit dem zu rechnen, was hier unter Zweikampf verstanden sein will. Der Gang der Entwicklung führt zur Persönlichkeit hin, die sich abgrenzen und ihre individuellen Kräfte entwickeln muss. Erst dann, wenn der Einzelne sich konsolidiert hat und eine genaue Grenze ziehen kann zwischen sich und der Umwelt, erwacht in ihm das Bedürfnis, sich mit dem qualitativen Inhalt der Phänomene wieder zu vereinigen. Für die Jugendlichen sind Gelegenheiten, in denen sie in mutigem Spiel, in herzhafter Auseinandersetzung mit dem Gegner ihre Grenzen finden, von außerordentlicher Wichtigkeit.

Kampf und Überwindung sind die Vorstufen der Selbsterziehung und der Selbstüberwindung. Frische, fröhliche Reiterkämpfe, Zieh- und Schiebekämpfe, Tauziehen, Stockringen usw. gehören deshalb zu einer lebensvollen Erziehung, denn sie helfen, die eigentlichen charakteristischen Züge der jungen, heranreifenden Persönlichkeit zu stärken. Wichtige Strukturelemente würden fehlen, gäbe man beispielsweise Jungen nicht die Gelegenheit, die eigenen Kräfte am anderen zu erproben, zu entwickeln – aber auch die eigenen Schwächen zu erleben.

Grenzkampf

10–12 Jahre

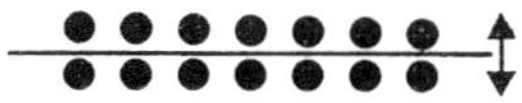

Zwei gleiche Parteien sind durch eine Linie voneinander getrennt. Wer den anderen auf seine Seite herüberzieht, hat einen Gefangenen gemacht. Jede Partei darf innerhalb des eigenen Bereiches eine Kette bilden. Bei vielen Kindern ist es zweckmäßig, die Gefangenen, nachdem der Sieger einen Strich auf den Boden gemacht hat, wieder zur eigenen Partei zu entlassen, damit sie nicht zu lange herumstehen müssen.

Der einfache Trennstrich hat eine fast magische Wirkung. Das Kind sträubt sich tatsächlich mit Händen und Füßen, hinübergezogen zu werden, es stemmt sich dagegen und strebt mit aller Macht nach rückwärts. Diese «Grenzangst» hört allerdings mit etwa zwölf Jahren auf. Dann verliert das Spiel auch seinen ursprünglichen Reiz. Wir dürfen darin einen Umschwung im Seelischen vermuten. Lange Zeit scheut das Kind den Schritt vorwärts. Beginnt es aber, sein seelisches Eigenleben zu empfinden, dann drängt es sogar nach vorn.

Manches Kind setzt dem Zugriff von der anderen Seite wenig Widerstand entgegen, andere kämpfen mit wilder Entschlossenheit – die Grundanlage des Kindes kann hier spielerisch erlebt werden.

Kreisringen

11–13 Jahre

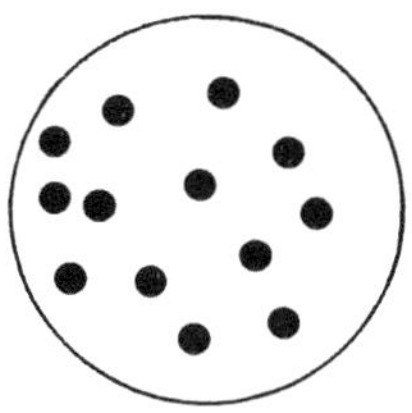

In einem Kreis bis zu zehn Meter Durchmesser stehen eine Anzahl Wettkämpfer. Es kämpft jeder gegen jeden. Wer außer mit den Füßen den Boden berührt, muss den Kreis verlassen, ebenso, wer mit irgendeinem Körperteil außerhalb der Kreislinie aufkommt. Die Besiegten schauen von außen zu, wie es weitergeht. Wer zuletzt übrig bleibt, hat gewonnen.

Jeder muss sich seiner Haut wehren und gut aufpassen, denn Angriff und Verteidigung wechseln beständig, oft muss man blitzschnell die Gefahr erkennen und ebenso rasch zupacken, um seinen Vorteil wahrzunehmen. Es tut vielen Kindern gut, sich einmal in das Getümmel zu stürzen und ganz aus der Situation heraus zu handeln und zu reagieren. Diese Art von Selbstbehauptung stärkt das Selbstbewusstsein.

Reiterkämpfe

9–13 Jahre

Reiterkämpfe erfreuen sich besonders in der Unterstufe großer Beliebtheit. Am intensivsten werden sie von den 9- bis 11-Jährigen betrieben. Folgende Zusammenstellungen haben sich als zweckmäßig erwiesen:
Man teilt die Gruppe in zwei gleich starke Hälften und lässt
1. einzelne Paare
2. je drei bis fünf Paare
3. beide Parteien gegeneinander kämpfen.

Ist genügend Raum vorhanden, dann empfiehlt es sich auch, von Zeit zu Zeit jeden gegen jeden kämpfen zu lassen. Für alle Reiterkämpfe ist ein weicher Untergrund, also Sand, Rasen oder eine Matte, unbedingt erforderlich.

Bei Reiterkämpfen lebt etwas auf vom Geist der ritterlichen Tugenden. Es entsteht, wenn sie diszipliniert durchgeführt werden, eine Stimmung, die immer etwas von Kampfesmut, Freude und Begeisterung hat. Bei aller Lockerheit und Bewegtheit wird doch mit starkem Einsatz gekämpft, und Ross und Reiter geben ihr Bestes. Man sollte darauf achten, dass jeder beide Rollen übernimmt, denn die mehr dienende Funktion des Pferdes setzt mehr Wille und Durchhaltekraft, die des Reiters mehr rasches Erfassen der Situation und Agilität voraus. Man kann immer wieder die Erfahrung machen, dass die Kinder durch Reiterkämpfe in eine gehobene Stimmung kommen, deshalb sollte man sie von Zeit zu Zeit immer wieder spielen.

Kriegsspiel

10–12 Jahre

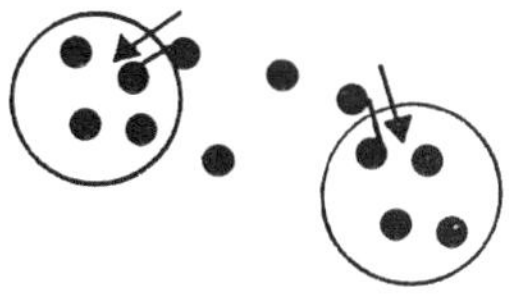

Die Spielerschar wird in zwei gleiche Teile geteilt, jede Gruppe bezieht ihr Lager, das durch einige Striche auf dem Boden markiert wird, und dann beginnt der Kampf. Wer in das Lager des Gegners gezogen wird, ist gefangen. Man entlässt aber den Gefangenen, nachdem man an einer besonderen Stelle einen Strich auf dem Boden gemacht hat. Der Entlassene kann weiterkämpfen. Wer die meisten Striche hat, hat gewonnen. Besonders interessant wird das Spiel, wenn sich jede Partei einen Anführer wählt, der mutig und geschickt sein muss, denn wird er gefangen, ist das Spiel zu Ende.

Vom 10. bis 12. Lebensjahr sollte dieses Spiel gespielt werden, denn Kinder brauchen in diesem Alter ab und an eine handfeste Auseinandersetzung. Man darf nicht glauben, dass die Kinder durch eine solche Betätigung besonders wild werden und außer sich geraten; das Gegenteil ist der Fall. Wenn sie sich ordentlich ausgetobt und tüchtig angestrengt haben, sind sie danach außerordentlich befriedigt und recht vergnügt. Es wäre falsch, die Kinder allzu zahm und fromm halten zu wollen, denn das so unterdrückte Bedürfnis entlädt sich dann in tausend raffinierten kleinen Bosheiten.

Die hier angezeigte Methode hat sich von allen Spielmöglichkeiten als die beste erwiesen. Man kann zwar auch die Gefangenen am Spielfeldrand stehen lassen, aber dann kommen ja nicht alle dran, darum ist es besser, die Zahl der Gefangenen durch Striche am Boden festzuhalten, vor allem auch deshalb, weil jemand, der schon einmal gefangen war, sicher versucht, es ein zweites Mal besser zu machen.

Wer wird König?

9–10 Jahre

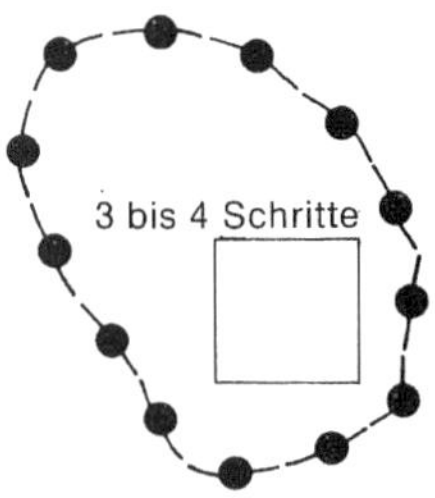

Man zeichnet ein Quadrat von drei bis vier Schritten auf den Boden, bildet einen Kreis und dann wird nach allen Seiten kräftig gezogen. Wer in das Viereck tritt, muss ausscheiden. Zuletzt ist der Kreis so klein, dass man ihn nicht mehr umspannen kann. Wer bis dahin ausscheiden musste, gehört zum gemeinen Volk, es sind die Bauern. Die Übriggebliebenen sind die Edelmänner, diese müssen nun unter sich den König ermitteln. Zu dem Zweck treten sie in das Viereck, fassen sich aber nicht an, sondern halten die Arme vor der Brust verschränkt. Dann versucht jeder, den anderen hinauszudrängen. Wer zuletzt übrig bleibt, ist König.

Ein bekanntes Spiel erscheint in dieser abgewandelten Form für die etwas jüngeren Altersstufen. Das Kind im 9. bis 10. Lebensjahr braucht noch eine solche Rahmenhandlung. Es liebt ein Spielgeschehen mit einer Handlung wie dieser, denn es fühlt sich noch als Glied eines Zusammenhanges und nicht als Individualität, die als Einzelne zu ihrem Recht kommen möchte.

12–13 Jahre

Häuserkampf

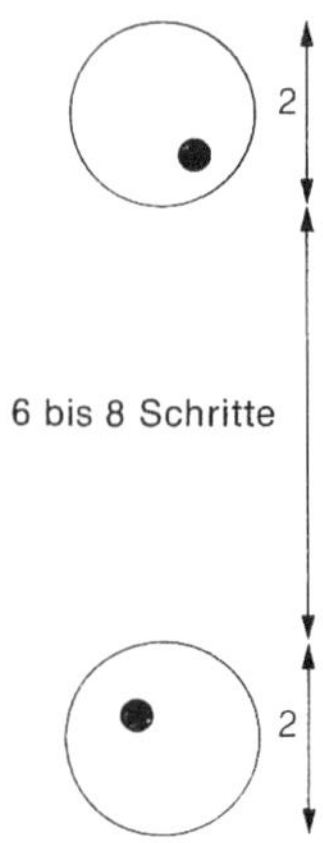

Zwei Gegner kämpfen gegeneinander. Jeder hat ein Haus, d.h. einen zwei Meter großen Kreis. Beide Häuser sind sechs bis acht Schritte voneinander entfernt. Die Spieler stehen anfangs in ihren Häusern und warten auf das Zeichen des Schiedsrichters. Dann begeben sie sich in das Feld und versuchen, das Haus des Gegners zu betreten. Wem dies zuerst gelingt, hat gewonnen.

Die beiden Gegner belauern sich oft gegenseitig und stürmen dann los. Manchmal raufen sie auch hart miteinander. Für die Zuschauer ist es sehr interessant zu beobachten, wie der Einzelne sich verhält, um zu seinem Ziel zu gelangen.

Hahnenduell

10–12 Jahre
2 Stöcke

Zwei Spieler sitzen sich in der Hocke gegenüber und fassen sich mit den Händen. Jeder hat in seiner Kniekehle einen Stock. Nun versuchen sie sich gegenseitig umzustoßen. Wer am längsten aufrecht bleibt, hat gewonnen. Wer die Hände loslässt, hat auch verloren.

Hahnenkampf

10–13 Jahre

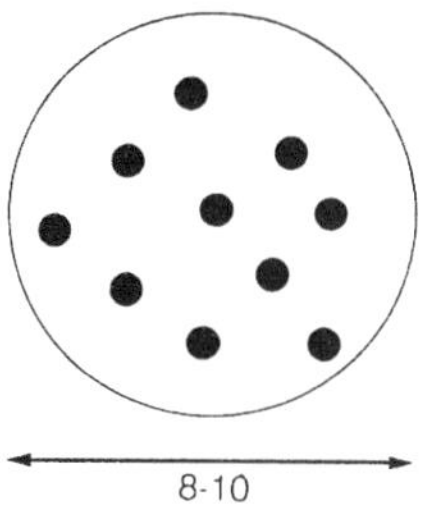

In einem Kreis von acht Metern stehen bis zu zehn Spieler auf einem Fuß. Die Arme sind über der Brust gekreuzt. Man schubst sich entweder aus dem Kreis oder so lange, bis der Gegner den anderen Fuß aufsetzen muss.

Mit Kraft allein ist es nicht getan. Geschicklichkeit und Gleichgewicht sind ebenso notwendig. Es können daher auch die weniger robusten Kinder zu Erfolgen kommen.

Ägyptischer Zweikampf

ab 12 Jahre

Man hebt beide Unterarme bis zur Schulterhöhe. Die gestreckten Hände berühren sich am Mittelfinger und bilden bis zu den beiden Ellenbogen eine gerade Linie. Der Gegner fasst die Handgelenke seines Gegenübers und versucht, sie auseinander zu bekommen. Es wird ihm kaum gelingen. Man kann dieses Experiment reihum machen und wird sehen, dass sich selbst schwächere Schüler gegenüber stärkeren behaupten können.

Diese Übung hat erst vom 12. Lebensjahr an eine Bedeutung, denn jetzt erst kann das Kind gezielt seine Muskeln und damit seine Kraft einsetzen.

Kerzenkampf

ab 14 Jahre
2 Kerzen

Beide Gegner halten in der einen Hand eine brennende Kerze, mit der anderen fassen sie sich an den großen Zehe. Wer dem Gegner das Licht auspustet, hat gewonnen. Wer den Zeh loslässt, scheidet aus.

Dieser Zweikampf ist sehr spannend, aber auch sehr anstrengend. Man sollte ihn deshalb nur mit größeren Schülern betreiben.

Pappenkönig

9–11 Jahre
Bindfaden
Pappdeckel

Etwa fünf Kinder sind an der Reihe. Jedes bindet sich einen Bindfaden um den Knöchel, an dem ein Stück Pappdeckel befestigt ist. Man versucht, dem anderen auf die Pappe zu treten, damit diese abreißt. Zuletzt kämpfen die Sieger der Gruppen gegeneinander.

Die Kinder müssen bei diesem Spiel gut aufpassen. Sie müssen ihre Aufmerksamkeit auf das lenken, was sich unter und hinter ihnen befindet. Im 9. bis 11. Lebensjahr hat das schon eine Bedeutung für das Kind. In späteren Altersstufen kann es sehr zur Belustigung und Entspannung beitragen.

Bärenringen

9–10 Jahre
1 Turnmatte

Für dieses kleine lustige Spiel braucht man nur eine Turnmatte. Man macht in der Mitte einen Strich. Zwei Spieler knien an den beiden Enden, fassen sich an den Händen, und nun versucht jeder, den anderen in seine Hälfte hinüberzuziehen. Dem Unterliegenden gibt man drei Schläge auf den Rücken.

Diese einfache Form eines kleinen Ringkampfes erfreut sich besonders bei den Kindern des 9. bis 10. Lebensjahres großer Beliebtheit, da sie ja selbst noch etwas tapsig sind und sich mit Leib und Seele in die Rolle des Bären hineinversetzen können.

Fußzweikampf

Zwei Spieler fassen sich an den Händen und versuchen, sich gegenseitig auf die Füße zu treten. Wem dies zuerst ein Dutzend Mal gelingt, hat gewonnen.

ab 13 Jahre

Dieses Spiel sollte nur als heitere Einlage gebraucht werden. Es ist sehr lustig und hat daher eine anregende Wirkung. Immerhin muss man auch etwas auf seine Füße aufpassen. Kinder, die längere Zeit den Kopf sehr angestrengt haben, sollten es bei Gelegenheit ausgiebig spielen.

Krötenzweikampf

Man umfasst mit seinen Händen seine Knöchel und kann sich dadurch nur schwer von der Stelle bewegen; der Vergleich mit der Kröte ist daher naheliegend. Die beiden Kröten gehen aufeinander los und versuchen, den Gegner umzuwerfen oder zu veranlassen, dass er die Hände loslässt.

11–13 Jahre

Dieses Spiel war auch den Griechen bekannt. Es zeigt den Menschen im Stadium einer beinahe grotesken Bewegungsunfähigkeit und löst daher, besonders wenn es sehr geschickte Kinder spielen, eine große Heiterkeit aus.

Storchenringkampf

ab 11 Jahre

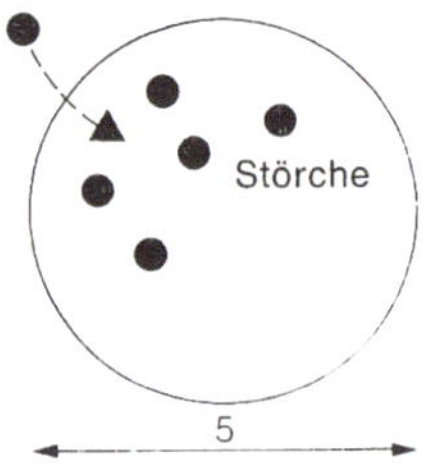

Fünf Spieler stehen auf einem Bein, das sind die Störche, der sechste darf mit beiden Beinen herumlaufen. Er ist gleichsam in das Storchennest eingedrungen und wird von den Störchen attackiert, die ihn wieder hinaustreiben wollen. Gelingt es ihnen, den Eindringling über einen Kreis von fünf Meter Durchmesser hinauszudrängen, dann haben die Störche gewonnen. Wer von diesen aber den anderen Fuß zu Hilfe nehmen muss, muss ausscheiden. Der Nesträuber hat gewonnen, wenn alle Störche ausgeschieden sind. Die Störche dürfen den Eindringling mit ihren Händen wegstoßen, der Letztere darf seine Hände nicht gebrauchen, sondern nur seine Füße.

Vom 11. Lebensjahr an ist das Kind auf seinen persönlichen Vorteil bedacht, es will daher verteidigen, was es hat, und erlangen, was es noch nicht hat.

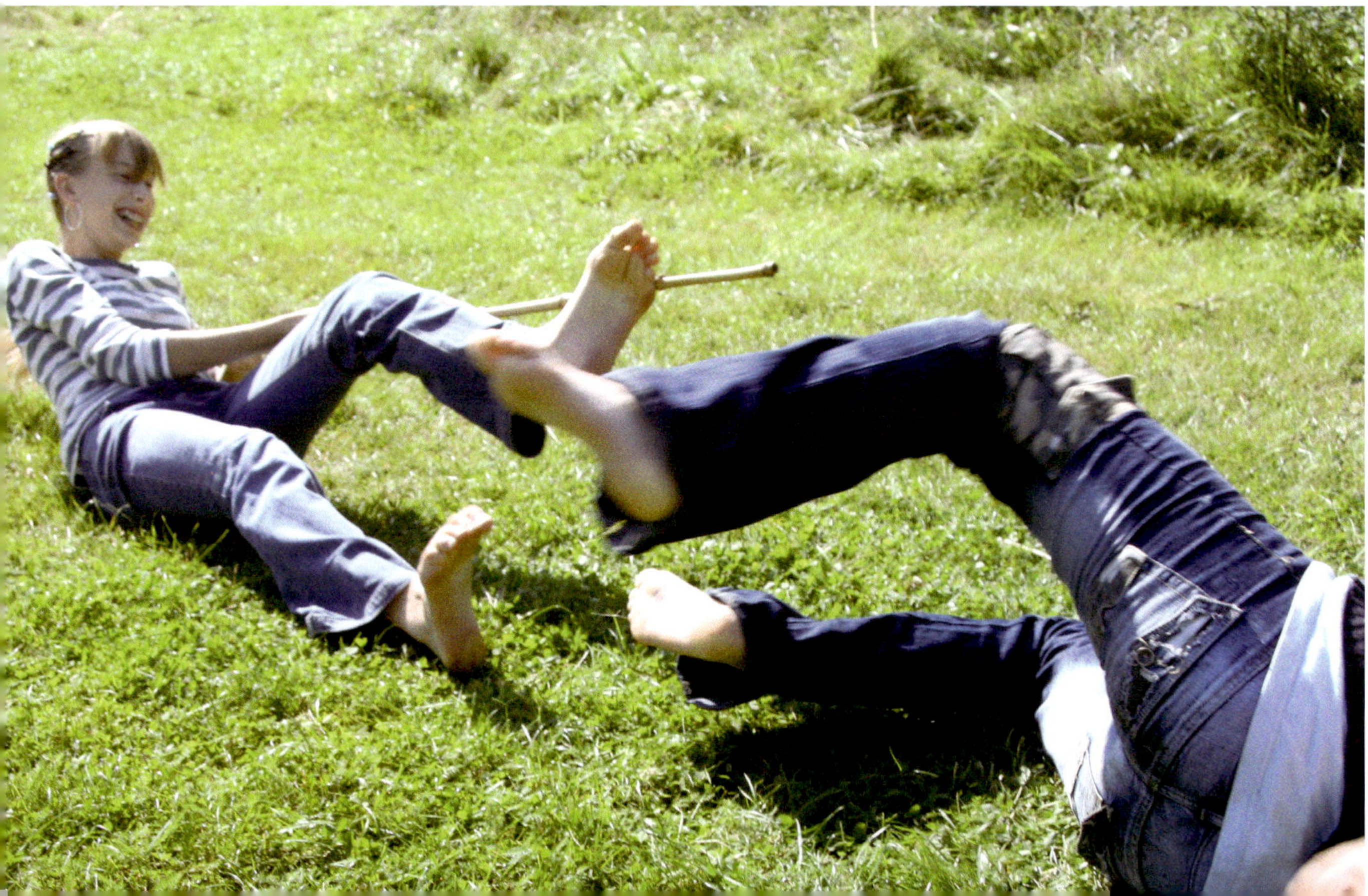

Stockkampf

Zwei Gegner sitzen mit angezogenen Beinen auf dem Boden einander unmittelbar gegenüber, sodass sich die Zehen berühren. Mit ziemlich enger Fassung halten die beiden einen Stock in den Händen. Jeder versucht, den anderen über eine zuvor gezogene Trennungslinie zu ziehen.

ab 14 Jahre
1 Stock

Dieser Zweikampf wird von den Jungen sehr gern und oft mit großer Erbitterung ausgefochten. Es ist ein stilles, aber umso hartnäckigeres Ringen, bei dem es vor allem auf Durchhaltekraft ankommt.

Haltekampf

Zwei Gegner befinden sich in einem Kreis von fünf Meter Durchmesser. Einer hat einen Tennisring, den er mit beiden Händen hoch über seinen Kopf hält. Der andere muss versuchen, an diesen heranzugelangen, ihn auf den Boden zu werfen und sich daraufzustellen. Gelingt ihm das innerhalb einer Minute, dann hat er gewonnen.

ab 13 Jahre
1 Tennisring

Dasjenige, was man hochhält, sollte man stets mit allen Kräften verteidigen und nicht in den Staub treten lassen. Diese einfache Spielmoral leuchtet jedem ein, denn es steckt eine Wahrheit darin, die jeder versteht und selbst vertreten kann. Vom 13. Lebensjahr an haben die Schüler ein starkes Verhältnis gerade zu dieser Auseinandersetzung.

Tauziehen

ab 12 Jahre
1 Tau

Beim Tauziehen kommt es darauf an, seinen Standpunkt zu verteidigen und darüber hinaus möglichst viel Boden zu gewinnen, um schließlich das gesteckte Ziel zu erreichen. Die Aktionsrichtung ist nie nach vorn, sondern stets nach rückwärts gerichtet. Dadurch können nur ganz bestimmte Kräfte zur Auswirkung gelangen, nämlich solche des Ziehens, nicht solche des Drückens. Zug und Druck wirken aber sehr verschieden auf den Menschen. Die verlierende Partei gerät beim Tauziehen in den Sog der anderen, damit verliert sie ihre Struktur und ihre Spannkraft.

Das ist wirklich eine Art Zusammenbruch, aber, und das ist das Schöne an der Übung, man will es nicht auf sich sitzen lassen und probiert es noch einmal. Vielleicht hat der Gegner sich schon verausgabt. Ein drittes und ein viertes Mal, so leicht kapituliert man nicht: Ausdauer und Stehvermögen geben den Ausschlag.

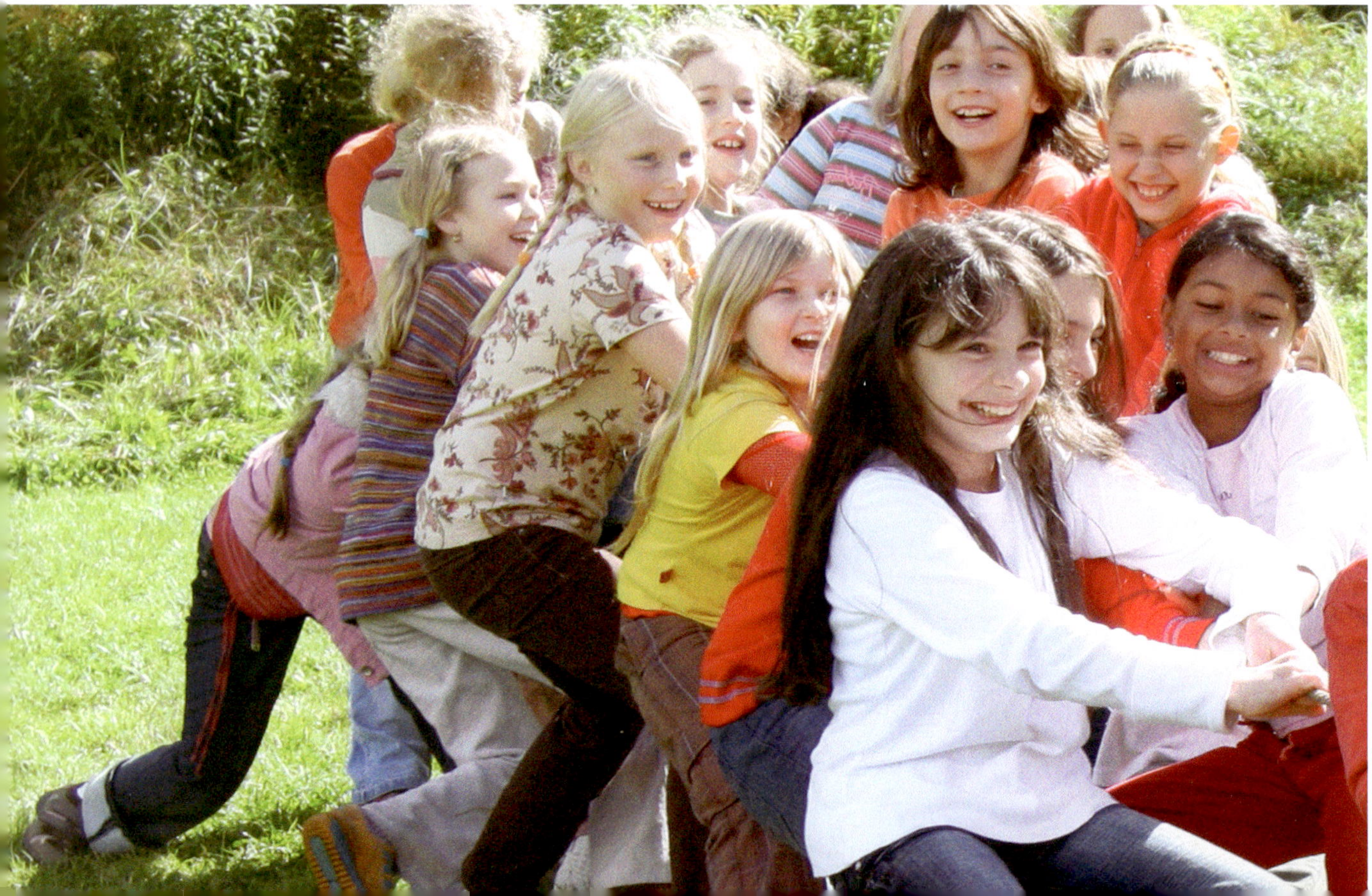

Tauziehen über Kreuz

ab 14 Jahre
2 Ziehtaue

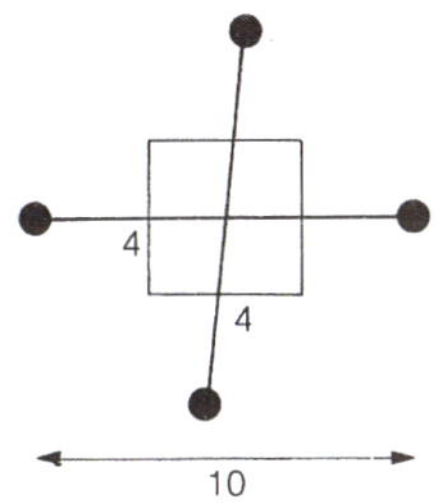

Zwei Ziehtaue von je zehn Meter Länge werden über Kreuz verknotet und über ein Rechteck von 4 x 4 Meter gelegt. Wer in das Rechteck gezogen wird, scheidet aus und ein anderer tritt an seine Stelle. Dann beginnt ein neuer Gang. Sieger ist, wer zum Schluss die meisten Gänge gemacht hat. Die Spieler müssen etwa gleich groß sein. Die Gruppe der Beteiligten besteht aus acht bis zwölf Teilnehmern.

Als persönliche Leistungsprobe ist dieser Wettkampf sehr zu empfehlen, da Einsatz und Standvermögen besonders gefördert werden.

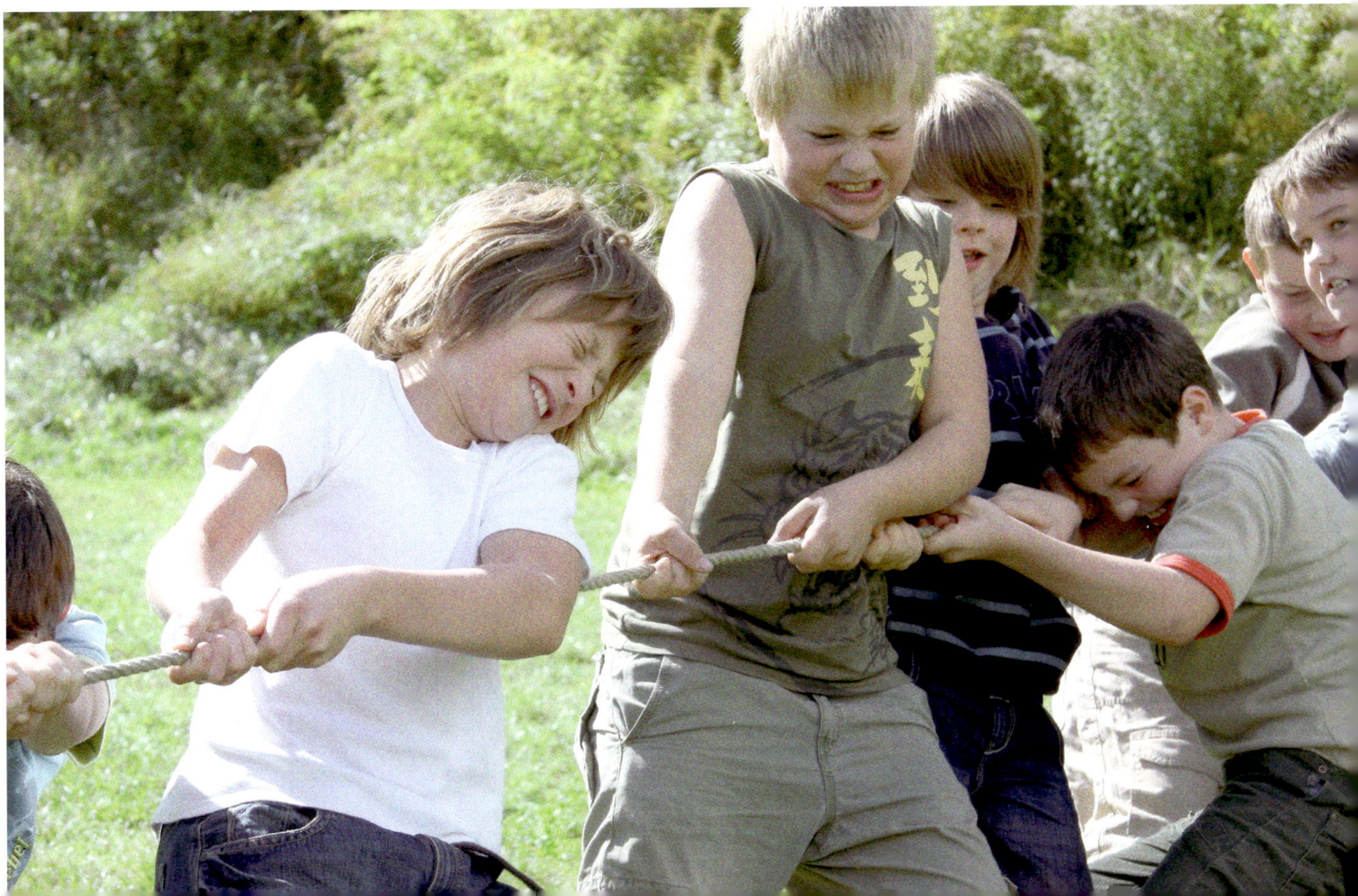

Kopf durch die Wand

10–11 Jahre
1 Kissen

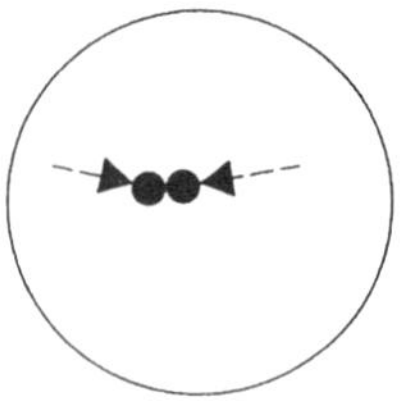

Ein dickes Kissen zwischen den Köpfen zweier Spieler, die fest gegeneinander drücken, ist notwendig. Jeder versucht, den anderen aus dem Feld zu schlagen. Wer einen Kreis von drei Meter Durchmesser zuerst verlassen muss, hat das Spiel verloren.

Für cholerische Kinder ist dieser Wettkampf manchmal geradezu ein therapeutisches Mittel, denn sie werden dort gepackt, wo der Wille über sie hinausschießen möchte.

Fassdrücken

9–10 Jahre
1 Fass

Es werden zwei Striche in etwa zehn Meter Abstand gezogen. In der Mitte befindet sich ein Fass. Wer dieses über den Strich bringt, hat gewonnen.

Das Fass ist für das Kind etwas beglückend Reales. Es hat so einen dicken Bauch, und da passt so viel hinein. Es wackelt so schön, und man kann sich so gut dagegenstemmen.

Kreisschleudern

13 Jahre
1 Strick

In einem Kreis von drei Meter Durchmesser hält ein Spieler das Ende eines Strickes in der Hand. Ein anderer Spieler außerhalb des Kreises hält das andere Ende. Jeder versucht, den anderen auf sein Gebiet zu ziehen. Wer mit beiden Füßen draußen ist, hat verloren. Jeder Kampf besteht aus zwei Gängen, denn jeder muss einmal drinnen und einmal draußen gewesen sein.

Im 13. Lebensjahr treten sich widerstrebende Tendenzen im Kind auf. Sympathien und Antipathien ziehen es nach der einen oder anderen Seite. Die Macht der selbstständig werdenden Gefühle ist unverkennbar. Ein Spiel wie das vorliegende kann aber dazu beitragen, dass Spannungen, die notwendig auftreten müssen, in einer gesunden Weise abreagiert werden, wenn sie quasi auf das straff gespannte Seil verlagert werden.

Hahnenbalken

9–12 Jahre
1 Balken

Ein Balken von zehn Zentimeter Dicke wird in 50 bis 80 Zentimeter Höhe angebracht, rundum ist Sand, sodass man nach allen Seiten fallen kann, ohne sich weh zu tun. Zwei Kinder stehen auf dem Balken, jeder versucht, den anderen herunterzubekommen. Wer zuerst den Boden berührt, hat verloren.

Der Hahnenbalken übt auf Kinder zwischen sieben und vierzehn Jahren eine geradezu magische Anziehungskraft aus, am stärksten zwischen dem 9. und 12. Lebensjahr. In diesem Alter verspürt das Kind noch sehr stark den Wunsch, sich oben zu halten. Es empfindet das durchaus auch Symbolische dieses Spiels: den Kampf von Oben und Unten, Gut und Böse.

Stockringen

13–14 Jahre
3 bis 4 Meter
lange Stange

In einem Kreis von sechs bis acht Meter Durchmesser befinden sich zwei Gegner. Sie fassen gemeinsam eine drei bis vier Meter lange Stange in der Weise an, dass jeder mit der rechten Hand an das Ende der Stange greift, die linke umspannt den Schaft etwas vor der linken Schulter. Jeder versucht, den anderen durch Drücken aus dem Kreis herauszumanövrieren. Es ist streng darauf zu achten, dass die hintere Hand nicht loslässt. Wer nachgibt und das Ende der Lanze durch die Finger gleiten lässt, hat ebenfalls verloren. Am besten eignet sich zur Durchführung dieses Wettkampfes eine Aluminiumstange, wie man sie zum Stabhochsprung benützt.

In diesem kleinen Kampfspiel liegt ein großer pädagogischer Wert, denn es erzieht zur Unbeugsamkeit und zum letzten Einsatz. Man muss den Gegner stets in der Stoßrichtung auffangen, Kraft allein genügt hier nicht, sondern ein dynamisches Empfinden für die Stoßrichtung, die sich stets ändert. Diese elastische und trotzdem bedingungslose Auseinandersetzung stärkt das Persönlichkeitsgefühl in einem Alter, wo Kraft und Beweglichkeit sehr wichtig für einen jungen Menschen sind.

Geländespiel

ab 12 Jahre
rotes Garn

Kein Ausflug sollte vergehen, ohne dass die Kinder nicht ein Spiel in Wald und Busch gemacht hätten. Eine recht zweckmäßige Art, ein solches Spiel durchzuführen, ist vielleicht die folgende:

Man sucht ein Waldstück mit Unterholz, in dem eine Lichtung vorhanden sein muss. In dieser legt man mit Reisig einen Kreis von etwa zehn Meter Durchmesser. Dann teilt man die Spielerschar in zwei Gruppen und lost aus, welche zuerst fortgehen darf. Die Spieler dieser Gruppe erhalten einen roten Faden um den Oberarm. Ihre Aufgabe ist es, innerhalb einer festgesetzten Zeit das abgesteckte Mal unversehrt, d.h. ohne dass der Wollfaden vorher abgerissen worden ist, zu erreichen.

Die zweite Gruppe, welche nach einigen Minuten die Verfolgung aufnimmt, darf zwei Wächter zurücklassen, die den Kreis aber nicht betreten dürfen. Allen übrigen Spielern dieser Partei ist es verboten, innerhalb der Lichtung Gefangene zu machen. Dies erfolgt durch Abreißen des roten Fadens. Nach Ablauf einer halben Stunde wird das Spiel durch lautes Rufen und Pfeifen oder ein Hornsignal beendet. Bis dahin wird es einigen gelungen sein, das Freimal zu erreichen. Sind es mehr als die, die ihren Faden verloren haben, dann haben die Angreifer gewonnen, sonst ist es umgekehrt. Wer sich nach dem Schlusssignal mit dem Faden am Arm außerhalb des Males befindet, ist weder gefangen noch erlöst. Er kommt daher für eine Bewertung des Spielausganges nicht infrage. Nach dem Spiel werden die Rollen getauscht.

Die hier beschriebene Spielform hat sich nach jahrelangen Erfahrungen als die zweckmäßigste herausgestellt. Sie hat nicht nur den Vorzug, dass die Kinder eine zentrale Stelle erreichen müssen und daher die Gefahr des Sichverlaufens sehr verringert ist, sie gewährt auch den verschiedenen Charakteren und Temperamenten einen großen Spielraum, um sich auszuleben.

Manches Kind wird alles dransetzen, sich gut zu verstecken, um möglichst nicht aufgestöbert zu werden. Anderen ist ein mutiger Durchbruch viel wichtiger. Wieder andere lieben die Spannung des Verfolgtwerdens. Die Fänger entwickeln Ausdauer und Spürsinn oder legen sich auf die Lauer. Manche entwerfen strategische Pläne. Es kommt jeder auf seine Kosten, und hinterher gibt es Anlass genug, das Erlebte lang und breit zu erörtern und Abenteuer und Erfahrungen auszutauschen.

Was man auf gar keinen Fall versäumen sollte, ist ein gemeinsames Erkunden vorher und das Einprägen bestimmter Marken, Baumgruppen, Häuser und Wege, die den Spielbezirk als solchen abgrenzen.

Nachtgeländespiel

ab 13 Jahre
div. Gegenstände

Zur Durchführung eines Nachtgeländespieles wähle man zwei Feldwege, die sich in einem spitzen Winkel schneiden. Der Kreuzungspunkt ist das Ziel der einen Gruppe, der Kaufleute, die in etwa 250 Meter Entfernung davon ihren Ausgangspunkt haben. Die Aufgabe jedes Spielers dieser Gruppe ist es, einen Gegenstand an die Wegkreuzung zu bringen. Unterwegs lauern jedoch die Räuber, die auf das ganze Terrain zwischen den beiden Wegen verteilt sind. Über die Wege nach außen hinauszugehen, ist nicht erlaubt. Gelingt es den Räubern, einem der Durchschleichenden drei Schläge zu geben, dann muss dieser sofort seinen Besitz aushändigen. Nach einer bestimmten Zeit wird festgestellt, wie viele Kaufleute ihren Besitz in Sicherheit gebracht und wie viele ihn verloren haben. Ist das Verhältnis zugunsten der Räuber, dann haben diese gewonnen, sonst ist es umgekehrt.

Bei Nachtgeländespielen sollte man sehr vorsichtig sein. Spitze Äste können beispielsweise leicht das Auge verletzen. Außerdem muss die Gefahr des Sichverlaufens in der Dunkelheit auf ein Minimum beschränkt werden. Es sollten daher immer Erwachsene mit Taschenlampen an den wichtigen Stellen postiert sein. Selbstverständlich muss das Gelände bei Tage sorgfältig ausgesucht und allen vertraut gemacht werden. Dunkle Kleidung (Trainingsanzug) ist zu empfehlen. Der Untergrund muss trocken und der Abend warm sein. Da ein solches Spiel schrecklich aufregend ist und die Fantasie einem alles Mögliche vortäuscht, ist die Spannung außerordentlich groß. Zwischen Furcht und Abenteuerlust bewegt sich die Spanne des Erlebens, auf die kein Kind verzichten möchte.

Schneeballschlacht

ab 10 Jahre

Hinter zwei parallelen Linien, die 20 Meter voneinander entfernt sind, nehmen zwei gleich starke Parteien Aufstellung. Der Raum zwischen den Linien ist das Feld. Jeder Spieler darf innerhalb des Feldes seinen Gegner direkt angreifen, ihn zu Fall bringen, mit Schnee einreiben und dergleichen, doch er muss auch darauf achten, dass er nicht über die gegnerische Mallinie gezogen wird. In diesem Falle ist er ein Gefangener. Jeder Gefangene begibt sich sofort zum Schiedsrichter, er vermerkt es, und der Gefangene wird entlassen. Zum Schluss wird die Anzahl der Gefangenen für jede Partei ermittelt. Selbstverständlich wird während der ganzen Zeit von beiden Seiten tüchtig geworfen und manchem Angreifer das Leben dadurch schwer genug gemacht. Es ist allerdings mit großer Sorgfalt darauf zu achten, dass keine Steine oder Eisstückchen im Schnee enthalten sind, da sonst das freudige Spiel schnell zu Verletzungen führen kann.

Rasenplätze oder Eisflächen eignen sich am besten für eine Schneeballschacht.

Das Formen der Schneebälle, der unbedingte Einsatz und der heitere, humorvolle Ausgang bei gelungenen Würfen erzeugen eine frohe Stimmung des Kraftüberschusses, von der stets eine belebende Wirkung ausgeht. Es gibt kein Kampfspiel, das einen Vergleich mit einer Schneeballschlacht aushalten könnte. Wo hätte man sonst so viele Bälle, wo könnte man sich seine Geschosse so nach Maß zurechtmachen, wo könnte man so nach Herzenslust treffen, ohne dass wirklich etwas passiert?

Kleine Ringkampfspiele

Wer die Lehrpläne an unseren Schulen etwas genauer studiert, wird feststellen, dass ein Gebiet der körperlichen Erziehung stark im Hintergrund steht: das Ringen. An seiner Stelle nehmen die großen «Kampfspiele» wie Fußball und Handball fast den ganzen Raum ein. Man könnte diese Entwicklung positiv betrachten, wenn vom Schüler aus gesehen eine Notwendigkeit dafür bestünde. Tatsächlich ist dieses aber nicht der Fall.

Man kann, wenn man es mit Schülern der verschiedensten Altersstufen zu tun hat, immer wieder feststellen, dass ein Bedürfnis vorliegt, ganz elementar seine Kräfte zu messen, also sich zu balgen, zu ringen, zu rangeln oder wie man es sonst nennt. Dass dies nicht immer in der rechten Weise berücksichtigt wird, liegt allerdings oft auch an den Schwierigkeiten der technischen Durchführung. Es gehört nämlich eine geeignete Unterlage als unbedingte Voraussetzung dazu. Das kann entweder eine Sprunggrube sein, die mit Sand gefüllt ist, oder eine größere Matte.

Ein Einwand, der sonst leicht gemacht wird, ist der, es gehöre eine besondere Erfahrung dazu, das Ringen in einer vertretbaren Weise an den Schulen zu betreiben. Dass dies nicht den Tatsachen entspricht, zeigt die Praxis. Es ist nicht notwendig, bestimmte Griffe zu üben, es genügt schon, wenn man Ventile schafft, damit die überschüssigen Kräfte zur Auswirkung gelangen. Aufgabe der körperlichen Erziehung ist es, im Schüler das Gefühl zu erzeugen, sich nach besten Kräften eingesetzt zu haben. Am Ende sollte das Empfinden einer wohligen Entspannung da sein; der Schüler hat sich in einer gesunden Weise ausgelebt und schaut nun zu, wie die anderen es machen. Auch dieser Gesichtspunkt ist von Wichtigkeit.

Die vorliegenden kleinen Ringkampfspiele sollen dem Erzieher einige Anregungen geben, die nach eigenem Ermessen beliebig verändert werden können. In der hier dargestellten Form sind sie von Schülern der verschiedensten Altersstufen gespielt worden und haben sich bewährt.

Herr im Haus

12–13 Jahre

Man zieht mit weißer Kreide ein Rechteck von 4 x 4 Meter auf den Mattenüberzug. Zwei Gegner versuchen, einander herauszudrängen. Wer dreimal zuerst den Boden berührt hat oder wer mit beiden Füßen zuerst draußen ist, hat verloren.

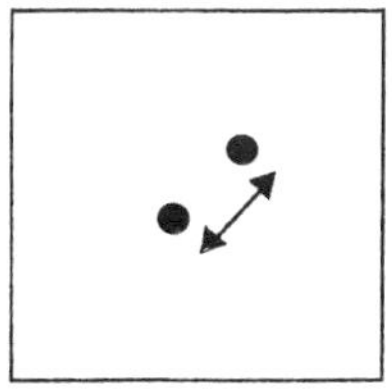

Vierländerkampf

11–13 Jahre
1 große / 4 kleine Turnmatten

Man legt in jede Ecke der großen Matte eine kleine Turnmatte und lässt je zwei bis vier Schüler darauf Stellung beziehen. Jede Matte stellt ein Land dar, für welches gekämpft wird. Solange man mit beiden Füßen im eigenen Land steht, ist man in Sicherheit. Verlässt man dieses aber, dann kann man angegriffen und in ein feindliches Land gezogen werden. Sobald man mit irgendeinem Körperteil eine fremde Matte berührt, ist man Gefangener. In diesem Falle darf der Gegner einen Strich auf dem Boden machen und dann den Gegner freigeben. Gewonnen hat am Schluss die Partei mit den meisten Strichen.

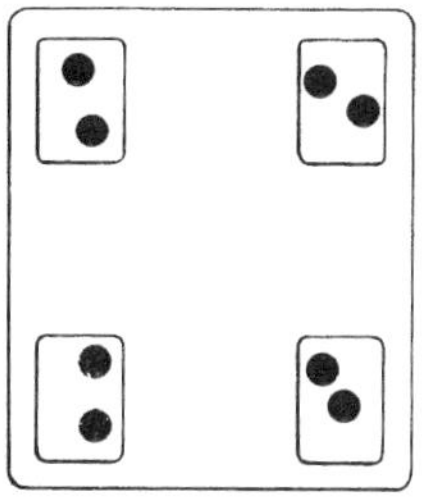

Die Schüler bis zum 13. Lebensjahr spielen gerade dieses Spiel mit erstaunlicher Ausdauer und wollen oft gar nicht aufhören. Es ist in seiner Konzeption besonders für diese Altersstufe geeignet.

Wer kommt durch?

10–13 Jahre
1 große / 4 kleine Turnmatten

Auch bei diesem Spiel braucht man die kleineren Turnmatten an den vier Ecken der großen Matte. Auf einer der Eckmatten befinden sich zwei Spieler, deren Aufgabe es ist, die diagonal gegenüberliegende Matte zu erreichen, ohne von den beiden Wächtern, die sich auf den anderen zwei Matten befinden, vorher zu Boden geworfen zu werden. Wer hingefallen ist, muss sofort zurück. Bei dreimaligem Misslingen hat er verloren und muss ausscheiden. Ein anderer tritt an seine Stelle.

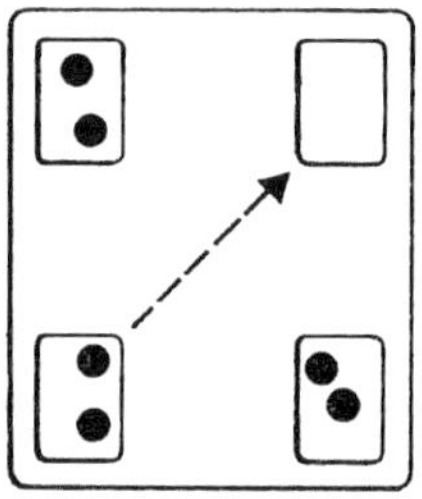

Dieses Spiel ist besonders für die 10- bis 13-Jährigen geeignet, für die es tatsächlich etwas bedeutet, wenn sie eine Probe ihres Mutes und ihrer Geschicklichkeit ausleben sollen – und können.

Kampf um das Zentrum

12–14 Jahre
1 große / 1 kleine Turnmatte

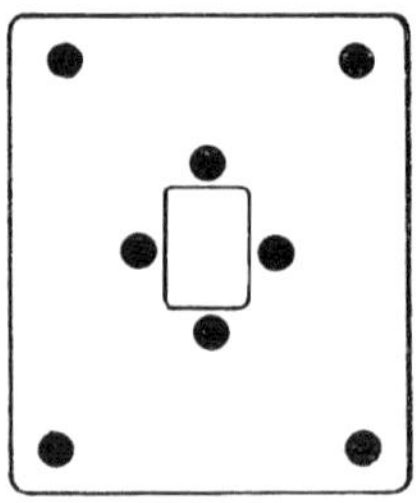

Vier Angreifer befinden sich an den vier Ecken der großen Matte, in der Mitte liegt eine gewöhnliche Turnmatte, die von vier Wächtern bewacht wird. Gelingt es einem Angreifer, mit beiden Füßen darauf zu stehen, dann hat er einen Durchbruch erzielt. Die Verteidiger dürfen die Matte selbst nicht betreten. Ein Angreifer, der dreimal zu Boden geworfen wird, muss ausscheiden. Die Anzahl der Durchbrüche entscheidet über den Sieg.

Dieses Spiel erzieht zur Einsatzfreudigkeit und Durchhaltekraft.

Durchbrechen

13–15 Jahre

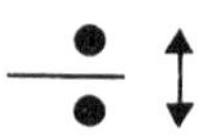

Ein Wächter verteidigt eine Linie, kommt sein Gegner davor zu Fall, hat er gewonnen, kommt er dahinter zu Fall, hat jener gewonnen. Der jeweilige Sieger wird Wächter. Jeder Wächter zählt seine Siege.

Raubritter

10–13 Jahre
2 Turnmatten

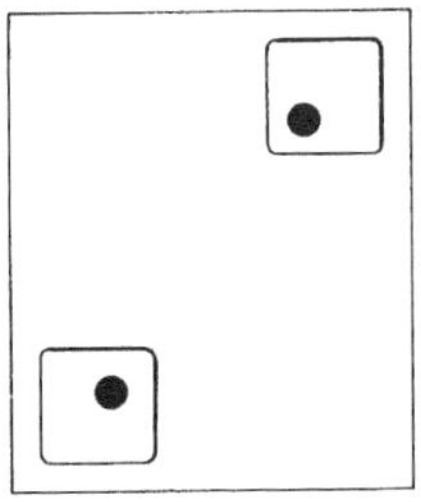

Zwei Turnmatten befinden sich diagonal in zwei gegenüberliegenden Ecken. Jede gehört einem Raubritter. Die Matte ist die Burg. Ziel der beiden Gegner ist es, die Burg des anderen zu erobern. Dies geschieht dadurch, dass sie mit irgendeinem Teil ihres Körpers die gegnerische Matte berühren.

Diese Art des Zweikampfes ist außerordentlich spannend. Sie eignet sich besonders für Schüler der Unter- und Mittelstufe.

Heben und Werfen

ab 14 Jahre
große Turnmatte

Zwei Gegner stehen einander gegenüber. Der eine hat gewonnen, wenn es ihm gelingt, den anderen vom Boden zu heben, sodass kein Teil seines Körpers mehr die Matte berührt. Der andere hat gewonnen, wenn es ihm gelingt, den Gegner zu Fall zu bringen, sodass er mit irgendeiner Partie des Körpers außer den Beinen den Boden aufsuchen muss. Wer zuerst drei Siege für sich verbuchen kann, hat den Kampf für sich entschieden.

Diese Form des Ringkampfes sollte vor der Pubertät nicht geübt werden. Von diesem Zeitpunkt an aber hat sie eine erzieherische Bedeutung für den heranwachsenden jungen Menschen.

Belagerungskampf

12–14 Jahre
große Turnmatte

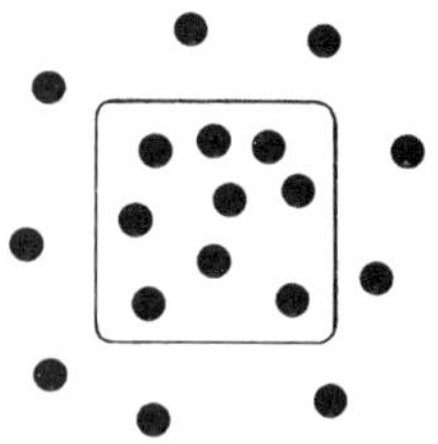

Die gleiche Anzahl Spieler befindet sich auf der Matte wie außerhalb derselben. Die Belagerer greifen an und versuchen, die Gegner von der Matte herunterzuziehen. Kommt ein Angreifer zu Fall, dann ist er gefangen. Das Spiel endet, wenn eine Partei keine Mitspieler mehr hat.

Bei diesem Spiel entscheidet die rasche Reaktionsfähigkeit und das Erfassen des günstigen Augenblickes, um einen persönlichen Vorteil zu erkämpfen. Es ist daher für Schüler der Mittelstufe sehr geeignet.

Ballringkampf

14–15 Jahre
große Turnmatte
1 Medizinball

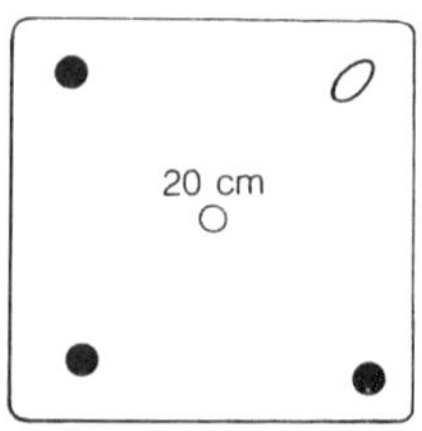

An den drei Ecken der Matte steht je ein Spieler, an der vierten liegt ein Medizinball. Auf das Zeichen des Schiedsrichters versucht jeder der drei Spieler, in den Besitz des Balls zu kommen und ihn auf einen in der Mitte deutlich markierten Kreis von etwa 20 Zentimeter Durchmesser zu legen. Es entstehen durch die Mannigfaltigkeit der Spielmöglichkeiten sehr wechselnde Situationen, die den einzelnen Spieler immer wieder vor neue und unverhoffte Probleme stellen.

Der Kampf um den Ball ist zu einem Zeitproblem geworden. Während es in der Antike galt, das Ego zu entwickeln, was im Ringkampf seinen stärksten Ausdruck fand, kämpft das Ich heute um Ziele, für die der Ball das entsprechende Symbol darstellen kann. Diesen an einen zentralen Punkt zu befördern, bedrängt von zwei Gegnern, ist etwas, was als Spielidee den Jungen außerordentlichen Spaß bereitet, da ein lustiges Balgen mit einem sehr konsequenten Zielgedanken verbunden ist.

Ballringkampf als Gruppenspiel

Vier Spieler, von denen je zwei zusammengehören, stehen nebeneinander an einer beliebigen Seite der Matte. Genau gegenüber auf der anderen Seite liegt der Medizinball. Auf das Zeichen des Schiedsrichters beginnt der Kampf. Jede Partei versucht, in den Besitz des Balls zu kommen und mit ihm den Mittelpunkt zu erreichen. Die Gegner setzen alles daran, dies zu verhindern, ergreifen aber gleichzeitig auch jede Gelegenheit, um ihrerseits den Kampf für sich zu entscheiden.

14–15 Jahre
1 Medizinball
große Turnmatte

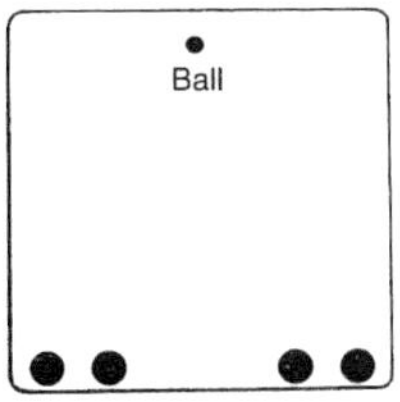

Da weder eine besondere Technik verlangt wird noch besonders komplizierte Regeln zu befolgen sind, können die natürlichen Fähigkeiten voll eingesetzt werden. Selbst Schüler, die sich sonst gar nicht gern anstrengen, werden vom Kampfeseifer gepackt und setzen sich in einer zuvor nicht gekannten Weise ein. Bei aller Anstrengung behält dieses Spiel eine durchaus heitere Note. Als Schiedsrichter muss anfangs der Lehrer fungieren, später überlässt er es den Schülern, selbst für eine einwandfreie Durchführung des Kampfes zu sorgen.

Der Kampf um das goldene Vlies

Unter diesem Namen sind Gruppenringkämpfe zu verstehen, die sich vom 12. Lebensjahr an größter Beliebtheit erfreuen. Das goldene Vlies ist eine einfache Turnmatte (möglichst mit Lederschlaufen), in deren Besitz jede Partei zu gelangen trachtet. Es können zwei, drei oder vier Parteien darum kämpfen. Man legt die Matte in die Mitte des Platzes oder der Halle. Im gleichmäßigen Abstand zeichnet man die Male auf den Boden, hinter denen die Parteien Aufstellung nehmen. Nachdem der Schiedsrichter das Zeichen gegeben hat, versucht jede Partei, die Matte in das eigene Mal zu ziehen.

Man kann die Matte auch in einen Kreis legen (10 bis 15 Meter) und von einer Partei verteidigen, von der anderen angreifen lassen.

ab 12 Jahre
1 Turnmatte

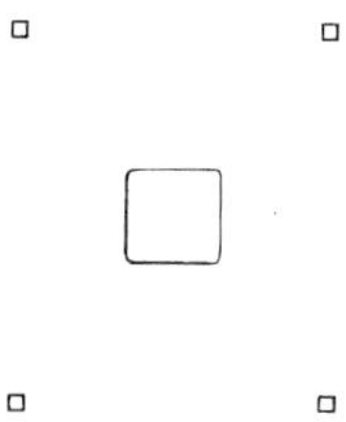

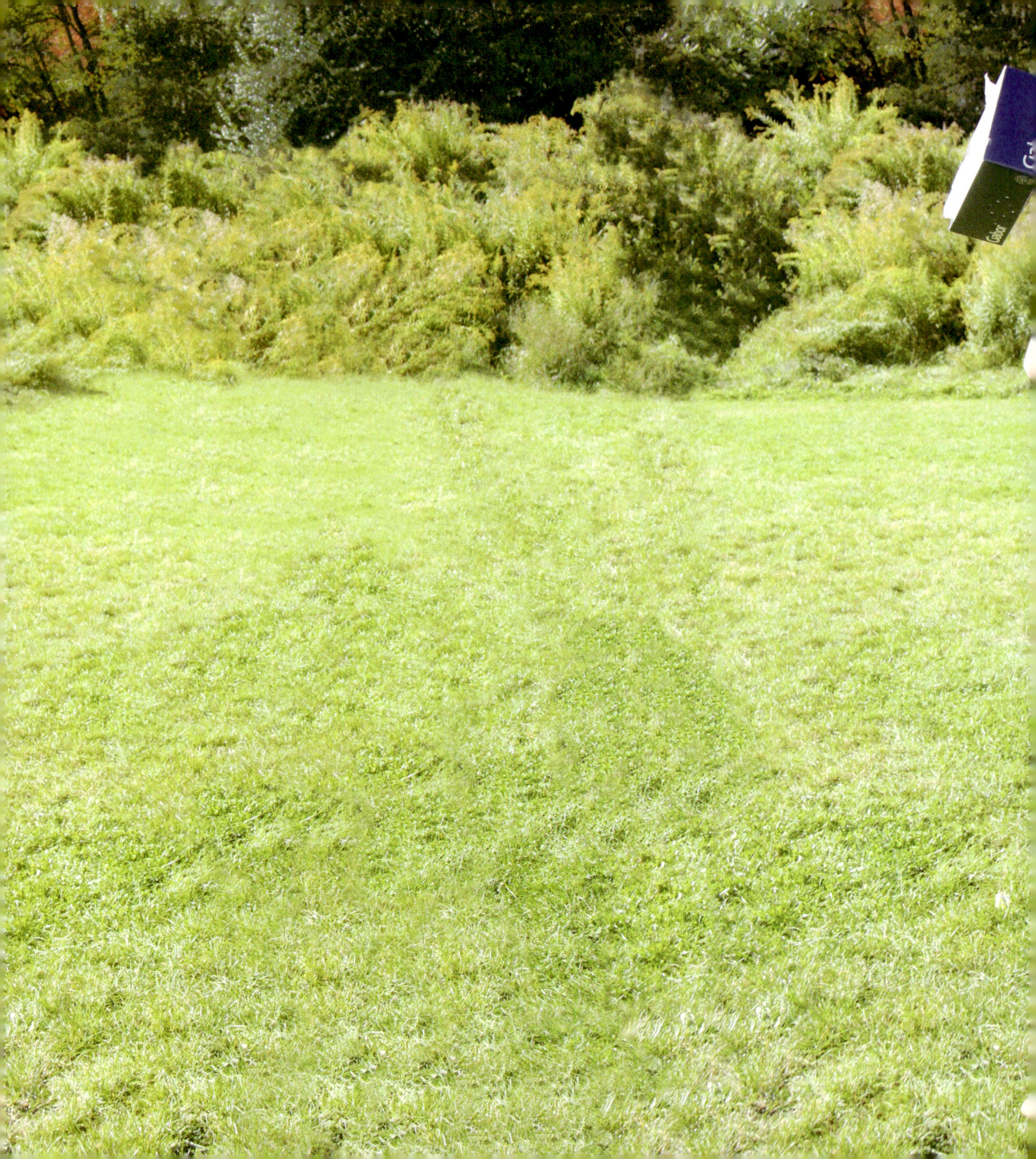
Gabor

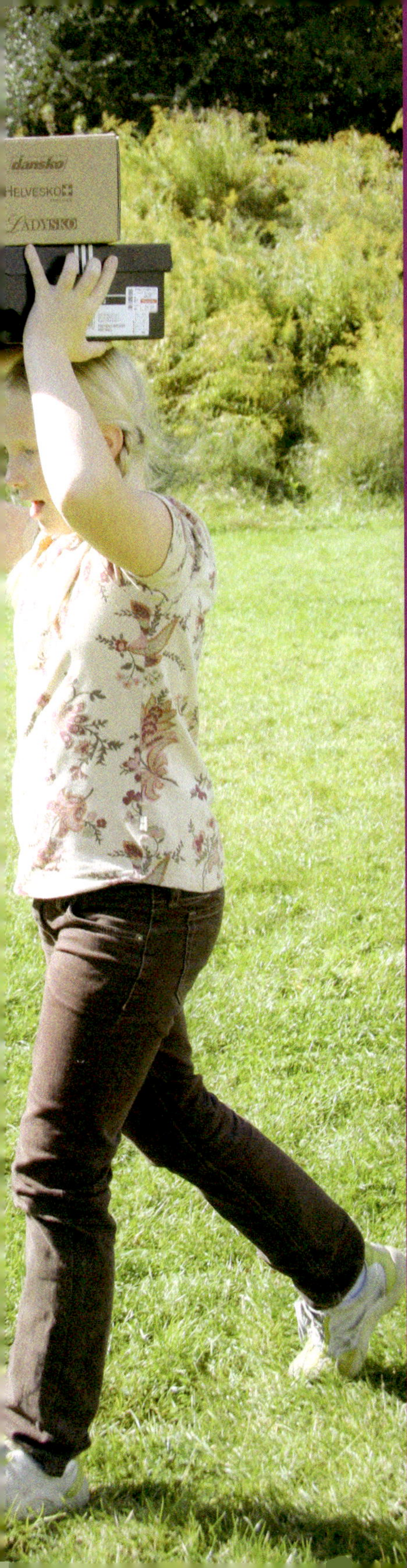

Balancieren
Ball, mein Ball
Stöckchengreifen
Der senkrechte Stab
Drei Bälle
Springkobold
Stockspringen
Spiele mit dem Luftballon
Fangballspringen
Jojo
Diabolo
Klipp oder Kippel-Kappel
Klinkern
Flaschenreiten
Wurfsprung
Münzenfangen
Steinchenprellen
Kreuzchensprung
Känguruh
Wandspringen
Aaldrehen

Geschicklichkeits- spiele

Geschicklichkeitsspiele

Unter den Beschäftigungsspielen gibt es eine Anzahl, die besonders zur Geschicklichkeit anregen. Ungeschickte Menschen haben es schwer im Leben, denn sie werden oft nicht ganz ernst genommen. Seinem wahren Charakter entsprechend ist der Mensch so eingerichtet, dass sein Tun im umfassendsten Sinne als sittlich-moralische Gebärde aufgefasst werden kann. Dazu gehört aber auch eine gewisse Meisterschaft in den manuellen Fertigkeiten. Das Bild des Handelnden darf nicht durch Unsicherheit oder Fehlerhaftigkeit getrübt werden, sondern muss jene Werte ausstrahlen, die zu einer wahren Persönlichkeit gehören, also Sicherheit und Können, damit dasjenige, was man ausdrücken will, auch wirklich zum Vorschein kommt.

Um das zu erreichen, muss schon das Kind üben und sich strebend bemühen, mit den äußeren Dingen so fertig zu werden, wie es seiner inneren Veranlagung entspricht. Ob es sich um einfaches Werfen und Fangen oder um kompliziertere Bewegungsvorgänge handelt, alles, was nach dieser Richtung hin unternommen wird, schafft Kontakte, verbindet mit der Welt und bewirkt, dass der Mensch in einer Fülle von lebendigen Beziehungen zu seiner Umwelt steht. Das tote Ding bekommt Leben, das Interesse am Gegenstand wird geweckt, die Liebe zum Dasein wird erhöht.

Greifen und Begreifen haben eine tiefe Beziehung zueinander, denn Tun und Denken sind nicht so weit voneinander entfernt, wie mancher es glaubt.

Balancieren

7–14 Jahre

Das eigentliche Balancieren gehört in die Zeit zwischen dem 7. und 10. Lebensjahr. In diesem Lebensalter soll das Kind sein seelisches Gleichgewicht finden. Es soll den rechten Weg gehen, d.h. das Wahre, Schöne und Gute lieben lernen. Das umfassende Symbol für diese innere Einstellung ist das Schreiten auf einem schmalen Steg über einen Abgrund. Wer führt das Kind? Wer hält es im Gleichgewicht? Es sind die Kräfte der Mitte, es ist das eigentlich Menschliche, oder, mehr seelisch betrachtet, es ist das in ihm schlummernde Gute, das über Klippen und Abgründe hinweg die eigentliche Persönlichkeit schließlich an den Ort ihrer Bestimmung führen soll. Je schmaler der Weg, umso schwieriger ist es, sich zu behaupten, denn man muss die Kraft dazu ja aus sich selbst schöpfen. Verliert der Mensch das Gefühl für die Aufrechte, dann ist es meist schlimm um ihn bestellt.

Alle Balancierübungen wecken besonders diese Fähigkeiten, und es wäre geradezu eine nicht wiedergutzumachende «Unterlassungssünde», wenn man sie in dem dazu infrage kommenden Alter nicht ausführen würde. Bei jedem Schritt, den das Kind auf dem Balancierbalken, der Stange oder dem Seil tut, sagt etwas in ihm: «Halte dich oben und falle nicht nach rechts oder nach links.» Es gibt gar kein besseres Mittel als das Balancieren, um die Mitte zu stärken.

Allerdings muss es auch wirklich geübt und später gekonnt werden. Die Schwierigkeiten müssen gesteigert werden, das Kind muss allmählich lernen, mit der schmalen Unterlage wirklich vertraut zu werden, z.B. auch einen Ball zu fangen oder einen Gegenstand auf dem Kopf auf die andere Seite zu befördern. Zuletzt sollte man es dahin bringen, über ein straff gespanntes Drahtseil zu gehen, das in Kniehöhe angebracht ist. Die technischen Bedingungen der Montage dürften mithilfe eines Spannschlosses nicht allzu schwierig sein.

Hat das Kind im 13. Lebensjahr gelernt, auf dem gespannten Seil mit einiger Sicherheit zu gehen, dann hat es für sein ganzes Leben etwas in sich aufgenommen, was als moralischer Impuls für die spätere Persönlichkeit von außerordentlichem Nutzen sein kann.

Ball mein Ball

9–11 Jahre
Bälle

Entsprechend dem Text des kleinen Liedes, fängt man den Ball zuerst mit einer, dann mit zwei Händen. Bei «klipperdiklapp» muss vor dem Fangen dreimal in die Hände geklatscht werden und bei «Rühr um den Brei» müssen die Hände dreimal umeinandergedreht werden. Zum Schluss muss man sich hinhocken und den Ball erst mit der linken, dann mit der rechten Hand fangen.

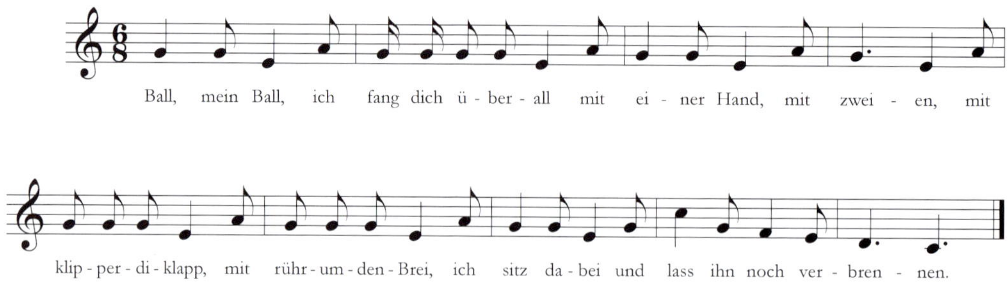

Stöckchengreifen

10–12 Jahre
Bälle
Stöckchen

Vor dem Spieler liegen eine Anzahl gleich großer Stöckchen. Der Spieler wirft nun einen Ball hoch und muss vor dem Wiederauffangen beim ersten Wurf ein Stöckchen, beim zweiten zwei usw. hochnehmen. Er muss sie bei sich behalten, das muss aber nicht in den Händen sein. Wenn er den Ball nicht fängt oder die entsprechende Anzahl Stöckchen nicht aufnehmen kann, kommt der Nächste an die Reihe.

Der senkrechte Stab

ab 12 Jahre
Stäbe

Eine Übung, die unter gar keinen Umständen versäumt werden sollte, ist das Balancieren mit dem Stab. Es ist schon schwierig genug, sich selbst im Gleichgewicht zu halten, noch schwerer wird es, einen senkrecht stehenden Stab auf der Hand geradewegs an einen vorher bezeichneten Ort zu bringen. Man wird die verschiedensten Wege machen müssen, ehe es einem gelingt, überhaupt an das Ziel zu gelangen.

Drei Bälle

14–16 Jahre
3 Bälle

Zwei Spieler werfen einander einen Ball zu. Diese Übung ist nicht schwer, denn jedes gesunde Kind entwickelt bald das notwendige Geschick, um nicht vorbeizugreifen oder den Ball fallen zu lassen.

Anders ist es schon mit zwei Bällen: jeder hat einen, und beide kreuzen sich in der Mitte. Hier wird sich nach einiger Zeit von selbst ein Rhythmus ergeben. Mit drei Bällen zu werfen, stellt die beiden Partner aber vor ganz neue Probleme, denn jetzt bekommen die Bälle so etwas wie ein Eigenleben. Der Werfende wird Teil eines Bewegungsgeschehens, das mit unerbittlicher Folgerichtigkeit und in rhythmischer Präzision abläuft. Er hat sich dem zu fügen, was er selbst geschaffen hat.

Für den jungen Menschen kann dieses Erlebnis sehr tief greifend sein, besonders dann, wenn ihm dieses kleine Kunststück zunächst gar nicht gelingen will. Es setzt nämlich voraus, dass man bis zu einem gewissen Grade von sich selbst loskommt und sich in einen dynamischen Prozess eingliedert.

Springkobold

11–12 Jahre
Bälle

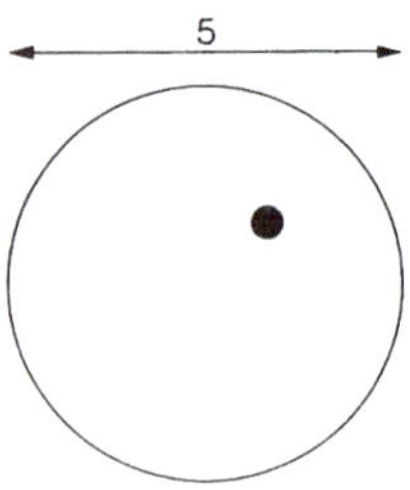

Man zieht einen Kreis von fünf Meter Durchmesser und gibt einem Spieler die Aufgabe, zwei Bälle möglichst lange im Innern des Kreises springen zu lassen. Ein anderer Mitspieler zählt laut und deutlich, wie oft man die Bälle berührt hat.

Es ist für viele Kinder sehr schwer, dieses kleine Kunststück fertig zu bekommen, sie sind einfach zu fest und unbeweglich. Ein gutes Mittel, sie etwas in Bewegung zu bringen, ist gerade dieses Spiel, da es Aufmerksamkeit und innere Beweglichkeit in einer günstigen Weise verbindet und beeinflusst.

Stockspringen

12–13 Jahre
2–3 m langer Stab

Eine wunderbare Beschäftigung für heranwachsende Kinder ist das Springen mit einem glatten, festen Stock von zwei bis drei Meter Länge. Damit kann man einen Graben, eine Hecke oder einen Zaun überwinden. Die Kinder in der Stadt haben allerdings meist wenig Platz dafür. Ihnen sollte man in der Turnstunde einen Ersatz dafür schaffen, indem man sie über eine Sprungschnur, einen Bock oder eine Vertiefung springen lässt.

Bei dieser Beschäftigung kann der junge Mensch im buchstäblichen Sinne des Wortes Einsatzfreudigkeit praktizieren. Aus dem Lauf heraus muss der Stock oder die Stange sicher und richtig in den Boden eingesetzt werden, damit man sich von einem festen Punkt aus in die Höhe oder Weite schwingen kann. Was man daran lernt und fürs Leben mitnimmt, sollte nicht unterschätzt werden, denn manchmal kommt es sehr darauf an, dass es einem gelingt, sich auf einen höheren Standpunkt zu schwingen oder dass man sich aufschwingt, um etwas zu erreichen.

Spiele mit dem Luftballon

Drei Ballons gleichzeitig

Wer am längsten drei Ballons in der Luft halten kann, bekommt eine Belohnung.

für alle Altersstufen
entsprechende Anzahl Luftballons

Wettlauf mit einem Ballon

Es ist schwieriger, als man denkt, denn der Ballon – den man in der Luft vor sich her treibt – will nicht immer dahin, wohin man selbst möchte.

Ballonzweikampf

Zwei Gegner versuchen, den Ballon mit der flachen Hand über die markierte gegnerische Spielfeldhälfte hinauszutreiben. Es wird abwechselnd geschlagen. Luftballons entziehen sich in ihrer Dynamik einer ballistischen Berechnung. Man weiß nie, wohin sie gehen. Dieser Unsicherheitsfaktor macht das Spiel und besonders den Wettkampf zu einem heiteren Zeitvertreib.

Freischießen des Ballons

Auf einem Behälter (Tonne, Kasten oder dergleichen) liegt ein Deckel, der mit einer senkrecht stehenden Stange versehen ist. Trifft man die Stange, dann fällt der Deckel herunter und ein entsprechend gefüllter Luftballon wird frei und fliegt in die Luft. Diese Art der Belohnung für einen Treffer mit einem Ball oder einem stumpfen Speer macht den Kindern großen Spaß und ist bei Festen im Freien sehr beliebt.

Behälter mit Deckel
1 Stange / 1 Ball oder Wurfstange

Fangballspringen

ab 13 Jahre
2 Sprungständer
Trennseil
Ball

Fünf Meter von einer Wand entfernt wird eine Leine in 60 Zentimeter Höhe über zwei Sprungständer gespannt. Im gleichen Abstand davon nach der anderen Seite wird ein Strich auf dem Boden gezogen. Einige Schritte von diesem Strich entfernt nimmt der Spieler seinen Anlauf; hat er den Strich erreicht, wirft er den Ball gegen die

Wand, läuft weiter und muss ihn gerade so erreichen, dass der Ball nach einmaligem Aufprallen im Sprung über die Sprungschnur gefangen werden kann. Gelingt der erste Versuch, dann wird die Leine fünf Zentimeter höher gemacht. Sieger ist derjenige, welcher zuletzt den höchsten Fangballsprung gemacht hat.

Am Anfang gelingt dieses schwierige Kunststück nur wenigen Schülern. Erst wenn man die notwendige Aufmerksamkeit und das erforderliche Geschick erlangt hat, findet man die rechte Einstellung dazu. In diesem Spiel kommen unterschiedliche «Schwierigkeiten» zusammen: der Wurf, der Lauf, der Sprung und das Fangen. Alles muss in der rechten Weise aufeinander abgestimmt sein. Man kann diese Übung aber nur empfehlen, denn sie verhilft in einem ganz besonderen Maß zur Selbstkontrolle.

Jojo

ab 11 Jahre

Von Zeit zu Zeit taucht es immer wieder auf, das gute alte Jojospiel, das rundliche Stück Holz, mit der tiefen Rille in der Mitte und dem langen Bindfaden, an dem es sich auf- und abrollt.

Für viele Kinder ist es sicherlich gut, wenn sie sich mit diesem Spielzeug beschäftigen, denn unsere Zeit macht sie frühzeitig egoistisch und abweisend. Durch ein Spiel wie dieses weckt man das Lebensgefühl in einer gesunden Weise, indem man das Kind an einem Vorgang teilnehmen lässt, der wie Ein- und Ausatmen seinen Rhythmus und sein Spannungsgefälle besitzt. Außerdem erzeugt es die Freude am eigenen Tun und weckt bestimmte Kräfte des Schöpferischen, wie sie jedes richtige Spiel auszulösen vermag.

Diabolo

11–12 Jahre

Ein uraltes Spiel, dessen Herkunft in den Fernen Osten weist, ist das Diabolospiel. Zwei Stöckchen sind mit einer Schnur verbunden, auf der man einen doppelten Kegel tanzen lässt, der durch einseitig betontes Ziehen in schnelle Rotationen versetzt wird. Der in Bewegung befindliche Doppelkegel kann hochgeworfen und aufgefangen werden. Dem Könner erschließen sich eine ganze Anzahl von neuen Spielmöglichkeiten.

Ein ungemein feines Gefühl, subtiles Spannungsvermögen und sichere Reaktionen werden benötigt, um dieses Spiel bis zu einem gewissen Grade zu beherrschen. Alles Eckige und Ruppige muss verschwinden. Das Kind kann lernen, eine spielerische Eleganz zu entwickeln.

Klipp oder Kippel-Kappel

11–12 Jahre
Aststück (10 cm)
Stock
evtl. 2 Steine

Man legt ein Aststück von zehn Zentimetern, das an beiden Seiten zugespitzt ist, über zwei Steine oder eine in den Boden gezogene Rille. Mit einem Stock, dessen eines Ende daruntergeschoben wird, schleudert man es so weit wie möglich. Der Gegenspieler darf es fangen (beidhändig zählt 25, einhändig 50 Punkte). Nach dem Fortschleudern wird der Stock quer über die Rille gelegt und muss nun von der Stelle aus, wo das Hölzchen entweder gefangen oder zu Boden gefallen ist, getroffen werden. Gelingt dies dem Werfer, dann wechseln die Spieler. Kommt das Hölzchen nur in die Nähe des Stockes, dann darf der Schleuderer auf das angespitzte Ende klopfen, damit es hochschnellt, und in der Luft nachschlagen. Im Ganzen darf er dreimal klopfen und nachschlagen. Dann zählt er die Schritte (Punkte) bis zur Rille. Danach wird gewechselt. Es können auch mehrere Teilnehmer in zwei Parteien spielen.

Dieses über die ganze Welt verbreitete Spiel hat unzähligen jungen Menschen die Möglichkeit geboten, alle Bereich seiner bis dahin erworbenen Fähigkeiten einzusetzen. Im 11. bis 12. Lebensjahr will das Kind eine Aufgabe möglichst genau erfüllen. In diesem Spiel müssen Auge und Hand aufeinander abgestimmt werden, das rasche Erfassen und geschickte Ausnützen einer Situation will geübt sein. In einem Alter, wo der Raum eigentlich erst vom Kind entdeckt wird und der persönliche Zielgedanke erwacht, ist das Abschreiten einer Distanz sowie das Treffen eines Gegenstandes etwas wie ein Meilenstein auf dem Wege zu sich selbst.

Klinkern

ab 12 Jahre
Ziegelsteine

Unter «Klinkern» verstehen wir das Gehen auf Ziegelsteinen, meist sind es zehn bis zwölf, die in 50 Zentimeter Abstand hingelegt oder aufgestellt werden. Hierbei gibt es unterschiedliche Varianten:

1. flach und darübergehen
2. schmalkant und darübergehen
3. hochkant und darübergehen mit zwei Stöcken
4. hochkant und darübergehen mit einem Stock
5. hochkant und darübergehen ohne Stock

Wer einen Stein umwirft oder mit einem Fuß auf die Erde kommt, muss neu beginnen. Die Schwierigkeiten wachsen mit jeder neuen Übung und sind schließlich so groß, dass kaum eines der Kinder sie bewältigt.

Die einzelnen Übungen werden nach Klassen eingeteilt. Wer dreimal eine Tour fehlerlos besteht, kommt in die nächsthöhere Klasse.

Flaschenreiten

Auf glattem Boden wird über eine Flasche ein starkes, aber nicht allzu langes Brett gelegt. Man muss sich auf dem Brett stehend so ausbalancieren können, dass keine Seite den Boden berührt. Es wird dann gezählt, wer die längste Zeit aushält oder eine vorher festgelegte Zeitspanne erreicht.

12–13 Jahre
Flasche
Brett

Wurfsprung

Fünf Meter von einer Sprunggrube entfernt stehen zwei Sprungständer mit einer Leine in 80 Zentimeter Höhe. Der Springer hat einen gewöhnlichen Pflasterstein und versucht, damit über die Leine zu springen und, während er in der Luft ist, den Stein in die Sandgrube zu stoßen.

14–16 Jahre
2 Sprungständer
Leine
Pflasterstein

Dieses Spiel hat als Willens- und Konzentrationsübung für 14- bis 16-Jährige eine große Bedeutung, denn sie erzieht zu einer maximalen Steigerung der Kräfte und zu einem Wachsen über sich selbst hinaus. Hat der Springer den höchsten Punkt erreicht, muss er sich noch einmal einen Impuls geben. Erfahrungsgemäß hat diese Übung die Wirkung, dass Spannung und Gestrafftheit sich nach kurzer Zeit einstellen.

Münzenfangen

Man klemmt ein Geldstück in die Armbeuge, hält den Arm waagerecht in Schulterhöhe, streckt dann plötzlich den Arm voll in die Waagerechte aus und muss nun das Geldstück, das zu Boden fällt, mit derselben Hand fangen. Wer es zuerst zehnmal nacheinander schafft, ist der König dieses Spiels.

11–12 Jahre
Geldstücke

Steinchenprellen

12–13 Jahre
Steinchen

Man kreuzt beide Füße und legt auf den hinteren ein Steinchen. Dann hebt man den vorderen Fuß mit einem plötzlichen Ruck in die Höhe und versucht, mit dem hinteren das Steinchen so weit wie möglich zu schleudern.

Das Kind wird durch diese Übung in seinen unteren Extremitäten geschickter und damit bewusster. Es lernt, mit seinen Füßen etwas zu tun, lernt, seine Aufmerksamkeit zu richten und seine Reflexe zu schulen. Man hat heute vielfach vergessen, dass das Kind sich seinen Körper nach den verschiedensten Richtungen hin erobern muss und daher eine ganze Menge spielerischer Beschäftigungen braucht, um Herr über seine Gliedmaßen zu werden.

Kreuzchensprung

ab 11 Jahre
Kreide
Tafel o.Ä.
Schnur

Während des Sprunges über eine Schnur muss mit Kreide ein Kreuz Kreide auf eine Tafel gemacht werden.

An einer solchen Übung merkt man oft erst, was manche Kinder noch zu lernen haben, um einigermaßen mit sich und den unterschiedlichen Abläufen und Verhältnissen fertig zu werden.

Känguruh

11–13 Jahre

Man lehnt mit flachen Händen schräg gegen eine Wand, drückt sich dann etwas davon ab und springt nach vorn in die Senkrechte. Zu diesem Sprung gehört schon einige Körperbeherrschung.

Wandspringen

Etwas Ungewohntes ist das Springen über das eigene Bein. Man stützt den rechten Fuß in Kniehöhe gegen die Wand und springt mit dem linken darüber, wobei eine Rechtsdrehung erfolgt. Ist das gelungen, dann wird der Sprung entsprechend andersherum versucht. Am besten geht es mit Anlauf. Eine Matte ist notwendig.

12–13 Jahre
Matte

Aaldrehen

Man stellt sich schräg gegen eine Wand oder einen Pfahl und dreht sich einmal ganz um seine Längsachse. Das nächste Mal macht man diese Drehung tiefer. Das geht so lange weiter, bis man dabei hinfällt. Wer den tiefsten Angelpunkt erreicht hat, hat es am besten gemacht.

11–13 Jahre

Die zu diesem Zweck erforderliche Spannkraft ist nicht gering und muss von Mal zu Mal gesteigert werden. Viele Kinder haben zu wenig Körperspannung und tun sich mit dieser Übung sehr schwer. Doch gerade für sie ist sie wie geschaffen.

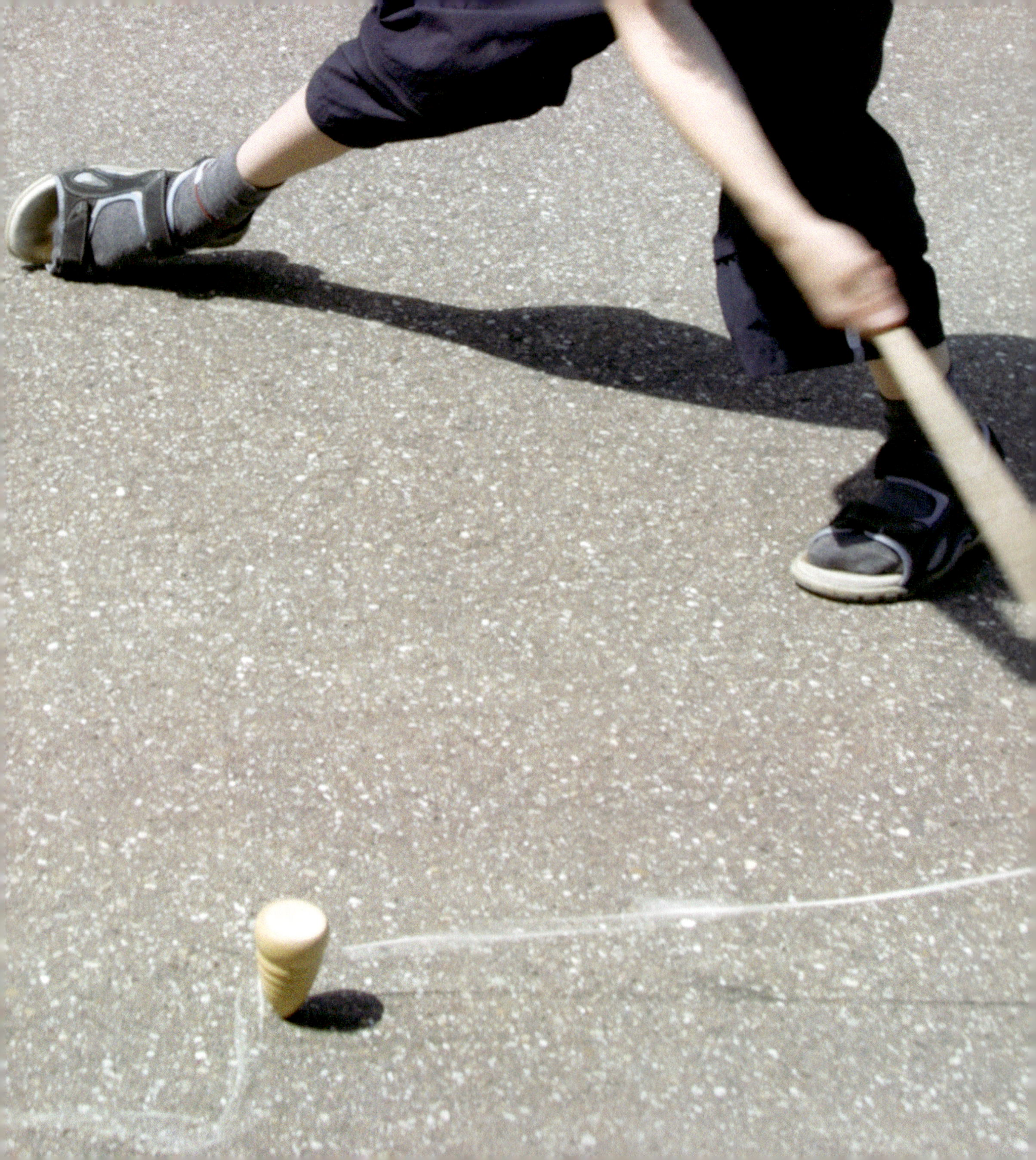

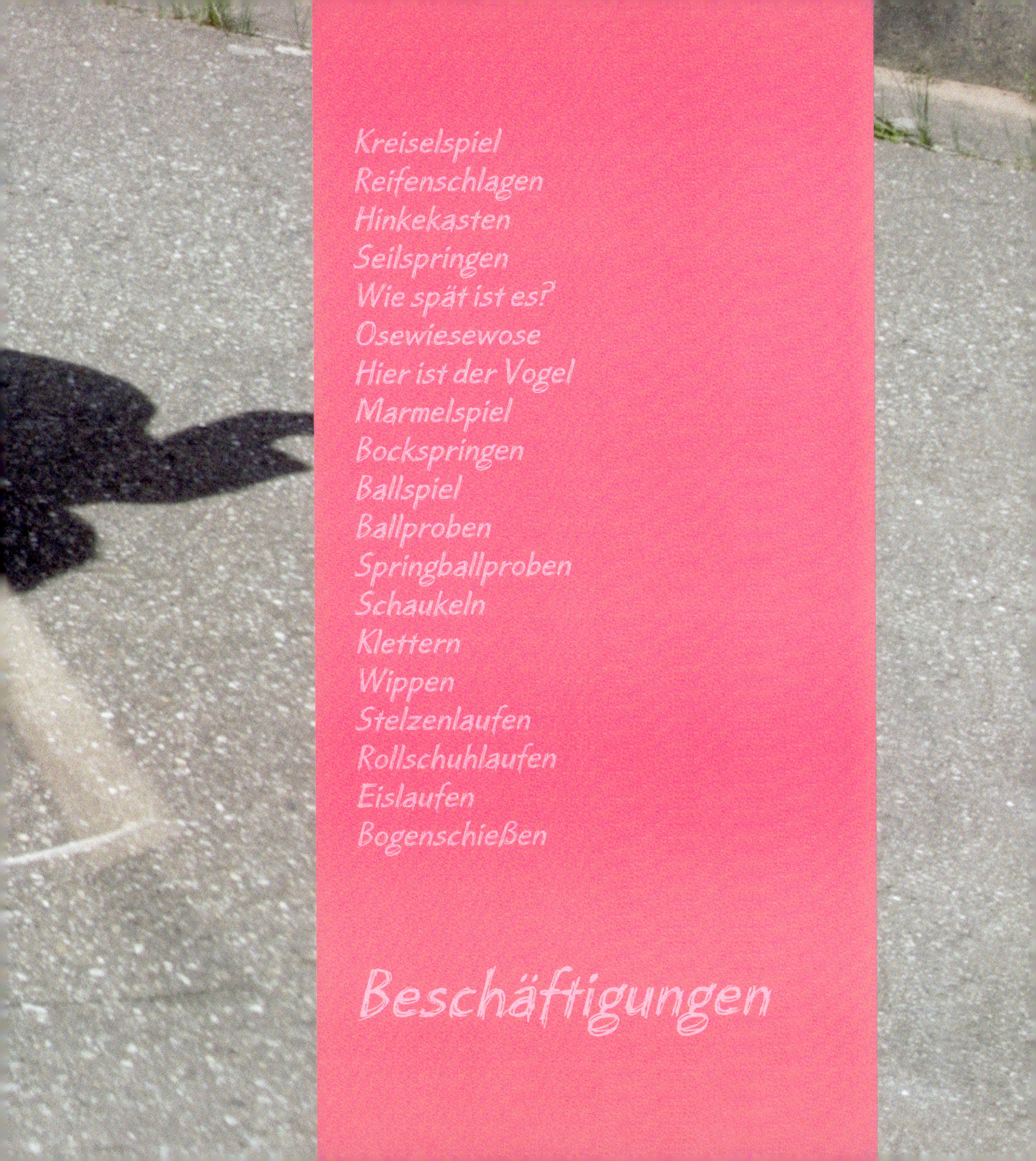

Kreiselspiel
Reifenschlagen
Hinkekasten
Seilspringen
Wie spät ist es?
Osewiesewose
Hier ist der Vogel
Marmelspiel
Bockspringen
Ballspiel
Ballproben
Springballproben
Schaukeln
Klettern
Wippen
Stelzenlaufen
Rollschuhlaufen
Eislaufen
Bogenschießen

Beschäftigungen

Beschäftigungen

Mit Beschäftigungen sind Spiele gemeint, die keinen eigentlichen Wettkampf- oder Tummelcharakter haben, sondern besinnlicher Natur sind. Das Kind kann sie über längere Zeit entweder allein oder mit wenigen Partnern betreiben. Kreiselspiele, Hinkekasten und vor allem Marmelspiele gehören dazu. Diese Spiele stellen einen notwendigen Pendelschlag nach der Seite der Vertiefung dar. Die eigentlichen Laufspiele bringen das Kind aus sich heraus, die eben genannten bringen es in sich hinein. Wenn auch zum Beispiel Seilspringen, Schaukeln und Rollschuhlaufen den Bewegungscharakter nicht vermissen lassen, wirken sie trotzdem auf die Seelenstärke des Kindes in einer förderlichen Weise durch die Wiederholung. Der gleiche Bewegungsvorgang wiederholt sich immer wieder und wird schließlich verinnerlicht und damit zur Gewohnheit.

Sinnvolle Gewohnheiten aber sind das Beste, was man dem Kind mitgeben kann, denn jegliches Spielgeschehen hat innere Formkraft und wirkt durch die feinen Impulse, die es auslöst, auf das Kind. In vielen der beschriebenen Tätigkeiten waltet eine Ursymbolik, die in die Tiefen des Daseins weist und dem Kind ein Gefühl der inneren Befriedigung geben kann.

Kreiselspiel

Der von der Peitsche getriebene Kreisel ist ein so bekanntes Spiel, dass es nicht näher beschrieben zu werden braucht. Leider ist es, wie so vieles andere, aus der Mode gekommen und hat dem technischen Spielzeug weichen müssen, bei dem der Antrieb nicht mehr vom Kind ausgeht. Dadurch wird eine Jugend groß, die es schon frühzeitig verlernt, aus eigener Kraft etwas in Bewegung zu setzen. ab 7 Jahre

Die beste Zeit, das Kreiselspiel zu beginnen, liegt um das 7. Lebensjahr. In diesem Alter beginnt eine durchgreifende Metamorphose das Kind zu erfassen. Aus dem mehr traumhaften Sein erwacht ein selbstbewusstes Begegnen gegenüber der Welt und dem eigenen Körper. Der Kreisel ist für diesen Entwicklungsschritt ein schönes symbolisches Bild – man wird nicht bewegt, man bewegt selbst.

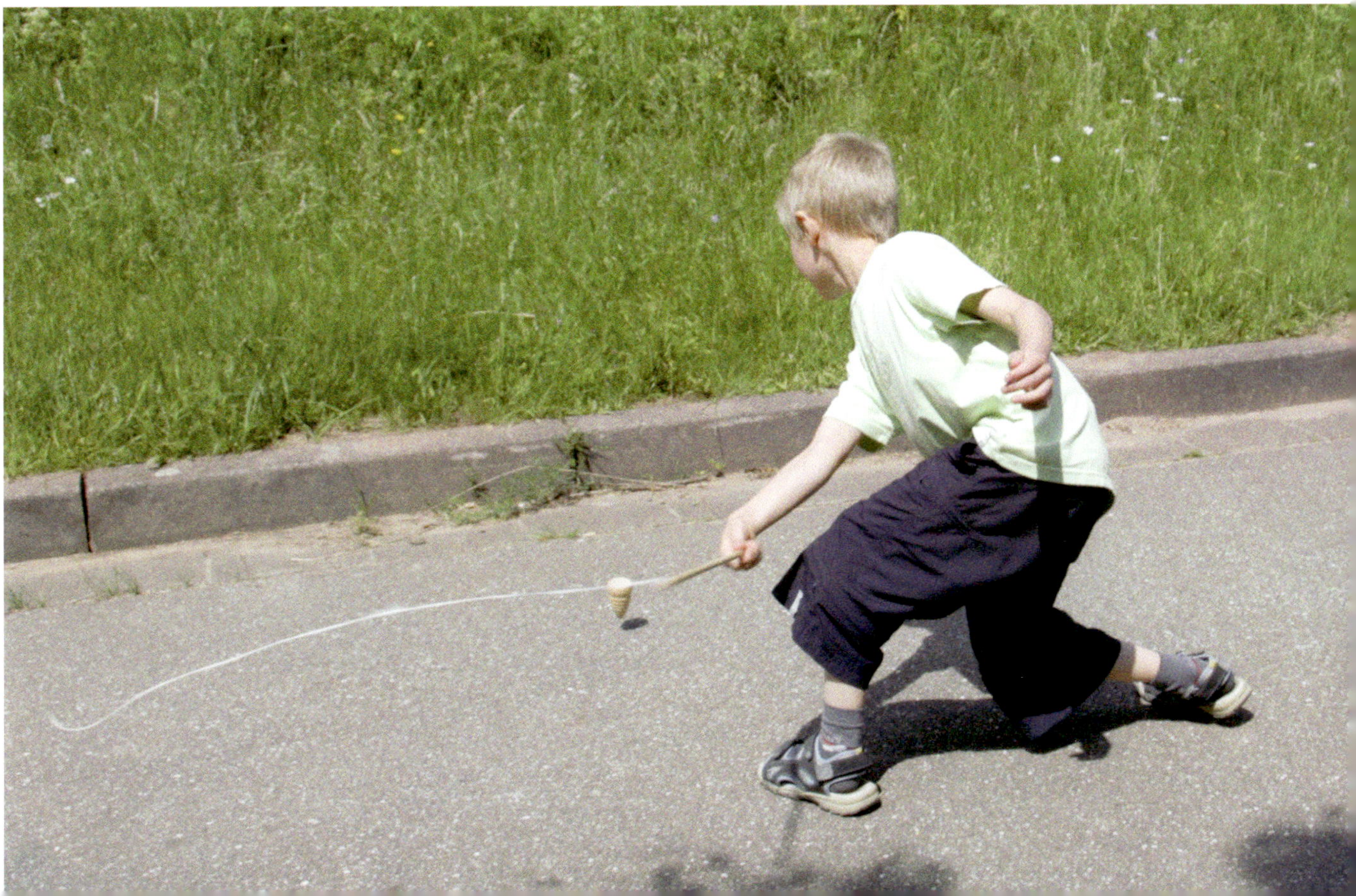

Reifenschlagen

ab 7 Jahre

Wie so manches andere ist auch das Reifenschlagen heute aus der Mode gekommen. Es hat anderen Spielzeugen Platz machen müssen. Diese Entwicklung ist sehr bedauerlich, denn das Reifenschlagen kann bedeutende Impulse auslösen, wenn es im richtigen Alter betrieben wird. Wenn die zweiten Zähne kommen, ist das Kind reif für diese Beschäftigung. So wie diese ein Zeichen dafür sind, dass Kräfte, die vorher am Aufbau des Körpers tätig waren, frei geworden sind, so ist der Reifen, den das Kind neben sich hertreibt, ein Zeichen dafür, dass es zum eigenen, selbstständigen Tun erwacht ist. Gibt man ihm in diesem Zeitpunkt die Möglichkeit zum Reifenschlagen, dann tut man etwas sehr Gutes, denn in dieser Tätigkeit wird symbolhaft zum Ausdruck gebracht, was das Kind tun muss, um sein eigenes Schicksal zu meistern. Man muss tätig sein, in Bewegung bleiben, sich dauernd einen Antrieb geben, seine Richtung nicht verfehlen, den rechten Takt, das richtige Maß und das richtige Tempo finden.

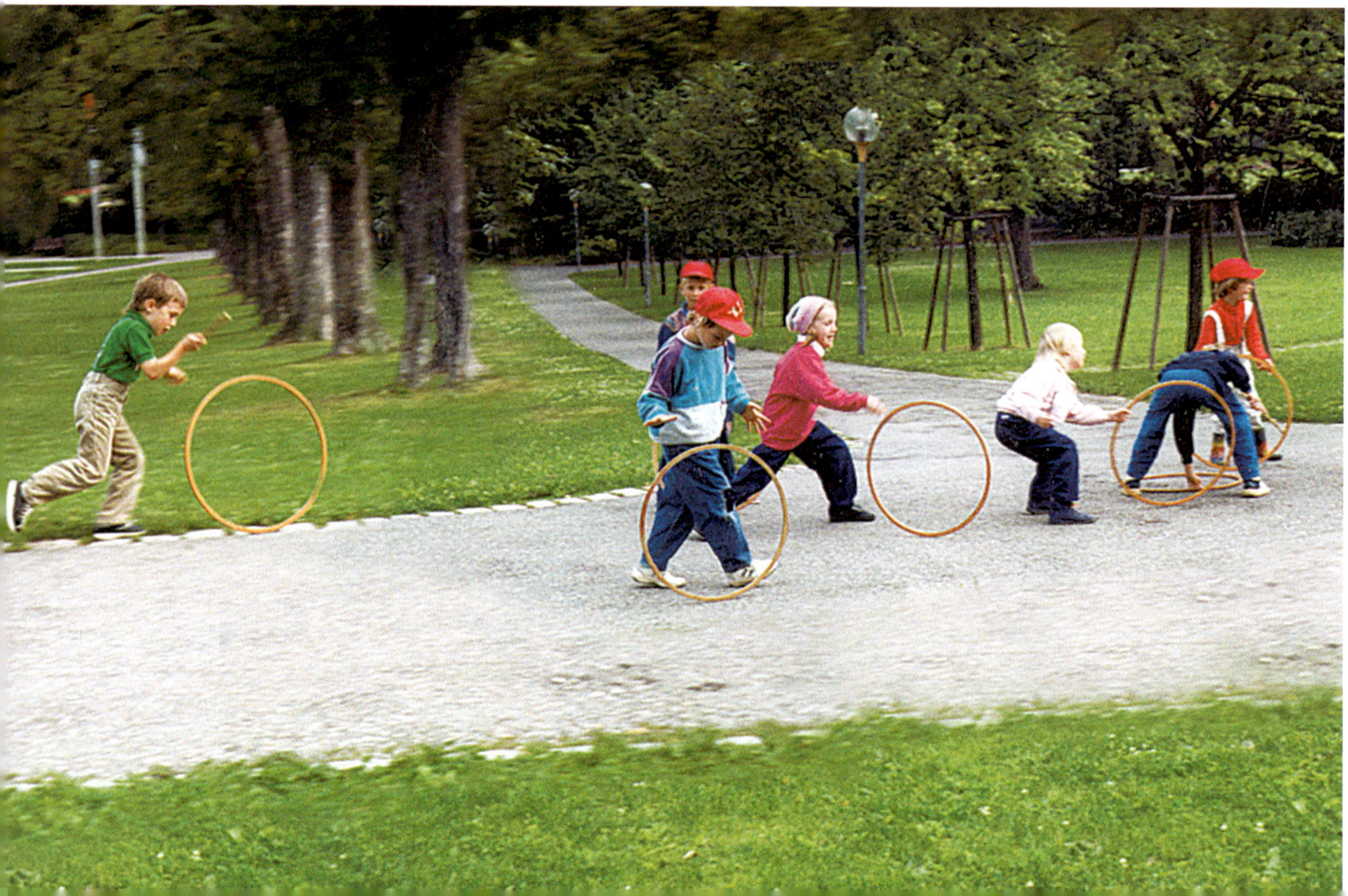

Foto: Freya Jaffke

Hinkekasten

7–9 Jahre

1 Steinchen

Es gibt die verschiedensten Arten von Hinkekästen, denn im Laufe der Jahrhunderte haben sich die Spielformen in der mannigfaltigsten Art gewandelt. Zur Erläuterung soll die vorliegende Form gewählt werden, weil sie der ursprünglichsten Bedeutung am nächsten zu stehen scheint.

Wichtig an jedem Hinkekasten ist, dass Himmel und Hölle vorhanden sind. Wer alle Proben bestanden hat, kommt in den Himmel, wer nicht, der muss in die Hölle. Das eigentliche Spielgerät ist ein Steinchen. Mit diesem muss der Spieler durch die sieben Felder wandern. Die Hölle darf er nicht betreten, er muss bei jedem Spiel darüber hinwegspringen. Fangen wir also an:

Der erste Spieler hat vor sich den Hinkekasten gestellt und steht so unmittelbar vor der Hölle, auf der anderen Seite ist der Himmel, in den er ja hinein will. Er wirft das Steinchen in das Feld Nr. 1, springt über die Hölle, nimmt das Steinchen auf und hüpft

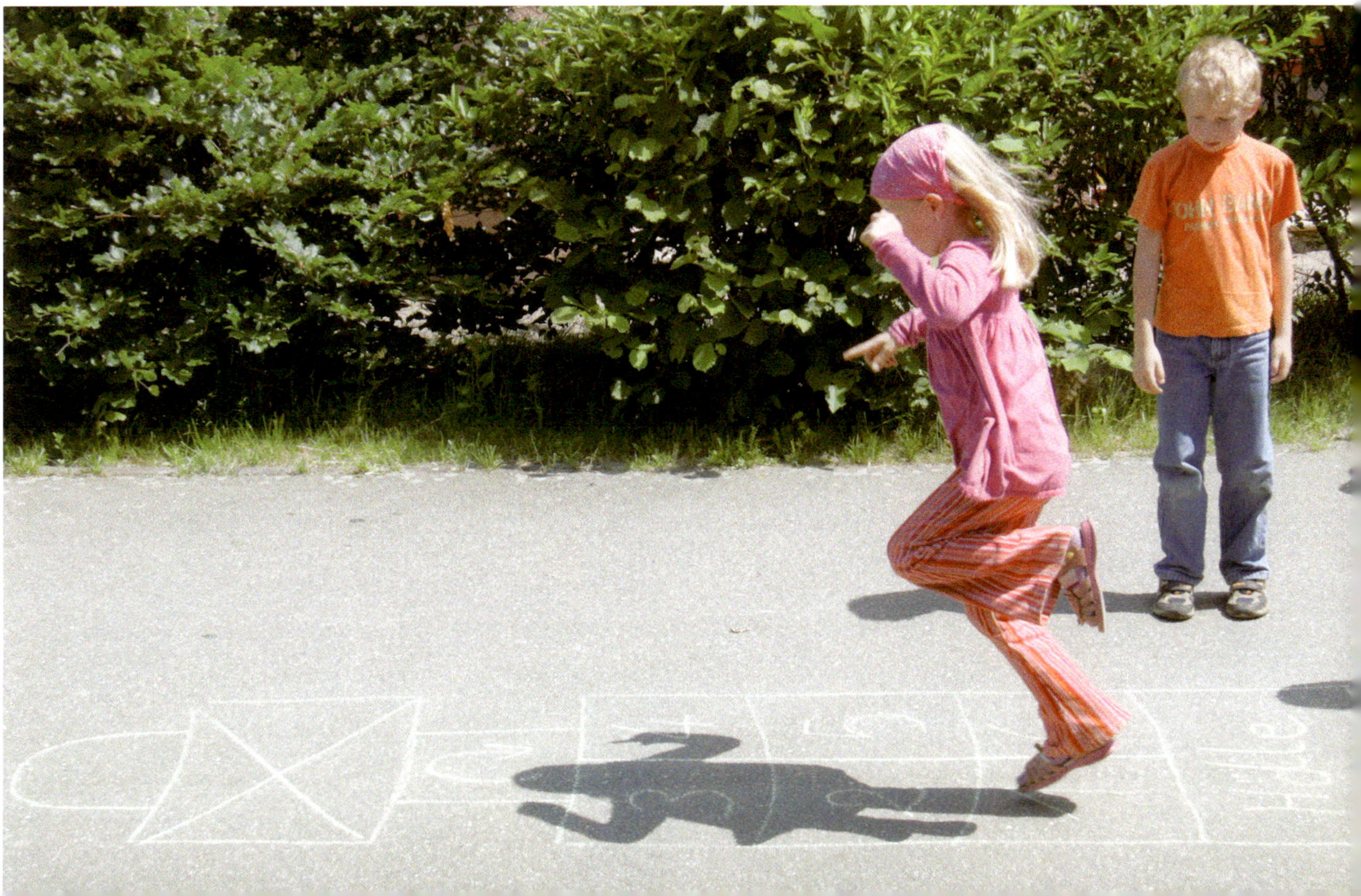

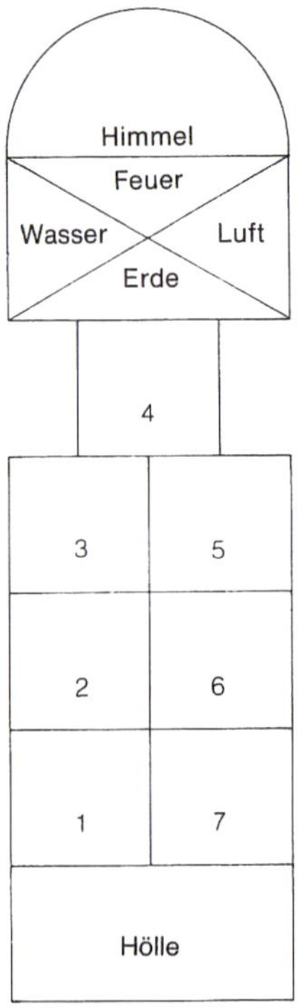

auf einem Bein in das Feld 2 und 3. In Nr. 4 kann er sich umdrehen und auf beide Beine springen. Dann geht es auf einem Bein weiter in das 5., 6. und 7. Feld über die Hölle zurück zur Basis. Beim zweiten Durchgang wird das Steinchen in Nr. 2 geworfen usw. Nach sieben Durchgängen gehört dem Spieler eines der Dreiecke. Jedes ist gleichsam ein Dach. In den vier Häusern wohnen vier Herren: der Herr der Erde, des Wassers, der Luft und des Feuers. Herr der Erde wird man, wenn man das Steinchen, nachdem es in das betreffende Feld geworfen worden ist, in die Hand nimmt und weiterhüpft. Herr des Wassers wird man, wenn man es statt in der Hand in der Kniekehle hält, Herr der Luft, wenn man das Steinchen bei jedem Sprung hochwirft und auffängt, und Herr des Feuers, wenn man es mit dem Fuß jeweils in das nächste Feld weiterbefördert. Wer zuerst die vier Häuser besetzt hat, kommt in den Himmel.

Die Seelenlage des Kindes zwischen 7. und 9. Lebensjahre eignet sich vorzüglich für Spiele wie dieses, da sich das Kind noch ganz in die Spielsituation einleben kann. Es nimmt den tiefen Sinn eines Spieles in sein Gemütsleben auf und verinnerlicht das Geschehen für spätere Entwicklungsschritte.

Man hat durch die Arbeit mit dem Steinchen, das man sorgfältig vorangebracht hat, zuletzt ein Gebiet erschlossen, für das es im Volksmund den Namen Himmel gibt. Gemeint ist aber damit nichts anderes, als dass die Seele mit einem Gebiet verbunden bleibt, das über das Fassbare hinausreicht.

Seilspringen

ab 7–11 Jahre

Teddybär, Teddybär, dreh dich um.
Teddybär, Teddybär, mach dich krumm.
Teddybär, Teddybär, zeig dein' Fuß.
Teddybär, Teddybär, mach ein' Gruß.
Teddybär, Teddybär, Augen zu.
Teddybär, Teddybär, wie alt bist du?

Nach diesem kleinen Vers üben viele Kinder ihre kleinen Kunststücke beim Seilspringen. Sie tun genau das, was der Inhalt des Sprüchleins ihnen vorschreibt. Zuletzt hüpft jeder so lange er kann und mag.

Trotz aller «Errungenschaften» der Technik hat das Springen mit dem Seil seine große Beliebtheit noch nicht ganz eingebüßt. Die Technik des Seilspringens ist so bekannt, dass sie nicht näher beschrieben zu werden braucht. Anders ist es dagegen mit Sinn und Bedeutung dieser urtümlichen Beschäftigung.

Hüpfen und rhythmischer Umlauf kennzeichnen das Wesen des Seilspringens. Alle Kinder hüpfen gern, denn es ist ein Überschuss an Auftrieb in ihnen vorhanden. Alles am Kind ist nach oben hin orientiert. Körperliches und Geistig-Seelisches sind noch nicht vollständig ausgewogen. Bis zum 12. Lebensjahr ist dies durchweg der Fall, erst von diesem Zeitpunkt an beginnt das Kind zu spüren, dass die Schwere an ihm teilhat, aber bis dahin will es nach oben und nicht nach unten.

Dieser Tatsache kommt das Seilspringen entgegen. Es gibt dem Kind ein Bewusstsein davon, dass es den oberen Welten noch angehört, was dadurch noch unterstützt wird, dass im periodischen Wechsel das Seil um den Körper herumschwingt. Das Gefühl, zwischen Himmel und Erde zu schwingen, zu hüpfen, zu springen, versetzt das Kind in einen traumhaft beseligenden Zustand.

Je älter es wird, umso komplizierter sollte die Bewegung sein. Es werden Schritte dazu erfunden, die Hände werden gekreuzt, zwei Seile werden durcheinander geschlagen oder man springt mit einem kleinen Seil in einem großen, das geschlagen wird. Auch die Fantasie darf nicht zu kurz kommen. Man spielt die Uhr und springt genau zwölfmal. Man springt sein eigenes Alter oder springt nach lustigen Versen. Das Hinein- und Herausspringen macht mit mehreren zusammen doppelten Spaß. Der kindlichen Fantasie sind nach dieser Richtung hin keine Grenzen gesetzt. Leider wird diese Möglichkeit einer den Körper und die Seele stärkenden Betätigung nicht in dem Maße erkannt, wie es eigentlich sein sollte. Wir sollten unsere Kinder schon frühzeitig dazu anregen, mit dieser wunderbaren Übung so vertraut zu werden, wie es nur irgend möglich ist.

Wie spät ist es?

9–11 Jahre
1 Seil

Das Seil wird mit jedem Viertel einmal geschwungen. Bei x werden zwei Schwünge pro Viertel gemacht.

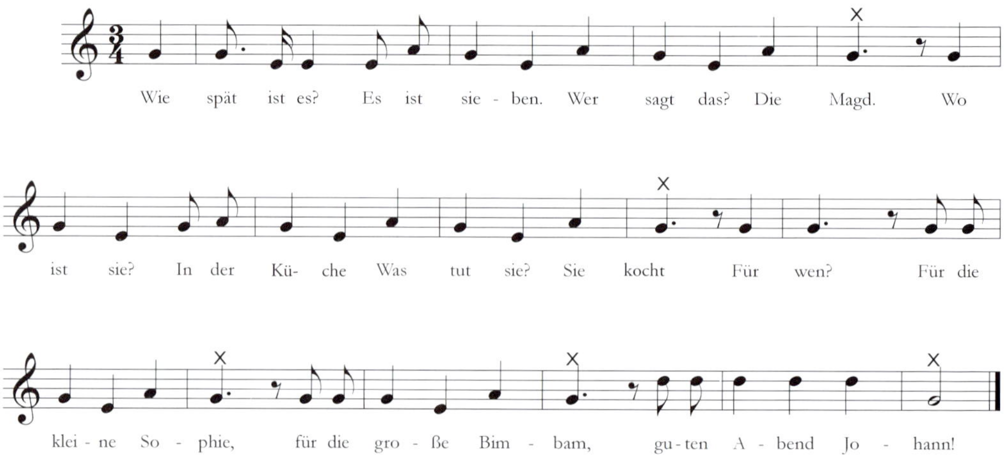

Osewiesewose

9–11 Jahre
1 Seil

Das Seil wird tüchtig herumgeschwungen. Bei jedem neuen Takt springt ein Spieler hinein und ein anderer hinaus.

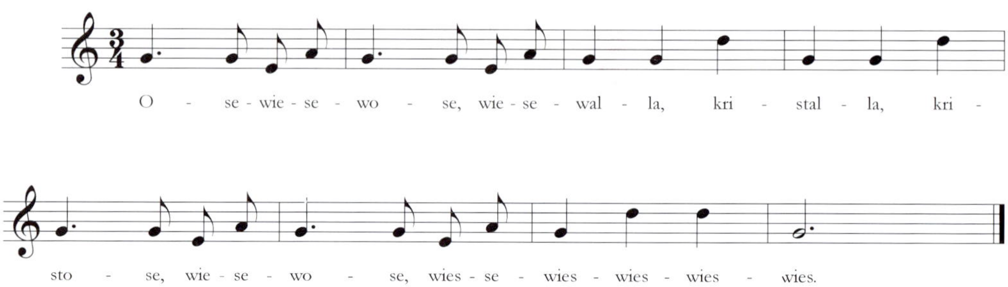

Hier ist der Vogel

9–11 Jahre
1 Seil

Bei
«Hier ist der Vogel»
springt das erste Kind in das Seil.
Bei
«Hier ist der Fisch»
springt das zweite Kind in das Seil.
Bei
«Hier ist das Mädchen»
springt das dritte Kind in das Seil.
Bei
«Weg mit dem Vogel»
springt das erste Kind wieder hinaus usw.

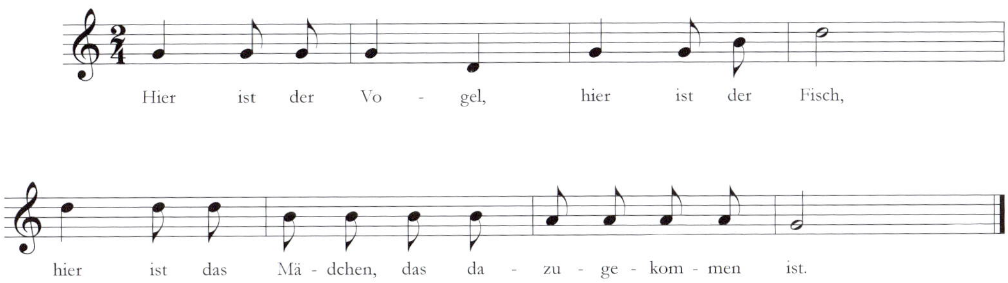

2. Weg mit dem Vogel, weg mit dem Fisch,
weg mit dem Mädchen, das dazugekommen ist.

Marmel- oder Murmelspiel

ab 7 Jahre
entsprechend viele
Marmeln / Murmeln

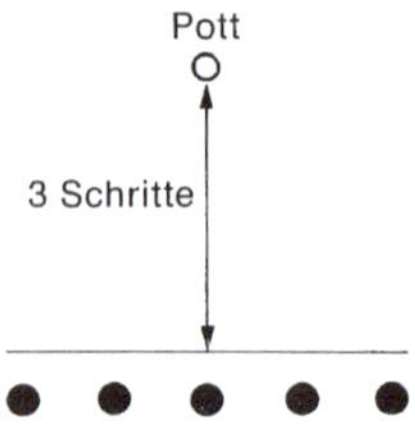

Man kann im Wesentlichen zwei Grundformen des Marmelspiels unterscheiden: Das Spielen im «Pott» sieht wie folgt aus: Man gräbt ein etwa fünf Zentimeter tiefes und zehn Zentimeter breites Loch und entfernt die Erde, sodass der Boden im Umkreis von drei Schritten um den Pott so glatt wie möglich ist. Hinter einem Strich, der drei Schritte vom Pott entfernt ist, nehmen die Spieler Aufstellung. Es sollten nicht mehr als fünf sein. Die Reihenfolge wird durch Losen oder Abzählen vorher ermittelt. Der Erste wirft seine Marmel und versucht, sie in den Pott zu bekommen. Dann kommt der Zweite dran usw. Nicht alle Marmeln werden in den Pott gelangen, sollte dies aber trotzdem einmal geschehen, dann darf der Letzte alle wieder herausnehmen. Sind noch einige draußen, dann beginnt wieder der Erste mit der am weitesten entfernten Marmel, die jetzt aber nicht geworfen, sondern mit dem gekrümmten Zeigefinger in das Loch geschubst wird. Gelingt ihm das, dann darf er die nunmehr entfernteste spielen. Das geht so lange weiter, bis er alle drin hat oder einen Fehler macht, dann kommt der Nächste dran. Auch er muss mit der weitesten beginnen. Zum Schluss gewinnt, wer die letzte Marmel hineinbekommt.

bis 14 Jahre
entspr. Anzahl
kleiner und großer
Marmeln / Murmeln

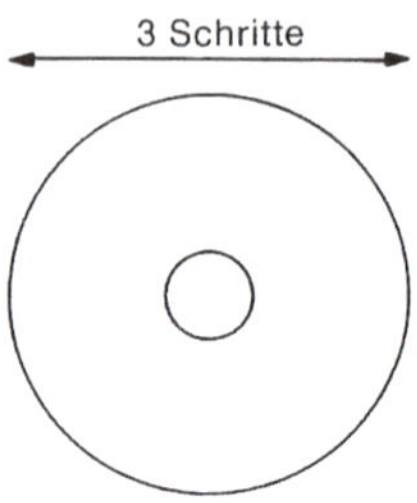

Nun das zweite Spiel: Man zieht einen kleinen Kreis von etwa einer Schuhlänge Durchmesser und konzentrisch dazu einen größeren von etwa drei Schritten. Jeder stellt sich irgendwo hinter den großen Kreis und wirft seine große Glaskugel in die Mitte, aber so, dass sie möglichst dicht an den kleineren Kreis herankommt. Dadurch wird die Reihenfolge der Werfer ermittelt. Dann legt jeder die gleiche Anzahl gewöhnlicher Marmeln in den Kreis. Nun treten alle wieder hinter den großen Kreis und der Erste kann beginnen. Er zielt mit seiner großen Glaskugel auf den kleineren Kreis und versucht, wenigstens eine der darin befindlichen Marmeln herauszuschießen. Gelingt ihm das, dann darf er wieder spielen, und zwar so oft, wie er Erfolg hat. Wirft er vorbei, dann kommt der Nächste dran. Ist die Reihe durch, dann wirft jeder von der Stelle aus, an der sich seine Glaskugel gerade befindet. So wird jeder nach seiner Geschicklichkeit belohnt. Wenn der Kreis leer ist, beginnt ein neues Spiel. Bleibt einmal eine große Glaskugel, was allerdings selten vorkommt, in dem kleinen

Kreis liegen, dann kann sie durch eine Buße von drei gewöhnlichen Marmeln wieder herausgeholt werden. Der nächste Wurf aber muss hinter dem großen Kreis erfolgen. Kann die Buße von drei Marmeln nicht bezahlt werden, dann muss der Betreffende ausscheiden und zusehen, wie die anderen um seine Kugel weiterspielen.

Früher wurden die Marmeln tatsächlich aus Marmor gemacht, heute bestehen sie aus Ton oder Glas. Der Brauch ist jahrtausendealt, es ist nicht einmal dem technischen Spielzeug gelungen, ihn zu verdrängen. Nachdem die Winterkälte den Boden verlassen hat, ziehen neue Kräfte in die Erde ein, und die Kinder empfinden das. Im Marmelspiel geben sie diesem unbewussten Drang einen passenden Ausdruck. Sie fühlen sich wohl bei dieser Beschäftigung, denn was sie tun, steht in Korrespondenz mit ihrem eigenen Lebensgefühl.

Beide Arten des Marmelspiels sind charakteristisch und völlig voneinander verschieden. Die eine ist der mehr irdische, die andere der mehr sonnenhafte Aspekt des gleichen Vorgangs. Einmal muss die Marmel in den Pott gestoßen werden, ein anderes Mal muss sie mit einer großen Glaskugel aus dem Kreis geschossen werden. Der Erfahrung nach spielen die Mädchen lieber nach der ersten Version, die Jungen dagegen ziehen die zweite vor.

Bockspringen

ab 13 Jahre

Es spielen zwei Parteien. Eine Partei bildet die Böcke, die zweite die Springer. Die Böcke formieren eine lange Reihe, wobei der vorderste Spieler sich mit dem Rücken gegen eine Wand stützt und der folgende sich vornüberbeugt und ihm die Hand gibt. Der dritte steckt seinen Kopf zwischen die Beine von Spieler 2 und hält sich an dessen Hüfte fest, so auch die anderen Spieler der Bockpartei. Wenn der lange Bock aufgebaut ist, springt der Erste der Springpartei mit einem langen Anlauf so weit wie möglich auf den Rücken des Bockes, er versucht, oben zu bleiben und sich nach vorn zu arbeiten. Die Spieler der Bockpartei bewegen sich und versuchen den Springer abzuwerfen; glückt dies, werden die Rollen vertauscht, gelingt es nicht, folgt der Nächste usw. Wenn alle Springer auf dem Bock sitzen, probieren sie den Bock zu zerbrechen. Wenn der Bock zehn Versuche aushält, wechseln die Parteien, wenn nicht, müssen sie noch einmal Bockpartei sein.

Wenn einer der Springer vom Bock heruntergeworfen wird, wird auch gewechselt. Es versteht sich, dass das Spiel auf dem Rasen oder einer Matte stattfindet.

Um das 13. Lebensjahr herum finden es die Kinder herrlich, wenn es etwas derb zugeht, wenn sie nur ihren Spaß haben. Sie müssen ihre Knochen und Muskeln spüren. Auch wenn einmal jemand hart angepackt wird, erhöht das nur die Spielfreude.

Ballspiel

9–11 Jahre
1 gut
springender Ball

Für dieses Spiel braucht man einen kleinen Ball, der gut springt. Beim ersten Takt wirft das Kind den Ball gegen die Mauer, lässt ihn zurückprallen und fängt ihn beim zweiten Takt wieder auf usw. Zwischen dem Werfen und dem Fangen führt das Kind die Bewegungen aus, die im Lied beschrieben werden.

Am Schluss bei 1: Die Hände schnell umeinander bewegen
bei 2: dreimal in die Hände klatschen
bei 3: dreimal mit dem rechten Fuß aufstampfen.

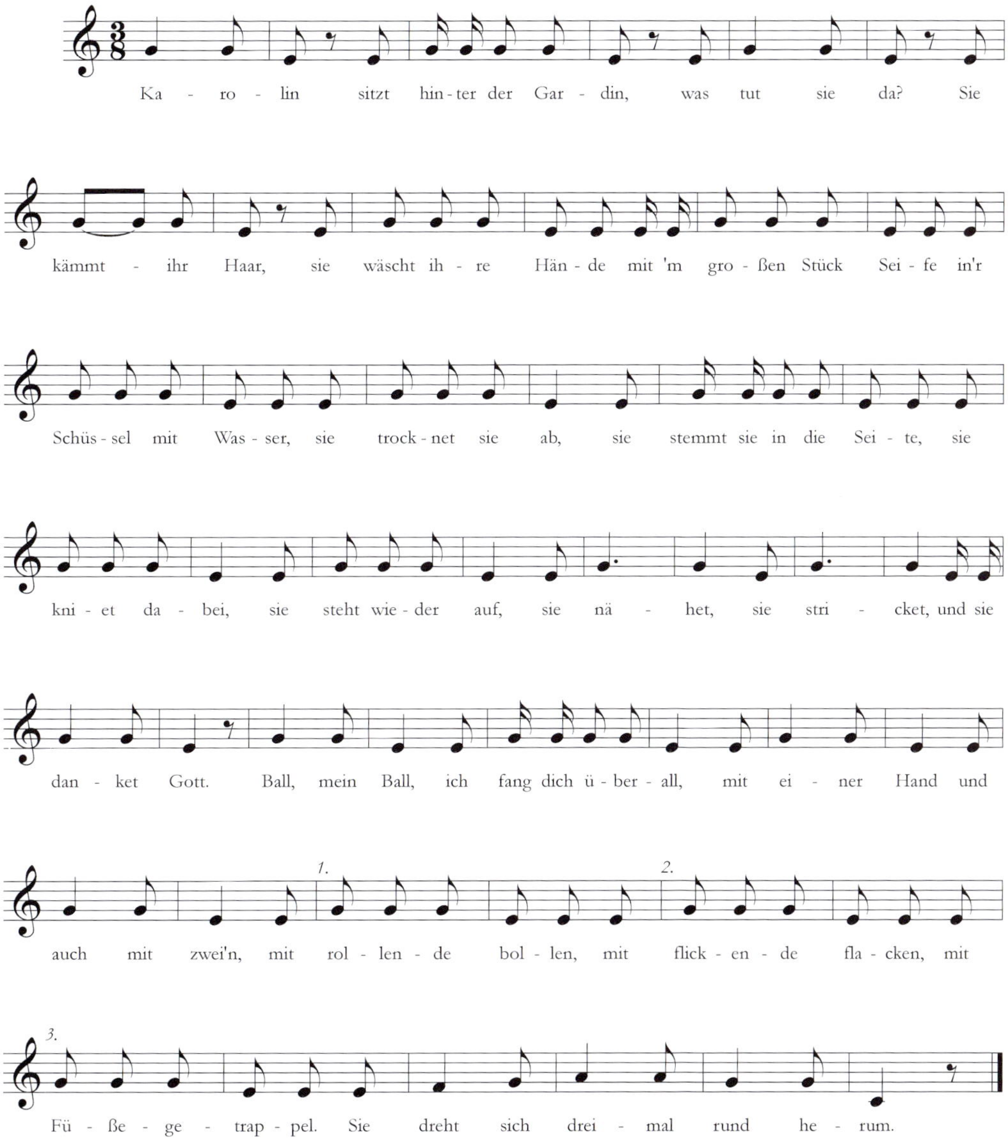
Ka - ro - lin sitzt hin - ter der Gar - din, was tut sie da? Sie
kämmt - ihr Haar, sie wäscht ih - re Hän - de mit 'm gro - ßen Stück Sei - fe in'r
Schüs - sel mit Was - ser, sie trock - net sie ab, sie stemmt sie in die Sei - te, sie
kni - et da - bei, sie steht wie - der auf, sie nä - het, sie stri - cket, und sie
dan - ket Gott. Ball, mein Ball, ich fang dich ü - ber - all, mit ei - ner Hand und
auch mit zwei'n, mit rol - len - de bol - len, mit flick - en - de fla - cken, mit
Fü - ße - ge - trap - pel. Sie dreht sich drei - mal rund he - rum.
1.
2.
3.

Ballproben

10–12 Jahre
1 Ball

Ballproben sind eine beliebte Beschäftigung von Mädchen. Der Ball wird an die Wand geworfen und wieder aufgefangen. Man unterscheidet zwei Stufen: erstens das einfache Fangen und zweitens das kontinuierliche Zurückschlagen.

1. Stufe:
1. rechts werfen, beidhändig fangen
2. links werfen, beidhändig fangen
3. rechts werfen, rechts fangen
4. links werfen, links fangen
5. rechts werfen, links fangen
6. links werfen, rechts fangen
7. werfen, dreimal klatschen, fangen
8. werfen, dreimal die Fäuste umeinanderdrehen, fangen
9. werfen, eine Umdrehung machen, fangen
10. Rücken zur Wand, werfen, herumdrehen, fangen
11. linke Hand auf den Rücken, über den Kopf werfen, fangen
12. rechte Hand auf den Rücken, über den Kopf werfen, fangen

Jede Probe muss zehnmal durchgeführt werden.

2. Stufe:
10-mal fortlaufend mit offener Hand (Klatscher)
9-mal fortlaufend Faust rechts (schwarzer Pudel)
8-mal fortlaufend Faust links (weißer Pudel)
7-mal fortlaufend Hände gestreckt aufeinander (Muschel)
6-mal fortlaufend Hände gefaltet (Schraubstock)
5-mal fortlaufend Armbeuge (Schere)
4-mal fortlaufend Kopf (Prellbock)
3-mal fortlaufend Brust (Schild)
2-mal fortlaufend Knie (Kröte)
1-mal fortlaufend Fuß (Kicker)

Bis zum 10. Lebensjahr hat das Kind genug damit zu tun, die Technik des Werfens und Fangens als solche zu beherrschen. Dafür sind Übungen der ersten Stufe gerade recht. Wichtig ist vor allem das Zupacken und Festhalten des Balles. Man darf diese Stufe nicht überspringen oder zu kurz kommen lassen, denn sie ist für die Entwicklung des Kindes sehr wichtig. Das Zugreifen und Festhalten ist etwas, wonach das Kind auf einer bestimmten Stufe verlangt. Aber hat es genügend Sicherheit, Selbstständigkeit und Festigkeit erlangt, sollen im 11. und 12. Lebensjahr die Ballproben einen beweglichen Charakter annehmen. Der hin- und herfliegende Ball ist etwas Lebendiges. Er stellt das Kind vor ganz andere Aufgaben als vorher. Zweck und Aufgabe ist es, den ganzen Körper in das lebendige Kräftespiel hineinzubringen, dadurch kann einer einseitigen Beanspruchung des Intellekts entgegengewirkt werden.

Springballproben

ab 11 Jahre
1 Ball

Einen Ball durch Prellen auf den Boden in dauernder Bewegung zu halten, ist nicht schwer. Anders ist es, wenn man vor dem Zurückschlagen das eine oder andere Bein hinüberschwingt, mit beiden Beinen über den Ball springt, ihn um den Körper herumspielt, über ihn hinweghüpft, über die gefalteten Hände springen lässt usw.

Das Phänomen des springenden Balles ist etwas, was man beachten sollte, denn es wirkt einer sich entwickelnden Trägheit ab einem bestimmten Alter entgegen. Gerade dann sollte versucht werden, verschiedene Bewegungsabläufe spielerisch zu üben. Der auf- und abspringende Ball ist hierbei ein geeignetes Spielgerät, das eine aufweckende Bedeutung haben kann, wenn das Kind sich längere Zeit und mit der nötigen Ausdauer damit beschäftigt.

Schaukeln

ab 7 Jahre

Jedes gesunde Kind hat ein Verhältnis zum Schaukeln. Während der Erwachsene mit dem ausgebildeten Bewusstsein seines Verstandes sich lieber an feste Tatsachen hält, liebt das Kind das Bewegliche und Veränderliche. Es lebt noch in einer Körperlichkeit, die seelisch voll empfunden wird. Besonders im zweiten Jahrsiebt ist das Kind außerordentlich empfänglich für rhythmische und schwungvolle Bewegungen.

Zwischen sieben und vierzehn Jahren lieben Kinder rhythmische Bewegungsabläufe, ihr ganzer Körper reagiert darauf und wird zudem gleichzeitig gestärkt. Jede rhythmische Tätigkeit wird von ihm aufgenommen. Es können einfache oder komplizierte Bewegungen sein, und je mehr sich das Kind in solche Zusammenhänge versetzt, umso stärker fühlt es sich selbst. Die seelische Reaktion darauf ist Freude und Ausgelassenheit.

Die Schaukel sollte daher dem Kind zur Verfügung stehen, sooft es sie braucht. Man kann ganz unbesorgt sein, es wird des Guten nicht zu viel tun, da mit zunehmendem Alter verstärkt nach willenshaft-emotionellen Tätigkeiten immer häufiger gesucht wird. Aber gerade deshalb, weil dieses eher zu früh als zu spät eintritt, sollte man dem Kind die Möglichkeit geben, sich seinen Himmel möglichst lange zu erhalten.

Klettern

ab 7 Jahre

Zum Spielen gehört auch das Klettern. Jedes gesunde Kind empfindet einen Baum, der ihm die Möglichkeit dazu bietet, geradezu als eine Aufforderung. Es fühlt sich aufgerufen, es einmal zu probieren. Und hat es den ersten Ast erreicht, dann will es weiter, um schließlich einen Platz zu finden, an dem es in Geborgenheit verharren kann. «In der Höhe bist du zu Hause», diese Empfindung lebt durchaus noch in jeder Kindesseele. Es ist kein Zufall, dass mit 13 bis 14 Jahren die Lust am Klettern verschwindet, die Höhe lockt nicht mehr wirklich.

Auch jetzt kann es nichts schaden, das Klettern zu üben, aber es steht unter einem ganz anderen Vorzeichen. Als Kraft- und Leistungsprobe kann es wesentlich dazu beitragen, die Selbstständigkeit des jungen Menschen zu festigen, der weiß, dass er sich auf seine Arme verlassen kann. Aber das ist kein eigentliches Klettern mehr, wie man es als Kind übt und wie es als unvergessliches Erlebnis das ganze Leben hindurch fortwirkt. Im Klettern spricht sich das menschliche Streben schlechthin aus, und Kinder, die eine besondere Vorliebe dafür entwickeln, zeigen diesen Zug auch später noch.

Kletterstangen, Strickleitern, Klettertaue und Mastbäume mit angedeuteter Schiffstakelage oder Klettergerüste aller Art sollten daher zum unentbehrlichen Inventar einer Spielanlage gehören.

Wippen

5–13 Jahre

Man pendelt um einen festen Punkt in der Mitte. Ist man unten, dann gibt man sich einen kräftigen Schubs – und schon ist man wieder oben. Dass man nicht lange oben bleibt, dafür sorgt schon der andere.

Die ausgleichende Spielbeschäftigung kann sehr stark auf das Innere des Kindes wirken, weil dieses selbst noch den Ausgleich zwischen unten und oben sucht.

Stelzenlaufen

ab 5 Jahre

Wie jede andere körperliche Tätigkeit ist auch das Stelzenlaufen geeignet, bestimmte Fähigkeiten im Kind zu veranlagen. Zunächst einmal wird der Gleichgewichtssinn ausgebildet. Dazu kommt aber noch etwas anderes. Beim Stelzenlaufen kann sich das Kind nicht seiner Impulsivität überlassen, sondern muss mit einer gewissen Bedächtigkeit schreiten. Dadurch wird es besonnener und bewusster, und manches Kind verlangt danach, im Äußeren so etwas zu tun, weil es ihm hilft, Ordnung in das erwachende Gedankenleben zu bringen. Durch äußere Übungen kann jene Besinnlichkeit herbeigeführt werden, die das Kind auch innerlich ins Gleichgewicht bringt.

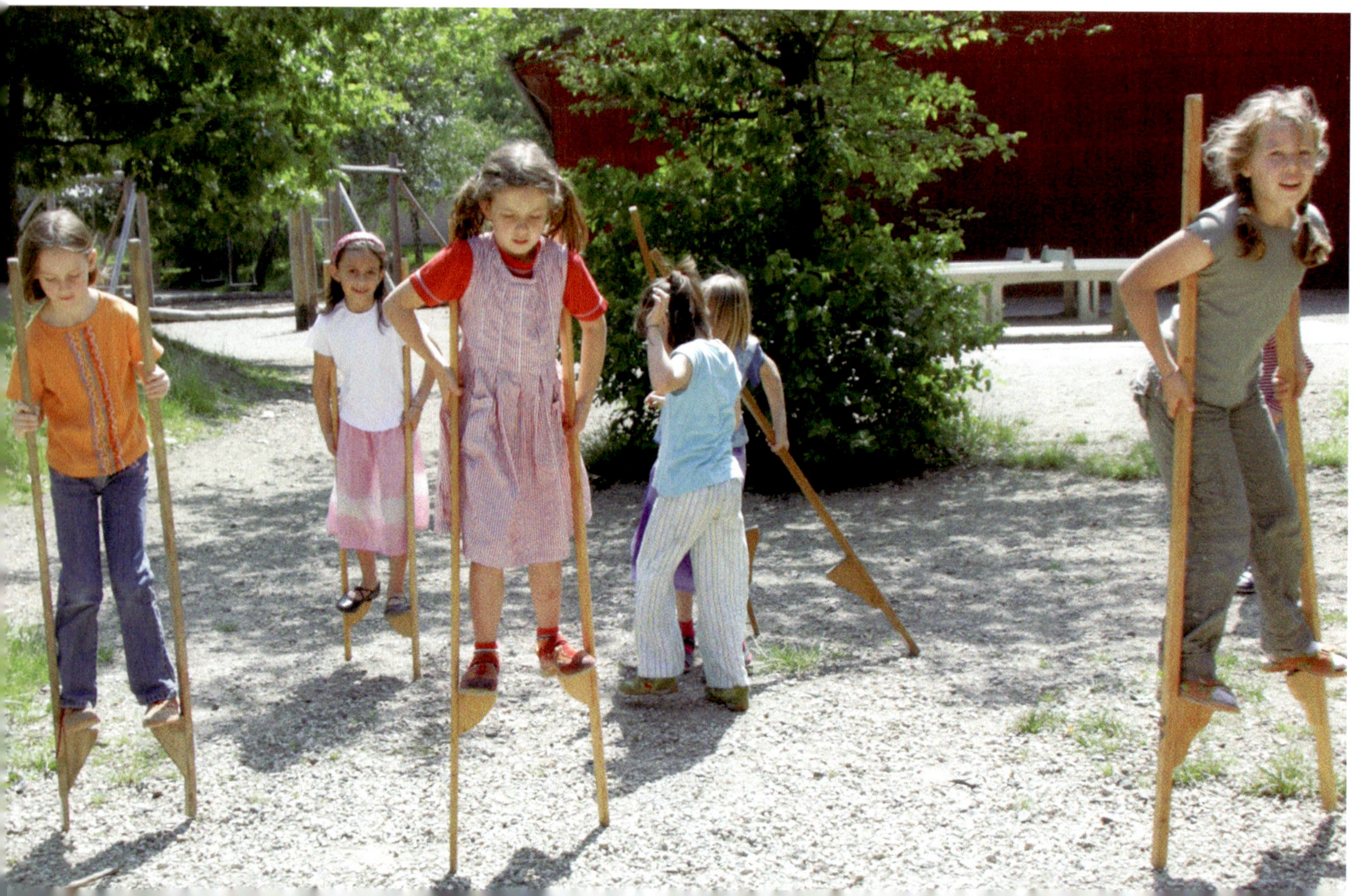

Rollschuhlaufen

ab 7 Jahre

Das Rollschuhlaufen – heute sind die Rollschuhe von den Inlineskates abgelöst worden – ist immer noch sehr verbreitet. Man sieht die Kinder auf Straßen und Plätzen mit Eifer und Geschick bei der Sache. Vorwiegend sind es allerdings die Mädchen, die dieser Beschäftigung nachgehen. Das ist umso bedauerlicher, da gerade die Jungen es ganz besonders nötig hätten, das Rollschuhlaufen zu üben. Was zwischen sieben und vierzehn Jahren in der heutigen Zeit überhaupt zu kurz kommt, ist das Fließende in der Bewegung. Von einem einheitlichen Strom soll die Bewegung getragen werden, es darf keine Ecken und Kanten geben, das Kind muss mit seinen Gliedern etwas anzufangen wissen, es muss geschickt sein, und die Bewegung bedarf einer gewissen Anmut.

Das Rollschuhlaufen hat etwas Flüssiges, Schwebendes, Gleitendes, und da die Kinder durch Bewegungen bis ins Seelische stark beeinflusst werden, wirkt sich das Rollschuhlaufen auch so aus, dass das überwache Kind sich durch diese Tätigkeit in etwas Traumhaftes hineinlebt. Dadurch, dass der Bewegungsfluss wieder ein ruhiger und harmonischer wird, findet das Kind eher wieder zur Ruhe und Ausgeglichenheit. Es wird heiterer, gelockerter und gelöster.

Eislaufen

ab 9 Jahre

Das Eislaufen ist eine feinere Ausgabe des Rollschuhlaufens, es ist die Steigerung oder die Erfüllung desselben. Man beginnt mit dem Übersetzen nach vorn und nach hinten, dann kommen einfache Bögen, Dreierwendungen, Schlangenbögen, schwierige Wendungen, Sprünge, Schritte, Drehungen, Pirouetten, Zirkel, Tänze und Figuren. Dies alles summiert sich für denjenigen, der durch Mühe und Fleiß allmählich in die Bewegung hineinwächst, zu einer Zauberwelt, der sich immer neue Wunder auftun. Bei richtiger Anleitung kann man in einem Winter schon unglaublich viel lernen, und das Lernen hört nie auf. Es entsteht eine fast unendliche Fülle von

Bewegungsmöglichkeiten, die alle durch das Gesetz einer geheimen Ordnung miteinander verbunden sind. Diese Ordnung aber setzt sich aus den drei Komponenten Kraft, Schönheit und Harmonie zusammen. Jeder Charakter, jede Anlage und jedes Temperament findet auf dem Eis das ihm Adäquate, vorausgesetzt, dass die Linie des Menschlichen nicht verlassen wird. Das Eislaufen ist nicht geschaffen für «primitive Gefühlsaffekte», es verlangt eine gewisse seelische Kultur und offenbart daher sein wirkliches Wesen nur dem, der sich als Mensch von seiner besten Seite zeigen möchte.

Jugendliche von heute haben es außerordentlich schwer, diesen wahren Menschen auf dem Eis in Erscheinung treten zu lassen. Es ist ja so viel einfacher, mit einem Paar Eishockeystiefeln an den Füßen wie ein Besessener über das Eis zu fahren und sich ohne Rücksicht auf sich selbst oder andere auszuleben. Man findet es langweilig, durch stundenlanges Üben an sich selbst zu arbeiten. Ständiges Üben an den Figuren, Schritten und Sprüngen aber macht den jungen Mensch zu einem anderen. Er erhebt sich zu einer höheren Sittlichkeit, und je mehr er übt und kann, umso mehr wird sein eigentliches Wesen zum Durchbruch gelangen.

Damit dies geschehen kann, muss jede Bewegung auch empfunden werden, gerade auf dem Eis, wo die Materie als solche nach scharfer Abgrenzung, Sicherheit, Frische und sauberer Formgebung verlangt. Eislaufen könnte sogar der «Sport der Zukunft» sein, denn die Entwicklung des Menschen geht dahin, Herr über seine Gefühle und Gewohnheiten zu werden.

Bogenschießen

ab 12 Jahre

Eine der liebsten Beschäftigungen für 12- bis 13-Jährige ist das Bogenschießen. Irgendwann muss man in diesem Alter einmal einen Flitzebogen gehabt und damit geschossen haben. Je kräftiger man zurückzieht, umso weiter fliegt der Pfeil. Dieser äußeren Logik steht eine innere gegenüber: Je mehr ich in die Tiefe meines Wesens eindringe, umso besser erfasse ich das Wesen des Äußeren, umso mehr verbinde ich mich mit der Welt.

Pädagogisch gesehen bereitet das Bogenschießen den Übergang vom Inneren zum Äußeren vor, der um das 12. Lebensjahr eine so große Rolle spielt. Es finden Prozesse im Inneren des Jungen statt, für die das Bogenschießen eine Art Entsprechung darstellt.

Bei Mädchen ist etwas Ähnliches um das 17. Lebensjahr zu beobachten. Auch da findet ein Übergang statt, der vom Seelischen auf das Körperliche gerichtet ist. Man sollte daher in diesem Alter das Bogenschießen, allerdings mehr künstlerisch mit zweckmäßigem Gerät und nach bestimmten Regeln, sowohl in die Weite wie auf die Scheibe, ernsthaft betreiben.

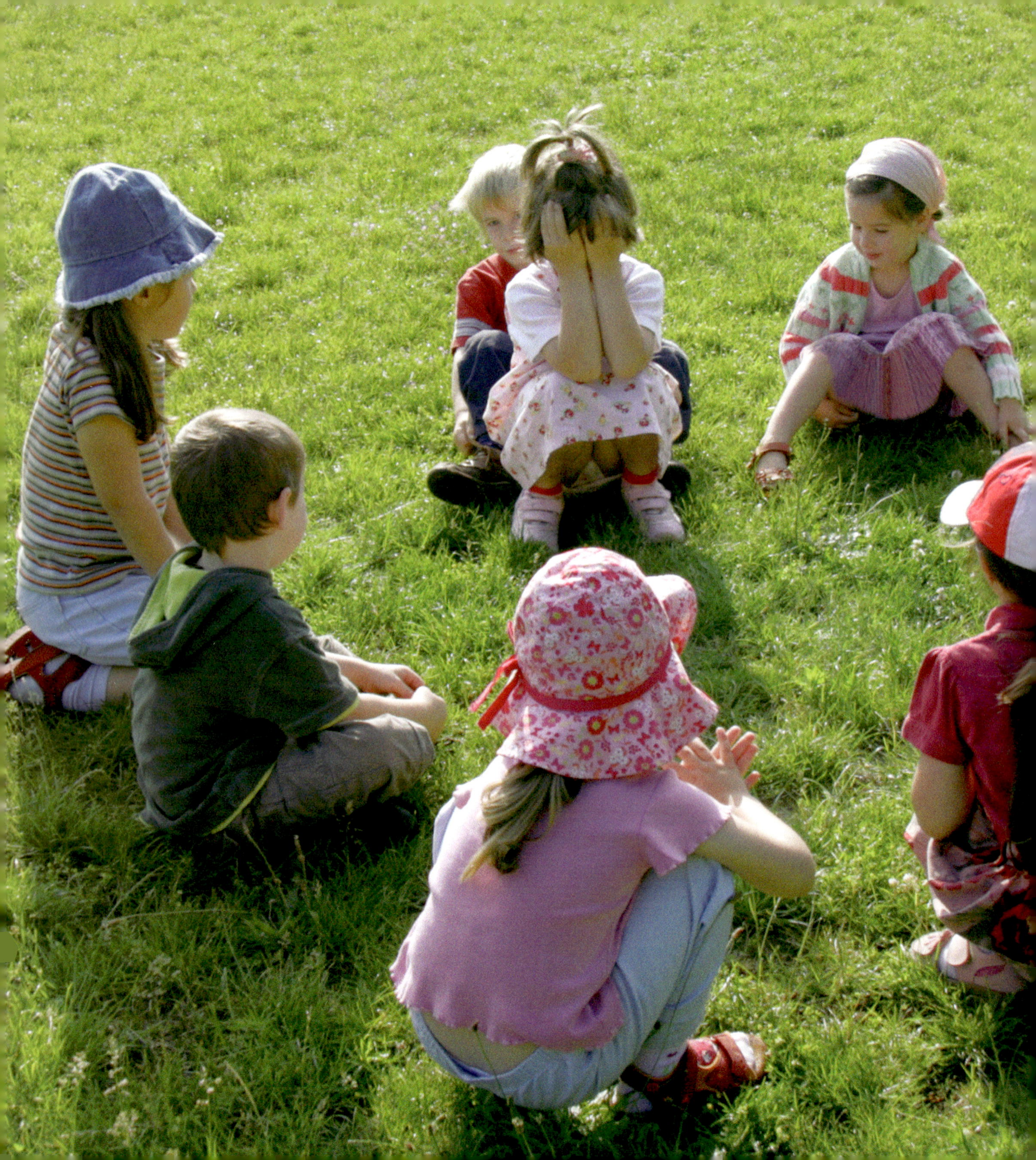

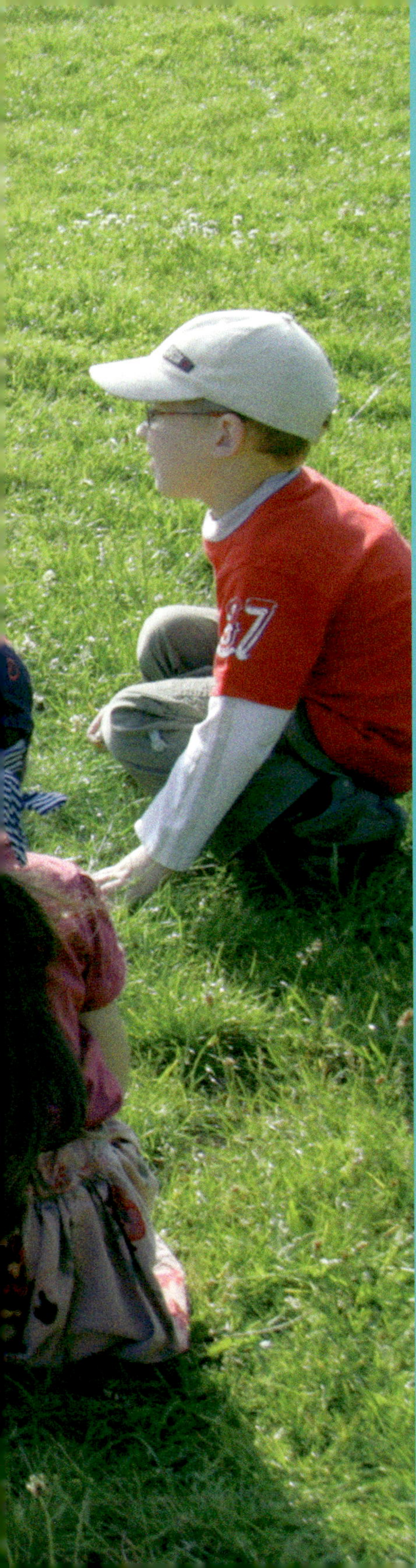

Blinde Kuh
Ene mene Mütze
Mit Festhalten
Dreimal berühren
Tuch wegnehmen
Drei gegen einen
Max und Moritz
Jakob, wo bist du?
Blinde Hexe
Licht ausblasen
Einkreisen
Fadenschneiden
Apfelgreifen
Topfschlagen mit drei Schlägen
Topfschlagen mit Zählen
Gute und böse Fee
Drei Töpfe, aber welcher?
Durchs Tor der Seligkeit
Narrenlauf
Honigweide
Blinder Mann
Stocktreffen
Scheibenstechen
Alle gegen einen
Es brennt
…

Blindspiele

Blindspiele

Man hat heute vergessen, dass die Spiele mit verbundenen Augen vor noch gar nicht allzu langer Zeit weit verbreitet und ungemein beliebt waren. An Feierabenden und Sonntagnachmittagen kam man zusammen, jeder brachte sein Tuch mit, und dann wurden solche Spiele wie Topfschlagen, Fahnenschlagen, Gänseschlagen, Stockschlagen oder Kreiselstechen ausgetragen. Es gab eigens dafür ausgesetzte Preise: Hähne, Gänse und sogar Hammel. Beim Topfschlagen wurden keine Blechtöpfe verwendet, sondern solche aus Ton oder Steingut, die auch wirklich entzweigingen. Wer mit drei Schlägen innerhalb von drei Minuten den Topf zerschlagen konnte, bekam, was darunter war.

Neben diesen Preisspielen gab es eine große Anzahl von Gesellschaftsspielen, von denen «Blinde Kuh» das bekannteste ist. Man kann ohne Übertreibung sagen, dass es von allen Völkern und zu allen Zeiten gespielt wurde. Zur Zeit des deutschen Idealismus gehörte es fast zum guten Ton. Schiller schrieb beispielsweise, dass er sich mit Essen, Trinken und Blinde-Kuh-Spielen beschäftige. Die Griechen nannten dieses Spiel «Eherne Fliege». Der Spieler mit den verbundenen Augen begann mit der Frage: «Ich will eine eherne Fliege schlagen.» Worauf die anderen antworteten: «Du wirst sie jagen, aber nicht fangen.»

Je nach landestypischen Sitten spielt man nicht überall «Blinde Kuh», sondern auch «Blinde Henne» (Spanien), «Blinder Fuchs» (Island), «Blinde Maus» (Serbien) oder «Blinde Alte» (Polen).

Blinde Kuh

9–12 Jahre

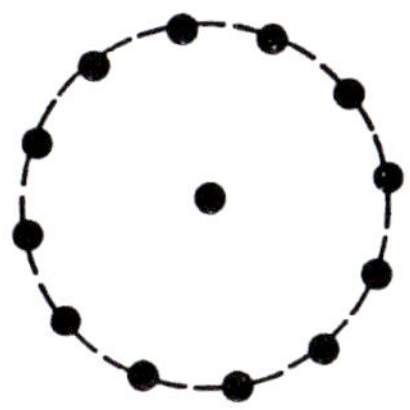

Blinde Kuh wird auf die verschiedenste Weise gespielt. Eine sehr kindliche Form ist diese: Die Kinder stehen im Kreis und fassen sich an. Eine Gruppe von sechs bis acht Kindern ist vorher bestimmt worden, das Spiel vorzuführen. Einem werden die Augen verbunden, und es beginnt mit folgendem Spruch:

Muh, muh, muh,
Ich bin die blinde Kuh,
Der Vater wohnt im Sternenland,
Der Mutter bin ich fortgerannt,
Muh, muh, muh,
Ich bin die blinde Kuh.

Wenn das Lied zu Ende ist, versucht die blinde Kuh die Spieler im Kreis abzuschlagen. Wer abgeschlagen wird, muss die Rolle der blinden Kuh übernehmen und beginnt wieder mit dem Spruch. Solange das Kind im sogenannten «Märchenalter» ist, kann es sich mit diesem Spruch verbinden, später muss der Inhalt realistischer werden. Die Spieler stehen nicht mehr im Kreis, sondern sind überall verteilt. Ein lustiges Rede- und Antwort-Spiel findet zu Beginn statt.

Spieler:	Blinde Kuh, komm mit und geh.
Blinde Kuh:	Kann nicht mit, weil ich nichts seh.
Spieler:	Blinde Kuh, wir führ'n dich ja.
Blinde Kuh:	Keine Lust, was gibt's denn da?
Spieler:	Buttermilch!
Blinde Kuh:	Hab keinen Löffel.
Spieler:	Such dir einen, alter Töffel.

Eine andere Version dieses Spieles ist: Jeder, der abgeschlagen wird, muss in den Kuhstall. Sind ein halbes Dutzend beisammen, wird eine neue blinde Kuh bestimmt.

Spott setzt immer eine innere Selbstständigkeit und ein Empfinden für Persönlichkeitswerte voraus. Deshalb sollte diese Spielform nicht vor dem seelischen Erwachen des Kindes, also vor dem 9. Lebensjahr, gespielt werden.

Es wäre vordergründig gedacht, wollte man in diesem Spiel nur eine Art Kurzweil sehen. Die Blinde Kuh leidet im übertragenen Sinne nicht an einer physischen, sondern an einer geistigen Blindheit, und gemeint ist nicht ein wirkliches Tier, sondern die menschliche Seele, die in den ersten Lebensjahren noch behütet in einem Bereich lebt, der mit Nützlichkeit und egoistischen Empfindungen nichts zu tun hat. Aber mit dem Älter- und Selbstständigerwerden ändert sich der Seelencharakter. Er nimmt bestimmte Züge an: Triebe und Begierden erwachen. Der Mensch wird blind für das andere, das Heitere, Bewegliche, Harmonische und Unbekümmerte. Ein mehr oder weniger deutliches Empfinden für das Letztere aber bleibt im Menschen, auch im Erwachsenen, der das Kind in sich oder, was das Gleiche ist, die Heimat des Seelischen doch nicht ganz vergessen kann. Menschen, die nicht mehr Blinde Kuh spielen können, sind arm dran, denn etwas in ihnen ist verschüttet worden, was zum Bestand des eigentlich Menschlichen dazugehört.

Für das Kind sind Blindspiele besonders deshalb wertvoll, weil die Fantasie wie kaum sonst angeregt wird. Es kommt etwas Besinnliches ins Spiel, jeder ist ganz auf sich gestellt und den Reizen des äußeren Geschehens weitgehend entzogen. Das Kind empfindet dies als eine ausgesprochene Wohltat und verlangt immer wieder nach Spielen solcher Art. Neben der Fantasie ist es vor allem die Konzentrationsfähigkeit, welche angesprochen wird, zum Beispiel wenn es gilt, einen Punkt, den man sich vorher genau gemerkt hat, mit verbundenen Augen zu erreichen.

Ene mene Mütze

7–10 Jahre
1 Stock

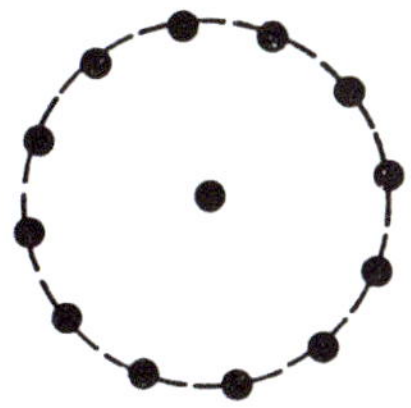

Die Spieler stehen in einem Kreis und halten sich an den Händen. Einer steht mit verbundenen Augen in der Kreismitte, er hat einen Stock in der Hand. Während des Liedes dreht sich der Kreis im Uhrzeigersinn. Beim letzten Ton bleibt der Kreis stehen und der blinde Mittelspieler zeigt auf ein Kind im Kreis. Dieses geht hinein und fasst das andere Ende des Stockes. Nun müssen alle ganz still sein, denn der Blinde stellt drei Fragen, die der Spieler am anderen Ende des Stockes beantworten muss. Dabei darf er seine Stimme verstellen, damit ihn der Blinde nicht erkennt. Gelingt es ihm, wechseln sie den Platz, gelingt es ihm nicht, muss er noch einmal Blindspieler sein.

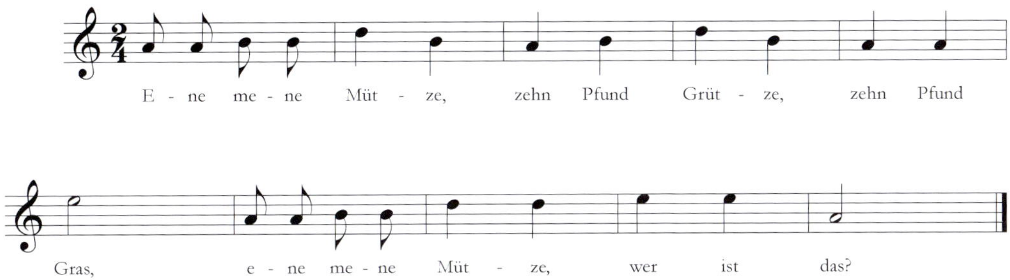

Mit Festhalten

ab 9 Jahre

Einer der beiden Blindspieler muss den anderen fangen und ihn bis zehn festhalten.

Dreimal berühren

ab 11 Jahre

Der Verfolger mit verbundenen Augen hat gewonnen, wenn er dem Ausweichenden drei Schläge hintereinander geben kann.

Tuch wegnehmen

ab 11 Jahre

Einer muss versuchen, dem Spieler mit verbundenen Augen das Tuch wegzunehmen, ehe er selbst drei Schläge erhält.

Drei gegen einen

ab 11 Jahre

Alle vier Spieler haben verbundene Augen, aber einer – er wurde zuvor bestimmt – soll gefangen werden, indem man ihn festhält und nach seinem Namen fragt. Ist es der Falsche, muss man ihn loslassen. Dieses Spiel gibt Anlass zu den drolligsten Verwechslungen, was besonders für die Zuschauer sehr amüsant ist.

Max und Moritz

ab 10 Jahre
2 oder 3 Tische
Süßigkeiten

Es werden zwei oder drei Tische hintereinander gestellt. Es gibt zwei blinde Spieler, Max und Moritz. Max hat eine Tafel Schokolade oder Ähnliches und muss sehen, dass er innerhalb von drei Minuten von Moritz nicht erwischt wird. Jeder muss in dauerndem Kontakt mit den Tischen sein. Man kann rundherum gehen, unten durchschlüpfen oder darüberrutschen. Fängt Moritz seinen Partner, dann gehört ihm die Beute.

Jakob, wo bist du?

ab 9 Jahre
1 Handtuch

Jakob ist zu lange im Wirtshaus geblieben, seine Frau, Grete, wartet schon mit dem nassen Handtuch, um ihn zu verprügeln, wenn er nach Hause kommt. Auf ihre Frage: «Jakob, wo bist du?», muss er antworten: «Hier!» Dann versucht sie, ihn zu erwischen.

Blinde Hexe

Eine große Anzahl Tische wird so gestellt, dass viele schmale Wege entstehen, die schließlich in ein Tor münden, das durch zwei Sprungständer dargestellt werden kann. Man kann von außen und durch die Mitte an dieses Tor heran, das von der blinden Hexe bewacht wird. Mit verbundenen Augen muss der Wanderer das Tor passieren, ohne vorher abgeschlagen zu werden.

ab 11 Jahre
gr. Anzahl Tische
2 Sprungständer

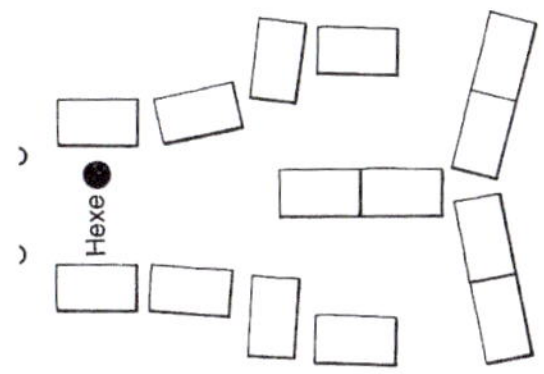

Licht ausblasen

Der Spieler steht etwa fünfzehn Schritt vor einer brennenden Kerze. Er merkt sich die Stelle, legt die Binde an und versucht, die Kerze innerhalb einer Minute auszublasen. Die Hände sind auf dem Rücken.

ab 9 Jahre
1 Kerze

Einkreisen

Man legt ein Stück Schokolade oder etwas anderes Süßes auf den Fußboden. Fünfzehn Schritte davon entfernt steht der Spieler und merkt sich die Stelle. Dann wird ihm die Binde angelegt, er muss vorwärtsgehen, vor der süßen Verlockung haltmachen und einen Kreis um sie ziehen. Gelingt ihm das, dann darf er die Leckerei behalten.

ab 9 Jahre
Süßigkeiten

Fadenschneiden

ab 7 Jahre
1 Schere / div. Fäden
div. zum Aufhängen

Man geht mit verbundenen Augen und einer großen Schere auf eine Anzahl aufgehängter Fäden los, an denen etwas baumelt, das man gerne haben möchte. Was man abschneidet, darf man behalten.

Apfelgreifen

ab 7 Jahre

Dieses Spiel hat den gleichen Aufbau wie das Spiel zuvor, nur muss der Gegenstand mit der Hand ertastet werden. Die Hand darf nur greifen und sich nicht nach rechts oder links bewegen.

Topfschlagen mit drei Schlägen

ab 5 Jahre
1 Blumen- oder Kochtopf
1 Stock
Süßigkeiten

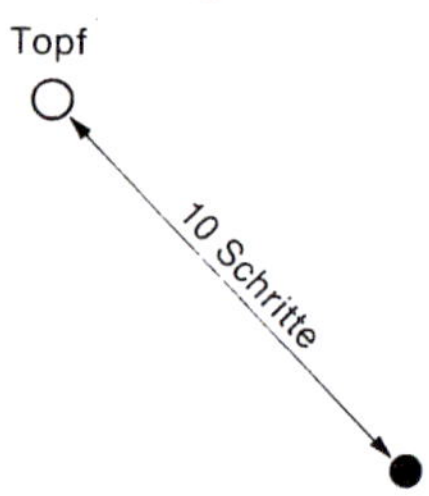

Unter einem alten Blumentopf werden Süßigkeiten versteckt. Die Kinder wissen nicht, was darunter ist. Zehn Schritt vom Topf entfernt hat man sich die Lage des Topfes genau einzuprägen. Dann wird die Binde angelegt. Der etwa daumendicke Stock darf nicht zur Seite bewegt werden. Jeder darf nur drei Schläge von oben nach unten machen und auf gar keinen Fall am Boden entlangfahren. Ist kein irdener Topf zur Stelle, dann genügt auch ein Blechtopf, aber viel schöner ist es, zu erleben, dass unter den Scherben das Gute, Leckere, Begehrenswerte zum Vorschein kommt.

Topfschlagen mit Zählen

ab 7 Jahre

In dieser Version des Topfschlagens darf jeder zehn Schläge machen, die innerhalb einer Minute erfolgen müssen. Wer mit den wenigsten Schlägen den Topf getroffen hat, ist Sieger und bekommt außer dem Topfgut am Schluss noch einen Sonderpreis.

Gute und böse Fee

ab 7 Jahre
3 Töpfe

Jetzt sind es drei Töpfe. Die gute Fee hat unter den Topf in der Mitte etwas Schönes gelegt. Die böse hat rechts und links etwas Schlechtes unter den Töpfen versteckt. Es kommt darauf an, den guten Topf zu erwischen.

Drei Töpfe, aber welcher?

ab 9 Jahre
3 Töpfe

Unter einem der drei Töpfe ist der Preis. Keiner weiß unter welchem. Wer den falschen Topf erwischt, muss etwas unter den guten legen. Nach jedem Treffer werden die Töpfe vertauscht.

Durchs Tor der Seligkeit

ab 8 Jahre
2 Pfähle / Stangen
1 Latte
1 Stock

Zwei Pfähle, einen Meter hoch, stecken etwa zwei Meter entfernt im Boden. Darüber liegt eine schmale Latte. Der Blindspieler muss diese mit einem Stock, der nur senkrecht geführt werden darf, herunterschlagen. Dann darf er sich von den Leckereien, die auf einem Tisch dahinter ausgebreitet sind, aussuchen, was ihm gefällt.

Narrenlauf

ab 7 Jahre

Zwei Spieler mit verbundenen Augen fassen sich an und wollen ein ca. 20 m entferntes Ziel erreichen. Der eine will hierhin, der andere dorthin – das kann sehr lustig werden.

Honigweide

5–9 Jahre
einige Gerten
1 Beutel

Man steckt Gerten in den Boden und knüpft einen Beutel mit Süßigkeiten daran. Wer «blind» eine Gerte mit den Händen berührt hat, darf sie herausziehen und den Beutel behalten. Es darf immer nur einer auf die «Wiese». Nach einer Minute wird geklingelt.

Blinder Mann

ab 7 Jahre
1 Stöckchen

Ein Spieler sitzt mit verbundenen Augen in der Mitte eines Kreises. Er hat ein Stöckchen in der Hand, mit dem er auf ein Kind im Kreis zeigt. Dabei spricht er ein Wort oder macht ein Geräusch. Das betreffende Kind muss dies wiederholen, und der Blinde muss gut hinhören, ob er die Stimme erkennt. Der Spieler im Kreis darf seine Stimme verstellen. Erkennt der Blinde Mann die Stimme, wird gewechselt, und der Erkannte wird neuer Blinder Mann. Wenn nicht, geht es weiter, bis er jemanden erkennt.

Stocktreffen

ab 7 Jahre
1 Pfahl / Stange
1 Stein

In der Mitte eines Kreises befindet sich ein Pfahl, der einen Meter aus dem Boden ragt. Auf diesen wird ein Stein gelegt. Wer ihn «blind» herunterholt, bekommt einen Preis. Man kann beliebig schlagen, hat aber nur eine Minute Zeit.

Scheibenstechen

Man merkt sich den Standort einer Zielscheibe und geht dann mit verbundenen Augen und einem Stock, der vorne eine Eisenspitze hat, darauf zu. Trifft man ins Schwarze, dann hat man gewonnen.

ab 10 Jahre
1 Zielscheibe
1 Stock mit Spitze

Alle gegen einen

Auf einer nicht allzu großen Fläche befinden sich etwa zehn Blindspieler. Der elfte hat eine Klingel und kann sehen. Er muss ununterbrochen läuten. Die anderen sollen ihn einfangen. Wer ihn zuerst berührt, darf selbst klingeln.

ab 11 Jahre
1 Klingel

Es brennt

Zwei Spieler stehen 20 Meter auseinander. Jeder merkt sich die Richtung des anderen, dann werden die Augen verbunden. Sie gehen aufeinander zu und müssen sich anfassen. Gehen sie aneinander vorbei, dann rufen die Zuschauer: «Es brennt!» Die «glücklichen Paare» werden belohnt.

ab 6 Jahre

Das verzauberte Schloss

ab 10 Jahre

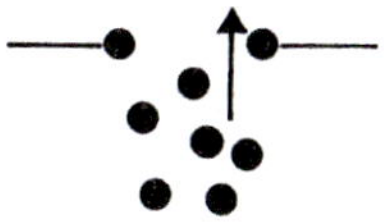

Das Schloss wird von zwei Wächtern vor einem sechs Meter breiten Tor bewacht. Wer an ihnen vorbeikommt, ohne gefangen zu werden, dem gehört das Schloss. Allen sind die Augen verbunden. Der Eindringling muss sich auf ganz leisen Sohlen bewegen. Höchste Spannung und Aufmerksamkeit können durch dieses Spiel erreicht werden.

Spanischer Esel

ab 7 Jahre
2 Stöcke
(2 Meter lang)

Man bindet einem Spieler ein Tuch vor die Augen und steckt ihm unter jede Achsel einen zwei Meter langen Stock, der vorn so viel vorsteht, dass er ihn mit den Händen festhalten kann. Ein sehender Spieler packt die langen Enden, und dann geht es los. Es müssen bestimmte Wege gelaufen werden. Man deutet eine Brücke an, eine Herberge und Ähnliches. Hat der Esel alle Stationen richtig erreicht, dann ist die Reise zu Ende. Als Wettlauf ist dieses Spiel noch interessanter.

Haumichel

ab 9 Jahre
2 Tücher
Knotentuch
1 Ball

Die Kinder hocken im Kreis auf dem Boden (am besten Rasen, Sand oder eine große Matte). Zwei haben die Augen verbunden. Einer davon ist der Haumichel, er ist mit einem Knotentuch ausgerüstet und bewacht einen Schatz, der durch einen Ball dargestellt wird. Der andere ist der Schatzsucher; findet er den Ball, dann hat er den Schatz gewonnen. Trifft er aber auf den Haumichel, dann wird er so lange geprügelt, bis er wieder aus dessen Reichweite ist. Festhalten ist nicht erlaubt.

Nachtwächter

ab 7 Jahre
Glocke

Die Kinder bilden eine Schlange, wobei jedes seinen Vordermann an den Kleidern festhält. Der Erste hat eine Glocke und klingelt damit fortwährend. Gelingt es dem Nachtwächter, dessen Augen verbunden sind, einen aus der langen Reihe zu berühren, dann ist dieser der Nachtwächter.

Den Teufel aus der Hölle locken

7–11 Jahre

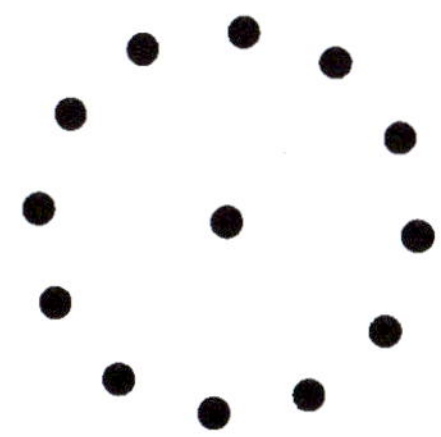

Der blinde Teufel hockt in einem Kreis, das ist die Hölle. Die Mitspielenden stehen ringsherum, und der Erste sagt:

	Teufel, wohin soll ich gehn?
Teufel:	Sieben Schritte und dann stehn.
Der Nächste:	Teufel, wohin soll ich gehn?
Teufel:	Einen Schritt, dann sollst du stehn.

Haben alle ihre Fragen gestellt und der Teufel geantwortet (er kann sich die Antworten und damit die Position ausdenken), dann ruft wieder das erste Kind:

Teufel, Teufel, komm zu mir,
Find'st du mich, gehör ich dir.

Der Teufel kommt jetzt heraus und muss den betreffenden Spieler finden; berührt er einen anderen, ist der Betreffende frei. Dann geht der Teufel wieder in die Hölle zurück und das nächste Kind kommt an die Reihe. Wer vom Teufel gefunden und beim richtigen Namen genannt wird, muss den Teufel ablösen.

Dieses Spiel ist sehr unterhaltsam und spannend, es sollte aber über das fünfte Schuljahr hinaus nicht mehr gespielt werden, weil die Fantasie in diesem Alter zugunsten einer realen Auffassung zurücktritt, d. h. andere Figuren und Spielsituationen an Bedeutung gewinnen.

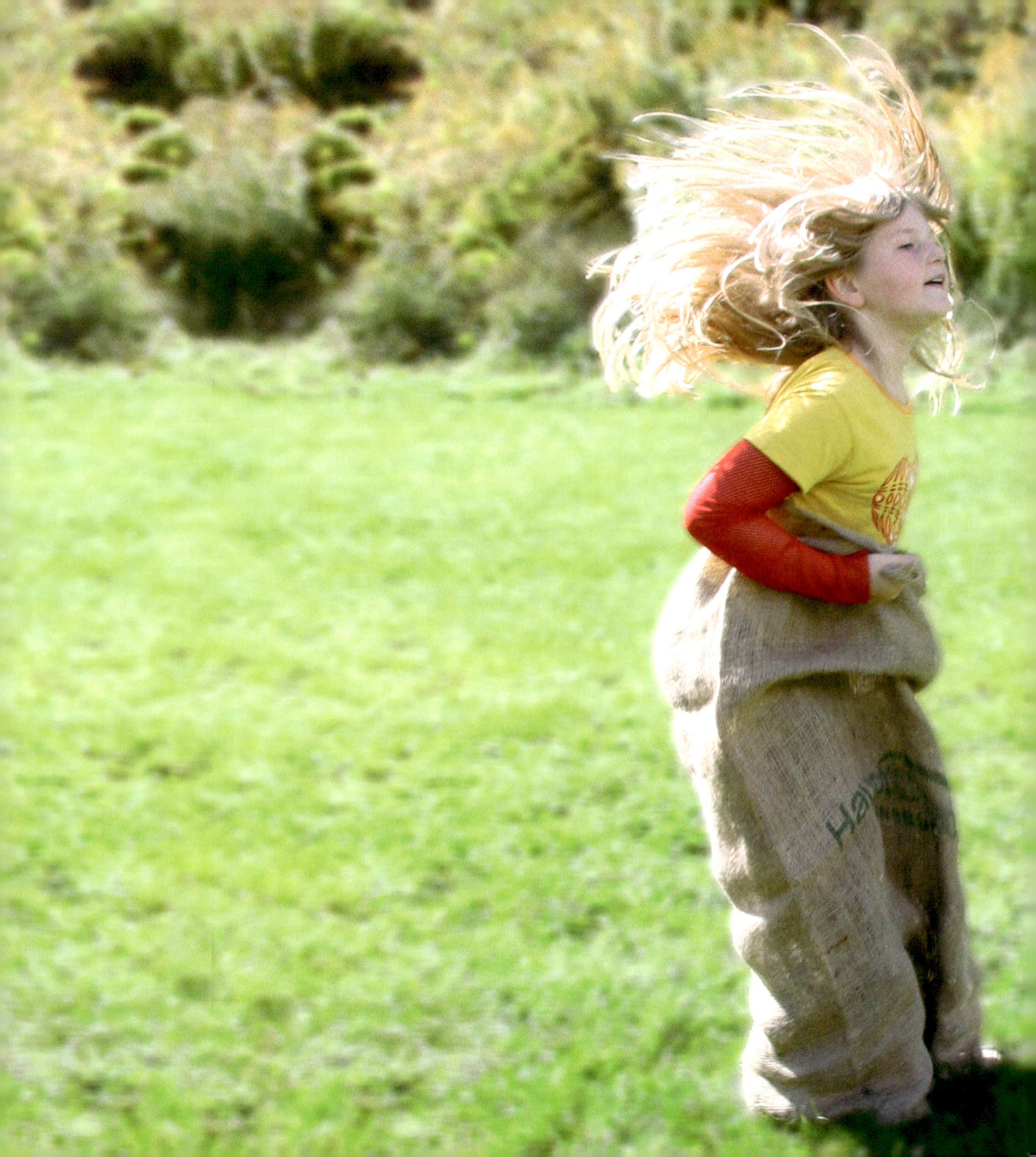

Sackhüpfen
Sackhüpfen mit Hindernissen
Eierlaufen
Mund und Hände
Kartoffelpacken
Wettlauf mit Kostümwechsel
Wettlauf mit Schuhkartons
Kellnerwettlauf
Verkleidungswettlauf
Bergsteigen
Zitterbalken
Tellerdrehen
Eberjagd
Wettfegen
Fasslaufen
Ringwerfen
Talerspringen
Barfüßlerlauf
Blechdosenwerfen
Schlupfkiste

Belustigungen für alle Altersstufen

Belustigungen für alle Altersstufen

Zu jedem Fest mit Kindern gehören lustige Spiele und Wettbewerbe, die Geschicklichkeit, Mut, Witz und Anstrengung erfordern. Es werden im Folgenden eine Anzahl davon vorgestellt.

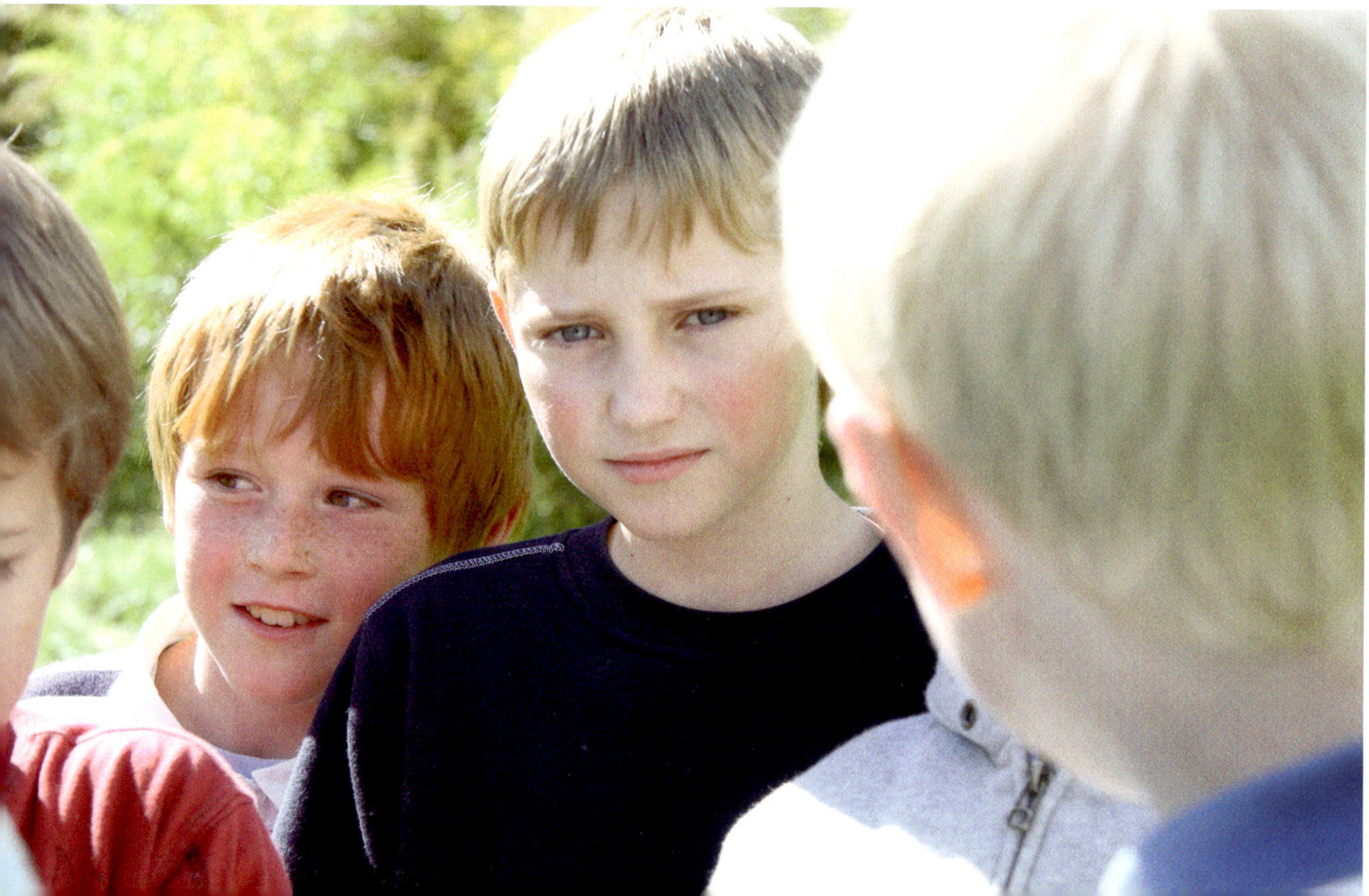

Sackhüpfen

Man steigt in einen festen Sack, und dann beginnt ein lustiges Hüpfen um die Wette. Der Boden muss weich sein, also Wiese oder Sand.

ab 7 Jahre
Säcke

Sackhüpfen mit Hindernissen

Der Sack wird am Hals zugemacht. Am Wendepunkt steht eine Schüssel mit Blaubeeren, daneben eine mit Schlagsahne. Beides muss mit dem Mund gegessen werden. Das ist der Lohn für die bis dahin geleistete Arbeit. Die Heiterkeit ist groß, wenn die Kinder mit ihren gefärbten Gesichtern zurückhüpfen.

ab 7 Jahre
Sack / Schüssel
Blaubeeren
Schlagsahne

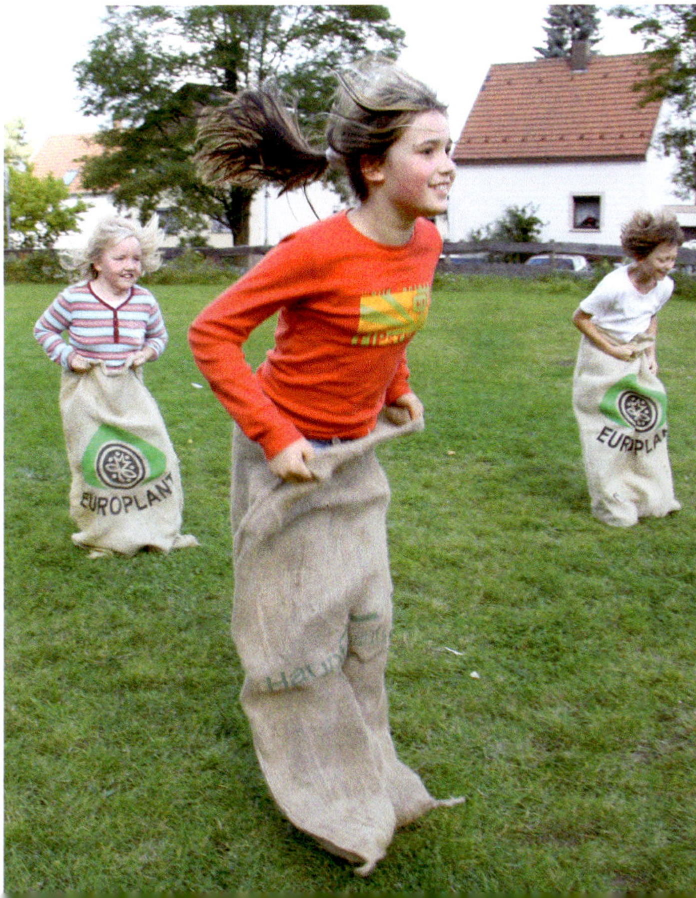

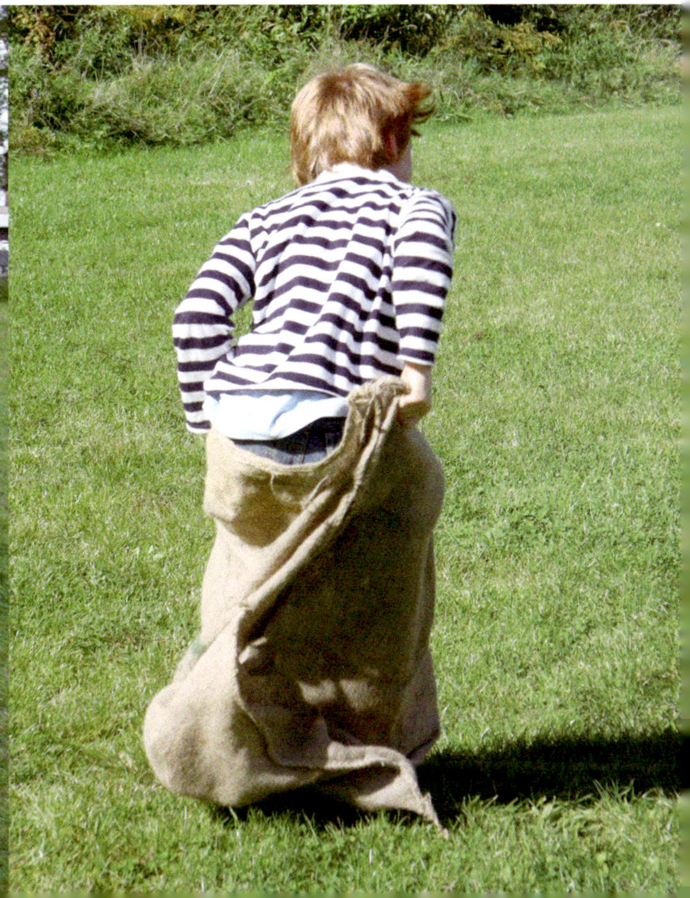

Eierlaufen

ab 7 Jahre
Löffel, (Gips-)Ei

Man hat einen Löffel mit einem Ei oder Gipsei in jeder Hand und muss um eine Wendemarke laufen. Schwierig ist es, unterwegs ein Hindernis zu überwinden.

Mund und Hände

ab 7 Jahre
Löffel
(Gips-)Eier

Man nimmt einen Löffel mit dem Stiel in den Mund, legt ein Ei darauf und läuft los. Die Schwierigkeit lässt sich steigern, indem in beiden Händen und im Mund ein Löffel mit Ei zu balancieren ist.

Kartoffelpacken

ab 7 Jahre
6 Körbe
Kartoffeln

Drei Körbe mit je zwei bis drei Kilogramm Kartoffeln stehen auf einer Seite, 20 Schritte entfernt stehen drei leere Körbe. Drei Spieler müssen die Kartoffeln mit den Händen hinübertragen. Wer unterwegs eine verliert, muss sie sofort aufheben. Heiterkeit ist bei einem solchen Wettlauf stets garantiert. Der Sieger bekommt einen Preis.

Wettlauf mit Kostümwechsel

ab 7 Jahre
verschiedene
Kleidungsstücke

Die Kinder haben Turnzeug an. Vor und hinter der Laufstrecke befindet sich je ein Kostüm: lange Hose, Jackett und Zylinderhut auf der einen Seite, langer Rock, Bluse und Hut auf der anderen Seite. Auf das Zeichen des Schiedsrichters schlüpft man in die Männerkleidung, läuft auf die andere Seite, wechselt die Garderobe und kommt als Frau zurück. Jede Mannschaft besteht aus sechs Spielern. Ein solcher Verkleidungslauf bietet Anlass zu den drolligsten Situationen und sollte bei keinem Sommerfest fehlen. Man kann das Kostüm durch Schuhwerk, Stock, Regenschirm und dergleichen vervollständigen.

Wettlauf mit Schuhkartons

Jeder Läufer stapelt drei bis vier Schuhkartons auf seinen Kopf, hält aber nur den unteren fest. Dann geht es los. Bei diesem Spiel kann man zeigen, ob man mit den Dingen fertig wird, denn die Tücken der Objekte sind groß.

ab 7 Jahre
Schuhkartons

Kellnerwettlauf

Ein Tablett mit einer Flasche und einigen halb gefüllten Gläsern muss ans Ziel gebracht werden. Sieger ist, wer am wenigsten vergegossen hat.

ab 7 Jahre
Tablett, Flasche
Gläser

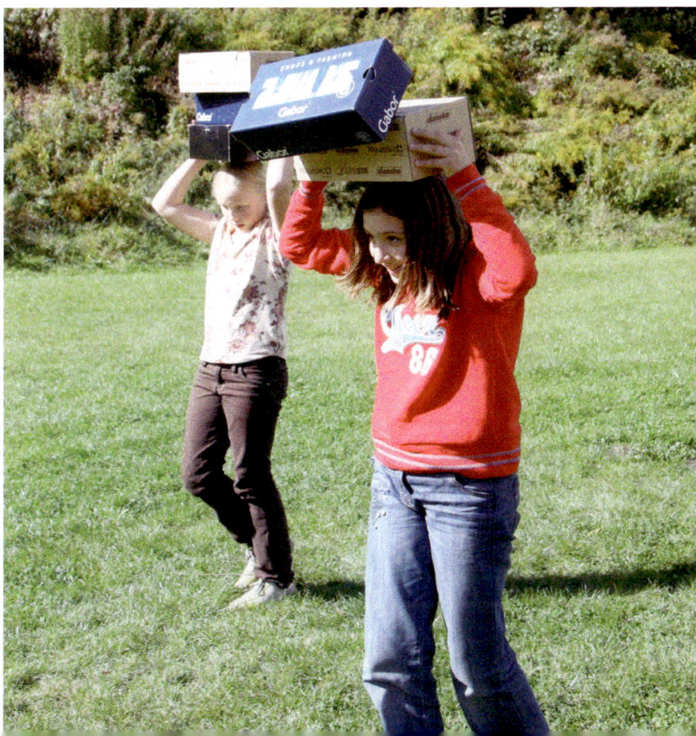

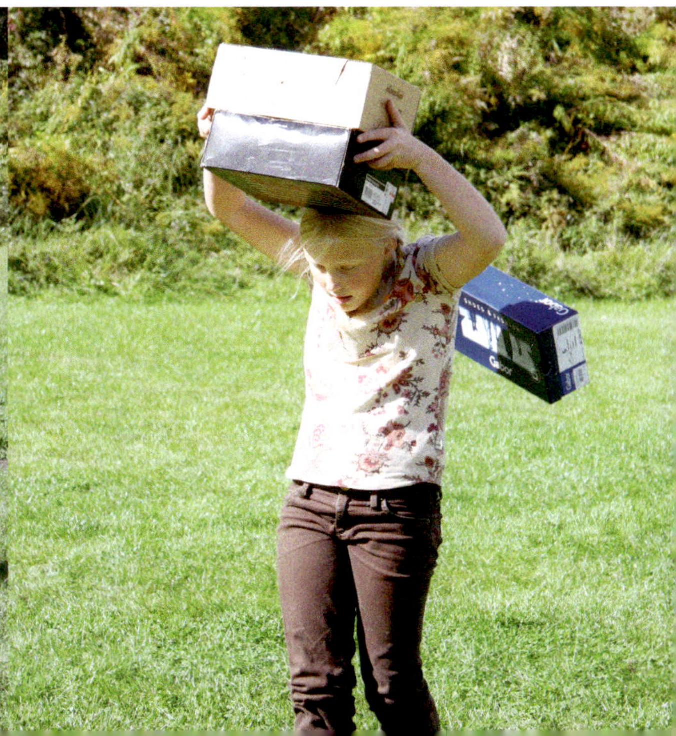

Verkleidungswettkampf

ab 7 Jahre
verschiedene Kleidungsstücke

Eine etwas altertümliche Garderobe, die aus mindestens fünf Stücken bestehen muss, wird möglichst schnell angezogen. Am Ziel steht ein Tisch mit Leckereien. Wer zuerst da ist, darf sich das Beste aussuchen.

Bergsteigen

ab 7 Jahre
Rutschbrett

Ein Rutschbrett, wie es beim Turnen Verwendung findet, wird schräg an die Wand gestellt. Darüber befinden sich Leckereien. Die Teilnehmer müssen in Turnkleidung sein. Es schadet nichts, wenn das Brett etwas glatt gemacht wird, z.B. mit Schmierseife. Ziel ist es natürlich, die «süße Verlockung» zu erreichen.

Zitterbalken

9–12 Jahre
Baumstamm

Ein nicht allzu dicker Baumstamm wird in einem Meter Höhe an beiden Enden so befestigt, dass er leicht um seine Längsachse zu drehen ist. Man muss versuchen, rittlings von einer Seite auf die andere zu gelangen, was wegen des labilen Gleichgewichts nicht ganz einfach ist. Unten muss ein Polster aus Sägespänen oder eine entsprechende Matte liegen. Diese kleine Mutprobe bietet einen starken Anreiz für Kinder zwischen 9. und 12. Lebensjahr.

Tellerdrehen

Man dreht einen Teller auf einem großen Tisch und läuft um einen drei Meter entfernten Stuhl. Erreicht man den Teller noch in der Bewegung, erhält man zum Lohn eine Süßigkeit. Erwachsene bewältigen dieses kleine Kunststück im Allgemeinen ohne besondere Mühe. Kinder haben es oft sehr schwer, die notwendige Geschicklichkeit aufzubringen. Der Anreiz ist daher groß – noch größer die Freude, wenn man es geschafft hat.

ab 7 Jahre
Teller, Tisch
Stuhl

Eberjagd

Ein Sack mit Sägespänen wird so gestopft, dass eine entfernte Ähnlichkeit mit einem Eber entsteht. Vorn und hinten an einem Strick aufgehängt, kann der Sack durch ein dünnes Seil von der Seite so gezogen werden, dass es schwer ist, ihn aus einiger Entfernung mit einem stumpfen Speer zu treffen. Das Werfen auf bewegliche Ziele stellt besondere Anforderungen. Jeder Treffer wird belohnt.

ab 7 Jahre
Sack mit
Sägespänen
stumpfer Speer
Seil

Wettfegen

Zwei Eimer mit Sägespänen oder Blättern werden auf zwei gleich große Flächen ausgeschüttet und müssen wieder zurück in die Eimer. Es darf nichts übrig bleiben. Jeder hat Besen und Kehrblech zur Verfügung. Auch als Mannschaftskampf kann das Wettfegen betrieben werden. Der verbissene Ernst und das zeitweilige Ungeschick verleihen diesem Wettkampf eine drollig-dramatische Note.

ab 7 Jahre
Eimer mit
Sägespänen
oder Blättern
Besen u. Kehrblech

Fasslaufen

ab 7 Jahre
Fass

Es gibt nur wenige Kinder, die so geschickt in ihren Füßen und so entwickelt in ihrem Gleichgewichtssinn sind, dass sie freihändig auf einem Fass ein Stück vorankommen. Die Übung ist zu schwer und in vielen Fällen auch zu gefährlich. Man entschärft sie dadurch, dass man sie in der Sprunggrube, also auf Sand, machen lässt. Jetzt gibt es kein Wackeln nach rechts und links, und außerdem ist der Widerstand so groß, dass ein Weglaufen des Fasses nicht zu befürchten ist.

Ringwerfen

ab 7 Jahre
Besenstiel, Leine
6 Tennisringe

Man steckt einen Besenstiel in den Boden und bringt drei Meter davor eine Leine an zwei Stöcken in Hüfthöhe an, die beim Werfen nicht berührt werden darf. Sechs Tennisringe sind der Einsatz. Wer drei über den Besenstiel bekommt, hat gewonnen.

Talerspringen

ab 7 Jahre
Münze,
Sprungständer
oder Pfahl

Ein sehr lustiges, unterhaltsames und anregendes Spiel ist das Talerspringen. Man braucht dazu ein Geldstück und einen Sprungständer oder einen Pfahl, der oben flach ist, sodass man das Geldstück darauflegen kann. Wem es gelingt, dieses im Sprung mit Anlauf daraufzulegen, hat gewonnen und darf es vielleicht behalten oder bekommt eine Süßigkeit. Man kann auch mit dem Federsprungbrett oder von einem Bock mit Schlusssprung dieses Kunststück probieren. Es sieht so leicht aus, gelingt aber in den seltensten Fällen.

Barfüßlerlauf

ab 7 Jahre

Alle müssen ihre Schuhe ausziehen und in einen Kreis von drei bis fünf Metern durcheinander hinlegen. In 25 Meter Abstand davon befindet sich eine Linie, hinter der die Barfüßler Aufstellung nehmen. Es wird bis drei gezählt, dann laufen alle los. Wer zuerst mit seinen Schuhen die Startlinie wieder erreicht, hat gewonnen. Es ist erlaubt, das Schuhwerk des Gegners beiseite zu räumen.

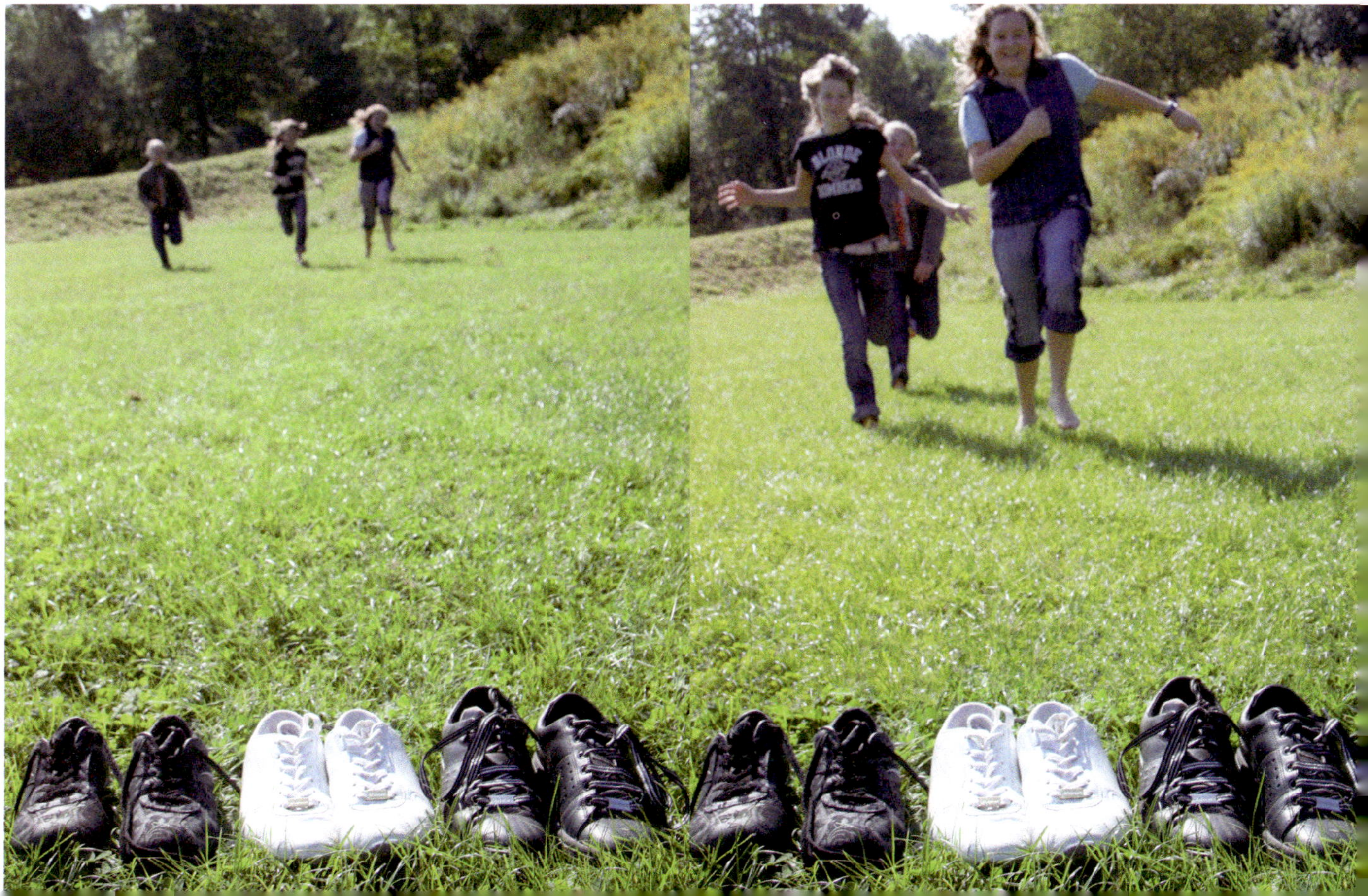

Blechdosenwerfen

ab 7 Jahre
Stoffbälle
Blechdosen

Eine Anzahl leerer Blechdosen wird pyramidenartig aufeinandergesetzt. Fünf Meter davon entfernt wird mit Stoffbällen geworfen. Wer mit drei oder fünf Bällen alle Blechdosen umwirft, bekommt einen Preis.

Schlupfkiste

7–10 Jahre
1 Kiste

Eine feste Kiste aus glattem Holz – Kantenlänge 1,20 Meter – ist unten offen, die übrigen fünf Seiten haben kreisrunde Löcher, durch die ein Neunjähriger gut hindurchschlüpfen kann. Löcher, Kanten und Ecken werden gut abgepolstert. Man schlüpft von oben hinein und durch eines der vier Löcher seitlich wieder hinaus, macht es umgekehrt oder einfach so, wie es ihm gerade gefällt.

Leider ist dieses herrliche Spielzeug fast in Vergessenheit geraten, wer aber einmal erlebt hat, wie gern die Kinder damit spielen, wird ungern darauf verzichten wollen.

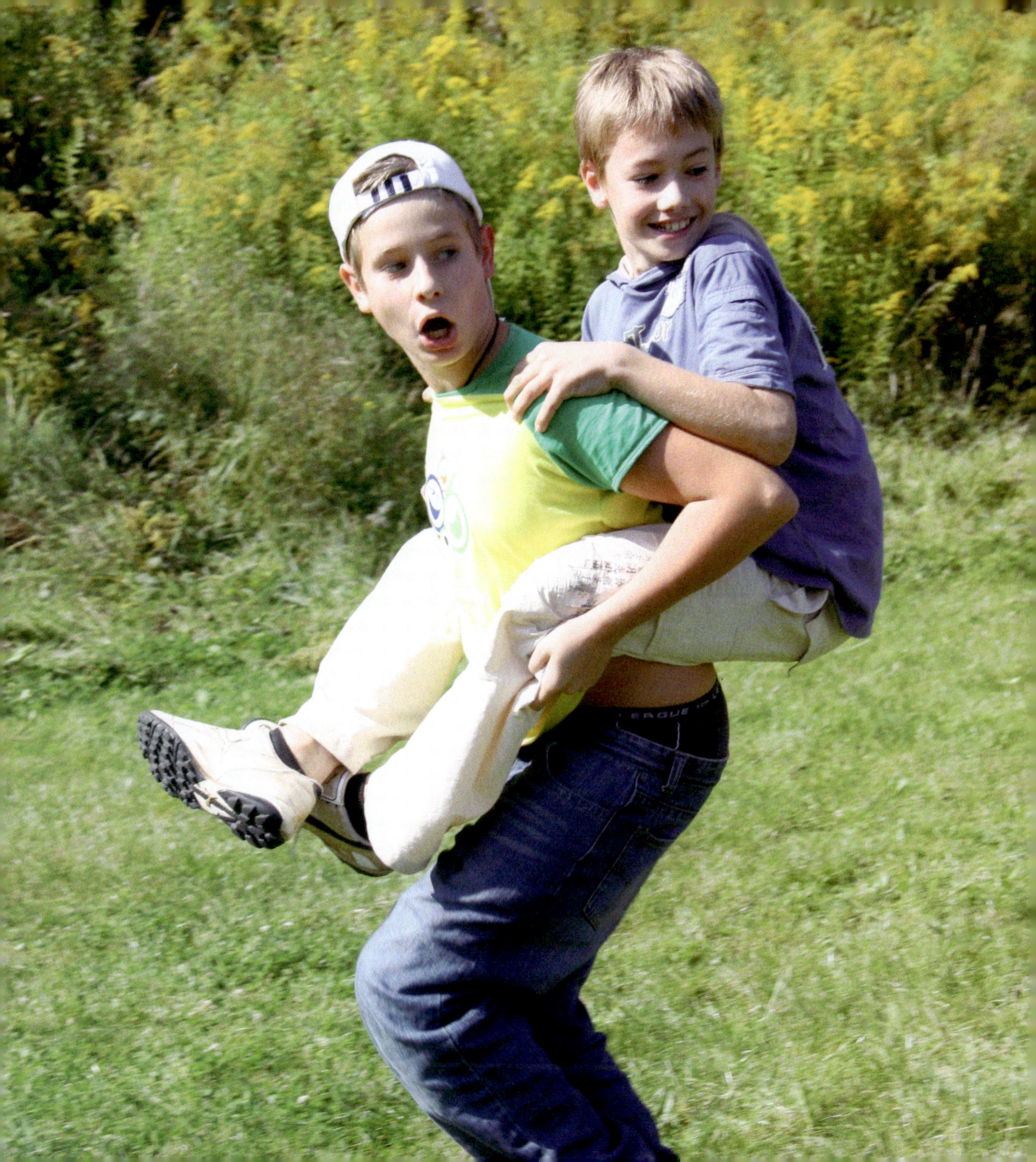

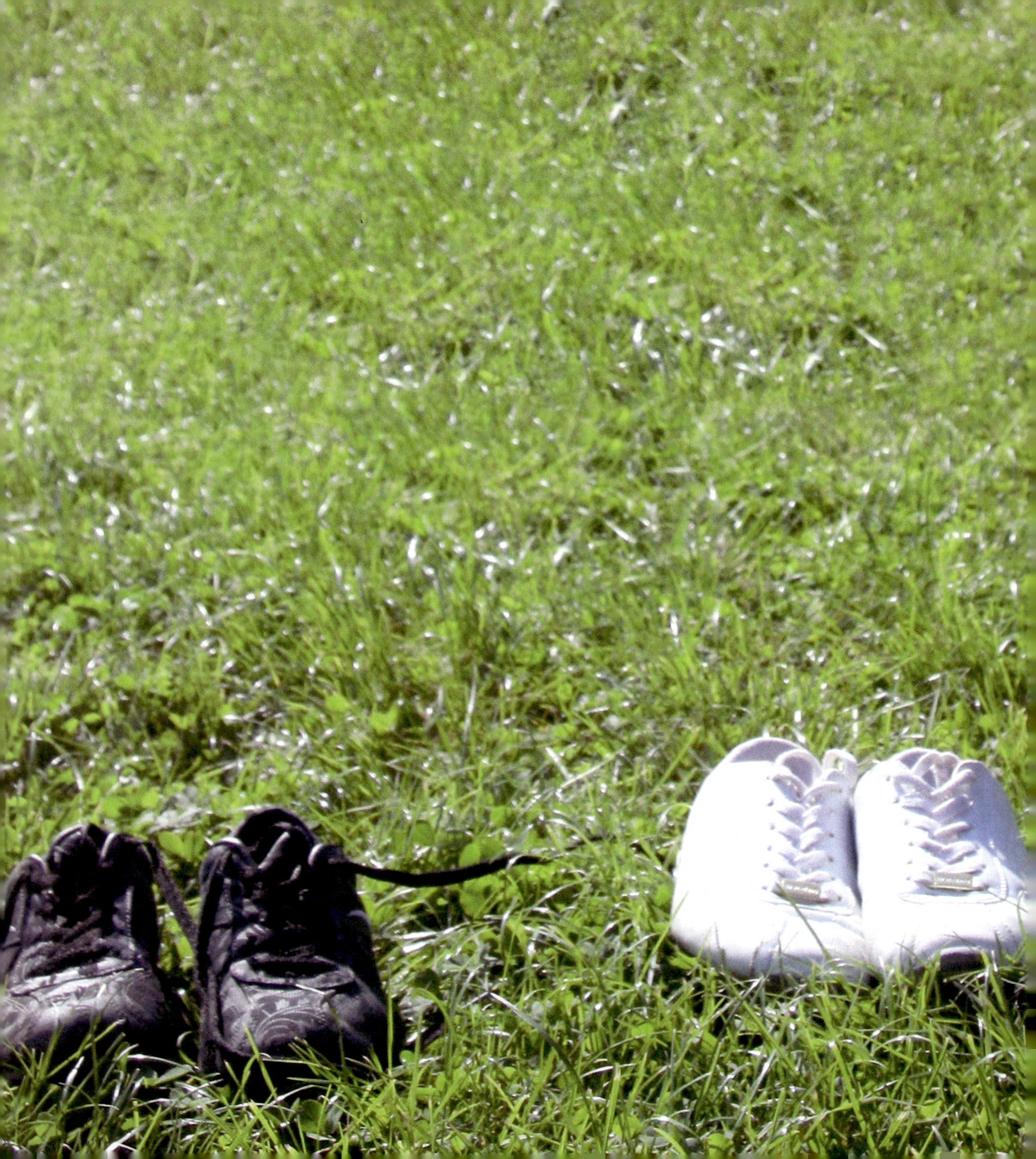

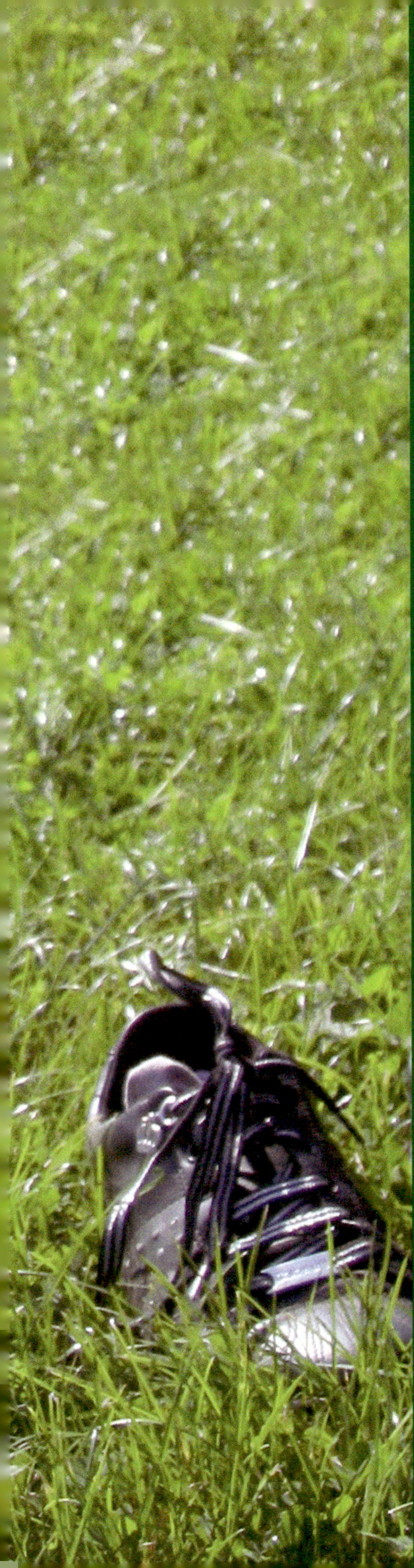

Ausführliches Inhaltsverzeichnis

Alphabetisches Register

Literaturhinweise

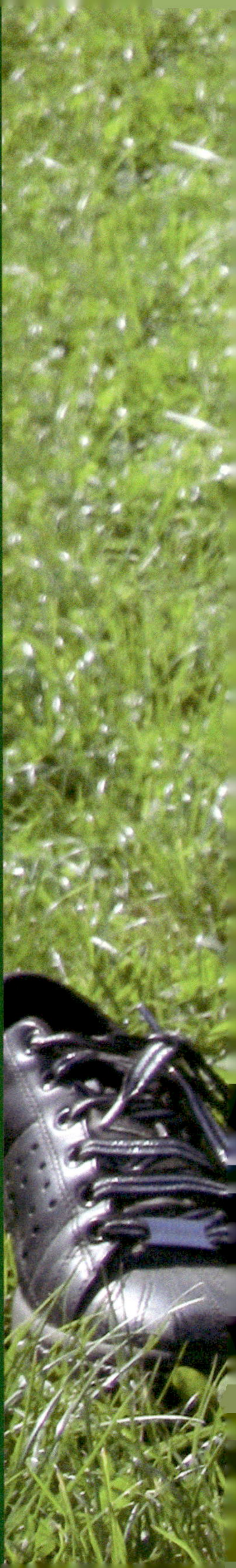

Ausführliches Inhaltsverzeichnis

Teil 1: Kreis- und Singspiele

Der Kreis

Kreis & Mittelpunkt

Außerhalb des Kreises

Der Kreis löst sich auf

11. Lebensjahr

12. Lebensjahr

13. Lebensjahr

14. Lebensjahr und älter

Teil 3: Wettlauf-, Zweikampf- und Ringkampfspiele, Geschicklichkeits-, Beschäftigungs- und Blindspiele

Wettlauf

Zweikampf

Kleine Ringkampfspiele

Geschicklichkeitsspiele

Beschäftigungen

Blindspiele

Belustigungen für alle Altersstufen

Alphabetisches Register

E

F

T

U

V

W

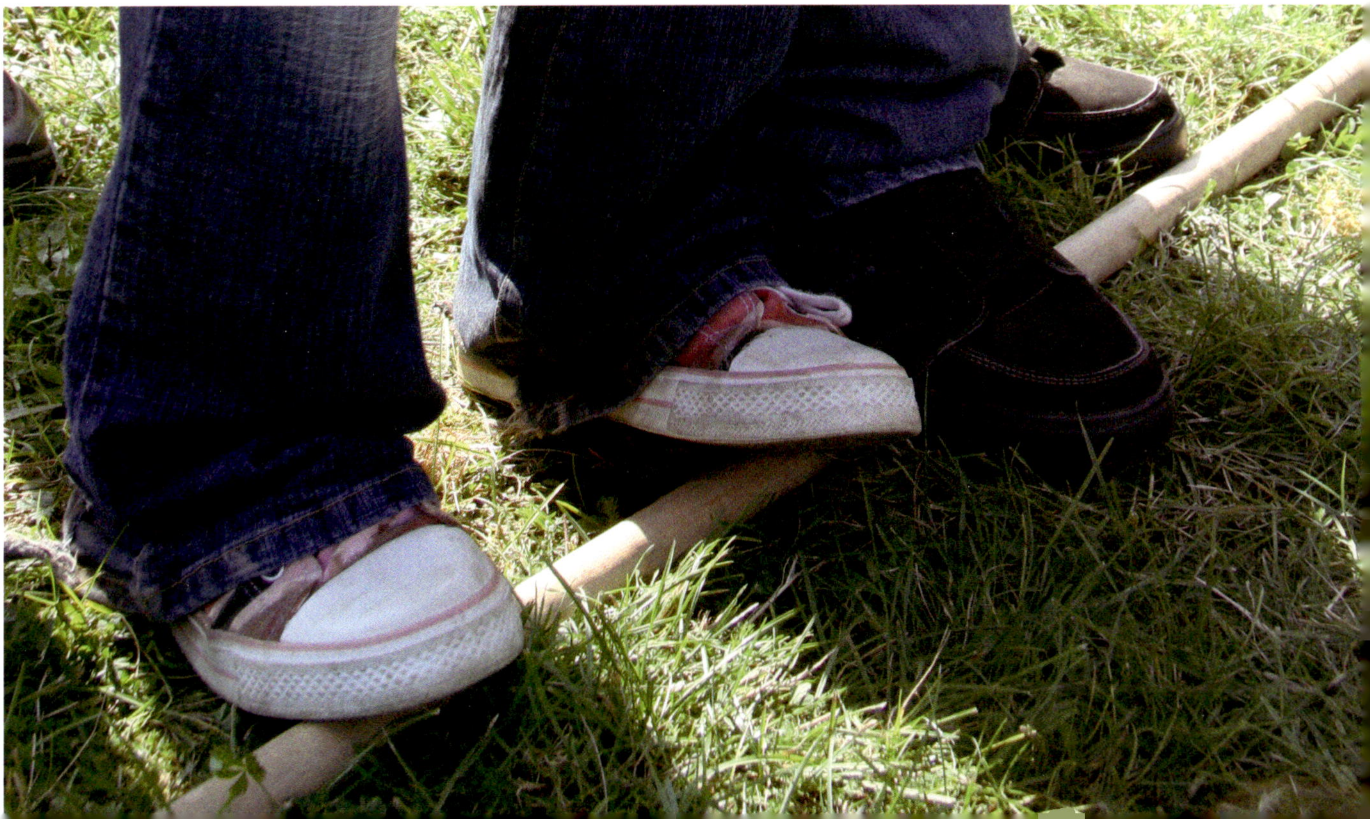

Literaturhinweise

Heidi Britz-Crecelius: «Kinderspiel lebensentscheidend», Verlag Urachhaus. Stuttgart, 6. Auflage 1993.

D. Udo de Haes: «Der singend spielende Kindergarten», Mellinger Verlag. Stuttgart, 3. Auflage 1987.

Alois Künstler: «Das Brünnlein singt und saget», Verlag Freies Geistesleben. Stuttgart, 11. Auflage 2008.

Ingeborg Haller: «Das spielende Kind» Verlag Freies Geistesleben. Stuttgart, 3. Auflage 1991.

Freya Jaffke: «Spiel mit uns!» Verlag Freies Geistesleben. Stuttgart, 4. Auflage 2007.

Die traditionellen Melodien kann man in folgenden Spiel- bzw. Liedsammlungen finden:

Felix Hörburger / Helmut Segler: «Klare, klare Seide», Bärenreiter Verlag. Kassel, 2. Auflage 1963.

Richard R. Klein: «Willkommen lieber Tag» (Band 1 und 2), Verlag Moritz Diesterweg. Frankfurt, geb. Ausgabe 2000.

Gertrud Losch: «Kinderspiele», Voggenreiter Verlag. Bad Godesberg, 3. Auflage 1957.

Johanna Preetorius: «Knaurs Spielbuch», Verlag Droemer-Knaur. München, geb. Ausgabe 1984.

• Läufer und Fänger • Zauberzeck • Drachenspiel • Ballkönig • Meisterdieb • Dreiländers
Höhlenbär • Turmbrecher • Jägerball • Sautreiben • Der wilde Jäger • Schwarz auf weiß •
• Glückskugelspiel • Indisch-Kriegen • Die feindlichen Brüder • Hänschen, fall nicht • Tret
• Korbball • Fangreifenlauf • Der schnelle Fritz • Raufball • Treibball • Prellball • Volley
Kuhhirtenlauf • Postenlauf • Tonnenwettlauf • Dreibeinlauf • Pendelstafette • Kehrumstafe
tafette • Kanisterstafette • Blechdosenstafette • Holüberstafette • Römisches Wagenren
Kriegsspiel • Wer wird König? • Häuserkampf • Hahnenduell • Hahnenkampf • Ägyptische
Storchenringkampf • Stockkampf • Haltekampf • Tauziehen • Tauziehen über Kreuz • Kop
• Nachtgeländespiel • Schneeballschlacht • Herr im Haus • Vierländerkampf • Wer kommt d
kampf • Ballringkampf • Ballringkampf als Gruppenspiel • Der Kampf um das goldene Vlies •
• Stockspringen • Spiele mit dem Luftballon • Fangballspringen • Jojo • Diabolo • Klipp ode
Kreuzchensprung • Känguruh • Wandspringen • Aaldrehen • Kreiselspiel • Reifenschlagen
oder Murmelspiel • Bockspringen • Ballspiel • Ballproben • Springballproben • Schaukel
Kuh • Ene mene Mütze • Mit Festhalten • Dreimal berühren • Tuch wegnehmen • Drei ge
• Fadenschneiden • Apfelgreifen • Topfschlagen mit drei Schlägen • Topfschlagen mit Zäh
Honigweide • Blinder Mann • Stocktreffen • Scheibenstechen • Alle gegen einen • Es brenn
Hölle locken • Sackhüpfen • Sackhüpfen mit Hindernissen • Eierlaufen • Mund und Hände •
Verkleidungswettkampf • Bergsteigen • Zitterbalken • Tellerdrehen • Eberjagd • Wettfeg